Geschlechtergerechtigkeit unter dem Deckmantel der Leitbildneutralität

Studien zum deutschen und internationalen Familien- und Erbrecht

Herausgegeben von Martin Lipp, Christoph Benicke, Marina Wellenhofer und Bettina Heiderhoff

Band 27

Zur Qualitätssicherung und Peer Review der vorliegenden Publikation

Die Qualität der in dieser Reihe erscheinenden Arbeiten wird vor der Publikation durch den Herausgeber der Reihe geprüft.

Notes on the quality assurance and peer review of this publication

Prior to publication, the quality of the work published in this series is reviewed by the editor of the series.

Hüsniye Saygin

Geschlechtergerechtigkeit unter dem Deckmantel der Leitbildneutralität

Trennungs- und Scheidungsfolgen im Spiegel der Ehe- und Familienförderung

PL ACADEMIC RESEARCH

Bibliografische Information der Deutschen Nationalbibliothek
Die Deutsche Nationalbibliothek verzeichnet diese Publikation in der Deutschen Nationalbibliografie; detaillierte bibliografische Daten sind im Internet über http://dnb.d-nb.de abrufbar.

Zugl.: Frankfurt (Main), Univ., Diss., 2016

D 30
ISSN 1864-497X
ISBN 978-3-631-67899-2 (Print)
E-ISBN 978-3-653-07056-9 (E-Book)
DOI 10.3726/978-3-653-07056-9

PL Academic Research ist ein Imprint der Peter Lang GmbH.

Peter Lang – Frankfurt am Main · Bern · Bruxelles · New York · Oxford · Warszawa · Wien

Diese Publikation wurde begutachtet.

www.peterlang.com

Vorwort

Die vorliegende Arbeit wurde im Sommersemester 2015 vom Fachbereich Rechtswissenschaft der Johann Wolfgang Goethe-Universität Frankfurt am Main als Dissertation angenommen.

Den unzähligen Personen, die mich während der Entstehungszeit dieser Arbeit auf vielfältige Art und Weise unterstützt haben, möchte ich an dieser Stelle ganz herzlich danken.

Mein Dank gilt zunächst meiner Doktormutter, Frau Prof. Dr. Marina Wellenhofer, der ich eine hervorragende Betreuung verdanke. Ihre konstruktiven Anmerkungen und Hinweise haben entscheidend zum Gelingen der Arbeit beigetragen. Ebenfalls möchte ich mich bedanken bei Frau Prof. Dr. Ute Sacksofsky für die freundliche Übernahme des Zweitgutachtens sowie Herrn Prof. Dr. Ludwig Salgo für sein Mitwirken bei dem Prüfungsausschuss.

Danken möchte ich weiterhin meinen Freunden, durch die ich meine Promotionszeit in schöner Erinnerung behalten werde. Johannes, Ann-Katrin, Kristina und meine Schwester haben mit großer Mühe die ersten Fassungen dieser Arbeit Korrektur gelesen und mir wertvolle Hinweise gegeben. Daniel K. war mir während meiner Studien- und Promotionszeit Vorbild und Beistand zugleich. Vitali und Johannes waren meine Retter, wenn die Technik streikte. Nicht zu vergessen ist auch, dass Alexander, Andreas, Ann-Katrin, Anja, Anna, Caroline, Christen, Christina C., Christina M., Daniel K., Daniel M., Dennis, Gerhard, Johannes, Kerstin, Kristina, Linda, Lisa, Mathias, Margit, Natalia, Phillip, Raphael, Sebastian und Vitali abseits der Promotion für viele heitere Momente sorgten.

Mein besonderer Dank gilt meinem Freund, Johannes, der meinen Diskussionsbedarf ertrug und mich durch seine Ansichten immer wieder herausforderte.

Mein größter Dank gilt meinen Eltern, Nuh und Hülya, sowie meiner lieben Schwester, Tuba. Sie alle haben mich auf meinem bisherigen Lebensweg bedingungslos unterstützt und damit eine solide Basis für meine persönliche und berufliche Entwicklung gelegt. Meiner wundervollen Mutter verdanke ich einen unerschöpflichen Quell an Rückhalt, der mich stets gestärkt hat. Der grenzenlose Glaube meiner Schwester an mich und meine Fähigkeiten gab mir etliche Male den notwendigen Auftrieb.

Frankfurt am Main, im Mai 2016 Hüsniye Saygin

Inhaltsverzeichnis

Literaturverzeichnis XV

A. Einleitung 1

I. Problemdarstellung 1

II. Forschungsziel 3

B. Das männliche Ernährermodell in Deutschland 5

I. Das traditionelle Ernährermodell 5

1. Definition 5

2. Entstehung 5

3. Ehezentrierung 7

II. Leitbildneutralität und Abschaffung des Ernährermodells? 7

III. Auswirkung der Leitbildneutralität auf die Erwerbskonstellation von Paaren 9

1. Erwerbsbeteiligung von Frauen im Allgemeinen 9

2. Erwerbsbeteiligung von (verheirateten) Müttern 10

3. Erwerbskonstellationen von Ehepaaren mit Kindern 11

4. Gewünschte und gewählte Erwerbsmuster – Der sogenannte (Re-)Traditionalisierungseffekt 12

C. Verfassungsrechtlicher Schutz von Ehe und Familie und dessen Einfluss auf das Ernährermodell 15

I. Schutz von Ehe und Familie 15

II. Das Fördergebot 16

III. Beschränkung der Neutralität 18

D. Staatliche Förderung von Ehe und Familie 19

I. Besteuerung von Ehe und Familie 19

1. Ehegattenbesteuerung 19

a. Historie des Ehegattensplittings 19
b. Das Ehegattensplitting im Lichte des Grundsatzes der Besteuerung nach der Leistungsfähigkeit....................................20
c. Wirkungen des Ehegattensplittings 21
2. Lohnsteuerklassen als Verschärfung des Splittingeffekts 26
3. Steuerliche Absetzbarkeit von Kinderbetreuungskosten....................27
II. Das Betreuungsgeld 30
1. Anspruchsvoraussetzungen...31
2. Vereinbarkeit mit Art. 3 Abs. 2 und Art. 6 Abs. 1 GG.......................31
3. Bundesverfassungsgerichtsentscheidung vom 21.07.2015.................34
III. Das Elterngeld 35
1. Besonderheiten des Elterngeldes 36
2. Elterngeld Plus 36
3. Verfassungsmäßigkeit des Elterngeldes 36
a. Kritikpunkt „Soziale Schieflage“..37
b. Kritikpunkt „Mindestelterngeld“ 38
c. Kritikpunkt „Benachteiligung der Zweiverdiener-Familie“.......39
d. Kritikpunkt „Partnermonate“..39
e. Kritikpunkt „Bezugszeitraum“ 40
IV. Arbeitsrecht: Berücksichtigung von Unterhaltspflichten bei der Sozialauswahl 41
V. Exkurs: Warum verdienen Frauen bei gleicher Arbeit noch immer weniger als Männer? 44
VI. Sozialversicherungsrecht 46
1. Die Grundsicherung für Arbeitsuchende – Hartz IV 46
2. Gesetzliche Krankenversicherung, Familienversicherung 48
3. Gesetzliche Rentenversicherung...49
4. Hinterbliebenenrente 54
E. Nacheheliche Ausgleichssysteme 55
I. Nachehelicher Unterhalt 56
1. Das Unterhaltsrechtsänderungsgesetz (UÄndG 2007).......................56

a. Neufassung des § 1569 BGB 57
b. Neufassung des § 1570 BGB 57
c. Neufassung des § 1574 BGB 58
d. Neufassung des § 1578b BGB 59
e. Neufassung des § 1579 BGB 60
f. Neufassung des § 1609 BGB 62
g. Zwischenergebnis zur Stärkung der Eigenverantwortung 63
2. Veränderung der Rechtswirklichkeit? 64
a. Zunahme von Scheidungen und Gründung von Zweitfamilien 64
b. Zunahme von Zweiverdienerhaushalten 66
c. Wertewandel und Wunsch nach mehr Eigenverantwortlichkeit 67
3. Die Rolle des Unterhalts für Erwachsene im System der deutschen Existenzsicherung 68
4. Legitimation des nachehelichen Unterhalts für Erwachsene 69
5. Fazit 70
II. Zugewinnausgleich 72
1. Motive der Einführung 72
2. Durchführung des Zugewinnausgleichs 73
a. Ermittlung des Anfangsvermögens 74
b. Ermittlung des Endvermögens 74
c. Ermittlung der Ausgleichsforderung 75
d. Steuerliche Privilegierung 75
3. Legitimation 76
4. Defizite des Zugewinnausgleichs 78
a. Eheneutraler Erwerb 78
b. Wertveränderungen an Gegenständen des Anfangsvermögens 79
c. Schematische Anwendung des Halbteilungsgrundsatzes 79
d. Keine dingliche Beteiligung 81
5. Fazit 83

III. Versorgungsausgleich ... 85
1. Motive der Einführung ... 85
2. Durchführung des Versorgungsausgleichs ... 87
a. Grundsatz der internen Teilung ... 87
b. Ausschluss des Versorgungsausgleichs ... 88
c. Härtefälle ... 88
3. Legitimation des Versorgungsausgleichs ... 90
4. Defizite ... 91
5. Fazit ... 92

F. Bewertung der staatlichen Ehe- und Familienförderung vor dem Hintergrund der nachehelichen Ausgleichssysteme ... 95

G. Reformalternativen zur Herstellung tatsächlicher Gleichstellung ... 99
I. Gang der weiteren Untersuchung ... 100
II. Ausländische Lösungen als Alternative für Deutschland? ... 101

H. Gleichstellung in Schweden ... 103
I. Historischer Überblick ... 103
II. Ehegattenbesteuerung ... 104
III. Der Arbeitsmarkt ... 105
1. Elternurlaub ... 105
2. Kinderbetreuungsangebot ... 106
3. Arbeitslosigkeit ... 107
IV. Die Sozialversicherung ... 108
1. Allgemeine Grundsicherung ... 109
a. Krankenversicherung ... 109
b. Kinderbetreuungsbeihilfe ... 109
c. Sozialhilfe ... 109
2. Erwerbsbezogene Sozialversicherung ... 110
a. Elternschaftsversicherung - Elternschaftsgeld ... 110

b. Besonderheiten des Elternschaftsgeldes – Geschwindigkeitsprämie und Gleichstellungszulage 111
c. Elternschaftsversicherung - Kindergeld 112
d. Gesetzliche Rentenversicherung 112
aa. Die Garantierente 113
bb. Entgeltbezogene Rente 113
cc. Kindererziehungszeiten 113
dd. Witwen-/Witwerrente - Anpassungsrente 114
V. Nacheheliche Ausgleichssysteme 115
1. Unterhalt 115
a. Während der Ehe 115
b. Nach Scheidung 115
2. (Nach-)Eheliches Güterrecht 117
3. Versorgungsausgleich 118
VI. Fazit 119
I. Gleichstellung in Frankreich 121
I. Historischer Überblick 121
II. Einkommensteuerrecht 124
1. Das Familiensplitting 124
2. Steuerfreibetrag für die Kinderbetreuung 126
III. Der Arbeitsmarkt 126
1. Elternurlaub 127
2. Kinderbetreuungsangebot 127
a. Krippen 127
b. Einrichtungen zur kurzzeitigen Betreuung 128
c. Vorschule/Kindergarten 128
d. Tagesmutter/Kinderfrau 129
3. Finanzielle Kompensation für Kinder(betreuungs)kosten 129
a. Kindergeld 129
b. Betreuungszulage 130
c. Erziehungsbeihilfe 130

4. Arbeitslosigkeit 131

IV. Die Sozialversicherung 132

1. Krankenversicherung 132

2. Rentenversicherung 133

a. Altersrente 133

b. Rentenerhöhung durch Pflege und Betreuung 134

aa. Kinderzuschlag 134

bb. Kindererziehungszeiten 134

c. Witwen-/Witwerrente 135

V. Nacheheliche Ausgleichssysteme 136

1. Unterhalt 136

a. Während der Ehe 136

b. Nach Scheidung 136

2. (Nach-)Eheliches Güterrecht 138

3. Versorgungsausgleich 140

VI. Fazit 140

J. Reformoptionen für Deutschland 145

K. Gleichstellung im Steuerrecht 147

I. Ehegattenbesteuerung 147

1. Verfassungsrechtlicher Rahmen 147

2. Tarifliches Familiensplitting 149

3. Familienrealsplitting 152

4. Reine Individualbesteuerung 154

5. Individualbesteuerung mit übertragbarem Grundfreibetrag 157

6. Lohnsteuerklassen 158

II. Erhöhung des Kinderfreibetrags/Kindergeldes notwendig? 159

1. Kinderfreibetrag 159

2. Kindergeld 160

III. Absetzbarkeit von Kinderbetreuungskosten 161

IV. Ergebnis 162

L. Gleichstellung auf dem Arbeitsmarkt 165
I. Umstrukturierung des Normalarbeitsverhältnisses? 165
II. Frauenquote für die Privatwirtschaft 168
1. Inhalt des Gesetzes 169
2. Verfassungsrechtlicher Rahmen 171
a. Die Frage des „Ob“ 172
b. Die Frage des „Wie“ 172
aa. Legitimes Ziel mit Verfassungsrang 173
bb. Geeignetheit 173
cc. Erforderlichkeit 174
dd. Verhältnismäßigkeit im engeren Sinne (Angemessenheit) 174
3. Ergebnis 178
III. Gleichstellungsgesetz für die Privatwirtschaft 178
1. Der Kommissionsentwurf von 2001 179
2. Entwicklungsstand 180
IV. Das Elterngeld 181
1. Partnermonate 182
2. Geschwindigkeitsprämie für Geschwisterkinder 182
3. Flexibleres Zeitkonto 183
V. Ergebnis 183

M. Gleichstellung im Bereich der sozialen Sicherung 185
I. Die Grundsicherung für Arbeitsuchende – Hartz IV 185
1. Anrechnung von Ehegatteneinkommen 185
a. Höherer Selbstbehalt? 185
b. Reform der Berechnungsmethode? 186
2. Wiedereingliederungsmaßnahmen 187
II. Gesetzliche Krankenversicherung, Familienversicherung 188
III. Einführung der Mindestrente 189
IV. Ergebnis 191

N. Auswirkung auf die familienrechtlichen Ausgleichssysteme 193
I. Nachehelicher Unterhalt 196
1. Betreuungsunterhalt, § 1570 BGB 198
2. Unterhalt infolge arbeitsteilig gelebter Ehe? 204
3. Angemessener Lebensbedarf, Unterhaltstabellen? 207
4. Beschränkung/Versagung wegen grober Unbilligkeit 209
5. Art der Unterhaltsgewährung 212
6. Fazit 212
II. Zugewinnausgleich 214
1. Eheneutraler Erwerb 217
a. Ergänzung von § 1374 Abs. 2 BGB 217
b. Ergänzung von § 1376 BGB 218
2. Teilungsmaßstab 222
a. Verfehlungen des Ausgleichspflichtigen 224
b. Maßstab der Unbilligkeit 225
c. Regelungsinhalt der Normen 226
aa. Einfache Unbilligkeit 227
bb. Grobe Unbilligkeit 228
3. Fazit 230
III. Versorgungsausgleich 232
1. Eheneutrale Versorgungsanwartschaften 232
2. Teilungsmaßstab 234
a. Einfache Unbilligkeit 236
b. Grobe Unbilligkeit 237
3. Bagatellausgleich 238
4. Fazit 238
IV. Ergebnis 239
O. Zusammenfassung der Untersuchungsergebnisse 243

Literaturverzeichnis

Albert, Mathias/Hurrelmann, Klaus/Quenzel, Gudrun/TNS Infratest Sozialforschung (Hg.): 16. Shell Jugendstudie: Eine pragmatische Generation behauptet sich, Frankfurt am Main 2010.

Allmendinger, Jutta: Verschenkte Potenziale? Lebensläufe nicht erwerbstätiger Frauen, Bonn 2011.

Auth, Diana/Leiber, Simone/Leitner, Sigrid: Sozialpolitik als Instrument der Geschlechtergerechtigkeit, in: Gruppendynamik und Organisationsberatung: Zeitschrift für die Entwicklung von Gruppen, Personen und Organisationen 2011, Seite 151–162.

Bach, Stefan/Buslei, Hermann/Svindland, Dagmar/Baumgartner, Hans J./ Flach, Juliane/Teichmann, Dieter: Untersuchung zu den Wirkungen der gegenwärtigen Ehegattenbesteuerung auf Grundlage von fortgeschrittenen Einzeldaten der Einkommensteuerstatistik, Projektbericht 2 zur Forschungskooperation „Mikrosimulation" mit dem Bundesministerium der Finanzen, Deutsches Institut für Wirtschaftsforschung (Hg.), Materialien 27, Berlin 2003. Abrufbar unter: http://www.diw.de/documents/publikationen/73/diw_01.c.40444.de/diw_rn03-05-27.pdf [Bach et al., DIW 2003].

Bach, Stefan/Geyer, Johannes/Haan, Peter/Wrohlich, Katharina: Reform des Ehegattensplittings: Nur eine reine Individualbesteuerung erhöht die Erwerbsanreize deutlich, in: Deutsches Institut für Wirtschaftsforschung, Wochenbericht Nr. 41/2011 vom 12. Oktober 2011, Seite 13–20. [Bach et al., DIW 2011]

Bachmann, Gregor: Zur Umsetzung einer Frauenquote im Aufsichtsrat, in: Zeitschrift für Wirtschaftsrecht 2011, Seite 1131–1139.

Battes, Robert: Echte Wertsteigerungen im Anfangsvermögen – immer Zugewinn? Ein neuer Vorschlag zur Reform des gesetzlichen Güterrechts, in: FamRZ - Zeitschrift für das gesamte Familienrecht 2009, Seite 261–265.

Battes, Robert: Echte Wertsteigerungen im Zugewinnausgleich – Ein Beitrag zur Reform des gesetzlichen Güterrechts, in: FamRZ - Zeitschrift für das gesamte Familienrecht 2007, Seite 313–321.

Battes, Robert: Sinn und Grenzen des Zugewinnausgleichs, in: Familie und Recht 1990, Seite 311–324.

Bauer-Haller, Ursula/Wezel, Hans Ulrich: Frankreich: Ein Staat, der Lust auf Kinder macht - Familienpolitik in Deutschland und Frankreich, in: Statistisches Monatsheft für Baden-Württemberg 05/2007, Seite 15–17.

Baxter Wiggem Property Ltd.: Gehaltsrechner. Abrufbar unter: http://www.nettolohn.de/rechner/splitting-veranlagung-steuer.html.

Beblo, Miriam: Die Wirkungsweise des Ehegattensplittings bei kollektiver Entscheidungsfindung im Haushalt, in: Seel, Barbara: Ehegattensplitting und Familienpolitik, Wiesbaden 2007, Seite 269–294. [Beblo].

Beblo, Miriam/Beninger, Denis/Laisney, François: Besteuerung von Familien: Ökonomische Wirkungen der Reformalternativen Individualbesteuerung und Familiensplitting, in: Althammer, Jörg/Klammer, Ute (Hg.): Ehe und Familie in der Steuerrechts- und Sozialordnung, Tübingen 2006, Seite 93–114. [Beblo et al.]

Beck–Gernsheim, Elisabeth: Die Kinderfrage heute – Über Frauenleben, Kinderwunsch und Geburtenrückgang, München 2006.

Beck, Ulrich: Risikogesellschaft - Auf dem Weg in eine andere Moderne, Frankfurt am Main 1986.

Berghahn, Sabine: Ist die Institution Ehe eine Gleichstellungsbarriere im Geschlechterverhältnis in Deutschland? In: Oppen, Maria/Simon, Dagmar (Hg.): Verharrender Wandel – Institutionen und Geschlechterverhältnisse, Berlin 2004, Seite 99–138. [Berghahn (2004/1)].

Berghahn, Sabine: Der Ehegattenunterhalt und seine Überwindung auf dem Weg zur individualisierten Existenzsicherung, in: Leitner, Sigrid/Ostner, Ilona/Schratzenstaller, Margit: Wohlfahrtsstaat und Geschlechterverhältnis im Umbruch- Was kommt nach dem Ernährermodell? Wiesbaden 2004, Seite 105–131. [Berghahn (2004/2)].

Berghahn, Sabine: Ehegattensubsidiarität und Gleichberechtigung, in: Streit - Feministische Rechtszeitschrift 2000, Seite 152–159.

Berghahn, Sabine: Ehe und Familie in der Verfassungsdiskussion – vom institutionellen zum sozialen Grundrechtsverständnis? In: Kritische Justiz 1993, Seite 397–418.

Berghahn, Sabine/Wersig, Maria: Gesicherte Existenz? Gleichberechtigung und männliches Ernährermodell in Deutschland, Baden-Baden 2013.

Berghahn, Sabine/Wersig, Maria: Vergemeinschaftung von (Ehe)Partnern durch die Reformen der Agenda 2010 – eine Rückkehr zum „Geschlechtervertrag" des 19. Jahrhunderts? In: femina politica 2005, Seite 84–95.

Berghahn, Sabine/Wersig, Maria: Familienarbeit, Erwerbstätigkeit und familiäre Arbeitsteilung, in: Gleichstellung in der Praxis 05/2005, Seite 9–15.

Berghahn, Sabine/Wersig, Maria: Wer zahlt den Preis für die Überwindung der „Hausfrauenehe"? In: Familie, Partnerschaft und Recht 2005, Seite 508–511.

Berghahn, Sabine (Projektleiterin)/Künzel, Annegret/Rostock, Petra/Wersig, Maria/Asmus, Antje/Reinelt, Julia/Liebscher, Doris/Schneider, Julia (Autorinnen): Projektbericht: Forschungsprojekt: Ehegattenunterhalt und sozialrechtliches Subsidiaritätsprinzip als Hindernisse für eine konsequente Gleichstellung von Frauen in der Existenzsicherung – kurz: „Ernährermodell",

Berlin 2007. Abrufbar unter: http://web.fu-berlin.de/ernaehrermodell/mediumfassung.pdf [Berghahn et al.].

Bergner, Ludwig: Die reformbedürftige Strukturreform des Versorgungsausgleichs, in: Zeitschrift für Rechtspolitik 2008, Seite 211–214.

Bergner, Ludwig/Schnabel, Lutz: Zur Notwendigkeit eines „Reparaturgesetzes" zum Versorgungsausgleich und zu Verfahrensmöglichkeiten bis zu einer Rechtsänderung, in: Sonderbeilage zu: Die Rentenversicherung (DRV) 2011, Heft 7.

Bergs, Christian/Fuest, Clemens/Peichl, Andreas/Schaefer, Thilo: Reformoptionen der Familienbesteuerung: Aufkommens-, Verteilungs- und Arbeitsangebotseffekte, Finanzwissenschaftliches Forschungsinstitut an der Universität zu Köln, Köln 2006. [Bergs et al., FiFo].

Bericht der Länderarbeitsgruppe Bayern, Hansestadt Hamburg, Hessen und Sachsen-Anhalt Teilhabe von Frauen in Führungs- und Kontrollregimen der Wirtschaft, 2011: Abrufbar unter: http://www.justiz.bayern.de/media/teilhabe_frauen_fuehrungs__und_kontrollgremien_1.pdf.

Berkowsky, Wilfried: Die betriebsbedingte Kündigung unter Berücksichtigung des Betriebsverfassungs- und Sozialrechts sowie des Arbeitsgerichtsverfahrens, 6. Auflage, München 2008.

Beske, Fritz/Tiede Michael: Beitragsfreie Mitversicherung von Familienangehörigen in der gesetzlichen Krankenversicherung – Probleme und Lösungsansätze -, Kiel 1998.

Betzelt, Sigrid/Rust, Ursula/El-Ghazi, Mohamad/Hütter, Eliane/Schlote, Kathrin/Schwarzkopf, Manuela: Individualisierung von Leistungen des SGB II – Unter Berücksichtigung der familialen Unterhaltsverpflichtungen, Baden-Baden 2010. [Betzelt et al.].

Blüm, Gregor: Härtefälle im Recht des Versorgungsausgleichs, Frankfurt am Main 2011.

Born, Winfried: Betreuungsunterhalt – Der Streit um die Anspruchsverlängerung, in: NZFam - Neue Zeitschrift für Familienrecht 2014, Seite 776–780.

Born, Winfried: § 1578b: Darlegungslast bei ehebedingten Nachteilen durch Übersiedlung nach Deutschland, Anmerkung zu Bundesgerichtshof, Urteil v. 20.03.2013 – XII ZR 120/11, in: FamRZ - Zeitschrift für das gesamte Familienrecht 2013, Seite 866–867.

Born, Winfried: Betreuungsunterhalt nach neuem Recht – der endgültige Abschied vom Altersphasenmodell, in: FamFR - Zeitschrift für Familienrecht und Familienverfahrensrecht 2011, Seite 481–485.

Born, Winfried: Reform der familienrechtlichen Ausgleichssysteme – Kosmetik oder Kurskorrektur? In: Neue Juristische Wochenschrift 2008, Seite 2289–2295.

Borth, Helmut: §§ 1570, 1573, 1578 BGB: Verlängerung des Betreuungsunterhalts bei drei Kindern, Anmerkung zum Urteil des Bundesgerichtshofs vom

18.04.2012 - XII ZR 65/10, in: FamRZ - Zeitschrift für das gesamte Familienrecht 2012, Seite 1040–1048.

Borth, Helmut: Praxis des Unterhaltsrechts – Das UÄndG und seine Folgen – 2. Auflage, Bielefeld 2011.

Böllert, Karin: Frauen in Familienverhältnissen: Zur Vereinbarkeit von Familie und Beruf, in: Böllert, Karin/Oelkers, Nina (Hg.), Frauenpolitik in Familienhand? Neue Verhältnisse in Konkurrenz, Autonomie und Kooperation, Wiesbaden 2010, Seite 99–110.

Brambring, Günter: Ehevertrag und Vermögenszuordnung unter Ehegatten, 7. Auflage, München 2012.

Brosius-Gersdorf, Frauke: Das neue Betreuungsgeldgesetz – Familienförderung wider das Grundgesetz, in: Neue Juristische Wochenschrift 2013, Seite 2316–2321.

Brosius-Gersdorf, Frauke: Demographischer Wandel und Familienförderung, Tübingen 2011.

Brosius-Gersdorf, Frauke: Das Elterngeld als Einkommensersatzleistung des Staates – Progressive Staffelung bei der Familienförderung und demographischer Wandel in Deutschland, in: Neue Juristische Wochenschrift 2007, Seite 177–182.

Brudermüller, Gerd: Die Zugewinngemeinschaft – ein zeitgemäßes Modell? In: Forum Familienrecht 2012, Seite 280–291.

Brudermüller, Gerd: Zugewinngemeinschaft: Struktur und Reform, in: Die Zugewinngemeinschaft – ein europäisches Modell?: Lipp, Volker/Schumann, Eva/ Veit, Barbara (Hg.): 7. Göttinger Workshop zum Familienrecht 2008, Göttingen 2009, Seite 4–21. [Brudermüller (2009)].

Brudermüller, Gerd: Geschieden und doch gebunden? Ehegattenunterhalt zwischen Recht und Moral, München 2008. [Brudermüller (2008/1)].

Brudermüller, Gerd: Unterhaltsrechtliche Ausgleichsordnungen und ihre ethische Legitimation: Referat I für den siebenundsechzigsten Deutschen Juristentag: Unterhalt, Zugewinn, Versorgungsausgleich – Sind unsere familienrechtlichen Ausgleichssysteme noch zeitgemäß?, München 2008, Band II/1, Seite I 9–26. [Brudermüller (2008/2)].

Budde, Gunilla–Friederike: Alles bleibt anders – Die Institution Familie zwischen 1945 und 1975 im deutsch-deutschen Vergleich, in: Oppen, Maria/Simon, Dagmar (Hg.): Verharrender Wandel – Institutionen und Geschlechterverhältnisse, Berlin 2004, Seite 69–98.

Buhls, Hannelore: Hartz und die Leit/dkultur Familie, in: Hertzfeld, Hella/ Schäfgen, Katrin/Veth, Silke (Hg.): GeschlechterVerhältnisse - Analysen aus Wissenschaft, Politik und Praxis, Berlin 2004, Seite 156–165.

Bundesministerium der Finanzen (Hg.): Lohn- und Einkommensteuerrechner. Abrufbar unter: https://www.bmf-steuerrechner.de/ekst/.

Bundesministerium der Finanzen (Hg.): Bericht über die Höhe des steuerfrei zu stellenden Existenzminimums von Erwachsenen und Kindern für das Jahr 2016 (10. Existenzminimumbericht), Berlin 2015. Abrufbar unter: http://www.bundesfinanzministerium.de/Content/DE/Pressemitteilungen/Finanzpolitik/2015/01/2015-01-28-PM05-anlage.pdf?__blob=publicationFile&v=2.

Bundesministerium für Arbeit und Soziales (Hg.): Verordnung der Bundesregierung: Verordnung über maßgebende Rechengrößen der Sozialversicherung für 2015 (Sozialversicherungs-Rechengrößenverordnung 2015). Abrufbar unter: http://www.bmas.de/SharedDocs/Downloads/DE/PDF-Pressemitteilungen/vo-sozialversicherungsrechengroessen-2015.pdf?__blob=publicationFile.

Bundesministerium für Arbeit und Soziales (Hg.): Planungsbrief 2012: Bund-Länder-Ausschuss nach § 18c SGB II: Gemeinsame Grundlagen der Zielsteuerung SGB II: Grundprinzipien, Steuerungsmethodik und Verfahren, Berlin 2011. Abrufbar unter: http://www.harald-thome.de/media/files/Planungsbrief-2012.pdf.

Bundesministerium für Familie, Senioren, Frauen und Jugend (Hg.): Fünfter Bericht zur Evaluation des Kinderförderungsgesetzes: Bericht der Bundesregierung 2015 über den Stand des Ausbaus der Kindertagesbetreuung für Kinder unter drei Jahren für das Berichtsjahr 2014 und Bilanzierung des Ausbaus durch das Kinderförderungsgesetz. Abrufbar unter: http://www.bmfsfj.de/RedaktionBMFSFJ/Broschuerenstelle/Pdf-Anlagen/Kif_C3_B6G-F_C3_BCnfter-Bericht-zur-Evaluation-des-Kinderf_C3_B6rderungsgesetzes,property=pdf,bereich=bmfsfj,sprache=de,rwb=true.pdf [KiföG-Bericht 2015].

Bundesministerium für Familie, Senioren, Frauen und Jugend (Hg.): Handbuch Kindertagespflege (2016). Abrufbar unter: http://www.handbuch-kindertagespflege.de/fileadmin/Dokumente/Einleitung/gesamt_gestaltet_januar.pdf.

Bundesministerium für Familie, Senioren, Frauen und Jugend (Hg.): Partnerschaft und Ehe - Entscheidungen im Lebenslauf. Einstellungen, Motive, Kenntnisse des rechtlichen Rahmens, Sinus Sociovision, 5. Auflage, Berlin 2014. Abrufbar unter: http://www.bmfsfj.de/RedaktionBMFSFJ/Broschuerenstelle/Pdf-Anlagen/Partnerschaft-und-Ehe,property=pdf,bereich=bmfsfj,sprache=de,rwb=true.pdf.

Bundesministerium für Familie, Senioren, Frauen und Jugend (Hg.): Entgeltungleichheit zwischen Frauen und Männern- Einstellungen, Erfahrungen und Forderungen der Bevölkerung zum „gender pay gap", 2. Auflage, Berlin 2010. Abrufbar unter: http://www.bmfsfj.de/RedaktionBMFSFJ/Broschuerenstelle/Pdf-Anlagen/entgeltungleichheit-zwischen-frauen-und-m_C3_A4nnern-sinus-studie,property=pdf,bereich=bmfsfj,sprache=de,rwb=true.pdf.

Bundesministerium für Familie, Senioren, Frauen und Jugend (Hg.): Monitor Familienleben 2010, Einstellungen und Lebensverhältnisse von Familien: Ergebnisse einer Repräsentativbefragung –Berichtsband-, Allensbach 2010. Abrufbar unter: http://www.bmfsfj.de/RedaktionBMFSFJ/Abteilung2/Pdf-Anlagen/familienmonitor-2010,property=pdf,bereich=bmfsfj,sprache=de,rwb=true.pdf.

Bundesministerium für Familie, Senioren, Frauen und Jugend (Hg.): Wohlfahrtsstaatliche Einflussfaktoren auf die Geburtenrate in europäischen Ländern: Evidenzen aus Schweden, Finnland, Norwegen und Frankreich, Berlin 2010. Abrufbar unter: http://www.bmfsfj.de/RedaktionBMFSFJ/Broschuerenstelle/Pdf-Anlagen/Wohlfahrtsstaatliche-Einflussfaktoren-Geburtenrate-Dossier,property=pdf,bereich=bmfsfj,sprache=de,rwb=true.pdf.

Bundesministerium für Familie, Senioren, Frauen und Jugend (Hg.): Gender Datenreport, 1. Datenreport zur Gleichstellung von Frauen und Männern in der Bundesrepublik Deutschland, 2. Fassung, München 2005. Abrufbar unter: http://www.bmfsfj.de/doku/Publikationen/genderreport/01-Redaktion/PDF-Anlagen/gesamtdokument%2cproperty%3dpdf%2cbereich%3dgenderreport%2csprache%3dde%2crwb%3dtrue.pdf.

Bundeszentrale für politische Bildung (bpb) (Hg.): Alter der Mütter bei der Geburt ihrer Kinder (1980–2010), Bonn 2012. Abrufbar unter: http://www.bpb.de/nachschlagen/zahlen-und-fakten/soziale-situation-in-deutschland/61556/alter-der-muetter.

Bündnis 90/DIE GRÜNEN (Hg.): Bundestagswahlprogramm 2013: ZEIT FÜR DEN GRÜNEN WANDEL. Teilhaben. Einmischen. Zukunft schaffen. Abrufbar unter: http://www.gruene.de/fileadmin/user_upload/Dokumente/Gruenes-Bundestagswahlprogramm-2013.pdf.

Büte, Dieter: Zugewinnausgleich bei Ehescheidung- Bewertung-Berechnung-Sicherung-Verjährung, 4. Auflage, München 2012.

Bütefisch, Wylka: Die Sozialauswahl - Praxisorientierte Darstellung der §§ 1 Abs. 3, 4 KSchG und 125 Abs. 1 S. 1 Nr. 2 InsO, Köln 2000.

Christlich Demokratische Union (CDU): Koalitionsvertrag zwischen CDU, CSU und SPD, 18. Legislaturperiode: DEUTSCHLANDS ZUKUNFT GESTALTEN. Abrufbar unter: https://www.cdu.de/sites/default/files/media/dokumente/koalitionsvertrag.pdf.

Christlich Demokratische Union (CDU)-Bundesgeschäftsstelle (Hg.): Gemeinsam erfolgreich für Deutschland. Regierungsprogramm CDU/CSU 2013–2017. Abrufbar unter: http://www.cdu.de/sites/default/files/media/dokumente/regierungsprogramm-2013-2017-langfassung-20130911.pdf.

Cleiss: au service de la protection sociale à l'international (Hg.): Das französische Sozialversicherungssystem III-Zweig: Alter. Abrufbar unter: http://www.cleiss.fr/docs/regimes/regime_france/al_3.html.

Cleiss: au service de la protection sociale à l'international (Hg.): Das französische Sozialversicherungssystem IV-Zweig: Familie. Abrufbar unter: http://www.cleiss.fr/docs/regimes/regime_france/al_4.html.

Dauner-Lieb, Barbara/Heidel, Thomas/Ring, Gerhard: Nomos Kommentar: BGB Familienrecht, Band 4: §§ 1297–1921, 3. Auflage, Baden-Baden 2014. [NK-BGB/Bearbeiter, Paragraf, Rn.].

Dethloff, Nina/Gutdeutsch, Werner/Kremer, Marcel: Bemessung des nachehelichen Unterhalts – Überwindung von Rechtsunsicherheit durch pauschalierende Berechnungen -, in: FamRZ - Zeitschrift für das gesamte Familienrecht 2010, Seite 1708–1713. [Dethloff et al.].

Dethloff, Nina: Unterhalt, Zugewinn, Versorgungsausgleich – Sind unsere familienrechtlichen Ausgleichssysteme noch zeitgemäß? Gutachten A für den 67. Deutschen Juristentag, Band I: Gutachten, München 2008.

Dethloff, Nina: Unterhalt, Zugewinn- und Versorgungsausgleich - Sind unsere familienrechtlichen Ausgleichssysteme noch zeitgemäß?, Beilage zu Heft 2: Neue Juristische Wochenschrift 2008, Seite 5–8.

Deutsche Rentenversicherung (Hg.): Aktueller Rentenwert (Stand: 2015). Abrufbar unter: http://www.deutsche-rentenversicherung.de/cae/servlet/contentblob/238644/publicationFile/58981/07_aktuelle_daten_2013.pdf.

Deutsche Rentenversicherung (Hg.): Hinterbliebenenrente: Hilfe in schweren Zeiten, 9. Auflage, Berlin 2014. Abrufbar unter: https://www.deutsche-rentenversicherung.de/cae/servlet/contentblob/251186/publicationFile/52242/hinterbliebener_hilfe_in_schweren_zeiten.pdf.

Deutsche Rentenversicherung (Hg.): Rentenversicherung in Zeitreihen, Sonderausgabe der DRV, Ausgabe 2015, Berlin. Abrufbar unter: http://www.deutsche-rentenversicherung.de/cae/servlet/contentblob/238700/publicationFile/62588/03_rv_in_zeitreihen.pdf.

Deutsche Rentenversicherung (Hg.): Rente für Pflegepersonen: Ihr Einsatz lohnt sich, 8. Auflage, Berlin 2013. Abrufbar unter: http://www.deutsche-rentenversicherung.de/cae/servlet/contentblob/232684/publicationFile/21805/rente_fuer_pflegepersonen.pdf.

Dingeldey, Irene: Das deutsche System der Ehegattenbesteuerung im europäischen Vergleich, in: WSI Mitteilungen: Zeitschrift des Wirtschafts- und Sozialwissenschaftlichen Instituts der Hans-Böckler-Stiftung 2002, Seite 154–160.

Dingeldey, Irene: Begünstigungen und Belastungen familialer Erwerbs- und Arbeitszeitmuster in Steuer- und Sozialversicherungssystemen – Ein Vergleich zehn europäischer Länder, Gelsenkirchen 1999.

Direction de la recherche, des études, de l'évaluation et des statistiques (drees) (Hg.): collection Études et statistiques édition 2014: les Retraités et les retraites. Abrufbar unter: http://www.drees.sante.gouv.fr/IMG/pdf/retraite-edition-2014.pdf [Drees].

Diwell, Margret: Verfassungsrecht und Chancengleichheit – Festrede zum Sommerempfang des Landesverbandes Berlin im djb am 20. Juni 2011, in: Zeitschrift des deutschen Juristinnenbundes 2011, Seite 125–130.

Drähter, Hendrik/Rothgang, Heinz: Die Familienversicherung für Ehepaare in der gesetzlichen Krankenversicherung – Problemanalyse und Lösungsvorschläge, in: Zentrum für Sozialpolitik-Arbeitspapier Nr. 9/2004.

Dreier, Horst (Hg.): Grundgesetz Kommentar, Band I: Präambel, Artikel 1–19,3. Auflage, Tübingen 2013. [Dreier/GG-Komm./Bd. I-Bearbeiter].

Eichhorst, Werner/Thode, Eric: Vereinbarkeit von Familie und Beruf 2010: Benchmarking Deutschland: steigende Erwerbsbeteiligung, aber schwierige Übergänge, Gütersloh 2010. [Eichhorst/Thode (2010)].

Elden, Erkan: Der Betreuungsunterhalt nach der Unterhaltsrechtsreform, in: FamFR - Zeitschrift für Familienrecht und Familienverfahrensrecht 2012, Seite 290–293.

Entgelte der Kinderkrippe „Little Giants", Frankfurt am Main: Abrufbar unter: http://www.littlegiants.de/kindertagesstaette-kinderkrippe-kindergarten/deutsch/frankfurt-kinderkrippe-krabbelstube.html.

Entgelte der Kinderkrippe „Zwergenwiese", München: Abrufbar unter: http://www.kinderkrippe-zwergenwiese.de/anmeldung.html.

Europäische Kommission (Hg.): Beschäftigung, Soziales und Integration: Sozialschutzsysteme: MISSOC (Ein System der EU zur gegenseitigen Information über den sozialen Schutz), Vergleichende Tabellen. Abrufbar unter: http://ec.europa.eu/social/main.jsp?catId=815&langId=de [COM:].

Europäische Kommission (Hg.) - Eurostat: Erwerbstätigenquote nach Geschlecht. Abrufbar unter: http://ec.europa.eu/eurostat/tgm/refreshTableAction.do?tab=table&plugin=1&pcode=t2020_10&language=de.

Europäische Kommission (Hg.) - Eurostat: Female Labour Market Participation (2013). Abrufbar unter: http://ec.europa.eu/europe2020/pdf/themes/31_labour_market_participation_for_women_02.pdf.

Europäische Kommission (Hg.) - Eurostat: Gender pay gap in unadjusted form. Abrufbar unter: http://ec.europa.eu/eurostat/tgm/table.do?tab=table&language=en&pcode=tsdsc340.

Europäische Kommission (Hg.) - Eurostat: Harmonisierte Arbeitslosenquote nach Geschlecht. Abrufbar unter: http://epp.eurostat.ec.europa.eu/tgm/refreshTableAction.do?tab=table&plugin=1&pcode=teilm020&language=de.

Europäische Kommission (Hg.): Ihre Rechte der Sozialen Sicherheit in Frankreich, 2013. Abrufbar unter: http://ec.europa.eu/employment_social/empl_portal/SSRinEU/Your%20social%20security%20rights%20in%20France_de.pdf.

Europäische Kommission (Hg.): Ihre Rechte der Sozialen Sicherheit in Schweden, 2013. Abrufbar unter: http://ec.europa.eu/employment_social/empl_portal/SSRinEU/Your%20social%20security%20rights%20in%20Sweden_de.pdf.

Europäische Kommission (Hg.): Labour market indicators: Germany. Abrufbar unter: http://ec.europa.eu/employment_social/eie/pdf/Labour-market-indicators-Germany.pdf.

Europäische Kommission (Hg.) - Eurostat: Langzeitarbeitslosenquote nach Geschlecht. Abrufbar unter: http://epp.eurostat.ec.europa.eu/tgm/refreshTableAction.do?tab=table&plugin=1&pcode=tsdsc330&language=de.

Europäische Kommission (Hg.) - Eurostat: Teilzeitbeschäftigte Personen – Insgesamt. Abrufbar unter: http://ec.europa.eu/eurostat/tgm/refreshTableAction.do?tab=table&plugin=1&pcode=tps00159&language=de.

Europäische Kommission (Hg.) - Eurostat: Total fertility rate (live births per woman), 1960–2012. Abrufbar unter: http://ec.europa.eu/eurostat/statistics-explained/index.php/File:Total_fertility_rate,_1960%E2%80%932012_%28live_births_per_woman%29_YB14.png.

Europäische Union (Hg.) – European Platform for Investing in Children: Schweden. Abrufbar unter: http://europa.eu/epic/countries/sweden/index_en.htm [EU:].

Färber, Gisela: Ehegattensplitting und Lohnsteuerkartenverfahren, in: Seel, Barbara (Hg.): Ehegattensplitting und Familienpolitik, Wiesbaden 2007, Seite 181–206.

Freie Demokratische Partei (FDP): Die Liberalen (Hg.): Bürgerprogramm 2013: Damit Deutschland stark bleibt. Abrufbar unter: http://www.fdp.de/files/408/B_rgerprogramm_A5_Online_2013-07-23.pdf.

Felix, Dagmar: Das neue Elterngeld – ein probates Mittel im Kampf gegen den demographischen Wandel? In: Recht der Jugend und des Bildungswesens 2008, Seite 165–177.

Felix, Dagmar: Das Ehegattensplitting und die Einheit der Rechtsordnung, in: Seel, Barbara (Hg.): Ehegattensplitting und Familienpolitik, Wiesbaden 2007, Seite 73–106.

Felix, Dagmar: Die Familienversicherung auf dem Prüfstand – verfassungsrechtliche Überlegungen zu § 10 Abs. 3 SGB V, in: Neue Zeitschrift für Sozialrecht 2003, Seite 624–629.

Fiebig, Stefan/Gallner, Inken/Mestwerdt,Wilhelm/Nägele, Stefan (Hg.): Kündigungsschutzrecht: Handkommentar, 4. Auflage, Baden-Baden 2012. [HaKo-Bearbeiter].

Fischermeier, Ernst: Die betriebsbedingte Kündigung nach den Änderungen durch das Arbeitsrechtliche Beschäftigungsförderungsgesetz, in: Neue Zeitschrift für Arbeitsrecht 1997, Seite 1089–1100.

Flügge, Sibylla: Die ungelöste Frauenfrage: Was wird aus dem Familienernährer? In: Scheiwe, Kirsten (Hg.): Soziale Sicherungsmodelle revisited: Existenzsicherung durch Sozial- und Familienrecht und ihre Geschlechterdimensionen, Baden-Baden 2007, Seite 185–196.

Försäkringskassan (Hg.): Child allowance [Barnbidrag] and large family supplement [flerbarnstillägg] [Barnbidrag och flerbarnstillägg]. Abrufbar unter:

http://www.forsakringskassan.se/wps/wcm/connect/07a63f80-05f7-4254-b294-71e9568f0999/4058_barnbidrag_flerbarnstillagg_eng.pdf?MOD=AJPERES.

Försäkringskassan (Hg.): Über die Sozialversicherung [Om socialförsäkringen]. Abrufbar unter: https://www.forsakringskassan.se/wps/wcm/connect/bd6b621d-2dbe-4a30-a4b0-dda53307caf2/Socialforsakringen_FK_4000_de.pdf?MOD=AJPERES&attachment=true&CACHE=NONE&CONTENTCACHE=NONE.

Frankfurter Allgemeine Zeitung v. 15.01.2011: Frankreich: Frauenquote für Unternehmen. Abrufbar unter: http://www.faz.net/aktuell/wirtschaft/unternehmen/frankreich-frauenquote-fuer-unternehmen-1576775.html.

Frankreich in Deutschland: Französische Botschaft (Hg.): Frankreich in Deutschland: Familienleistungen. Abrufbar unter: http://www.ambafrance-de.org/Familienleistungen.

Frankreich in Deutschland: Französische Botschaft (Hg.): Frankreich in Deutschland: Mindestlohn: Der SMIC in Frankreich. Abrufbar unter: http://www.ambafrance-de.org/Mindestlohn-Der-SMIC-in-Frankreich.

Frericks, Patricia: Angemessene und nachhaltige Renten für alle? Die geschlechtsspezifische Wirkung des deutschen Rentensystems, in: Brenke, Karl/Zimmermann, Klaus (Hg.): Deutsches Institut für Wirtschaftsforschung, Vierteljahreshefte zur Wirtschaftsforschung 02/2011 – Die Zukunft der Alterssicherung, Seite 119–132.

Fthenakis, Wassilios/Kalicki, Bernhard/Peitz, Gabriele: Paare werden Eltern. Die Ergebnisse der LBS-Familien-Studie, Opladen 2002.

Fuchs, Maximilian: Welche Maßnahmen empfehlen sich, um die Vereinbarkeit von Berufstätigkeit und Familie zu verbessern? Gutachten F für den 60. Deutschen Juristentag, Band I: Gutachten, München 1994.

Fuchsloch, Christiane: Frauenförderung durch Elterngeld – Wunsch und Wirklichkeit? In: Hohmann–Dennhardt, Christine/Körner, Marita/Zimmer, Reingard (Hg.): Geschlechtergerechtigkeit – Festschrift für Heide Pfarr, Baden-Baden 2010, Seite 378–391.

Geissler, Birgit: Ehe und Scheidung in der postindustriellen Gesellschaft: Biographische Schließung im Lebenslauf verheirateter Frauen, in: Forum Familienrecht 2011, Seite 391–402.

Gerlach, Irene: Familienpolitik, 2. Auflage, Wiesbaden 2010.

Gernhuber, Joachim: Neues Familienrecht - Eine Abhandlung zum Stil des jüngeren Familienrechts, Tübingen 1977.

Glockner, Rainer/Hoenes, Ute/Voucko-Glockner, Arndt/Weil, Klaus: Der neue Versorgungsausgleich, 2. Auflage, München 2009. [Glockner et al.].

Griese, Thomas/Preis, Ulrich/Kruchen, David: Neuordnung der geringfügigen Beschäftigung – Das sozialversicherungspflichtige Nettoarbeitsverhältnis als arbeitsmarkt- und sozialpolitische Alternative, in: Neue Zeitschrift für Arbeitsrecht 2013, Seite 113–122.

Groß, Ingrid: § 1381 BGB – Unbestimmtheit des Tatbestandes contra Ausweitung von Einzelfallkorrekturen: Erweiterung der Billigkeitsgründe zugunsten des Ausgleichsberechtigten, in: Familie Partnerschaft Recht 2007, Seite 175–179.

Grziwotz, Herbert: Zugewinnausgleich während der Ehe – Teilhabegerechtigkeit nur bei einer Scheidung? In: Schwab, Dieter/Dose, Hans-Joachim (Hg.): Familienrecht in Praxis und Theorie – Festschrift für Meo-Micaela Hahne, Bielefeld 2012, Seite 153–166.

Hase, Friedhelm: Sozialversicherung und Familie zwischen sozialem Ausgleich und staatlicher Verantwortung - Eine Untersuchung zu Möglichkeiten und Grenzen der Familienbegünstigungen im Rahmen des Rentenversicherungsrechts, in: DRV-Schriften 2003, Band 46, Sonderausgabe der DRV.

Henjes, Michael: Das neue Güterrecht, Köln 2010.

Hey, Johanna: Der neue Abzug für Kinderbetreuungskosten, in: Neue Juristische Wochenschrift 2006, Seite 2001–2006.

Hofmann, Hans/Hopfauf, Axel (Hg.): Kommentar zum Grundgesetz, 13. Auflage, Köln 2014. [Hofmann/Hopfauf-Bearbeiter].

Hohmann-Dennhardt, Christine: Berufliche Gleichstellung von Frauen – Notwendigkeit und Formen einer Regulierung, in: Hohmann–Dennhardt, Christine/ Körner, Marita/Zimmer, Reingard (Hg.): Geschlechtergerechtigkeit – Festschrift für Heide Pfarr, Baden-Baden 2010, Seite 235–249.

Hohmann-Dennhardt, Christine: Familienrechtliche Antworten auf veränderte Familienwelten, in: Forum Familienrecht 2007, Seite 174–185.

Hohmann-Dennhardt, Christine: Gleichberechtigung im Familienrecht, in: Forum Familienrecht 2006, Seite 15–23.

Hohnerlein, Eva Maria: Rollenleitbilder und Sozialleistungen – Probleme der eigenständigen Existenzsicherung von Frauen aus vergleichender Sicht, in: Dokumentation der Tagung „Eigenverantwortung, private und öffentliche Solidarität – Rollenleitbilder im Familien- und Sozialrecht im europäischen Vergleich", Berlin 2008, Seite 65–77.

Holst, Elke/Busch, Anne/Kröger, Lea: Deutsches Institut für Wirtschaftsforschung: Führungskräfte-Monitor 2012 (Update 2001–2010), Berlin 2012.

Hoppenz, Rainer: Reformbedarf und Reformbestrebungen im Zugewinnausgleich, In: FamRZ - Zeitschrift für das gesamte Familienrecht 2008, Seite 1889–1894.

Hoppenz, Rainer: Gesetzlicher Güterstand – dringender Reformbedarf? In: Deutscher Familiengerichtstag e.V. (Hg.): Vierzehnter Deutscher Familiengerichtstag vom 12. bis 15. September 2001 in Brühl, Ansprachen und Referate, Berichte und Ergebnisse der Arbeitskreise, Bielefeld 2003, Seite 71–72.

Huster, Stefan: Die ethische Neutralität des Staates: Eine liberale Interpretation der Verfassung, Tübingen 2002.

Institut der deutschen Wirtschaft Köln – Consult GmbH (Hg.): Kindergartenmonitor 2009/2010: Ein Vergleich der 100 größten Städte Deutschlands, Bericht der IW Consult GmbH Köln im Auftrag der Initiative Neue Soziale Marktwirtschaft (INMS), Köln 2010. Abrufbar unter: http://www.insm-kindergartenmonitor.de/files/Endbericht_Kindergartenmonitor.pdf [INSM: Kindergartenmonitor].

Initiative Neue Soziale Marktwirtschaft (INSM)/Zeitschrift ELTERN: Das Kindergarten-Gebühren-Profil von Frankfurt am Main 2009/2010. Abrufbar unter: http://www.insm-kindergartenmonitor.de/fs_s_frankfurt-am-main-fr.html [INSM: Kindergarten-Gebühren-Profil, FfM].

Isensee, Josef/Kirchhof, Paul (Hg.): Handbuch des Staatsrechts der Bundesrepublik Deutschland, Band VII: Freiheitsrechte, 3. Auflage, Heidelberg 2009. [HStR(VII)-Bearbeiter].

Jachmann, Monika: Familienbesteuerung kompakt, Stuttgart 2010.

Jachmann, Monika: Berücksichtigung von Kindern im Focus der Gesetzgebung, in: Finanz-Rundschau 2010, Seite 123–127.

Jachmann, Monika/Liebl, Klaus: Wesentliche Aspekte zur Familienbesteuerung, in: Deutsches Steuerrecht 2010, Seite 2009–2017.

Jaehrling, Karen: Alte Routinen, neue Stützen – Zur Stabilisierung von Geschlechterasymmetrien im SGB II, in: Jaehrling, Karen/Rudolph, Clarissa (Hg.): Grundsicherung und Geschlecht: Gleichstellungspolitische Befunde zu den Wirkungen von ‚Hartz IV', Münster 2012, Seite 39–56.

Jarass, Hans/Pieroth, Bodo: Grundgesetz für die Bundesrepublik Deutschland: Kommentar, 13. Auflage, München 2014. [Jarass/Pieroth-Bearbeiter].

Junggeburth, Peter: Das Unterhaltsrecht in Frankreich, in: Familie Partnerschaft Recht 2013, Seite 75–83.

Junggeburth, Peter: Länderbericht Frankreich, in: Dauner-Lieb, Barbara/Heidel, Thomas/Ring, Gerhard (Hg.): Nomos Kommentar BGB: Familienrecht, Band 4: §§ 1297–1921, 3. Auflage, Baden-Baden 2014. [NK-Länderbericht Frankreich].

Kaiser, Dagmar: Unterhaltspflichten in der Sozialauswahl, in: Konzen, Horst/Krebber, Sebastian/Raab, Thomas/Veit, Barbara/Waas, Bernd (Hg.): Festschrift für Rolf Birk zum siebzigsten Geburtstag, Tübingen 2008, Seite 283–314.

Keller, Matthias: Vereinbarkeit von Familie und Beruf, Ergebnisse des Mikrozensus 2013, Statistisches Bundesamt (Hg.), Wiesbaden 2015. Abrufbar unter: https://www.destatis.de/DE/Publikationen/WirtschaftStatistik/Bevoelkerung/VereinbarkeitFamilieBeruf_122014.pdf?__blob=publicationFile.

Kellner, Joakim: Das Rentensystem in Schweden, in: Friedrich-Ebert-Stiftung, Abteilung Arbeit und Sozialpolitik: Rentenpolitik in Europa: Welches Modell wird zur Leitidee von Reformen? Bonn 2001, Seite 37–52.

Kemper, Johanna: Leistungen für Familienarbeit in der Sozialversicherung – Bewertung der Ausgestaltung unter Gleichstellungsgesichtspunkten, in: Scheiwe,

Kirsten (Hg.): Soziale Sicherungsmodelle revisited: Existenzsicherung durch Sozial- und Familienrecht und ihre Geschlechterdimensionen, Baden-Baden 2007, Seite 113–130.

Kingreen, Thorsten: Zur Verfassungsmäßigkeit der §§ 2 und 4 Bundeselterngeldgesetz (BEEG): Rechtsgutachten im Auftrag der Ökologisch-Demokratischen Partei, Regensburg 2010. Abrufbar unter: https://www.oedp.de/fileadmin/user_upload/bundesverband/programm/programme/RechtsgutachtenElterngeldklage.pdf.

Klein, Anne/Schlechta, Bettina: Will die Unterhaltsrechtsreform den Wert der Frau auf ihre Gebärtüchtigkeit reduzieren? In: Familie Partnerschaft Recht 2005, Seite 496–502.

Klenner, Christina/Schmidt, Tanja: Minijobs - eine riskante Beschäftigungsform beim normativen Übergang zum „Adult-Worker-Model", in: WSI Mitteilungen: Zeitschrift des Wirtschafts- und Sozialwissenschaftlichen Instituts der Hans-Böckler-Stiftung 2012, Seite 22–31.

Koch, Elisabeth: Unterhalt, Zugewinn- und Versorgungsausgleich – sind unsere familienrechtlichen Ausgleichssysteme noch zeitgemäß? In: Juristische Rundschau 2008, Seite 309–312.

Kocher, Eva: Die Erwerbstätigkeit von Frauen und ihre Auswirkungen auf das Arbeitsrecht – oder um-gekehrt..., in: Rudolf, Beate (Hg.): Querelles: Jahrbuch für Frauen und Geschlechterforschung 2009 – Geschlecht im Recht: Eine fortbestehende Herausforderung, Göttingen 2009, Seite 216–246.

Kocher, Eva/Laskowski, Silke Ruth/Rust, Ursula/Weber, Ingrid: Gleichstellung der Geschlechter in der Privatwirtschaft – gibt es noch Handlungsbedarf des Gesetzgebers? In: Hohmann–Dennhardt, Christine/Körner, Marita/Zimmer, Reingard (Hg.): Geschlechtergerechtigkeit – Festschrift für Heide Pfarr, Baden-Baden 2010, Seite 117–146.

Kolbe, Wiebke: Elternschaft im Wohlfahrtsstaat – Schweden und die Bundesrepublik im Vergleich 1945–2000, Frankfurt am Main 2002.

Koppenfels–Spies, Katharina von: Unterhalt, Zugewinn, Versorgungsausgleich – Sind unsere familienrechtlichen Ausgleichssysteme noch zeitgemäß? In: Juristenzeitung 2008, Seite 801–811.

Körner, Marita: Frauen in die Aufsichtsräte – die skandinavischen Regelungen verbindlicher Teilhabe als Modell für Deutschland, in: Hohmann–Dennhardt, Christine/Körner, Marita/Zimmer, Reingard (Hg.): Geschlechtergerechtigkeit – Festschrift für Heide Pfarr, Baden-Baden 2010, Seite 218–231.

Krell, Gertraude: Entgelt(un)gleichheit: Grundfragen und Grundlagen, in: Krell, Gertraude/Ortlieb, Renate/Sieben, Barbara (Hg.): Chancengleichheit durch Personalpolitik: Gleichstellung von Frauen und Männern in Unternehmen und Verwaltungen, 6. Auflage, Wiesbaden 2011, Seite 331–342.

Krell, Gertraude/Winter, Regine: Anforderungsabhängige Entgeltdifferenzierung: Orientierungshilfen auf dem Weg zu einer diskriminierungsfreieren

Arbeitsbewertung, in: Krell, Gertraude/Ortlieb, Renate/Sieben, Barbara (Hg.): Chancengleichheit durch Personalpolitik - Gleichstellung von Frauen und Männern in Unternehmen und Verwaltungen, 6. Auflage, Wiesbaden 2011, Seite 343–360.

Lange, Knut Werner/Windthorst, Kai: Stiftung Familienunternehmen (Hg.): Gesetzliche Frauenquote in Unternehmen: Eine gesellschafts-, europa- und verfassungsrechtliche Untersuchung, München 2012. Abrufbar unter: http://www.familienunternehmen.de/media/public/pdf/studien/Studie_Stiftung_Familienunternehmen_Gutachten_Frauenquote_ebook.pdf.

Langenfeld, Christine: Geschlecht – Kein Thema mehr für das Recht? In: Das Deutsche Verwaltungsblatt 2010, Seite 1019–1028.

Laskowski, Silke Ruth: Kein Gleichstellungsgesetz für die Privatwirtschaft, in: Zeitschrift für Rechtspolitik 2001, Seite 504–508.

Leiber, Simone: Armutsvermeidung im Alter: Handlungsbedarf und Handlungsoptionen, in: WSI-Diskussionspapier Nr. 166: Wirtschafts- und Sozialwissenschaftliches Institut der Hans-Böckler-Stiftung, Düsseldorf 2009.

Leitner, Sigrid: Was wurde aus den armen Frauen? – Eine Zeitreise durch die feministische Sozialstaatskritik in Deutschland, in: Leitner, Sigrid/Ostner, Ilona/Schratzenstaller, Margit (Hg.): Wohlfahrtsstaat und Geschlechterverhältnis im Umbruch - Was kommt nach dem Ernährermodell? Wiesbaden 2004, Seite 28–43.

Leitner, Sigrid/Ostner, Ilona/Schratzenstaller, Margit: Was kommt nach dem Ernährermodell? Sozialpolitik zwischen Re-Kommodifizierung und Re-Familialisierung, in: Leitner, Sigrid/Ostner, Ilona/Schratzenstaller, Margit: Wohlfahrtsstaat und Geschlechterverhältnis im Umbruch- Was kommt nach dem Ernährermodell? Wiesbaden 2004, Seite 9–27. [Leitner et al.].

Lenze, Anne: Alleinerziehende unter Druck - Rechtliche Rahmenbedingungen, finanzielle Lage und Reformbedarf, Gütersloh 2014.

Letablier, Marie-Thérése/Jönsson, Ingrid: Kinderbetreuung und politische Handlungslogik, in: Gerhard, Ute/Knijn, Trudie/Weckwert, Anja (Hg.): Erwerbstätige Mütter- Ein europäischer Vergleich, München 2003, Seite 85–109.

Liebscher, Doris: Erwerbsarbeit – abhängige Beschäftigung in der außerhäuslichen Sphäre, in: Foljanty, Lena/Lembke, Ulrike: Feministische Rechtswissenschaft – Ein Studienbuch, 2. Auflage, Baden–Baden 2012, Seite 149–172.

Löhnig, Martin/Preisner, Mareike: Zur notwendigen Neugestaltung des Betreuungsunterhalts, in: FamRZ - Zeitschrift für das gesamte Familienrecht 2010, Seite 2029–2035.

Löhr, Kerstin/Serwe, Reinhard: Das Ehegattensplitting auf dem Prüfstand: Verfassungsrecht – Unionsrecht – EMRK, Baden–Baden 2011.

Luci, Angela: Frauen auf dem Arbeitsmarkt in Deutschland und Frankreich: Warum es Französinnen besser gelingt, Familie und Beruf zu vereinbaren, Berlin 2011.

Martinek, Hanne: Schweden: Vorbild für die Förderung individueller Existenzsicherung von Frauen, Working Paper Nummer 2 in der Reihe Working Papers des Projekts „Ernährermodell", Berlin 2006. Abrufbar unter: http://web.fu-berlin.de/ernaehrermodell/2_WorkingP_Hanne_1206-2.pdf.

Maunz, Theodor/Dürig, Günter (Hg.): Grundgesetz Kommentar, 75. Lieferung, September 2015. [Maunz/Dürig-Bearbeiter].

Maurer, Christine/Spangenberg, Ulrike: Der Grundsatz der Gleichberechtigung von Frauen und Männern im Einkommensteuerrecht, in: Zeitschrift des Deutschen Juristinnenbundes 2009, Seite 102–104.

Mecke, Christoph-Eric: Güterrechtliche Grundsatzfragen: Zur Legitimation und Dogmatik güterrechtlicher Teilhabe im Zeichen gesellschaftlichen Wandels und europäischer Harmonisierungsbestrebungen, in: Archiv für die civilistische Praxis 2011, Seite 886–929.

Meder, Stephan: Das geltende Ehegüterrecht – ein kritischer Aufriss, in: Brudermüller, Gerd/Dauner-Lieb, Barbara/Meder, Stephan (Hg.): Wer hat Angst vor der Errungenschaftsgemeinschaft? Auf dem Weg zu einem partnerschaftlichen Güterrecht, Göttingen 2013, Seite 13–22. [Meder (2013)].

Meder, Stephan: Individualisierung von Lebensverläufen und Verantwortungskooperation: Herausforderungen eines geschlechtergerechten Ehe-, Partnerschafts- und Familienrechts, in: Höffner, Joseph (Begr.)/Heimbach-Steins, Marianne (Hg.): Jahrbuch für Christliche Sozialwissenschaften, Münster 2012, Seite 139–169.

Meder, Stephan: Gesetzliches Güterrecht und sozialer Wandel - Grundgedanken der Zugewinngemeinschaft, ihr Verhältnis zum vertraglichen Güterrecht und ihre Zukunft in Europa, Baden-Baden 2011. [Meder (2011)].

Meder, Stephan: Grundprobleme und Geschichte der Zugewinngemeinschaft - Wandel der Rollenleitbilder und fortschreitende Individualisierung im Güterrecht, Halle an der Saale 2010. [Meder (2010)].

Mennel, Annemarie: Welche rechtlichen Maßnahmen sind vordringlich, um die tatsächliche Gleichstellung der Frau mit den Männern im Arbeitsleben zu gewährleisten? Teilgutachten D –Steuerrecht- für den 50. Deutschen Juristentag, Band I: Gutachten, München 1974; D 166–198.

Mennel, Annemarie/Förster, Jutta (Hg.): Steuern in Europa, Amerika und Asien, 101. Ergänzungslieferung, Stand November 2014, Berlin. [Bearbeiter (Kristoffersson/Strömberg für Schweden/Hellio et al. für Frankreich, Rn.)].

Metz, Bernhard: Das modifizierte Altersphasenmodell beim verlängerten Betreuungsunterhalt, in: Neue Juristische Wochenschrift 2009, Seite 1855–1859.

Mühling, Tanja/Rost, Harald/Rupp, Marina/Schulz, Florian: Kontinuität trotz Wandel- Die Bedeutung traditioneller Familienleitbilder für die Berufsverläufe von Müttern und Vätern, München 2006. [Mühling et al.].

Mühling, Tanja/Schwarze, Johannes: Familienpolitik in Deutschland, Frankreich und Schweden – Entstehungen, Zielsetzungen und Maßnahmen, in: Mühling, Tanja/Schwarze, Johannes (Hg.): Lebensbedingungen von Familien in Deutschland, Schweden und Frankreich – Ein familienpolitischer Vergleich, Opladen 2011, Seite 43–108. [Mühling/Schwarze].

Müller-Glöge, Rudi/Preis, Ulrich/Schmidt, Ingrid: Erfurter Kommentar zum Arbeitsrecht, 15. Auflage, München 2015. [ErfK-Bearbeiter].

Organisation for Economic Co-operation and Development (OECD) (Hg.): Family Database Enrolment in childcare and pre schools, 2014. Abrufbar unter: http://www.oecd.org/els/soc/PF3_2_Enrolment_in_childcare_and_preschools.pdf.

Organisation for Economic Co-operation and Development (OECD) (Hg.): Family Database Maternal employment rates, 2014. Abrufbar unter: http://www.oecd.org/els/family/LMF1_2_Maternal_Employment_Sep2014.pdf.

Ossenbühl, Fritz: Frauenquoten für Leitungsorgane in Privatunternehmen, in: Neue Juristische Wochenschrift 2012, Seite 417–422.

Papier, Hans-Jürgen/Heidebach, Martin: Die Einführung einer gesetzlichen Frauenquote für die Aufsichtsräte deutscher Unternehmen unter verfassungsrechtlichen Aspekten, in: Zeitschrift für Unternehmens- und Gesellschaftsrecht 2011, Seite 305–333.

Peschel-Gutzeit, Lore Maria: Familienrecht im Spannungsfeld zwischen Rechtssicherheit und Einzelfallgerechtigkeit, In: Deutscher Familiengerichtstag e.V. (Hg.): Elfter Deutscher Familiengerichtstag vom 27. bis 30. September 1995 in Brühl, Ansprachen und Referate, Berichte und Ergebnisse der Arbeitskreise, Bielefeld 1996, Seite 14–32.

Peuckert, Rüdiger: Familienformen im sozialen Wandel, 8. Auflage, Wiesbaden 2012.

Pfab, Alexander: Familiengerechte Besteuerung – Ein Plädoyer für ein Familiensplitting, in: Zeitschrift für Rechtspolitik 2006, Seite 212–216.

Pfarr, Heide (Hg.): Ein Gesetz zur Gleichstellung der Geschlechter in der Privatwirtschaft, Düsseldorf 2001. [Pfarr (2001)].

Pfarr, Heide: Die Frauenquote, in: Neue Zeitschrift für Arbeitsrecht 1995, Seite 809–813.

Pfarr, Heide: Quoten und Grundgesetz: Notwendigkeit und Verfassungsmäßigkeit der Frauenförderung, Baden-Baden 1988. [Pfarr (1988)].

Pfarr, Heide: Quotierung und Rechtswissenschaft, in: Däubler-Gmelin, Herta/Pfarr, Heide/Weg, Marianne (Hg.): „Mehr als nur gleicher Lohn!“ – Handbuch zur beruflichen Förderung von Frauen, Hamburg 1985. [Pfarr (1985)].

Pfarr, Heide/Fuchsloch, Christine: Verfassungsrechtliche Beurteilung von Frauenquoten, in: Neue Juristische Wochenschrift 1988, Seite 2201–2206.

Philipp, Ottmar: Frauenquote für Führungspositionen in der Wirtschaft, in: Europäische Zeitschrift für Wirtschaftsrecht 2011, Seite 612.

Pimminger, Irene: Existenzsichernde Beschäftigung von Frauen und Männern, Berlin 2012. Abrufbar unter: http://www.esf-gleichstellung.de/fileadmin/data/Downloads/Aktuelles/expertise_existenzsichernde_beschaeftigung.pdf [Pimminger (2012)].

Pimminger, Irene: Bedingungsloses Grundeinkommen aus einer geschlechterpolitischen Perspektive, Bonn 2008. [Pimminger (2008)].

Preis, Ulrich: Aktuelle Tendenzen im Kündigungsschutzrecht, in: Neue Zeitschrift für Arbeitsrecht 1997, Seite 1073–1089.

Prinz, Alois: Grundlagen der Familienbesteuerung unter Berücksichtigung finanzwissenschaftlicher Aspekte, in: Finanz-Rundschau 2010, Seite 105–113.

Rainer, Helmut/Bauernschuster, Stefan/Auer, Wolfang/Danzer, Natalia/Hancioglu, Mine/Hartmann, Bastian/Hener, Timo/Holzner, Christian/Ott, Notburga/Reinkowski, Janina/Werding, Martin: ifo- Forschungsberichte (59) – Leibniz-Institut für Wirtschaftsforschung an der Universität München e. V (Hg.) - Forschungsbereich Sozialpolitik und Arbeitsmärkte: Kinderbetreuung, München 2013.

Rainer, Helmut/Bauernschuster, Stefan/Danzer, Natalia/Hener, Timo/Holzner, Christian/Reinkowski, Janina: ifo- Forschungsberichte (60) – Leibniz-Institut für Wirtschaftsforschung an der Universität München e. V. (Hg.) - Forschungsbereich Sozialpolitik und Arbeitsmärkte: Kindergeld, München 2013.

Rakete-Dombek, Ingeborg: Gerechtigkeit im Güterrecht? Zur Anwendung von § 1381 BGB nach neuem Recht, in: Götz, Isabell, Schwenzer, Ingeborg; Seelmann, Kurt; Taupitz, Jochen (Hg.): Familie – Recht – Ethik: Festschrift für Gerd Brudermüller zum 65. Geburtstag, München 2014.

Rakete-Dombek, Ingeborg: Die Reform des Güterrechts – Was leistet die Reform, was leistet sie nicht? In: Familie Partnerschaft Recht 2009, Seite 270–273.

Rakete-Dombek, Ingeborg: Referat zum Thema: Unterhalt, Zugewinn, Versorgungsausgleich – Sind unsere familienrechtlichen Ausgleichssysteme noch zeitgemäß? Verhandlungen des siebenundsechzigsten Deutschen Juristentags Erfurt 2008, Band II/1, München 2009, I 27–43.

Redenius-Hövermann, Julia: Zur Frauenquote im Aufsichtsrat, in: Zeitschrift für Wirtschaftsrecht 2010, Seite 660–666.

Rehme, Eckhard: Der Regierungsentwurf eines Gesetzes zur Strukturreform des Versorgungsausgleichs (VAStrRefG) vom 21.5.2008 - ein Entwurf ohne kontroverse fachöffentliche Diskussion, klares materielles Ausgleichsprinzip und umfassende Bilanzierung der Vor- und Nachteile seiner Umsetzung- Teil 1, in: Familie und Recht 2008, Seite 370–374.

Rehme, Eckhard: Der Regierungsentwurf eines Gesetzes zur Strukturreform des Versorgungsausgleichs (VAStrRefG) vom 21.5.2008 - ein Entwurf ohne kontroverse fachöffentliche Diskussion, klares materielles Ausgleichsprinzip und umfassende Bilanzierung der Vor- und Nachteile seiner Umsetzung- Teil 3, in: Familie und Recht 2008, Seite 474–479.

Rehme, Eckhard: Rechtliche und rechtspolitische Bedenken gegen das Ausgleichskonzept im Diskussionsentwurf des Bundesministeriums der Justiz v. 29.8.2007 für ein Gesetz zur Strukturreform des Versorgungsausgleichs, in: FamRZ - Zeitschrift für das gesamte Familienrecht 2008, Seite 738–747.

Rieck, Jürgen (Hg.): Ausländisches Familienrecht, 12. Ergänzungslieferung München 2014. [Bearbeiter-Ausländisches FamR].

Riedmüller, Barbara: Soziale Sicherung der Frau - ein neues Leitbild, in: dbb Beamtenbund und Tarifunion Bundesfrauenvertretung (Hg.): Umbau der sozialen Sicherungssysteme - bleiben Frauen auf der Strecke? Dokumentation zur 4. frauenpolitischen Fachtagung der dbb Bundesfrauenvertretung, Berlin 2005, Seite 57–64. Abrufbar unter: http://www.dbb.de/fileadmin/pdfs/frauen/2012/dokumentation_fachtagung_4_sozialesicherungssysteme.pdf.

Riedmüller, Barbara/Schmalreck, Ulrike: Eigenständige Alterssicherung von Frauen: Bestandsaufnahme und Handlungsbedarf – Expertise im Auftrag der Abteilung Wirtschafts- und Sozialpolitik der Friedrich-Ebert-Stiftung, Bonn 2011.

Rost, Harald/Rupp, Marina/Schulz, Florian/Vaskovics, Laszlo: Bamberger–Ehepaar–Panel, Bamberg 2003.

Rostock, Petra/Wersig, Maria/Künzel, Annegret: Frauen diskriminierend oder geschlechterpolitisch konzeptionslos? Geschlechtsspezifische Auswirkungen von Hartz IV, in: Berghahn, Sabine (Hg.): Unterhalt und Existenzsicherung – Recht und Wirklichkeit in Deutschland, Baden-Baden 2007, Seite 305–322.

Röthel, Anne: Plädoyer für eine echte Zugewinngemeinschaft - Bemerkungen anlässlich des Regierungsentwurfs zur Änderung des Zugewinnausgleichs, in: Familie Partnerschaft und Recht 2009, Seite 273–276.

Ruland, Franz: Grundsätzliche Analyse der Reform des Versorgungsausgleichs, in: 15. Münsterische Sozialrechtstagung: Die Reform des Versorgungsausgleichs – Herausforderung und Chancen für die Praxis, Karlsruhe 2010, Seite 1–20.

Rust, Ursula: Fiktive (Nicht-)Hilfebedürftigkeit als eine Fehlsteuerung des SGB II, in: Hohmann–Dennhardt, Christine/Körner, Marita/Zimmer, Reingard (Hg.): Geschlechtergerechtigkeit – Festschrift für Heide Pfarr, Baden-Baden 2010, Seite 430–441. [Rust (2010/1)].

Rust, Ursula: Entlastung des Staates oder Entlastung der Familie? In: Knickrehm, Sabine/Rust, Ursula (Hg.): Arbeitsmarktpolitik in der Krise – Festgabe für Professor Dr. Karl-Jürgen Bieback, Baden-Baden 2010, Seite 141–162. [Rust (2010/2)].

Sachs, Michael: Gleichberechtigung und Frauenquoten, in: Neue Juristische Wochenschrift 1989, Seite 553–558.

Sachs, Michael: Grenzen des Diskriminierungsverbotes – Eine Untersuchung zur Reichweite des Unterscheidungsverbots nach Art. 3 Abs. 2 und 3 Grundgesetz, München 1987.

Sacksofsky, Ute: Familienbesteuerung in der steuerpolitischen Diskussion, in: Finanz-Rundschau 2010, Seite 119–123.

Sacksofsky, Ute: Rechtsgutachten für die Bundestagsfraktion BÜNDNIS 90/DIE GRÜNEN zur Frage: Vereinbarkeit des geplanten Betreuungsgeldes nach § 16 Abs. 4 SGB VIII mit Art. 3 und Art. 6 GG, 2010. Abrufbar unter: https://www.gruene-bundestag.de/fileadmin/media/gruenebundestag_de/themen_az/familie/betreuungsgeld_bleibt_unsinnige_massnahm/rechtsgutachten_betreuungsgeld.pdf [Sacksofsky (2010/1)].

Sacksofsky, Ute: Einfluss des Steuerrechts auf die Berufstätigkeit von Müttern, in: Hohmann-Dennhardt, Christine/Körner, Marita/Zimmer, Reingard (Hg.): Geschlechtergerechtigkeit – Festschrift für Heide Pfarr, Baden-Baden 2010, Seite 363–377. [Sacksofsky (2010/2)].

Sacksofsky, Ute: Grundgesetzkonforme Alternativen der Ausgestaltung der Familienförderung, in: Seel, Barbara (Hg.): Ehegattensplitting und Familienpolitik, Wiesbaden 2007, Seite 333–356. [Sacksofsky (2007)].

Sacksofsky, Ute: Reformbedarf bei der Familienbesteuerung, in: Familie, Partnerschaft und Recht 2003, Seite 395–400.

Sacksofsky, Ute: Steuerung der Familie durch Steuern, in: Neue Juristische Wochenschrift 2000, Seite 1896–1903.

Scheele, Alexandra: Eigenverantwortung als Leitprinzip: Das SGB II im Kontext wohlfahrtsstaatlicher Reformen, in: Jaehrling, Karen/Rudolph, Clarissa (Hg.): Grundsicherung und Geschlecht – Gleichstellungspolitische Befunde zu den Wirkungen von ‚Hartz IV', Münster 2012, Seite 24–38.

Scheiwe, Kirsten: Sozialpolitische Modelle der Existenzsicherung durch Sozial- und Familienrecht – Analysen ihrer Geschlechterdimension, in: Scheiwe, Kirsten (Hg.): Soziale Sicherungsmodelle revisited: Existenzsicherung durch Sozial- und Familienrecht und ihre Geschlechterdimensionen, Baden-Baden 2007, Seite 7–17.

Scheiwe, Kirsten: Soziale Sicherungsmodelle zwischen Individualisierung und Abhängigkeiten, in: Kritische Justiz 2005, Seite 127–151.

Scheiwe, Kirsten/Schuler-Harms, Margarete: Aktuelle Rechtsfragen der Familienpolitik aus vergleichender Sicht, Baden-Baden 2008.

Schladebach, Marcus/Stefanopoulou, Georgia: Frauenquote in Aufsichtsräten – Überlegungen zur Änderung des Aktienrechts, in: Betriebs-Berater – Zeitschrift für Recht und Wirtschaft 2010, Seite 1042–1047.

Schlünder, Rolf: Die Privilegierung des gesetzlichen Güterstands im Erbschaftssteuerrecht, in: Familie und Recht 2009, Seite 61–66.

Schmid, Josef: Wohlfahrtsstaaten im Vergleich – Soziale Sicherung in Europa: Organisation, Finanzierung, Leistungen und Probleme, 3. Auflage, Wiesbaden 2010.

Schuler-Harms, Margarete: Ehegattensplitting und (k)ein Ende? In: Familie Partnerschaft Recht 2012, Seite 297–301.

Schuler-Harms, Margarete: „Verfassungsrechtlich prekär": Expertise zur Einführung eines Betreuungsgeldes, Berlin 2010.

Schulz, Werner/Hauß, Jörn: Familienrecht Handkommentar, 2. Auflage, Baden-Baden 2012. [HK/FamR- Bearbeiter].

Schulz, Werner: Arbeitskreis 21: Reform des Zugewinnausgleichs, in: Deutscher Familiengerichtstag e.V. (Hg.): Sechzehnter Deutscher Familiengerichtstag vom 14 bis 17. September 2005 in Brühl, Ansprachen, Referate, Berichte und Ergebnisse der Arbeitskreise, Bielefeld 2006, Seite 165–166.

Schürmann, Heinrich: Die Entwicklung des materiellen Unterhaltsrechts nach der Rechtsprechung des Bundesgerichtshofs und der Oberlandesgerichte, in: FamRZ - Zeitschrift für das gesamte Familienrecht 2014, Seite 981–998.

Schürmann, Heinrich: Generelle Befristung des nachehelichen Unterhalts – eine überfällige Reform? In: Familie Partnerschaft Recht 2005, Seite 492–496.

Schwab, Dieter: Zur Reform des Unterhaltsrechts, in: FamRZ - Zeitschrift für das gesamte Familienrecht 2005, Seite 1417–1425.

Schwab, Dieter: Der Vermögensausgleich bei Trennung und Scheidung - ein unbeackertes Reformfeld des Gesetzgebers? In: Deutscher Familiengerichtstag e.V. (Hg.): Elfter Deutscher Familiengerichtstag vom 27. bis 30. September 1995 in Brühl, Ansprachen und Referate, Berichte und Ergebnisse der Arbeitskreise, Bielefeld 1996, Seite 33–61.

Schwedisches Institut (Hg.): Kinderbetreuung in Schweden, Stockholm 2005. Abrufbar unter: http://www.brunnvalla.ch/schweden/Kinderbetreuung_in_Schweden_TS86l.pdf.

Seiler, Christian: Grundzüge eines öffentlichen Familienrechts, Tübingen 2008. [Seiler (2008)].

Seiler, Christian: Verfassungs- und systemgerechte Besteuerung von Ehe und Familie – Bestandsaufnahme und Reformerwägungen, in: Seel, Barbara (Hg.): Ehegattensplitting und Familienpolitik, Wiesbaden 2007, Seite 7–36. [Seiler (2007)].

Seiler, Christian: Das Elterngeld im Lichte des Grundgesetzes, in: Neue Zeitschrift für Verwaltungsrecht 2007, Seite 129–134.

Sevice-public.fr: Le site officiel de l'administration française (Hg.): Allocation de solidarité aux personnes âgées (Aspa): conditions d'attribution. Abrufbar unter: http://vosdroits.service-public.fr/particuliers/F16871.xhtml.

Sevice-public.fr: Le site officiel de l'administration française (Hg.): Allocation de solidarité spécifique (ASS): montant et conditions de versement. Abrufbar unter: http://vosdroits.service-public.fr/particuliers/F12484.xhtml.

Sevice-public.fr: Le site officiel de l'administration française (Hg.): Complément de libre choix d'activité (CLCA). Abrufbar unter: http://vosdroits.service-public.fr/particuliers/F313.xhtml.

Sevice-public.fr: Le site officiel de l'administration française (Hg.): Complément optionnel de libre choix d'activité (Colca). Abrufbar unter: http://vosdroits.service-public.fr/particuliers/F15110.xhtml.

Simon, Dietrich V.: Die neuen Leitbilder im Ehe- und Familienrecht und ihre Konsequenzen für die Familie, in: Schweitzer von, Rosemarie (Hg.): Leitbilder für Familie und Familienpolitik – Festgabe für Helga Schmucker, Berlin 1981, Seite 27–40.

Sozialdemokratische Partei Deutschlands (SPD) Parteivorstand (Hg.): SPD: DAS WIR ENTSCHEIDET, Das Regierungsprogramm 2013–2017, Berlin 2013. Abrufbar unter: http://www.spd.de/linkableblob/96686/data/20130415_regierungsprogramm_2013_2017.pdf.

Spangenberg, Ernst: Abschied vom Altersphasenmodell - Anmerkung zum Urteil des Bundesgerichtshofs vom 18. März 2009 - XII ZR 74/08, in: Zeitschrift für Kindschaftsrecht und Jugendhilfe 2009, Seite 246–247.

Spangenberg, Ulrike: Ehe-interne Verteilung von Einkommen: Recht und Realität, in: Seel, Barbara (Hg.): Ehegattensplitting und Familienpolitik, Wiesbaden 2007, Seite 55–71. [Spangenberg (2007)].

Spangenberg, Ulrike: Neuorientierung der Ehebesteuerung: Ehegattensplitting und Lohnsteuerverfahren, Düsseldorf 2005. [Spangenberg (2005)].

Spegele, Christoph: Nach der Reform des gesetzlichen Güterrechts durch das Gesetz zur Änderung des Zugewinnausgleichs- und Vormundschaftsrechts: Besteht Bedarf für eine erneute Reform? Frankfurt am Main 2011.

Spiegel Online (20.03.2015): Gleiche Bezahlung für Frauen: Schwesig will Gesetz noch in diesem Jahr durchsetzen. Abrufbar unter: http://www.spiegel.de/politik/deutschland/manuela-schwesig-will-entgeltgleichheit-gesetz-2015-durchsetzen-a-1024661.html.

Spindler, Gerald/Brandt, Kathrin: Verfassungsrechtliche Zulässigkeit einer Gleichstellungsquote im Aufsichtsrat der börsennotierten AG, in: Neue Zeitschrift für Gesellschaftsrecht 2011, Seite 401–405.

Spiolek, Ursula: Elterngeld für nach der Geburt des Kindes gleichzeitig teilzeitbeschäftigte Elternteile, Anmerkung zu Bundessozialgericht, Urteil v. 15.12.2011 – B 10 EG 1/11 R, in: juris PraxisReport Sozialrecht 25/2012, Anmerkung Nr. 3.

Sproß, Cornelia/Lang, Kristina: Länderspezifische Ausgestaltung von Aktivierungspolitiken- Chronologie und gesetzliche Grundlagen, IAB Forschungsbericht 9/2008. Abrufbar unter: http://doku.iab.de/forschungsbericht/2008/fb0908.pdf.

Stadt Frankfurt am Main (Hg.): Kita-Elternentgelte. Abrufbar unter: http://www.frankfurt.de/sixcms/detail.php?id=2773&_ffmpar[_id_inhalt]=20796.

Statistisches Bundesamt (DESTATIS) (Hg.): Öffentliche Sozialleistungen: Statistik zum Elterngeld – Beendete Leistungsbezüge für im Jahr 2012 geborene Kinder (Jan. 2012 bis Okt. 2014), Wiesbaden 2014. Abrufbar unter: https://www.destatis.de/DE/Publikationen/Thematisch/Soziales/Elterngeld/ElterngeldGeburtenJ_5229201129004.pdf?__blob=publicationFile.

Statistisches Bundesamt (DESTATIS) (Hg.): Statistisches Jahrbuch: Deutschland und Internationales, Wiesbaden 2015. Abrufbar unter: https://www.destatis.de/DE/Publikationen/StatistischesJahrbuch/StatistischesJahrbuch2015.pdf?__blob=publicationFile.

Statistisches Bundesamt (DESTATIS) (Hg.): Frauendomäne Teilzeitarbeit – Wunsch oder Notlösung? Wiesbaden 2009. Abrufbar unter: https://www.destatis.de/DE/Publikationen/STATmagazin/Arbeitsmarkt/2009_04/2009_04PDF.pdf?__blob=publicationFile.

Statistisches Bundesamt (DESTATIS) (Hg.): Elterngeld für Geburten 2007 nach Kreisen, Wiesbaden 2008. Abrufbar unter: https://www.destatis.de/DE/Publikationen/Thematisch/Soziales/Elterngeld/ElterngeldGeburtenKreise5229204077004.pdf?__blob=publicationFile.

Statistisches Bundesamt (DESTATIS) (Hg.): Wo bleibt die Zeit – Die Zeitverwendung der Bevölkerung in Deutschland 2001/02, Wiesbaden 2003. Abrufbar unter: https://www.destatis.de/DE/Publikationen/Thematisch/EinkommenKonsumLebensbedingungen/Zeitbudgeterhebung/WobleibtdieZeit5639101029004.pdf?__blob=publicationFile.

Stein, Peter: Geschlechterspezifische Aspekte des Kündigungsschutzes, in: Hohmann–Dennhardt, Christine/Körner, Marita/Zimmer, Reingard (Hg.): Geschlechtergerechtigkeit – Festschrift für Heide Pfarr, Baden-Baden 2010, Seite 279–295.

Stiegler, Barbara: Vorsorgender Sozialstaat aus der Geschlechterperspektive, in: WISO direkt- Analysen und Konzepte zur Wirtschafts- und Sozialpolitik 2007, Seite 1–4.

Stolz-Willig, Brigitte: Familie und Arbeit zwischen Modernisierung und (Re-) Traditionalisierung, in: Hertzfeldt, Hella/Schäfgen, Katrin/Veth, Silke (Hg.): GeschlechterVerhältnisse – Analysen aus Wissenschaft, Politik und Praxis, Berlin 2004, Seite 124–138.

Stüber, Katharina: Die Frauenquote ist da – Das Gesetz zur gleichberechtigten Teilhabe und die Folgen für die Praxis, in: Deutsches Steuerrecht 2015, Seite 947–954.

Suck, Julia: Unterschiede, die einen Unterschied machen: Der Zivile Solidaritätspakt (PACS) und die Eingetragene Lebenspartnerschaft – Anmerkungen im deutsch-französischen Vergleich, in: Feministische Studien 2010, Seite 229–242.

Veil, Mechthild: Kinderbetreuungskulturen in Europa: Schweden, Frankreich, Deutschland, in: Aus Politik und Zeitgeschichte B44/2003, Seite 12–22.

Veil, Mechthild: Alterssicherung von Frauen in Deutschland und Frankreich: Reformperspektiven und Reformblockaden, Berlin 2002.

Vereinigte Lohnsteuerhilfe e. V. (Lohnsteuerhilfeverein) (Hg.): Vergleich: Ehegattensplitting vs. Familiensplitting, Infografik. Abrufbar unter: http://www.vlh.de/fileadmin/ig_pdf/familiensplitting.pdf.

Viefhues, Wolfram: Neuerungen durch das Gesetz zur Strukturreform des Versorgungsausgleichs: Der neue Versorgungsausgleich, in: Neue Wirtschaftsbriefe 2009, Seite 1839–1848.

Vollmer, Franziska: Zur Verfassungsmäßigkeit des Ehegattensplittings, in: Seel, Barbara (Hg.): Ehegattensplitting und Familienpolitik, Wiesbaden 2007, Seite 37–53. [Vollmer (2007)].

Vollmer, Franziska: Verfassungsrechtliche Fragen der Ehe- und Familienbesteuerung – Das Ehegattensplitting ist nicht geboten, sondern wirft eine Vielzahl verfassungsrechtlicher Probleme auf, in: Althammer, Jörg/Klammer, Ute (Hg.): Ehe und Familie in der Steuerrechts- und Sozialordnung, Tübingen 2006, Seite 73–92. [Vollmer (2006)].

Wagenhals, Gerhard: Auswirkungen einer Reform des Ehegattensplittings, in: Seel, Barbara (Hg.): Ehegattensplitting und Familienpolitik, Wiesbaden 2007, Seite 239–267.

Wagner, Norbert: Familienpolitik und Kinderbetreuung - Frankreich Klassenbester? Konrad-Adenauer-Stiftung Paris (Hg.), Paris 2004. Abrufbar unter: http://www.kas.de/wf/doc/kas_4766-544-1-30.pdf?040607125119.

Waltermann, Raimund: Reformen im Niedriglohnsektor – Konzeptionelle Anforderungen aus der Sicht der Wissenschaft, in: Die Sozialgerichtsbarkeit 2011, Seite 305–310.

Waltermann, Raimund: Abschied vom Normalarbeitsverhältnis? Welche arbeits- und sozialrechtlichen Regelungen empfehlen sich im Hinblick auf die Zunahme neuer Beschäftigungsformen und die wachsende Diskontinuität von Erwerbsbiographien? Gutachten B zum achtundsechzigsten Deutschen Juristentag, Band 1: Gutachten, München 2010.

Weilert, Katarina: Verfassungsrechtliche Überlegungen zur Berechnung des Elterngeldes, in: Deutsches Verwaltungsblatt 2010, Seite 164–172.

Wellenhofer, Marina: Zum Zugewinnausgleichsanspruch einer geschiedenen Ehefrau hinsichtlich eines Lottogewinns des Ehemannes, Anmerkung zu Bundesgerichtshof, Beschluss v. 16.10.2013 - XII ZB 277/12; in: Juristenzeitung 2014, Seite 311–312.

Wellenhofer, Marina: Zur aktuellen Entwicklung des Ehegattenunterhaltsrechts, in: FamRZ - Zeitschrift für das gesamte Familienrecht 2011, Seite 685–692.

Wellenhofer, Marina: Unterhalt, Zugewinn- und Versorgungsausgleich – Sind unsere familienrechtlichen Ausgleichssysteme noch zeitgemäß? In: Juristische Ausbildung 2008, Seite 647–653.

Wellenhofer, Marina: Die Unterhaltsrechtsreform nach dem Urteil des BVerfG zum Betreuungsunterhalt, in: FamRZ - Zeitschrift für das gesamte Familienrecht 2007, Seite 1282–1289.

Wendl, Philipp/Dose, Hans-Joachim (Hg.): Das Unterhaltsrecht in der familienrichterlichen Praxis – Die neuere Rechtsprechung des Bundesgerichtshofs und die Leitlinien der Oberlandesgerichte zum Unterhaltsrecht und zum Verfahren in Unterhaltsprozessen, 9. Auflage, München 2015.

Wengler, Annelene/Trappe, Heike/Schmitt, Christian: Alles wie gehabt? Zur Aufteilung von Hausarbeit und Elternaufgaben in Partnerschaften, in: Comparative Population Studies - Zeitschrift für Bevölkerungswissenschaft 2009, Seite 57–78.

Wersig, Maria: Der unsichtbare Mehrwert: Unbezahlte Arbeit und ihr Lohn, in: Foljanty, Lena/Lembke, Ulrike (Hg.): Feministische Rechtswissenschaft – Ein Studienbuch, 2. Auflage, Baden–Baden 2012, Seite 173–196. [Wersig (2012)].

Wersig, Maria: Vom Regen in die Traufe? – Ehegattensplitting und Familiensplitting, in: Forum Recht 04/2007, Seite 115–117.

Wersig, Maria: Die Schnittstellen des Ehegattenunterhalts zum Arbeits-, Steuer- und Sozialrecht: Ehezentrierung als Grundlage des starken deutschen männlichen Ernährermodells, in: Berghahn, Sabine (Hg.): Unterhalt und Existenzsicherung – Recht und Wirklichkeit in Deutschland, Baden-Baden 2007, Seite 275–288. [Wersig (2007/1)].

Wersig, Maria: Gleichstellungspolitischer Durchbruch oder Kompromisspaket? Die Einführung des Elterngeldes, in: Scheiwe, Kirsten (Hg.): Soziale Sicherungsmodelle revisited: Existenzsicherung durch Sozial- und Familienrecht und ihre Geschlechterdimensionen, Baden-Baden 2007, Seite 131–142. [Wersig (2007/2)].

Wick, Hartmut: Die Rechtsprechung zum neuen Versorgungsausgleich – Teil 3 - in: Familie und Recht 2011, Seite 555–561.

Wick, Hartmut: Der Versorgungsausgleich nach der Strukturreform, in: Familie und Recht 2009, Seite 482–496.

Wieland, Joachim: Verfassungsfragen des Betreuungsgeldes: Rechtsgutachten für die Fraktion der SPD im Deutschen Bundestag, 2012. Abrufbar unter: http://www.spdfraktion.de/sites/default/files/gutachten_wieland_verfassungsfragen_des_betreuungsgeldes_august_2012-1.pdf.

Wieland, Joachim: Ist eine Quotenregelung zur Erhöhung des Anteils der Frauen in Aufsichtsräten mit dem Grundgesetz und Europarecht vereinbar? In: Neue Juristische Wochenschrift 2010, Seite 2408–2410.

Willert, Michaela: Alterssicherung von Frauen im europäischen Vergleich: Armutsrisiken und neue Ungleichheiten – oder doch die alten? In: Dackweiler, Regina-Maria/Schäfer, Reinhild: Wohlfahrtsstaatlichkeit und Geschlechterverhältnisse aus feministischer Perspektive, Münster 2010, Seite 108–130.

Willutzki, Siegfried: Die neue Rangfolge im Unterhaltsrecht – ein Beitrag pro Reform, in: Familie Partnerschaft Recht 2005, Seite 505–508.

Winhard, Christoph: Das Ehegattensplitting – Ein Dauerbrenner der steuerpolitischen Diskussion, in: Deutsches Steuerrecht 2006, Seite 1729–1733.

Winter, Regine: Diskriminierungsfreie(re) Entgeltgestaltung – leider immer noch ein Prinzip ohne Praxis, in: Hohmann–Dennhardt, Christine/Körner, Marita/Zimmer, Reingard (Hg.): Geschlechtergerechtigkeit – Festschrift für Heide Pfarr, Baden-Baden 2010, Seite 320–333.

Worthmann, Georg: Erwerbsintegration von Frauen im SGB II – Kurzfristige Strategien statt Gleichstellung, in: Jaehrling, Karen/Rudolph, Clarissa (Hg.): Grundsicherung und Geschlecht - Gleichstellungspolitische Befunde zu den Wirkungen von ‚Hartz IV', Münster 2012, Seite 102–116.

Wrase, Michael/Klose, Alexander: Gleichheit unter dem Grundgesetz, in: Foljanty, Lena/Lembke, Ulrike (Hg.): Feministische Rechtswissenschaft – Ein Studienbuch, 2. Auflage, Baden–Baden 2012, Seite 89–108.

Zimmer, Reingard: Geringfügige Beschäftigung von Frauen – ein prekärer Zustand, in: Hohmann-Dennhardt/Körner, Marita/Zimmer, Reingard (Hg.): Geschlechtergerechtigkeit – Festschrift für Heide Pfarr, Baden-Baden 2010, Seite 296–310.

Zwanziger, Bertram/Altman, Silke/Schneppendahl, Heike: Kündigungsschutzgesetz – Basiskommentar zu KSchG, §§ 622, 623 und 626 BGB, §§ 102, 103 BetrVG, 4. Auflage, Frankfurt am Main 2015.

Die Internetquellen wurden zuletzt aufgerufen am 08.05.2016 um 11:00 Uhr

A. Einleitung

I. Problemdarstellung

Das Leitbild der Hausfrauenehe[1] wurde mit dem ersten Eherechtsänderungsgesetz zum 01.07.1977 abgeschafft - Oder etwa nicht? Mit der einschneidenden Familienrechtsreform war das Ziel verfolgt worden, die Gleichberechtigung der Geschlechter im Ehe- und Scheidungsfolgenrecht durchzusetzen. Dies sollte unter anderem mithilfe des Verzichts auf das Leitbild der Hausfrauenehe erreicht werden. Nach Ansicht der Reformer konnte dieses Leitbild die bestehenden gesellschaftlichen Verhältnisse nicht mehr abbilden, da die Hälfte der verheirateten Frauen berufstätig war und häufig auch nach einer Berufsunterbrechung wieder an den Arbeitsplatz zurückkehrte.[2] Die Förderung der eigenständigen Sicherung der Frau, unabhängig von einem Familienernährer, war seit den 70er Jahren immer wieder auf der politischen Tagesordnung anzutreffen.[3] Infolge dieser Entwicklungen könnte vermutet werden, dass die Gleichstellung der Geschlechter im deutschen Familienrecht mittlerweile verwirklicht wurde.

Kaum ein Rechtsgebiet ist so stark vom gesellschaftlichen Wandel geprägt wie das Familienrecht. Seit Bestehen der BRD haben die Lebensverhältnisse von Frauen und Männern eine enorme Veränderung vollzogen. Diese wurde Ende der 70er Jahre auf die Formel „Vom Patriarchat zur Partnerschaft“ gebracht. Dieses Postulat wurde aber nicht so konsequent umgesetzt, wie es anmutete. Je nachdem welche Lebensbereiche und welche Gruppen von Frauen und Männern betrachtet werden, ist ein unterschiedliches Tempo bei der Gleichstellung der Geschlechter zu beobachten. So ist etwa die Integration von kinderlosen Frauen ins Erwerbsleben weit vorangeschritten, bei der Erwerbsbeteiligung von Müttern hinkt Deutschland im Vergleich zu anderen europäischen Staaten aber noch hinterher. Die stärkere Erwerbsorientierung von Frauen und auch Müttern hat nicht automatisch eine geschlechtergerechte Aufgabenteilung in den Familien nach sich gezogen.[4] Fragt man Paare mit Kindern in Deutschland, welche familiäre Aufgabenteilung sie sich wünschen, wird klar, dass eine Diskrepanz zwischen gewünschter und tatsächlich praktizierter Arbeitsteilung besteht. Die traditionelle Hausfrauenehe ist nur von sechs Prozent der Mütter mit Kindern unter fünf Jahren gewollt, tatsächlich praktiziert wird dieses Modell jedoch von 17 Prozent. 44 Prozent der Befragten wünschen sich, dass der Mann in Vollzeit arbeitet und die Frau in Teilzeit, ausgeübt wird es dann aber von 50 Prozent der Paare.[5] Die Zahlen machen deutlich, dass Wunsch und

1 Im Folgenden auch als „traditionelles Ehemodell“/„Ernährer-/Hausfrauen-/oder Familienernährermodell“ bezeichnet.
2 BT Drucks 7/650, S. 59; BT Drucks 7/4361, S. 7 f.
3 Scheiwe, S. 7.
4 BMFSFJ: Gender Datenreport, S. 13.
5 Eichhorst/Thode (2010), S. 40.

Wirklichkeit bezüglich der familiären Arbeitsteilung oft nicht zusammenpassen. Das lässt vermuten, dass die Betroffenen die vom Staat propagierte Wahlfreiheit aufgrund äußerer Umstände nicht ausleben können.

Dieser Vermutung ging Jahre später (2004–2006) das Forschungsprojekt „Ernährermodell“ unter der Leitung von Sabine Berghahn nach. Untersucht wurden die Regelungen an den Schnittstellen zwischen dem ehelichen Unterhaltsrecht und den Bereichen des Sozial-, Arbeits-, und Steuerrechts, die als besonders wichtig für die wirtschaftliche Situation von Paaren, Individuen und Familien gelten. Ergebnis der Forschungen war, dass eine konsequente Gleichstellung von Frauen in der Existenzsicherung wegen der Orientierung am Hausfrauenmodell nicht zu verwirklichen war.[6] Im Ergebnis lag Deutschland, was die Fortentwicklung der Geschlechterverhältnisse im Erwerbsleben und in der Existenzsicherung betraf, im Vergleich zu anderen europäischen Staaten deutlich zurück. Im Jahr 2006 konnte lediglich eine Frauenerwerbstätigenquote von 65 Prozent verzeichnet werden, während Schweden und Norwegen bereits jeweils eine Quote von 75 Prozent vorweisen konnten.[7]

Die Doppelbelastung durch Familie und Beruf entpuppt sich auch heute noch für eine Vielzahl von Frauen als Falle. Einerseits wollen sie finanziell unabhängig und beruflich genauso erfolgreich sein wie Männer. Andererseits möchten sie ihre Kinder in den ersten Jahren überwiegend persönlich betreuen. Der dadurch bedingte (vorübergehende) Ausstieg aus dem Beruf führt jedoch unweigerlich zu einer finanziellen Abhängigkeit und schmälert die Aussichten auf eine eigene berufliche Karriere. Außerdem steigt das Risiko der Altersarmut und erneuter finanzieller Abhängigkeit. Die Vielzahl der Männer ist zwar dazu bereit, finanziell für die Familie aufzukommen. Diese Bereitschaft endet jedoch in der Regel nach einer Trennung. Erst dann offenbart sich die weibliche Abhängigkeit vom „Familienernährer“ als Problem. In der Folge ist die Frau von einem Unterhaltsschuldner abhängig, dessen Zahlungsmoral mit wechselnder Stimmung und finanzieller Leistungsfähigkeit schwankt.[8]

Die fehlende individuelle Existenzsicherung der Frauen schlägt auch auf die nachehelichen Ausgleichssysteme, namentlich Unterhalt, Zugewinn- und Versorgungsausgleich, durch. Immerhin verdoppelt sich die Armutsquote von Müttern im ersten Jahr nach der Scheidung.[9] Die Ausgleichssysteme orientierten sich ursprünglich am traditionellen Eheleitbild.[10] Die nacheheliche Existenzsicherung fällt vornehmlich in den Verantwortungsbereich des Ex-Ehepartners. Deshalb werden die nachehelichen Ausgleichssysteme vielfach kritisiert. Es wird zunehmend hinterfragt, ob sie angesichts der Pluralität der Lebensformen noch zeitgemäß sind.[11] Hier hat jedoch

---

6 Berghahn et al., Projektbericht, S. 5 f.

7 COM: Erwerbstätigenquoten nach Geschlecht.

8 Flügge, S. 185.

9 BT Drucks 17/6240, S. 120.

10 Wellenhofer, JURA 2008, 647 (648); Dethloff, A 9.

11 Dethloff, Gutachten A zum 67. Deutschen Juristentag; dies. NJW/Beilage 2008, 5; Born, NJW 2008, 2289; Koch, JR 2008, 309; Koppenfels-Spies, JZ 2008, 801; Wellenhofer, JURA 2008, 647.

bereits ein Umbruch eingesetzt: Seit der letzten Unterhaltsrechtsreform verlangt das Gesetz mehr Eigenverantwortung des Unterhaltsempfängers. Er soll nur ausnahmsweise dann einen Unterhaltsanspruch gegen seinen Ehegatten haben, wenn er *außerstande* ist, sich selbst zu unterhalten (§ 1569 BGB). Vor der Reform konnte sich der Unterhaltsempfänger darauf verlassen, dass er seinen in der Ehe erlangten Lebensstandard auch nach der Scheidung noch beibehalten würde.[12] Die Reform war nach Ansicht des Gesetzgebers notwendig, da das geltende Recht die gewandelten gesellschaftlichen Verhältnisse und Wertevorstellungen im Hinblick auf die Geschlechterbeziehungen nicht mehr abbilden konnte.[13]

Es ist jedoch bereits zweifelhaft, ob der Wandel der Wertvorstellungen tatsächlich einen Wandel der Geschlechterbeziehungen zur Folge hatte. Zudem stellt sich die Frage, ob die Unterhaltsrechtsreform tatsächlich als Spiegel der bestehenden Lebensverhältnisse gesehen werden kann und wie sich Zugewinn- und Versorgungsausgleich zur Reform verhalten.

II. Forschungsziel

Die Bearbeitung geht eingangs der Frage nach, inwieweit die Geschlechtergerechtigkeit innerhalb der familienrechtlichen Gesetzgebung und anderen Gesetzen, die Schnittstellen zum Familienrecht aufweisen, inzwischen verwirklicht wurde. Dabei baut die Arbeit auf der Annahme auf, dass die formale Gleichberechtigung verwirklicht ist. Die gesetzlichen Regelungen werden dahingehend analysiert, ob sie trotz ihrer neutralen Formulierung dazu geeignet sind, typischerweise ein Geschlecht zu benachteiligen, ob also eine mittelbare Diskriminierung festgestellt werden kann. Hierfür wird untersucht, ob die bestehenden Gesetze sich noch immer an der traditionellen Aufgabenteilung orientieren. Dabei soll das traditionelle Ernährermodell im Fokus der Arbeit stehen. Es ist die These aufgestellt worden, dass gerade dieses eine Gleichstellungsbarriere im deutschen Recht sei.[14] Zudem wird erforscht, wie häufig die traditionelle Arbeitsaufteilung in den Ehen noch gelebt wird und welche Umstände dafür ursächlich sind. Sofern sich das Ernährermodell auch heute noch als Gleichstellungshindernis für eine geschlechtergerechte Familienpolitik erweist, soll im nächsten Schritt überlegt werden, wie dieses überwunden werden kann. Hierfür gilt es Reformvorschläge zu entwickeln. Dabei ist auch von Interesse, welche Regelungen andere europäische Länder für die Gleichstellung von Frauen ergriffen haben. Außerdem ist von Bedeutung, welche Konsequenzen die Abkehr vom traditionellen Leitbild für die familienrechtlichen Ausgleichssysteme hätte.

12 Berghahn, Streit 2000, 152 (153).
13 BT Drucks 16/1830, S. 12.
14 Berghahn et al., Projektbericht.

B. Das männliche Ernährermodell in Deutschland

Das Ernährermodell wird in der feministischen Sozialpolitikforschung seit jeher als „Grundpfeiler der Geschlechterungleichheit im modernen Wohlfahrtsstaat" betrachtet.[15] Die Erwerbsarbeitszentriertheit des sozialen Sicherungssystems und die an die Familie gebundene, durch persönliche Abhängigkeiten geprägte, Existenzsicherung von Frauen werden als elementare Ursachen ausgemacht.[16]

I. Das traditionelle Ernährermodell

Zunächst ist herauszuarbeiten, was unter dem in Rede stehenden Ernährermodell zu verstehen ist und welche Rolle es im deutschen Rechtssystem einnimmt.

1. Definition

Kennzeichen des traditionellen Ernährermodells ist die strikte Trennung von Erwerbs- und Familienarbeit innerhalb der ehelichen Lebensgemeinschaft. Die Aufteilung der verschiedenen Sphären ist geschlechtsabhängig: Typischerweise sind die Frauen für die Reproduktions- und Familienarbeit zuständig, während die Männer die Sphäre der bezahlten Erwerbsarbeit übernehmen und damit die Rolle des Familienernährers einnehmen.[17] Der Mann unterliegt in diesem System in der Regel einem Normalarbeitsverhältnis[18]. Somit kommt er unmittelbar in den Genuss der von diesem Arbeitsverhältnis abhängigen Sozialversicherungsleistungen wie Kranken-, Arbeitslosen- und Rentenversicherung. Die Hausfrau hingegen leitet ihre Ansprüche mittelbar von ihrem Ehemann ab (z. B. Familienversicherung oder Hinterbliebenenrente). Wegen der Ausrichtung auf den Mann wird das Modell auch als „männliches Ernährermodell" bezeichnet.[19]

2. Entstehung

Mit der Industrialisierung (17. und 18. Jh.) und der damit verbundenen Ausbreitung kapitalistischer Produktionsverhältnisse rückte der ökomische Aspekt der Partnerschaft und damit das zuvor gelebte Modell des „Ganzen Hauses" (Familie war nicht nur Haushalt, sondern auch Produktionsstätte) in den Hintergrund. Es ergab sich die Möglichkeit, auch außerhalb des Hauses einer bezahlten Arbeit nachzugehen.

---

15 Leitner et al., S. 9.

16 Leitner, S. 28 f.

17 Träger, Familie im Umbruch, S. 11; Berghahn/Wersig, GiP 2005, 9.

18 Normalarbeitsverhältnis bedeutet ununterbrochene Vollzeitbeschäftigung.

19 Berghahn/Wersig, GiP 2005, 9.

Während der Familie fortan eine private, im emotionalen Bereich angesiedelte, Funktion zukam, verlagerte sich die lohnabhängige Arbeit aus dem häuslichen Bereich nach außen. Kennzeichen der bürgerlichen Familie war eine strikte Rollenteilung: Die Frau war für die Reproduktions- und Familienarbeit zuständig, während dem erwerbstätigen Mann die Aufgabe des Familienernährers zukam. Es erfolgte eine Trennung von privatem und öffentlichem Lebensbereich nach Geschlechtern. Grund für die Verfestigung dieser Rollenaufteilung soll unter anderem das bereits langfristig praktizierte innerfamiliäre Machtverhältnis sein, das dem Mann als Familienoberhaupt und Autoritätsperson die dominante Stellung einräumte.[20]

Das Leitbild der bürgerlichen Ehe wurde auch im BGB verankert und anschließend im Sozialversicherungssystem weiter begünstigt: Der Mann hatte „der Frau nach Maßgabe seiner Lebensstellung, seines Vermögens und seiner Erwerbsfähigkeit Unterhalt zu gewähren" (§ 1360 Abs. 1 BGB, Fassung v. 1900), wohingegen die Frau „berechtigt und verpflichtet" war, „das gemeinschaftliche Hauswesen zu leiten" (§ 1356 Abs. 1 BGB, Fassung v. 1900). Der Erwerbstätigkeit der Frau konnte der Mann durch Anrufung des Vormundschaftsgerichts widersprechen (§ 1358 Abs. 1 BGB, Fassung v. 1900). Der Mann sollte durch seine Erwerbsarbeit einen Lohn erhalten, der dazu geeignet war, eine ganze Familie zu unterhalten. Voraussetzung hierfür war eine ununterbrochene Vollzeitbeschäftigung, welche als Normalarbeitsverhältnis galt. Kontinuierliche Vollzeitbeschäftigung und Privatarbeit ließen sich nicht durch eine Person bewältigen, weshalb der Mann zu Hause ein weibliches Pendant benötigte, das die Haushaltsaufgaben und die Kinderbetreuung übernahm.[21] Das Einkommen des Mannes bot dabei die einzige finanzielle Absicherung der Familie. Staat und Arbeitgeber waren nicht für deren Versorgung verantwortlich. Die Versorgung wurde ausschließlich in den privaten Bereich verlagert. Auch die Ausweitung des Kreises der Anspruchsberechtigten in der Sozialversicherung bot der Frau lediglich vom Mann abgeleitete Ansprüche, so dass der „bürgerliche Ehepatriarchalismus" in das Sozialrecht hineingetragen und weiter verstärkt wurde.[22] Die finanzielle Abhängigkeit der Frau vom Familienernährer bot ihr einen geringeren gesellschaftlichen Status. Es wurde eine stabile Hierarchie geschaffen, obwohl das Gesetz Erwerbs- und Familienarbeit als gleichwertig ansah.[23]

Das Ernährermodell existierte in Reinform tatsächlich nie. Dennoch setzte es sich als allgemeines Leitbild in Westdeutschland durch. Es wurde auf dem Arbeitsmarkt als Maßstab angesehen und bildete die Grundlage arbeits- und familienrechtlicher Regelungen.[24] In den 1950er/1960er Jahren erlebte es schließlich seine Hochzeit (sog.

---

20 Mühling et al., S. 13 f.; Beck-Gernsheim, S. 34; Hohmann-Dennhardt, FF 2007, 174.

21 Hohmann-Dennhardt, FF 2007, 174.

22 Scheiwe, KJ 2005, 127 (133); Fuchs, F 26.

23 Träger, Familie im Umbruch, S. 21.

24 Zum Ganzen: Träger, Familie im Umbruch, S. 21 f. Die geschlechtsspezifisch getrennte Arbeitsteilung konnte bis Mitte des 20. Jh. zunächst nur in bürgerlichen Familien ausgeübt werden, da die proletarischen und landwirtschaftlichen Haushalte

„Goldenes Zeitalter von Ehe und Familie").[25] Der wachsende Wohlstand machte es möglich, dass die Hausfrauenehe in allen sozialen Schichten vertreten war.[26] Durch Regelungen und Sozialleistungen in verschiedenen Bereichen (Bildungs-, Familien-, Steuer- und Sozialpolitik) wurde die Bevölkerung in dem Glauben gestärkt, dass die Hausfrauenehe die richtige Lebensform sei. Auch das Ausbildungssystem orientierte sich an dem Modell. Weil eine Eheschließung zu erwarten war, wurde weniger in die (Aus-)Bildung von Frauen investiert: Für Mädchen war eine kürzere Bildungsphase vorgesehen. Eine Berufsausbildung in den aussichtsreichen Facharbeiterberufen stand ihnen nicht offen. Sie wurden auf Anlerntätigkeiten oder eine Ausbildung in einfachen und mittleren Dienstleistungsberufen verwiesen. Einkommenserwartungen und Einkommen der Frauen waren gering. Es gab selten Aufstiegsmöglichkeiten, auch nicht bei längerer Erwerbstätigkeit.[27]

3. Ehezentrierung

Die auf das Leitbild des Ernährermodells zugeschnittenen Regelungen kamen nur verheirateten Paaren zugute. Unverheiratete konnten nur an ihnen partizipieren, wenn sie selbst als Arbeiter oder Angestellte versichert waren. Auch hatten nichteheliche Kinder keine abgeleiteten Ansprüche von ihren Vätern.[28] Die Ehezentrierung entsprach jedoch schon damals nicht der Lebenswirklichkeit. Studien belegen, dass bereits vor Beginn der Industrialisierung eine große Vielfalt familiärer Lebensformen existierte.[29] Dass dennoch eine Orientierung an der bürgerlichen Ehe stattfand, ist auf den Einfluss der katholischen Kirche zurückzuführen. Nichteheliche Lebensformen waren gesellschaftlich stigmatisiert.[30]

II. Leitbildneutralität und Abschaffung des Ernährermodells?

Seit Ende der 1960er Jahre zeichnete sich in Deutschland eine Abkehr vom traditionellen Familienmodell ab. Es wurden weniger Ehen geschlossen und Kinder geboren. Gleichzeitig stieg die Zahl der Scheidungen. Eine zunehmende Pluralisierung

---

auch auf das Einkommen/die Arbeitskraft der Frauen angewiesen waren, Hohmann-Dennhardt, FF 2007, 174; Fuchs, F 25.

25 Geissler, FF 2011, 391 (393); Beck-Gernsheim, S. 85; Die 1950er/frühen 1960er Jahre gelten als Zeiten des Wirtschaftswunders.

26 Peuckert, S. 15.

27 Geissler, FF 2011, 391 (393).

28 Scheiwe, KJ 2005, 127 (133 f.).

29 Peuckert, S. 12 f.

30 Mühling et al., S. 13. Das Familienleitbild orientierte sich an dem naturrechtlichen Verständnis von Ehe und Familie, das von der katholischen Kirche vertreten wurde (Peuckert, S. 15, 97).

der Lebensformen konnte beobachtet werden.[31] Spätestens in den 1970er Jahren waren die Veränderungen der Geschlechterverhältnisse offenkundig: Die Erwerbstätigkeit von Frauen, insbesondere verheirateter Frauen, stieg deutlich an.[32] Das Leitbild der Hausfrauenehe war bereits Ende der 1950er Jahre durch die steigende Frauenquote in den Teilzeitberufen allmählich erschüttert worden. Während 1950 jede vierte Mutter mit Kindern in der BRD berufstätig war, war es 1960 schon jede dritte. Bis Ende der 1970er Jahre wurde schließlich eine Frauenerwerbsquote von 40 Prozent erreicht.[33] Der Wandel der Lebensverhältnisse führte zu einem Trend weg vom traditionellen Rollenverständnis.

Das Eherecht reagierte auf diese Veränderungen: Im Juli 1977 trat das 1. Eherechtsänderungsgesetz in Kraft. Das Gesetz sollte den geänderten gesellschaftlichen und wirtschaftlichen Verhältnissen Rechnung tragen, indem es das Ehe- und Scheidungsrecht vom Schuldprinzip, von der Ungleichbehandlung der Geschlechter und anderen „Altlasten“ befreite.[34] Die bis dato gesetzlich fixierte geschlechterabhängige Rollenzuschreibung im Bereich der persönlichen Ehewirkungen stimmte mit der Rechtswirklichkeit nicht mehr überein, da inzwischen mehr als 50 Prozent aller verheirateten Frauen erwerbstätig waren. Zudem war sie im Hinblick auf die Gleichberechtigung der Geschlechter ohnehin als Problem erkannt worden. Deshalb wurde ein partnerschaftliches und gleichberechtigtes Modell der Arbeitsteilung in der Ehe normiert (vgl. § 1356 BGB).

Der Gesetzgeber gab damit das Leitbild der Hausfrauenehe auf. An seine Stelle trat jedoch kein neues Leitbild. Es war den Ehegatten fortan selbst überlassen, wie sie ihre Ehe gestalten wollten (Leitbildneutralität). Alle Eheformen sollten gleichberechtigt nebeneinander stehen. Ein neues Leitbild wurde nicht festgelegt, da dies nicht die Aufgabe eines zeitgemäßen Eherechts sei. Vielmehr sollte das Gesetz für die Weiterentwicklung auf diesem Gebiet offen bleiben. Mit dieser Gesetzesänderung sollten auch andere Ehetypen, wie etwa die Zweiverdiener- oder Zuverdienerehe[35], legitimiert werden. Die Hausfrauenehe sollte aber weiterhin eine Option bleiben.[36]

Die Analyse der Einzelbegründung des § 1356 BGB zeichnet allerdings ein anderes Bild ab: Obwohl vorgebracht wird, dass eine verbindliche Aufgabenteilung von Mann und Frau mit dem Grundsatz der Gleichberechtigung und dem gesellschaftlichen Wandel nicht vereinbar sei, folgt in der Begründung zum Recht der Erwerbstätigkeit nach § 1356 Abs. 2 BGB ein Hinweis an die berufstätigen Frauen: Die gegenseitige Rücksichtnahme in der Ehe gebiete es, dass die Ehefrau in besonderem Maße auf die

---

31 Peuckert, S. 19 (auch in der DDR).

32 Scheiwe, KJ 2005, 129 (136).

33 Budde, S. 89.

34 BT Drucks 7/650, S. 59; Berghahn/Wersig, FPR 2005, 508 (509).

35 „Erst- und Zweitverdiener“, bzw. „Haupt- und Hinzuverdiener“ sind Paare, bei denen sich das Erwerbseinkommen in der Höhe deutlich unterscheidet (Mühling/Schwarze, S. 63, Fn. 27).

36 Zum Ganzen: BT Drucks 7/650, S. 59 f.; 75; BT Drucks 7/4361, S. 7 f.; Simon, S. 27; so hatte es auch schon der Bundesrat vorgesehen: BR Drucks 260/73, S. 97.

Belange der Familie zum Beispiel dann Rücksicht zu nehmen habe, wenn Kinder zu pflegen oder zu erziehen seien. Die Regelung bedeute keine schematische Gleichbehandlung.[37] Demnach blieb das Leitbild der Hausfrauenehe weiterhin (verdeckt) in den Köpfen des Gesetzgebers verankert. Kinderbetreuung und Pflege wurde weiterhin der Frau zugeordnet und es wurde erwartet, dass sie ihre persönlichen Belange dahinter anstellte. Obgleich das Leitbild der Hausfrauenehe aus dem BGB gestrichen wurde, blieb deutlich erkennbar, welche Rollenbilder der Gesetzgeber weiterhin zugrunde legte.[38]

Im Zuge der Reform wurde im Ehescheidungsrecht auch das Schuldprinzip vom Zerrüttungsprinzip abgelöst. Dadurch sollten gegenseitige Schuldzuweisungen aus dem Eheprozess verbannt werden, da eine einwandfreie Feststellung des Schuldigen ohnehin selten gelang. Zudem sollte der an die Scheidung anknüpfende Unterhalt fortan verschuldensunabhängig demjenigen gewährt werden, der darauf angewiesen war, und zwar so lange, bis dieser selbst für sein Auskommen sorgen konnte. Die Umstellung war auch aus Gleichstellungsgesichtspunkten sinnvoll: Da der Anspruchssteller im Unterhaltsprozess in der Regel weiblich war, waren es überwiegend Frauen, die infolge einer Schuldfeststellung keinen Unterhalt zugesprochen bekamen, auch wenn die Ehe von langer Dauer war. Sogar bei Mitschuld des Ehemannes stand ihnen nur ein Billigkeitsanspruch zu. Außerdem wurde der Versorgungsausgleich eingeführt, der eine gleichberechtigte Teilhabe an den in der Regel größtenteils durch den Mann erwirtschafteten Rentenanwartschaften ermöglichen sollte. Um zu einer Gleichstellung der Geschlechter beizutragen, wurde die Gleichwertigkeit der Ehebeiträge unterstellt. Im Zuge der Reform wurde auch das Eheverfahrensrecht modifiziert.[39]

III. Auswirkung der Leitbildneutralität auf die Erwerbskonstellation von Paaren

1. Erwerbsbeteiligung von Frauen im Allgemeinen

Frauen haben bei den Bildungsabschlüssen stark aufgeholt, weshalb auch ihre (inzwischen selbstverständliche) Erwerbstätigkeit deutlich angestiegen ist.[40] Die Frauenerwerbsquote liegt bei 73,1 Prozent. Die Tendenz ist steigend. Die Frauen liegen nicht mehr ganz so weit hinter den Männern zurück, die immerhin eine Quote von 82,2 Prozent erreichen.[41]

Eine hohe Erwerbstätigenquote ist jedoch isoliert betrachtet kein Merkmal für eine ausgeglichene Erwerbsintegration. Auch der Umfang der Arbeitszeit ist zu

---

37 BT Drucks 7/650, S. 75; ebenso: BR Drucks 260/73, S. 95.
38 BT Drucks 17/6240, S. 57.
39 Zum Ganzen: BT Drucks 7/650, S. 60 ff.
40 BT Drucks 17/6240, S. 109.
41 COM: Erwerbstätigenquote nach Geschlecht.

berücksichtigen. Charakteristisch für Deutschland ist, dass sich der Anstieg der weiblichen Erwerbsbeteiligung vor allem durch die Ausweitung von Teilzeitarbeitsverhältnissen, in den letzten Jahren aber auch vermehrt durch „Minijobs", vollzieht.[42] Teilzeitbeschäftigung ist seit jeher eine Frauendomäne. Die Teilzeitbeschäftigtenquote von Frauen liegt bei 47 Prozent, die der Männer hingegen bei 10,8 Prozent.[43] Rund 20 Prozent aller berufstätigen Frauen gehen lediglich einer geringfügigen Beschäftigung nach.[44] Die Frauenerwerbstätigenquote beinhaltet überwiegend Teilzeitarbeitsverhältnisse. Umgerechnet in Vollzeitäquivalente ergibt sich für Frauen nur eine Vollzeitbeschäftigungsquote von 55,8 Prozent. Hier lässt sich eine lange Stagnation beobachten.[45] Es hat eine Umverteilung von Erwerbsarbeit unter Frauen stattgefunden, jedoch keine Zunahme ihrer Erwerbsbeteiligung.

2. Erwerbsbeteiligung von (verheirateten) Müttern

Das weibliche Erwerbsverhalten wird insbesondere durch Familiengründung, Anzahl und Alter der Kinder beeinflusst. Mütter schränken ihre Berufstätigkeit merklich ein. Besonders deutlich wird die Diskrepanz zwischen Müttern und kinderlosen Frauen zu Beginn der „aktiven Familienphase" (21–30 Jahre). Im Jahr 2013 waren 75 Prozent der 26-jährigen Frauen ohne Kind erwerbstätig, während dies nur bei 34 Prozent der gleichaltrigen Mütter der Fall war. Mit dem Alter der Kinder steigt auch die Erwerbstätigenquote der Mütter: 31,4 Prozent der Mütter mit Kindern unter drei Jahren sind aktiv erwerbstätig. Wenn die Kinder ins Kindergartenalter kommen (drei bis fünf Jahre), gehen 62,9 Prozent der Mütter arbeiten. Der Anteil erwerbstätiger Mütter steigt im Grundschulalter der Kinder (sechs bis neun Jahre) erneut an (68,2 Prozent) und erreicht ihren Höhepunkt mit 73,7 Prozent bei Kindern im Alter von 15 bis 17 Jahren. Generell lässt sich feststellen: Je jünger das Kind ist, desto geringer fällt die Erwerbstätigenquote aus. Die Erwerbsbeteiligung von Vätern verläuft hingegen weitestgehend unabhängig vom Heranwachsen der Kinder. Ihre Quote liegt je nach Alter des jüngsten Kindes zwischen 81 und 83 Prozent.

---

42 BT Drucks 17/6240, S. 111; Stolz-Willig, S. 125 f.; Klenner/Schmidt, WSI-Mitt. 2012, 22 (23).

43 COM: Teilzeitbeschäftigte Personen – Insgesamt.

44 Pimminger (2012), S. 29.

45 COM: Female labour market participation, S. 11; COM: Labour market indicators: Germany.

Erwerbstätigenquote von Müttern und Vätern nach Alter des jüngsten Kindes in Prozent

Alter jüngstes Kind	Erwerbstätigenquote Mütter (insg. 60,5)	Vollz.	Teilz.	Erwerbstätigenquote Väter (insg. 83,9)	Vollz.	Teilz.
0–3	31,4	28,3	71,7	81,7	93,7	6,3
3–5	62,9	26,7	73,3	84,9	93,9	6,1
6–9	68,2	26,1	73,9	84,5	94,2	5,8
10–14	71,7	30,2	69,8	85,2	95,0	5,0
15–17	73,7	38,3	61,7	83,2	95,1	4,9

(Eigene Tabelle anhand der Zahlen des Mikrozensus 2015)

Zudem macht ein Vergleich von verheirateten, in Lebensgemeinschaften lebenden sowie alleinerziehenden Müttern deutlich, dass auch eine bestehende Ehe maßgeblichen Einfluss auf den Umfang der Erwerbstätigkeit hat. Obwohl die Erwerbsbeteiligung in allen drei Gruppen bei rund 60 Prozent liegt, arbeiten 42 Prozent der Alleinerziehenden und 43 Prozent der Lebenspartnerinnen in Vollzeit, während dies nur bei 25 Prozent der verheirateten Mütter beobachtet werden kann. Väter gehen dagegen überwiegend einer Vollzeitbeschäftigung nach.[46]

Erwerbsbeteiligung von Eltern minderjähriger Kinder in Prozent

	Allgemeine Erwerbstätigenquote	Verheiratet (Vollzeit)	Partnerschaft (Vollzeit)	Alleinerziehende (Vollzeit)
Mütter	60,5	25	43	42
Väter	83,9	95	92	87

(Eigene Tabelle anhand der Zahlen des Mikrozensus 2015)

3. Erwerbskonstellationen von Ehepaaren mit Kindern

Die dominante Erwerbskonstellation ist bei erwerbstätigen Eltern das Zuverdienermodell. In dieser Konstellation gehen Väter von minderjährigen Kindern einer Vollzeitbeschäftigung nach, während die Mütter in Teilzeit arbeiten. Es wird von 73 Prozent praktiziert. Das umgekehrte Modell, bei dem die Mutter in Vollzeit- und der Vater in Teilzeit arbeiten, wird hingegen nur von 1,8 Prozent ausgeübt. Lediglich bei 22,2 Prozent gehen beide Eltern einer Vollzeitbeschäftigung nach. Dieser Wert ist bei nichtehelichen Lebensgemeinschaften nahezu doppelt so hoch (40,6 Prozent). Das

46 Zum Ganzen: Keller, S. 734 ff.

Zuverdienermodell wird dort ebenfalls deutlich seltener gewählt (52,3 Prozent). Das traditionelle Ernährermodell, bei dem ausschließlich der Mann einer Berufstätigkeit nachgeht, hat hingegen seine Vorreiterstellung eingebüßt. Es ist in 29,2 Prozent der Ehen vertreten und weiterhin rückläufig: 1996 wurde es noch von 41 Prozent der Ehepaare praktiziert. Insgesamt ist die Frauenerwerbsquote in Vollzeit im Vergleich zu 1996 aber gesunken: Damals war das Zwei-Verdiener- Modell noch zu 44,9 Prozent vertreten, während das Zuverdienermodell von 54,3 Prozent der Ehepaare ausgeübt wurde. Auch das belegt die starke Zunahme des Zuverdienermodells.[47] Es hat das Alleinernährermodell weitestgehend abgelöst.

Wie der Name schon sagt, stellt das Einkommen der Frau bei diesem Modell aber lediglich einen Zuverdienst dar, was bedeutet, dass der Umfang der Berufstätigkeit keine existenzsichernde Wirkung hat. Zwar beteiligen sich inzwischen mehr Männer an Kinderbetreuungs- und Haushaltsaufgaben, die meiste unbezahlte Reproduktionsarbeit wird jedoch von Frauen erledigt. Drei Viertel üben keine existenzsichernde Beschäftigung aus.[48] Das männliche Ernährermodell wurde nicht von einem Zwei-Vollzeitverdiener-Modell abgelöst. Vielmehr haben sich verschiedene Formen der familiären Arbeitsteilung entwickelt, die jedoch in der Regel keine individuelle Existenzsicherung für Frauen bieten. Die traditionellen Rollenmuster sind hartnäckig.[49]

4. Gewünschte und gewählte Erwerbsmuster – Der sogenannte (Re-)Traditionalisierungseffekt

Obwohl Studien belegen, dass die heutige Generation junger Frauen beabsichtigt, Familie und Beruf miteinander zu vereinbaren, liegen Wunsch und Wirklichkeit bei der Wahl der Erwerbskonstellationen noch immer weit auseinander.[50] Die traditionelle Hausfrauenehe ist nur von 6 Prozent der Mütter mit Kindern unter fünf Jahren gewollt, tatsächlich praktiziert wird dieses Modell dann jedoch von 17 Prozent. 44 Prozent der Befragten wünschen sich, dass der Mann in Vollzeit arbeitet und die Frau in Teilzeit, ausgeübt wird es dann aber von 50 Prozent der Paare.[51] Die Mehrheit wünscht sich eine vollwertige Erwerbsbeteiligung in Form von Vollzeit- oder längerer Teilzeitarbeit. Während die meisten Frauen dies in Form einer langen Teilzeit- oder

---

47 Keller, S. 741 f.; Hintergrund für den Wechsel von Vollzeit- zu Teilzeitmodellen ist u. a. der im Jahr 2001 eingeführte Rechtsanspruch der Arbeitnehmer auf Teilzeitarbeit, sowie die gesetzlichen Änderungen zur geringfügigen Beschäftigung. Statistisches Bundesamt: Frauendomäne Teilzeitarbeit – Wunsch oder Notlösung, S. 1.

48 Hohnerlein, S. 65 f.; Mühling et al., S. 34 ff.; Pimminger (2012), S. 31 f.

49 BT Drucks. 16/1360, S. 107 f.; Wengler et al., CPoS 2009, 57 (58).

50 16. Shell Jugendstudie, S. 45. Die Entwicklung ist nicht neu. Dieser Trend begann bereits in den 1980er Jahren. Die Zustimmung zur Hausfrauenehe schwindet bei der Mehrheit der Bevölkerung. Innerhalb der jüngsten Generation wird sie nur noch von einer Minderheit gewünscht: Böllert, S. 105.

51 Eichhorst/Thode (2010), S. 40.

kurzen Vollzeitarbeit realisieren möchten (25–35 Stunden pro Woche), hätten die Männer am liebsten Regelarbeitszeiten für Vollzeitbeschäftigte ohne überlange Arbeitszeiten (35–40 Stunden pro Woche). Derzeit arbeiten Frauen häufig kürzer und Männer länger als gewollt.[52] Die Arbeitszeitwünsche können vor allem aufgrund fehlender Kinderbetreuungsplätze[53] und einem unzureichenden familienfreundlichen Arbeitsplatzangebot nicht realisiert werden.

Für diese Diskrepanzen sind die geschlechtsspezifischen Rollenzuschreibungen im Zusammenhang von Partnerschaft, Elternschaft und der Aufteilung von Erwerbs- und Familienarbeit von besonderer Bedeutung. Geschlechtsspezifische Rollenerwartungen und -zuschreibungen beeinflussen die Verwirklichungschancen von Frauen und Männern. An Vaterschaft und Mutterschaft sind starke (Selbst- oder Fremd-) Erwartungen geknüpft. Diese sind noch immer durch das Leitbild der Hausfrauenehe geprägt.[54] Bei kinderlosen Paaren ist die Zeitverwendung für Berufstätigkeit und Familie im Geschlechtervergleich meist nahezu ausgeglichen.[55] Die Geburt des ersten Kindes bringt jedoch in der Regel eine Umverteilung von Erwerbs- und Familienarbeit zugunsten traditioneller Rollenmuster mit sich. Die Mutter steigt für einige Jahre aus dem Beruf aus, um die Kinderbetreuung zu übernehmen. Meist geht sie auch nach der Berufsunterbrechung nur noch in einem reduzierten Umfang arbeiten. Mit dem Ausstieg aus dem Beruf traditionalisiert sich oftmals auch die Aufteilung der Haus- und Familienarbeit, wobei die Frauen mehr und die Männer weniger davon übernehmen.[56] Studien belegen für die letzten Jahre zwar ein steigendes Engagement der Männer im familiären Bereich, Frauen übernehmen aber noch immer den weitaus größeren Teil dieser Arbeit, und zwar unabhängig von Einkommen, Erwerbsbeteiligung und familiärer Situation. Mütter übernehmen auch bei einer Vollzeitbeschäftigung den Großteil der Hausarbeit (Doppelbelastung).[57] Väter investieren vermehrt in ihre berufliche Zukunft.[58]

Frauen tragen die Hauptlast der Haus- und Familienarbeit und stecken dafür beruflich zurück. Ihre individuellen Wünsche können mit den institutionellen Karrierevoraussetzungen nur schwer in Einklang gebracht werden. Der (vorübergehende) familiäre Ausstieg ist mit den Ansprüchen am Arbeitsmarkt (insbesondere Dauer der Betriebszugehörigkeit), die für einen beruflichen Erfolg gestellt werden,

---

52 BT Drucks 17/6240, S. 43, 179.
53 Hierauf wird später noch einzugehen sein.
54 BT Drucks 17/6240, S. 53.
55 BMFSFJ: Monitor Familienleben 2010, S. 13.
56 Fthenakis et al., S. 62; BT Drucks 17/6240, S. 119.
57 Wengler et al., CPoS 2009, 57 (61); BMFSFJ: Monitor Familienleben 2010, S. 13.
58 BT Drucks 17/6240, S. 188; Auch wenn Väter sich mehr bei der Erziehung einbringen, übernehmen sie in der Regel eher die freizeitbetonten oder zeitlich disponiblen Aufgaben (die sog. „Pleasure Aufgaben": z. B. auf den Spielplatz gehen, das Kind baden, es ins Bett bringen etc.), während die Mütter für die reinen Versorgungsaufgaben (Füttern, Wickeln, Kinderbetreuung [organisieren]) zuständig sind (Rost et al., S. 31 ff.).

nicht vereinbar. Die betreuungsintensive Familiengründungsphase stellt einen „Wettbewerbsnachteil" dar. Die innerfamiliäre Priorität wird auf die Berufskarriere des Mannes verlagert. Dadurch steigt die Gefahr, dass sich das Modell „Hausfrau", das ursprünglich nur eine Übergangslösung darstellen sollte, weiter verfestigt und zu einem dauerhaften Abbruch der weiblichen Karriere führt. Jedenfalls wird das berufliche Fortkommen verlangsamt.[59] Dieses Phänomen beim Übergang in die Elternschaft wird in der Forschung als (Re-)Traditionalisierungseffekt bezeichnet.[60] Dieser Effekt verläuft konträr zu der egalitären Einstellung kinderloser Paare. Bereits Mitte der 80er Jahre wurde das Verhalten der Männer mit dem Ausspruch „verbale Aufgeschlossenheit bei weitgehender Verhaltensstarre" beschrieben.[61] Der Traditionalisierungseffekt hält sich oftmals auch im weiteren Lebenslauf hartnäckig und führt auf Dauer zu beruflichen Nachteilen für Mütter mit allen Konsequenzen für deren eigene Existenzsicherung.[62]

---

59 BT Drucks 17/6240, S. 119, 126.
60 Fthenakis et al., S. 97 ff.
61 Beck, S. 169.
62 BT Drucks 17/6240, S. 188.

C. Verfassungsrechtlicher Schutz von Ehe und Familie und dessen Einfluss auf das Ernährermodell

I. Schutz von Ehe und Familie

Ehe und Familie stehen gem. Art. 6 Abs. 1 GG unter dem besonderen Schutz der staatlichen Ordnung. Um diesen Schutz zu gewährleisten, erfüllt das Grundrecht drei verschiedene Funktionen: Es dient als Abwehrrecht des Bürgers gegen staatliche Eingriffe. Zudem enthält es eine Institutsgarantie, das heißt ein Verbot der Aushöhlung der Substanz von Ehe und Familie durch Gesetze. Außerdem ist Art. 6 Abs. 1 GG eine objektive Grundsatznorm, die eine verbindliche Wertentscheidung für den gesamten Bereich des (privaten und öffentlichen) Ehe- und Familienrechts trifft. Aus der Funktion als Grundsatznorm folgt ein verfassungsrechtlicher Auftrag an den Gesetzgeber, Ehe und Familie zu fördern. Neben der grundlegenden gesellschaftlichen Funktion der Ehe als „Keimzelle jeder menschlichen Gemeinschaft", begründen auch die wechselseitigen Beistands- und Verantwortungspflichten der Eheleute eine Förderpflicht. Die Ehe ist „Garant" für die Entlastung des Staates.[63] Nach Meinung des BVerfG hat auch die zunehmende Pluralisierung der Lebensformen die besondere gesellschaftliche Funktion der Ehe nicht beschnitten, so dass der Schutz- und Förderauftrag weiterhin auf das Institut der Ehe im klassischen Sinn beschränkt bleibt.[64] Der Staat ist nicht verpflichtet, andere Lebensformen zu fördern oder diese der Ehe verfassungsrechtlich gleichzustellen.[65] Vielmehr wird aus Art. 6 Abs. 1 GG die Verpflichtung des Gesetzgebers hergeleitet, die Ehe gegenüber anderen Lebensformen zu begünstigen. Von einem besonderen Schutz könne nicht mehr die Rede sein, wenn andere Lebensgemeinschaften den gleichen Vorschriften

---

63 BVerfGE 6, 55 (71 ff.); 31, 58 (67); 62, 323 (329); HStR(VII)-Ipsen: Ehe und Familie, § 154, Rn. 6 f.; Löhr/Serwe, S. 19; Hofmann/Hopfauf-Hofmann, Art. 6 GG, Rn. 3; Dreier/GG-Komm./Bd. I-Brosius-Gersdorf, Art. 6, Rn. 59; Maunz/Dürig-Badura, Art. 6 GG, Rn. 6 ff. (Badura legt das Schutzgebot allerdings substantiell aus. Der besondere Schutz gelte den Lebensgemeinschaften, nicht deren Funktionen, a. a. O., Rn. 38 f.); Brosius-Gersdorf, S. 487 ff.

64 Geschützt ist nur die unter Mitwirkung eines Standesbeamten geschlossene, auf Lebenszeit oder jedenfalls auf Dauer angelegte, auf freiem Entschluss und der Gleichberechtigung der Partner beruhende Lebensgemeinschaft zwischen Mann und Frau (Dreier/GG-Komm./Bd. I-Brosius-Gersdorf, Art. 6, Rn. 49; HK/FamR-Diwell, Art. 6, Rn. 16).

65 HK/FamR-Diwell, Art. 6 GG, Rn. 13.

unterlägen.[66] Daraus folgt jedoch kein unmittelbarer Anspruch des Einzelnen auf staatliche Förderung. Diese steht vielmehr unter dem Vorbehalt des Möglichen.[67]

II. Das Fördergebot

Der Traditionalisierungseffekt ist nicht ausschließlich auf gesellschaftliche Rollenerwartungen zurückzuführen. Die Entscheidungen der Ehepaare sind auch durch rechtliche oder ökonomische Einflüsse geprägt. Für die vorliegende Bearbeitung ist der verfassungsrechtlich verankerte Förderauftrag von besonderem Interesse. Dieser erlaubt dem Gesetzgeber, auf den internen Bereich der Ehe einzuwirken. Mithilfe finanzieller Mittel können Anreize für oder gegen eine Eheform gesetzt werden.[68] Der Staat hat bei der Entscheidung darüber, auf welche Art er seinem Förderauftrag nachkommt, einen weiten Gestaltungsspielraum. Er kann die Ehe entweder durch einen finanziellen Ausgleich ihrer Lasten (Lastenausgleich) oder durch eine materielle Anerkennung ihrer immateriellen Leistungen (Leistungsausgleich) unterstützen. Außerdem kann er frei wählen, welche Lasten und Leistungen einer Förderung bedürfen und wie umfangreich die Förderung ausfallen soll. Es gibt lediglich eine Grenze nach unten: Die Eheförderung soll oberhalb der Sicherung des Existenzminimums ansetzen. Dies ist dem systematischen Zusammenhang zwischen Sozialstaatsprinzip und Menschenwürdegarantie einerseits und Art. 6 Abs. 1 GG andererseits geschuldet.[69]

Der Förderauftrag entbindet den Staat jedoch nicht von der Neutralität gegenüber den verschiedenen Ehe- und Familienformen. Es ist unerheblich, ob die Ehegatten Kinder haben oder nicht.[70] Die Neutralitätspflicht leitet sich aus der Ehegründungs- und Ehegestaltungsfreiheit ab (Art. 6 Abs. 1 GG). Die Ehegatten haben das Recht, ihr Eheleben ohne staatliche Einmischung zu gestalten. Sie entscheiden selbst, ob sie eine Alleinverdiener-, Zuverdiener-, Doppelverdiener- oder andere Form der Ehe leben möchten. Die Aufteilung von Erwerbs- und Familienarbeit innerhalb der Ehe unterfällt dieser Gestaltungsfreiheit.[71] Der lange Streit, ob Art. 6 Abs. 1 GG nur ein bestimmtes Ehe- und Familienverständnis erfasst, ist durch das BVerfG zugunsten der Entscheidungsfreiheit aufgelöst worden: Art. 6 Abs. 1 GG schützt alle Ehe- und

---

66 BVerfGE 105, 313 (350 f.); Maunz/Dürig-Badura, Art. 6 GG, Rn. 32a.

67 BVerfGE 87, 1 (35 f.) HK/FamR-Diwell, Art. 6 GG, Rn. 14; Hofmann/Hopfauf-Hofmann, Art. 6 GG, Rn. 11.

68 Sacksofsky (2010/2), S. 369.

69 Brosius-Gersdorf, S. 490 f.; Obergrenze der Eheförderung könnte hingegen die negative Eheschließungsfreiheit sein (a. a. O., S. 271 ff.); Maunz/Dürig-Badura, Art. 6 GG, Rn. 53a.

70 Brosius-Gersdorf, S. 489.

71 BVerfGE 6, 55 (81 f.); Brosius-Gersdorf, S. 491 f.; Huster, S. 532 ff.; Berghahn, KJ 1993, 397 (401); HK/FamR–Diwell, Art. 6 GG, Rn. 12; Maunz/Dürig-Badura, Art. 6 GG, Rn. 27a; Dreier/GG-Komm./Bd. I-Brosius-Gersdorf, Art. 6, Rn. 94.

Familienmodelle (Neutralitätspflicht).[72] Er gebietet den Schutz von Ehe und Familie vor schädigenden, störenden oder sonst beeinträchtigenden staatlichen Maßnahmen. Die Privatsphäre von Ehe und Familie ist vor äußeren Zwängen durch den Staat zu schützen.[73] Dies betrifft nicht nur den Gründungsakt, sondern auch das Leben in Ehe und Familie. Daraus folgt eine Wahlfreiheit der Ehegatten und ein damit korrespondierendes staatliches Zurückhaltungsgebot.[74] Der Gesetzgeber darf die Gestaltungsoptionen der Ehegatten nicht durch seine Förderung verengen.[75] Dies leitet sich nicht nur aus der Neutralitätspflicht ab, sondern auch aus der Tatsache, dass die Ehe neben der Familie die engste soziale Verbindung darstellt. Die Gestaltungsfreiheit der Ehepartner weist einen engen Bezug zur verfassungsmäßigen Garantie der Menschenwürde auf (Art. 1 Abs. 1 GG).[76] Diesen Anforderungen wird der Gesetzgeber nur gerecht, wenn er weder positive noch negative Anreize für oder gegen ein bestimmtes Ehemodell setzt.[77]

Sacksofsky weist allerdings zutreffend darauf hin, dass finanzielle Leistungen, insbesondere Steuern, dazu geeignet sind, Anreize für ein bestimmtes Ehemodell zu setzen. Diesem Effekt könne der Staat sich nicht entziehen. Im Gegenteil: In der Geschichte habe der Gesetzgeber immer wieder mithilfe der Ehegattenbesteuerung Einfluss auf die eheinterne Arbeitsteilung genommen.[78] Es kann nicht jegliche staatliche Einflussnahme unterbunden werden. Der Gesetzgeber muss eingreifen können, wenn gewichtige öffentliche Interessen berührt sind. So können etwa die gesellschaftliche Gleichstellung der Frau, volkswirtschaftliche Bedürfnisse, die eine gesteigerte Erwerbstätigkeit von Frauen wünschenswert erscheinen lassen, oder auch Entwicklungsbedingungen von Kindern ein Eingreifen des Gesetzgebers in den innerfamiliären Bereich erfordern. Der Gesetzgeber kann sich seinem Schutzauftrag nicht dadurch entziehen, dass er den familiären Bereich als „reine Privatangelegenheit“ abtut. Stehen politisch-funktionale Intentionen hinter der gesetzgeberischen Einflussnahme, ist diese legitim. Verbirgt sich jedoch eine moralische Erwägung dahinter, ist sie korrekterweise als mit dem Neutralitätsgebot unvereinbar abzulehnen. Es ist also danach zu differenzieren, ob der Gesetzgeber eine „richtige“ Lebens- oder Verhaltensweise vorschreiben- oder auf individuelle/öffentliche Interessen reagieren will.[79]

72 Huster, S. 533; vgl. z. B. BVerfGE 33, 236 (238); 51, 386 (398); 53, 257 (296); 61, 319 (347); 99, 216 (231).
73 BVerfGE 6, 55 (71 ff.); 55, 114 (126 f.); 81,1 (6); Maunz/Dürig-Badura, Art. 6 GG, Rn. 27a.
74 Kingreen, S. 13 f.; Dreier/GG-Komm./Bd. I-Brosius-Gersdorf, Art. 6, Rn. 94.
75 Brosius-Gersdorf, S. 492.
76 HStR(VII)-Ipsen: Ehe und Familie, § 154, Rn. 38.
77 Brosius-Gersdorf, S. 493.
78 Sacksofsky (2010/2), S. 369.
79 Huster, S. 544 ff.

III. Beschränkung der Neutralität

Das Neutralitätsgebot gilt jedoch nicht uneingeschränkt. Es wird durch das verfassungsrechtliche Gebot, die tatsächliche Gleichberechtigung der Geschlechter herzustellen (Art. 3 Abs. 2 GG), beschränkt. Der Staat soll das Neutralitätsgebot durchbrechen, wenn das Gleichstellungsgebot dies erfordert. Art. 6 Abs. 1 GG schützt die Ehe als Lebensgemeinschaft gleichberechtigter Partner.[80] Gesetzgeber und Verwaltung ist es untersagt, staatliche Maßnahmen, die ausdrücklich nach dem Geschlecht unterscheiden, zu erschaffen oder aufrechtzuerhalten. Faktische Nachteile, die typischerweise ein Geschlecht treffen, dürfen durch begünstigende Regelungen ausgeglichen werden.[81] Das BVerfG hat sich ausdrücklich dagegen ausgesprochen, dass die Wirkung des Diskriminierungsverbotes von vornherein durch das „Wesen“ von Ehe und Familie begrenzt sei.[82] Art. 3 Abs. 2 GG gilt auch innerhalb der Ehe uneingeschränkt. Nur zwingende biologische Gründe können eine Diskriminierung rechtfertigen.[83] Die Ehe allein kann erfreulicherweise nicht (mehr)[84] als Rechtfertigung herangezogen werden.

Formalrechtlich ist die Geschlechtergleichstellung weitestgehend realisiert: Ausdrücklich normierte Ungleichbehandlungen sind beseitigt. Diese waren zuletzt vor allem im Familienrecht angesiedelt.[85] Inzwischen hat das BVerfG aber auch ausdrücklich anerkannt, dass mittelbare (faktische) Diskriminierungen aufgrund des Geschlechts ebenso gegen den Gleichheitssatz verstoßen.[86] Somit kann Art. 3 Abs. 2 GG dazu genutzt werden, bestehende faktische Diskriminierungen aus dem deutschen Rechtssystem zu entfernen.

---

80 Brosius-Gersdorf, S. 498; Huster, S. 537; Maunz/Dürig-Langenfeld, Art. 3 GG, Rn. 64 f.; BVerfGE 37, 217 (29 ff.); 103, 89 (101); 105, 313 (345).

81 Wrase/Klose, Rn. 8.

82 BVerfGE 10, 59 (66 ff.); 15, 337 (342 ff.); 488, 327 (337 ff.).

83 BVerfGE 15, 337 (343); BVerfGE 85, 191 (198); Wrase/Klose, Rn. 8.

84 Die Bevorzugung des Mannes konnte früher wegen traditioneller Gründe gerechtfertigt werden, BVerfGE 15, 337 (345); 48, 327 (338); 85, 191 (198).

85 Wrase/Klose, Rn. 3; Z. B. BVerfGE 10, 59 (Stichentscheidungs- und Alleinvertretungsrecht); BVerfGE 15, 337 (Höfeordnung); BVerfGE 37, 217 (Staatsangehörigkeit von Abkömmlingen); BVerfGE 48, 327 (Familiennamen); BVerfGE 84, 9 (Geburtsname).

86 BVerfGE 104, 373 (393); 97, 35 (43).

D. Staatliche Förderung von Ehe und Familie

Das Recht ist ein bedeutender Ort für die Begründung von Rollenzuschreibungen und -erwartungen. Es nimmt vielfach soziale Normen auf, so dass diese staatlichen Geltungsanspruch erlangen. Eine Rechtsnorm kann einer Person bestimmte Rechte in Bezug auf ihre soziale Rolle zuweisen. Rechtlich statuierte oder privilegierte Rollenbilder wirken auf das Entscheidungsverhalten der Betroffenen in unterschiedlichen Lebensphasen ein. Außerdem setzt das Recht wichtige Faktoren für die gesellschaftliche Anerkennung, Tolerierung oder Stigmatisierung des Verhaltens. Wenn aber das Recht vormals rollenkonformes Verhalten im späteren Lebensverlauf mit nachteiligen Konsequenzen behaftet und diese Nachteile überwiegend nur ein Geschlecht betreffen, ergibt sich daraus gleichstellungspolitischer Handlungsbedarf.[87]

Im Folgenden werden ausgewählte staatliche Fördermaßnahmen daraufhin untersucht, ob sie den Anforderungen an eine verfassungsgemäße Förderung, insbesondere dem Neutralitätsgebot und der Geschlechtergerechtigkeit, gerecht werden. Überdies wird geprüft, ob sie in Bezug auf die statuierten Rollenerwartungen miteinander in Einklang stehen.

I. Besteuerung von Ehe und Familie

Der Staat kommt seiner Schutz- und Förderpflicht für Ehe und Familie in wirtschaftlicher Hinsicht insbesondere durch Regelungen im EStG nach.[88]

1. Ehegattenbesteuerung

Das Ehegattensplitting nimmt eine ganz wesentliche Rolle bei der Eheförderung ein.[89] Die Eheleute haben in ihrer Einkommensteuererklärung die Wahl zwischen getrennter und gemeinsamer Veranlagung. Wenn kein Ehegatte ausdrücklich die getrennte Veranlagung wünscht, findet automatisch die gemeinsame Veranlagung statt (§ 26 EStG).

a. Historie des Ehegattensplittings

Die Wahlfreiheit war nicht immer gewährleistet. Der Gesetzgeber hatte 1951 zunächst versucht, Einfluss auf die interne Gestaltung der Ehe zu nehmen: § 26 EStG a. F. sah für Ehegatten die sogenannte „Haushaltsbesteuerung“ vor, wonach sie

87 BT Drucks 17/6240, S. 53.

88 HK/FamR-Diwell, Art. 6 GG, Rn. 32, z. B. mithilfe des Familienleistungsausgleichs (§ 31 EStG) und der steuerliche Absetzbarkeit von Kinderbetreuungskosten (10 Abs. 1 Nr. 5 EStG).

89 HK/FamR-Diwell, Art. 6 GG, Rn. 32.

obligatorisch zusammenveranlagt wurden. Das Einkommen beider Partner wurde addiert und in seiner Gesamtheit als Haushaltseinkommen versteuert. Ziel dieser Regelung war es, die „Ehefrau ins Haus zurückzuführen“.[90] Durch die Addition beider Einkommen ergab sich für Verheiratete ein Nachteil gegenüber Unverheirateten. Infolge des progressiven Steuertarifs (mit der Höhe des zu versteuernden Einkommens steigt der Steuersatz) erhöhte sich ihre Steuerlast. Steuerrechtlich war es deshalb günstiger, anstelle von zwei Einkommen nur eines zu haben. Deshalb erklärte das BVerfG die Haushaltsbesteuerung 1957 für nichtig. Die vom Gesetzgeber angeführte Begründung, Ehegatten seien aufgrund der gemeinsamen Haushaltsführung in erhöhter Weise leistungsfähig, wurde nicht anerkannt. Dieses Sparpotential wiesen schließlich auch andere (unverheiratete) Lebensgemeinschaften auf. Die Schlechterstellung der Ehegatten war mit dem Schutz von Ehe und Familie unvereinbar. Darüber hinaus wurde der Zweck der Regelung „die Ehefrau ins Haus zurückzuführen“, sie also von einer Erwerbstätigkeit fernzuhalten, als Verfassungsverstoß gewertet.[91] Obwohl der Wortlaut der Haushaltsbesteuerung nicht explizit an das Geschlecht anknüpfte, konnte der Gesetzgeber davon ausgehen, dass der angestrebte Erziehungseffekt erzielt werden würde: Die typische Rollenverteilung und Stellung der Geschlechter im Arbeitsleben ließ erwarten, dass eher die Frau auf eine Berufstätigkeit verzichten würde als der Mann.[92] Allein der bezweckte Einfluss auf das Erwerbsverhalten der Frau stellte einen nicht zu rechtfertigenden Verstoß gegen Art. 6 Abs. 1 GG dar, welcher eine staatliche Einmischung ins Eheleben verbietet.[93] Hinzu kam, dass die Intention, die Frau wirtschaftlich gegenüber ihrem Ehemann zu benachteiligen, gegen die Gleichheitsrechte aus Art. 3 Abs. 2, 3 GG verstieß.[94] Da bereits der Zweck der obligatorischen Zusammenveranlagung als Verfassungsverstoß gewertet wurde, konnte dieser konsequenterweise auch nicht als Rechtfertigungsgrund herangezogen werden.[95]

b. Das Ehegattensplitting im Lichte des Grundsatzes der Besteuerung nach der Leistungsfähigkeit

Bei der Einkommensbesteuerung ist der Grundsatz der Besteuerung nach Leistungsfähigkeit zu beachten.[96] Hierfür ist im EStG ein progressiver Steuertarif vorgesehen: Der Einkommensteuersatz steigt mit der Höhe des zu versteuernden Einkommens (§ 32a Abs. 1 EStG). 1958 wurde erstmals ein dem heutigen Splittingverfahren im Grundsatz entsprechendes Ehegattensplitting eingeführt. Es wurde angenommen, dass zusammenlebende Eheleute eine Verbrauchsgemeinschaft bildeten, in der jeder

---

90 HStR(VII)-Ipsen: Ehe und Familie, § 154, Rn. 40, Rn. 91.
91 BVerfGE 6, 55 (77 ff.).
92 Huster, S. 537.
93 BVerfGE 6, 55 (81).
94 BVerfGE 3, 225 (242); 10, 59 (66 ff.); 105, 1 (10).
95 HStR(VII)-Ipsen: Ehe und Familie, § 154, Rn. 91.
96 Löhr/Serwe, S. 27.

Ehegatte an den Einkünften und Lasten des anderen teilhabe. Zudem sollte dem Umstand Rechnung getragen werden, dass die ehelichen Unterhaltsbeiträge der Partner, unabhängig davon, ob es sich um Erwerbs- oder Familienarbeit handelte, als gleichwertig galten. Dies sollte zu einer „besonderen Anerkennung der Aufgabe der Ehefrau als Hausfrau und Mutter führen", da die Fälle, in denen die Frau keine oder keine nennenswerten Einkünfte hatte, dem Fall, bei dem beide Einkünfte aus Erwerbsarbeit haben, gleichgestellt werden sollten.[97] Schlussendlich sollten die Grundrechtsverstöße, die der alten „Haushaltsbesteuerung" immanent waren, behoben werden. Dieses Ziel wurde auch erfüllt. Im Jahr 1982 stellte das BVerfG fest: Das Ehegattensplitting werde dem Grundgesetz gerecht, denn es sei „eine an dem Schutzgebot des Art. 6 Abs. 1 GG und der wirtschaftlichen Leistungsfähigkeit der Ehepaare (Art. 3 Abs. 1 GG) orientierte sachgerechte Besteuerung". Im Einklang mit den Grundwertungen des Familienrechts (wie dem Zugewinn- und Versorgungsausgleich) knüpfe das Ehegattensplitting „an die wirtschaftliche Realität der intakten Durchschnittsehe an, in der ein Transfer steuerlicher Leistungsfähigkeit zwischen den Partnern" stattfinde.[98]

c. Wirkungen des Ehegattensplittings

Bei gemeinsamer Veranlagung der Ehegatten errechnet sich ihre Steuerlast in der Weise, dass das gesamte Einkommen des Paares durch zwei geteilt, die Steuerlast für diesen hälftigen Betrag errechnet- und dann verdoppelt wird, § 32a Abs. 5 EStG (Splitting-Verfahren). Diese Berechnungsmethode ergibt infolge des progressiven Steuertarifs einen geringeren Steuerbetrag, als eine Einzelperson auf dieses Einkommen zahlen würde. Zusammen mit dem doppelten steuerfreien Grundbetrag nach § 32a Abs. 1 Nr. 1 EStG lässt sich die Steuerlast der Eheleute auf ein Minimum reduzieren.[99] Hierbei ist unbedeutend, ob in der Ehe Kinder leben oder nicht.

Das Ehegattensplitting begünstigt insbesondere Ehen, bei denen beide Partner besonders ungleich verdienen. Bei einer Alleinverdiener-Ehe ist die Steuerersparnis am größten. Familien mit geringem Einkommen profitieren zwar vom Grundfreibetrag, sie haben aber nicht genug Einkommen, um vom Ehegattensplitting zu profitieren. Auch Ehen mit mittlerem oder hohem Einkommen, bei denen beide Partner in etwa gleich viel verdienen, haben keinen Vorteil.[100] Gerade wenn einer der Partner einer schlecht bezahlten Arbeit oder einer Teilzeitarbeit nachgeht, stellt sich die Frage, ob diese Berufstätigkeit nicht wirtschaftlich unsinnig ist. Dann entfällt nämlich die Steuerersparnis und muss mithilfe des Einkommens zurückverdient werden.[101] Wenn ein Zuverdienst in Höhe von 10 Prozent des Haushaltseinkommens

---

97 BT Drucks 3/260, S. 31 ff.

98 BVerfGE 61, 319 (346 f.); BT Drucks 3/260, S. 34.

99 8.472 Euro/Person (2015), BMF: 10. Existenzminimumbericht, S. 8.

100 Zum Ganzen: Mühling/Schwarze, S. 62 f.; Sacksofsky (2010/2), S. 367 f.

101 Wersig (2012), Rn. 26; Maurer/Spangenberg, djbZ 2009, 102.

erzielt wird, halbiert sich der Splittingvorteil nahezu.[102] Das Ehegattensplitting übt damit eine ungünstige psychologische Wirkung auf den Zweitverdiener aus.[103] Geht dagegen nur einer der Partner arbeiten, kann das fehlende Einkommen des anderen teilweise über das Steuerrecht kompensiert werden.[104] Eine Vollzeit-Berufstätigkeit lohnt sich finanziell kaum, wenn der andere Ehepartner gut verdient.[105]

Das Steuerrecht setzt negative Erwerbsanreize für den in der Regel weiblichen Zweitverdiener. Für ihn ist es sinnvoller, die Aufnahme oder Ausweitung der eigenen Erwerbstätigkeit zu unterlassen. Dies hat zur Folge, dass die Position des männlichen Alleinverdieners auf dem Arbeitsmarkt gestärkt wird, während gleichzeitig die Ambitionen der Ehefrau zu einer Erwerbstätigkeit gebremst werden. Dadurch entsteht eine am Ernährermodell orientiere Arbeitsteilung in der Familie, die zu einer finanziellen Abhängigkeit der Frau von ihrem Ehemann führt. Die Erwerbstätigkeit der Frau wird durch das Ehegattensplitting abgewertet.[106] Das Allein- oder Zuverdienermodell wird eindeutig steuerrechtlich bevorzugt – auf Kosten der eigenständigen Existenzsicherung der Frauen. Wegen dieser Effekte steht das Ehegattensplitting seit jeher im Zentrum der feministischen Kritik.[107]

Tatsächlich entfielen laut Berechnungen 61 Prozent des gesamten Splittingvolumens (Summe der Steuervorteile infolge des Splittings) im Jahr 2003 auf Alleinverdiener-Ehen. Diese machten jedoch nur 39 Prozent aller ehelichen Lebensgemeinschaften aus.[108] Im Ergebnis erfuhr also diejenige Eheform die größte steuerliche Begünstigung, die am seltensten gelebt wird. Die Zahlen sind auch weiterhin rückläufig.[109]

---

102 Wersig, Forum Recht 2007, 115.
103 Mühling/Schwarze, S. 63.
104 Dingeldey, S. 60.
105 Mühling/Schwarze, S. 63.
106 Wersig, Forum Recht 2007, 115.
107 Wersig (2012), Rn. 25; Maurer/Spangenberg, djbZ 2009, 102; Sacksofsky, NJW 2000, 1896 (1898).
108 Bach et al., DIW 2003, S. 19, 29.
109 Nur noch 29 Prozent der Ehepaare leben das traditionelle Ernährermodell: Keller, S. 741.

Rechenbeispiele:[110]

Steuerbelastung Alleinverdiener-Ehe in Euro

	Einzel A	Einzel B	A + B zusammen
Zu versteuerndes Jahreseinkommen	**70.000**	**0**	**70.000**
Einkommensteuer	21.228	0	14.518
Solidaritätszuschlag	1.167,54	0	798,49
Summe Abgaben	**22.395,54**	**0**	**15.316,49**
Getrennte Veranlagung			22.395,54
Zusammenveranlagung			15.316,49
Ersparnis bei Zusammenveranlagung			**7.079,05**

Steuerbelastung Ehepaar mit gleich verteiltem Einkommen in Euro

	Einzel A	Einzel B	A + B zusammen
Zu versteuerndes Jahreseinkommen	**34.000**	**36.000**	**70.000**
Einkommensteuer	6.923	7.599	14.518
Solidaritätszuschlag	380,77	417,95	798,49
Summe Abgaben	**7.303,77**	**8.016,95**	**15.316, 49**
Getrennte Veranlagung			15.320,71
Zusammenveranlagung			15.316,49
Ersparnis bei Zusammenveranlagung			**4,22**

110 Die Zahlen wurden anhand des Online-Gehaltsrechners von Baxter Wiggem Property Ltd. ermittelt.

Steuerbelastung Ehepaar mit geringem Einkommen in Euro

	Einzel A	Einzel B	A + B zusammen
Zu versteuerndes Jahreseinkommen	**18.000**	**12.000**	**30.000**
Einkommensteuer	2.171	705	2820
Solidaritätszuschlag	119,41	38,78	155,10
Summe Abgaben	**2.290,41**	**743,78**	**2.975,10**
Getrennte Veranlagung			3.034,18
Zusammenveranlagung			2.975,10
Ersparnis bei Zusammenveranlagung			**59,08**

Dem Argument der weiblichen finanziellen Abhängigkeit wird entgegengehalten, dass das Missverhältnis auf dem Arbeitsmarkt durch den innerfamiliären Austausch ausgeglichen werde, da die Ehepartner eine wirtschaftliche Einheit im Sinne einer Erwerbs- und Verbrauchsgemeinschaft bildeten.[111] Dieser Blick auf das Paar als Einheit lässt allerdings den sozialwissenschaftlichen Aspekt außeracht: Es macht einen Unterschied, ob in der Ehe beide erwerbstätig sind, oder nur einer. Die bestehende Einkommensverteilung spielt für die Verhandlungsposition sowie für die Konsumentscheidungen in der Ehe eine bedeutende Rolle.[112] Der alleinverdienenende Ehegatte entscheidet im Wesentlichen selbst über die Verwendung seines Einkommens. Ungeachtet der bestehenden gegenseitigen Unterhaltspflichten (§ 1360 BGB) kann kein Zugriff des nicht berufstätigen Ehegatten auf die Hälfte des Einkommens fingiert werden, ohne dass hierfür gesetzliche Anhaltspunkte existieren.[113] Die individuelle Eigentumszuordnung ist während der intakten Ehe für die Partner regelmäßig ohne Belang. Bei Scheitern der Ehe erlangt diese aber immense Bedeutung.[114] In dem Fall steht die Hausfrau finanziell wesentlich schlechter da als der Allein-/Hauptverdiener.[115]

Zudem ist zweifelhaft, ob es sachgerecht ist, Ehepartner als Einheit zu betrachten. Schließlich sind sie nach geltendem Recht gerade keine wirtschaftliche Einheit, wenn sie keine Gütergemeinschaft vereinbart haben.[116] In der Forschung wird die Ansicht vertreten, dass weder die Zugewinngemeinschaft noch der Versorgungsausgleich

111 BVerfGE 61, 319 (345 f.): In der „intakten Durchschnittsehe" stehe das gemeinsame Einkommen wechselseitig zur Verfügung.

112 Sacksofsky (2010/2), S. 369; Spangenberg (2007), S. 62 f. Vgl. Internationale empirische Studien zum Erwerbs- und Konsumverhalten von Frauen und Männern: Beblo, S. 271 ff.

113 Huster, S. 589.

114 Seiler (2007), S. 15.

115 Sacksofsky (2010/2), S. 369.

116 Gesetzlicher Güterstand ist die Zugewinngemeinschaft, vgl. § 1363 Abs. 1 BGB.

die These der Ehe als Erwerbs- und Verbrauchsgemeinschaft stützten.[117] Die Zugewinngemeinschaft beruhe schließlich während der Ehe auf dem Grundsatz der Gütertrennung. Der Versorgungsausgleich sehe eine hälftige Teilung nur bei Scheidung vor. Huster ist sogar der Ansicht, dass diese Institute überflüssig wären, wenn die Ehe von vornherein als wirtschaftliche Einheit gestaltet wäre.[118] Es wird außerdem argumentiert, dass das Ehegattensplitting seit der letzten Unterhaltsrechtsreform nicht mehr zu rechtfertigen sei, da es wegen seiner Anreize zur Ausübung einer Hausfrauenehe im Widerspruch zum Grundsatz der Eigenverantwortung (§ 1569 Abs. 1 BGB) nach der Scheidung stehe.[119]

Im Ergebnis kann ein Verstoß gegen das Gleichstellungsgebot aus Art. 3 Abs. 2 S. 1, Abs. 3 GG festgestellt werden. Das Ehegattensplitting steht zwar allen Eheformen offen, so dass die Neutralitätspflicht aus Art. 6 Abs. 1 GG formal gewahrt ist, es setzt aber finanzielle Anreize für die Alleinverdienerehe. Dies ist typischerweise mit Nachteilen für das weibliche Geschlecht verbunden, da in der Regel die Frauen ihre Berufstätigkeit einschränken oder von einer Berufs(wieder)aufnahme absehen, um den Steuervorteil zu maximieren.

Das Ehegattensplitting wird häufig mit dem Argument der Familienförderung befürwortet. Tatsächlich profitierten Berechnungen zufolge 57 Prozent der Ehepaare mit Kindern vom Splittingeffekt.[120] Umgekehrt bedeutet das, dass 43 Prozent, und damit nahezu die Hälfte aller Ehen, in den Genuss des Splittingvorteils kamen, die kinderlos waren. Hinzu kommt die Tatsache, dass die Wirkungen des Ehegattensplittings zu diffus sind und auch nicht immer den realen Bedürfnissen der Familien entsprechen. Da das Splitting von der Anzahl der Kinder unabhängig ist, kann es die steigende finanzielle Belastung der Familien nicht immer auffangen. Die steuerliche Entlastung hängt gewissermaßen zufällig davon ab, wie das Einkommen der Eltern verteilt ist. Einziger Bezugspunkt ist die Eheschließung. Schon 1998 hat das BVerfG klargestellt, dass das Ehegattensplitting keine finanzielle Entlastung für Kinderkosten bezwecke.[121] Zudem nimmt das Splitting keine Rücksicht darauf, dass junge Familien nicht gerade zu den Großverdiener-Haushalten gehören, die zu den Gewinnern des Ehegattensplittings zählen. Nebenbei sei angemerkt, dass inzwischen viele Kinder in nichtehelichen Lebensgemeinschaften oder bei nur einem Elternteil aufwachsen und von dieser Art der Familienförderung konsequent ignoriert werden.[122] Damit ist das Ehegattensplitting in seiner derzeitigen Form auch als Familienförderung/-entlastung ungeeignet.

---

117 Vollmer (2007), S. 41; dies. (2006), S. 77; Huster, S. 588; Schuler-Harms, FPR 2012, 297 (299).

118 Huster, S. 588; a. A. Felix, S. 81 ff.; Seiler (2007), S. 15 f.

119 Maurer/Spangenberg, djbZ 2009, 102 (103).

120 Bach et al., DIW 2003, S. 19. Nach Berechnungen des BMF entfallen 62 Prozent des gesamten Splittingvolumens auf zusammen veranlagte Ehegatten mit Kindern, vgl. Löhr/Serwe, S. 33.

121 BVerfGE 99, 216 (240); Spangenberg (2005), S. 21 ff.; Stolz-Willig, S. 130.

122 Spangenberg (2005), S. 21 ff.; Stolz-Willig, S. 130.

2. Lohnsteuerklassen als Verschärfung des Splittingeffekts

Verheirate Arbeitnehmer haben zwei Lohnsteuerkombinationen zur Auswahl: Die Kombination der Klassen III und V und die Kombination der Klassen IV und IV (§ 38b Abs. 1 Nr. EStG). Besteht keine oder nur eine geringe Einkommensdifferenz, ist die Kombination IV/IV die günstigste, weil dann beide Partner wie Alleinstehende besteuert werden. Die Kombination III/V lohnt sich hingegen, wenn erhebliche Einkommensunterschiede zwischen den Ehegatten bestehen.[123] Diese Kombination ist besonders interessant für das Allein- oder das Zuverdiener-Modell. Wird sie gewählt, wird die Lohnsteuer in Steuerklasse III nach Abzug der gemeinsamen Steuerabzugsbeträge nach dem Splittingtarif berechnet. Derjenige mit dem höheren Einkommen wird so behandelt, als sei er Alleinverdiener. Er genießt alle Vorteile des Ehegattensplittings, während das Einkommen des zweiten Ehepartners wie ein zusätzliches Einkommen des Erstverdieners behandelt und damit entsprechend der Steuerklasse VI ohne Grundfreibetrag oder Pauschalen für Sonderausgaben und Vorsorge von Beginn an mit einem hohen Grenzsteuersatz belastet wird. Die Besteuerung in Steuerklasse V fällt dadurch sehr hoch aus. Es bleibt ein entsprechend niedriger Nettolohn übrig. Da knapp 90 Prozent aller Arbeitnehmer in Lohnsteuerklasse V weiblich sind, trägt das Lohnsteuerklassenverfahren dazu bei, die negativen Erwerbsanreize für Frauen zu verstärken.[124] Die Rückzahlung über den Lohnsteuerjahresausgleich kann den negativen psychologischen Effekt, der bei den Frauen bewirkt wird, nicht ausgleichen. Fakt ist, dass am Ende des Monats merklich weniger Geld auf dem Konto eingeht, als erarbeitet wurde. Hinzu kommt, dass die Korrektur der Lohnsteuerjahresausgleich die sozialrechtlichen Nachteile nicht auszugleichen vermag: Viele Lohnersatzleistungen sind vom Nettolohn abhängig. Dies gilt etwa für das Arbeitslosen-, das Kurzarbeiter-, das Mutterschafts-, das Eltern- und das Krankengeld. [125]

Auch das 2010 eingeführte Faktorverfahren[126] kann die Lohnsteuerklassenkombination III/V nicht ersetzen, da es nur bis zu einem gemeinsamen Einkommen von 20.000 Euro finanziell vorteilhaft ist. Damit stellt es nur für wenige Ehepaare eine Alternative dar.[127]

Gegen die Unbilligkeiten des Lohnsteuerklassenverfahrens wird vorgebracht, dass der Ehepartner mit Steuerklasse V berechtigt sei, einen Nachteilsausgleich

---

123 Wersig (2012), Rn. 33.

124 Sacksofsky (2010/2), S. 372 f.; Färber, S. 182 f.; Wersig (2012), Rn. 33.

125 Wersig (2012), Rn. 33; Sacksofsky (2010/2), S. 373.

126 Die Wahl der Lohnsteuerklassenkombination IV/IV mit Faktor führt dazu, dass jeder Ehegatte nach Steuerklasse IV mit Faktor (0,...) veranlagt wird, so dass die steuermindernde Wirkung des Splittingverfahrens berücksichtigt werden kann. Der Faktor wird vom Finanzamt anhand der von den Eheleuten angegebenen wahrscheinlichen Jahreseinkommen berechnet und dann mit der errechneten Lohnsteuerschuld multipliziert (§ 39 f EStG).

127 Wersig (2012), Rn. 34.

von dem Partner mit Steuerklasse III zu verlangen.[128] Dies mag richtig sein, in der Realität wird aber üblicherweise keiner vom anderen einen finanziellen Ausgleich verlangen, solange die Ehe intakt ist. Überdies können dadurch nicht die Nachteile für die Lohnersatzleistungen ausgeglichen werden.

Im Ergebnis ist festzuhalten, dass das Lohnsteuerklassenverfahren den negativen Erwerbsanreiz für Frauen durch das Ehegattensplitting zusätzlich fördert. Eine Arbeitsaufnahme ist für die Frau unattraktiv, solange sie nicht in der Lage ist, ein dem Ehepartner vergleichbares Einkommen zu erwirtschaften. Dies wird gerade nach einer häuslichen Betreuungspause häufig nicht möglich sein. Der heutige Arbeitsmarkt erfordert ständige Verfügbarkeit und Flexibilität. Wer hieran durch Kinderbetreuung gehindert ist, schmälert seine Karrierechancen.[129] Gleichzeitig stellt das Lohnsteuerklassenverfahren eine Wiedereingliederungsbarriere dar. Berücksichtigt man, dass Frauen generell ein niedrigeres Einkommen erzielen (dieser Effekt wird durch Betreuungspausen noch verstärkt) und dass eine Berufstätigkeit beider Ehepartner mit zusätzlichen Kosten für eine Kinderbetreuung verbunden ist, wirkt die Hausfrauentätigkeit sehr verlockend. Viele – vor allem geringer qualifizierte Frauen - ziehen deshalb eine Berufstätigkeit als „Minijobber" vor, um ihr Einkommen vor Steuerzahlungen und Sozialabgaben zu schützen und zugleich die Steuervorteile aus dem Ehegattensplitting zu genießen. Dieses Einkommen hat zwar positive Auswirkungen auf den Gegenwartskonsum, bietet aber keine Absicherung bei Krankheit oder Arbeitslosigkeit und erhöht außerdem das Risiko von Altersarmut.[130] Wegen der Nachteile, die überwiegend Frauen treffen, ist auch beim Lohnsteuerklassenverfahren ein Konflikt mit Art. 3 Abs. 2 S. 1 GG festzustellen.

3. Steuerliche Absetzbarkeit von Kinderbetreuungskosten

Wenn beide Eltern berufstätig sind, kann sich die Notwendigkeit einer Fremdbetreuung ergeben. In Deutschland stehen verschiedene Betreuungsangebote zur Verfügung (z. B. Kindertagesstätte, Kindergarten, Kinderhort). Die Kosten hierfür tragen die Eltern in der Regel selbst.[131] Aufgewendete Kinderbetreuungskosten sind gem. § 10 Abs. 1 Nr. 5 EStG als Sonderausgabe steuerlich absetzbar, allerdings nicht in vollem Umfang. Absetzbar sind zwei Drittel der Betreuungskosten, höchstens jedoch 4.000 Euro pro Kind. Jahrelang war von frauenpolitischer Seite die steuerliche Absetzbarkeit erwerbsbedingter Kinderbetreuungskosten gefordert worden, um Müttern die Berufstätigkeit zu erleichtern.[132] Dieser Forderung sollte im Jahr 2002 durch § 33c EStG a. F. genüge getan werden. Der Gesetzgeber verfolgte damit

---

128 Färber, S. 184 f.

129 Langenfeld, DVBl 2010, 1019 (1022).

130 Zimmer, S. 305 f.; Färber, S. 191; Griese et al., NZA 2013, 113 (119).

131 Für einkommensschwache Familien kann je nach Gemeinde ein Anspruch auf Ermäßigung oder Erlass der Gebühr bestehen, vgl. z. B. Stadt Frankfurt am Main: Kita-Elternentgelte.

132 Sacksofsky, FPR 2003, 395 (399).

das Ziel, die Vereinbarkeit von Familie und Beruf, insbesondere für Frauen, zu fördern.[133] Die Entwicklung ist jedoch noch nicht abgeschlossen. Denn auch § 10 Abs. 1 Nr. 5 EStG ist defizitär. Hauptkritikpunkt ist der auf 4.000 Euro begrenzte Betrag.[134] Erschwerend kommt hinzu, dass die tatsächlich entstandenen Kosten nur zu zwei Dritteln steuerlich berücksichtigt werden.

Der Gesetzgeber ist wegen des ihm bei der Familienförderung zustehenden Gestaltungsspielraums berechtigt, eine pauschale Obergrenze für die Absetzbarkeit festzulegen. Diese sollte allerdings realitätsgetreu bemessen sein, also die tatsächlich notwendigen Betreuungskosten weitestgehend abdecken. Rein subjektiv motivierte „Luxuskosten" können außeracht gelassen werden.[135] Derzeit ist bereits fraglich, ob überhaupt die tatsächlich notwenigen Betreuungskosten abgegolten werden. Haben die Eltern das Glück, einen Betreuungsplatz in einer städtischen Kinderbetreuungseinrichtung zu erhalten, ist ihr finanzieller Betreuungsaufwand weitestgehend steuerlich abgegolten. Die Kosten hierfür haben sich seit dem Jahr 2003 halbiert. Damals zahlten Eltern in Frankfurt am Main noch 5.160 Euro jährlich für einen Ganztags-Krippenplatz.[136] Derzeit liegen die Kosten für die Betreuung in einer Kindertagesstätte für Kinder unter drei Jahren bei 2.376 Euro.[137] Ein Kindergartenplatz kostet je nach Haushaltseinkommen und Anzahl der Kinder zwischen 744 und 1.248 Euro im Jahr.[138] Vereinzelte Städte erheben sogar für die letzten drei Kindergartenjahre vor der Schule überhaupt keine Betreuungsgebühren mehr. In einigen Bundesländern ist immerhin das letzte Kindergartenjahr beitragsfrei, so auch in Hessen.[139] Selbst wenn man die Höchstwerte zugrunde legt, die mithilfe des Kindergartenmonitors für die 100 größten deutschen Städte ermittelt wurden, wird der Höchstsatz von 4.000 Euro nicht erreicht. Die Spanne reicht von 1.752 bis 2.520 Euro für ein Kind. Bei zwei Kindern verringert sich der Beitrag noch (Geschwisterermäßigung).[140] Soll das Kind ganztags betreut werden, ist zwar mit einem Aufschlag zu rechnen, doch selbst wenn hierfür die doppelte Gebühr verlangt werden würde, wären die Betreuungskosten weitestgehend steuerlich abgegolten.

Für Kleinkinder bis drei Jahre gilt dies jedoch nur, sofern sie einen kommunal betriebenen Betreuungsplatz erhalten. Für diese Altersgruppe existieren noch zu wenige Betreuungsplätze. Diese werden aber immer stärker nachgefragt, da immer weniger Eltern ihre Berufstätigkeit bis ins Kindergartenalter der Kinder einschränken möchten. Die Betreuungsquote liegt für Kinder im zweiten Lebensjahr bei 34,6

133 BT Drucks 14/6160, S. 13 für § 33 c EStG a. F.

134 Bereits der ehemalige § 4 f EStG wurde deswegen kritisiert: Hey, NJW 2006, 2001 (2004).

135 Jachmann/Liebl, DStR 2010, 2009 (2011); Jachmann, S. 25 f.; Sacksofsky (2010/2), S. 376.

136 Sacksofsky, FPR 2003, 395 (399).

137 Stadt Frankfurt am Main: Kita-Elternentgelte.

138 INSM: Kindergarten-Gebühren-Profil, FfM.

139 INSM: Kindergartenmonitor (Endbericht), S. 7, 33.

140 INSM: Kindergarten-Gebühren-Profil, FfM.

Prozent, der Bedarf der Eltern hingegen bei 51,2 Prozent. Im dritten Lebensjahr des Kindes beträgt die Betreuungsquote 59,7 Prozent, der Betreuungsbedarf der Eltern liegt hingegen bei 70,7 Prozent. Für Kinder zwischen einem und zwei Jahren wird der Betreuungsbedarf noch um 16,6 Prozent unterschritten.[141] Der seit dem 01.08.2013 bestehende Rechtsanspruch auf einen Betreuungsplatz für unter Dreijährige hat keinen Wert für berufstätige Eltern, wenn alle Betreuungsplätze belegt sind.

Eltern, die dennoch nicht auf ihre Berufstätigkeit verzichten wollen, bleibt dann nur die Inanspruchnahme einer privaten Kinderbetreuungsstätte. Die Betreuungskosten sind dort jedoch um ein Vielfaches höher.[142] Eine Obergrenze für die Kosten existiert nicht. Sie profitieren von der hohen Nachfrage und der Knappheit der Betreuungsplätze. Aber auch bei privaten Anbietern besteht keine Garantie auf einen Betreuungsplatz. Dann ist die Berufstätigkeit gefährdet. Kann das Kind nicht anderweitig untergebracht werden, muss ein Elternteil für die Betreuung zu Hause bleiben.

Noch kostspieliger ist die Betreuung durch eine Tagesmutter. Die Betreuungszeiten und -kosten sind individuell auszuhandeln. Es gibt keine festen Sätze. Jedenfalls ist bei der Einigung über den Stundensatz der Mindestlohn einzuhalten.[143] Bei einer Ganztagesbetreuung von neun Stunden am Tag würden sich die Kosten auf rund 20.000 Euro jährlich belaufen, wovon 16.000 Euro steuerlich unberücksichtigt blieben.

Die derzeit geltende Obergrenze für die Absetzbarkeit von Kinderbetreuungskosten ist jedenfalls für Eltern, die ihr Kind in eine private Betreuung geben (müssen), unzureichend. Hinzu kommt, dass den Eltern ein Eigenanteil in Höhe von einem Drittel der Betreuungskosten belassen wird. Der Eigenanteil steht in Konflikt mit Art. 3 Abs. 1 GG, da sich die Steuerlast an der wirtschaftlichen Leistungsfähigkeit orientieren soll. Erwerbsbedingte Betreuungskosten mindern die Leistungsfähigkeit, so dass eine geringere Besteuerung zweckmäßig wäre. Dem kann auch nicht entgegengehalten werden, dass Kinder eine Privatangelegenheit- und die Kosten dafür ebenso vermeidbar seien wie die Kosten einer sonstigen Lebensführung.[144] Wenn Fahrten von der Wohnung zur Arbeitsstätte als Werbungskosten geltend gemacht werden können, sollte das auch für Kinderbetreuungskosten gelten. Schließlich ist die Wahl der Wohnung ebenfalls eine Entscheidung der privaten Lebensführung.[145] Kinderbetreuungskosten sind richtigerweise als zwangsläufige Aufwendungen einzustufen, die als Betriebsausgaben/Werbungskosten berücksichtigt werden sollten, nicht als Sonderausgaben. Auch kann der Eigenanteil in Höhe von 1/3 nicht damit gerechtfertigt werden, dass der Betreuungsfreibetrag (§ 32 Abs. 6 EStG) bereits einen Teil der erwerbsbedingten Betreuungskosten abdecke.

---

141 BMFSFJ: KiföG-Bericht 2015, S. 13.

142 Z. B. „Kinderkrippe „Little Giants" FfM: Jährlich 15.000 Euro; Kinderkrippe „Zwergenwiese" München: 7.440–9.240 Euro (je nach Betreuungsstunden).

143 BMFSFJ: Handbuch Kindertagespflege, S. 13.

144 Vgl. BVerfGE 82, 60 (87); 99, 216 (233); Jachmann/Liebl, DStR 2010, 2009 (2011); weiterführend dazu: Jachmann, S. 26 ff.

145 Sacksofsky (2010/2), S. 375 f.; dies. FPR 2003, 395 (399).

Der Betreuungsfreibetrag gibt lediglich den allgemeinen (erwerbsunabhängigen) kindbedingten Betreuungsbedarf wieder und ist deshalb nicht mit erwerbsbedingten Betreuungskosten gleichzustellen.[146]

Zu der Obergrenze der Absetzbarkeit ist jedoch zu sagen, dass sie grundsätzlich sachlich gerechtfertigt ist. Denn andernfalls bestände die Gefahr, dass die Kosten einer „Luxusbetreuung" auf die Steuerzahler umgelegt werden könnten.[147] Das würde besserverdienende Familien gegenüber anderen Familien bevorzugen und damit wiederum in Konflikt mit Art. 3 Abs. 1 GG geraten. Dem Vorschlag, unangemessen hoch empfundenen Betreuungskosten die Generalnorm des § 4 Abs. 5 Nr. 7 EStG entgegenzuhalten, wonach nach allgemeiner Verkehrsauffassung ein als unangemessen angesehener Aufwand nicht abzugsfähig ist,[148] kann nicht zugestimmt werden. Eine Generalnorm ist nicht nur mit Rechtsunsicherheit behaftet, sondern würde auch für jeden Einzelfall eine genaue Überprüfung bedingen. Sie ist für eine Begrenzung nach oben nicht ebenso gut geeignet wie eine verbindliche Obergrenze. Zudem ist die geltende Obergrenze ausreichend, wenn ein öffentlich betriebener Betreuungsplatz in Anspruch genommen wird. Daher ist es sinnvoller, den Betreuungsplatzausbau voranzutreiben, als die Obergrenze für die Absetzbarkeit der Betreuungskosten anzuheben. Auch dies kann einen Beitrag zur verbesserten Vereinbarkeit von Familie und Beruf - gerade für Mütter - leisten. Eine bezahlbare Kinderbetreuung in Kombination mit einer adäquaten steuerlichen Berücksichtigung kann es für mehr Mütter attraktiver machen, ihr Kind in eine Fremdbetreuung zu geben. Für einige Familien wird die Fremdbetreuung durch niedrigere Kosten auch erst möglich sein. Bei der geltenden Rechtslage und dem Stand des Betreuungsplatzausbaus ist es oftmals sinnvoller, das Kind persönlich zu betreuen und dafür auf eine eigene Berufstätigkeit zu verzichten.

II. Das Betreuungsgeld

Zeitgleich mit dem Anspruch auf einen Krippenplatz wurde auch das Betreuungsgeld geschaffen (01.08.2013). Bereits im Vorfeld seines Inkrafttretens war es politisch und juristisch heftig umstritten. Mit Urteil vom 21.07.2015 wurde es schließlich durch das BVerfG für formell verfassungswidrig erklärt.[149] Die materielle Verfassungsmäßigkeit musste durch das Gericht nicht mehr überprüft werden. Die Verfasserin ist jedoch der Ansicht, dass der Betreuungsgeldanspruch in einer nicht zu rechtfertigenden Weise auch gegen Art. 3 Abs. 2 und Art. 6 Abs. 1 GG verstieß.

146 Jachmann/Liebl DStR 2010, 2009 (2011, 2015).
147 Sacksofsky (2010/2), S. 375 f.
148 Jachmann/Liebl DStR 2010, 2009 (2011, 2015).
149 BVerfG NJW 2015, 2399.

1. Anspruchsvoraussetzungen

Eltern von Kindern im Alter von 15 bis 36 Lebensmonaten, die für diese keine öffentlich geförderte Betreuungseinrichtung in Anspruch nahmen, hatten Anspruch auf Betreuungsgeld (§§ 4a Abs. 1 Nr. 2 BEEG, 4d Abs. 1 S. 1, 27 Abs. 3 BEEG). Dabei war gleichgültig, ob sie das Kind persönlich betreuten oder ob sie es in die Obhut einer privat betriebenen Betreuungseinrichtung, der Familie oder von Freunden gaben. Der Umfang der Berufstätigkeit der Eltern war ebenfalls unerheblich. Das Betreuungsgeld betrug zuletzt 150 Euro monatlich. Es sollte im Anschluss an das Elterngeld maximal 22 Monate lang pro Kind gezahlt werden (§ 4d Abs. 1 S. 3 BEEG).[150]

Vor dem Hintergrund der bei Einführung des Betreuungsgeldes noch immer knappen öffentlichen Betreuungsplätze für unter Dreijährige entstand der Eindruck, dass diese Leistung eingeführt wurde, weil absehbar war, dass der bestehende Bedarf bei Inkrafttreten des Anspruchs auf einen Betreuungsplatz nicht gedeckt sein würde. Das Betreuungsgeld könnte aber auch ein taugliches Mittel sein, Eltern von vornherein von öffentlich geförderten Betreuungsplätzen fernzuhalten. Nicht ohne Grund wurde es spöttisch als „Herdprämie“ bezeichnet.

2. Vereinbarkeit mit Art. 3 Abs. 2 und Art. 6 Abs. 1 GG

Verschiedene Gutachten kommen zu dem Schluss, dass das Betreuungsgeld gleich mehrfach gegen das Grundgesetzes verstoße.[151]. Es sollte nach der Intention des Gesetzgebers der Wahlfreiheit in Bezug auf die Art der Betreuung von Kleinkindern dienen, indem es neben der Option, das Kind in eine öffentlich geförderte Krippe zu geben, auch anderweitige Betreuungsmöglichkeiten finanziell unterstützte. Gleichzeitig sollte ihm die Funktion als Anerkennungs- und Unterstützungsleistung für die Betreuungsleistung von Eltern zukommen, die ihre Betreuungs- und Erziehungsaufgaben im privaten Umfeld erfüllten.[152]

Der Betreuungsgeldanspruch war gesetzlich geschlechtsneutral formuliert und konnte von Vätern und Müttern gleichermaßen genutzt werden. Das allein genügt jedoch nicht, um dem Verfassungsauftrag aus Art. 3 Abs. 2 GG gerecht zu werden. Dieser gebietet, die tatsächliche Gleichberechtigung von Männern und Frauen auch in der sozialen Wirklichkeit zu ermöglichen.[153] Deshalb ist zu untersuchen, welchen Effekt das Betreuungsgeld auf die Eltern ausübt. Häusliche Betreuungsarbeit von Kleinkindern wird vorwiegend von Müttern übernommen. Eine Regelung, die die häusliche Betreuungsarbeit fördert, wird daher überwiegend Frauen treffen.[154] Es wird nur wenige Männer geben, die für ein „Betreuungsgehalt“ von 150 Euro

150 Brosius-Gersdorf, NJW 2013, 2316 (2316 f.).

151 M. w. N.: Brosius-Gersdorf, NJW 2013, 2316; Wieland (2012); Sacksofsky (2010/1); Schuler-Harms (2010).

152 BT Drucks 17/9917, S. 1.

153 BVerfGE 92, 91 (109).

154 Sacksofsky (2010/1), S. 13; Wieland, S. 13.

monatlich zu Hause bleiben.[155] Der Verfassungsauftrag verbietet die Förderung der Verfestigung überkommener Rollenverteilungen.[156] Eine Regelung, die mehr Mütter dazu anhält, ihre Kinder zu Hause zu betreuen, steht im Widerspruch zu dieser Vorgabe.[157] Auch wenn die Gesetzesbegründung Anerkennung, Ausgleich und Wahlfreiheit als zentrale Anliegen benennt,[158] bewirkte das Betreuungsgeld faktisch eine Ausdehnung der Berufsunterbrechung. Der Anspruchszeitraum knüpfte nahtlos an den Elterngeldbezug an und konnte bis zum Ende der dreijährigen Elternzeit ausgedehnt werden. Die Verlängerung der Berufsunterbrechung wurde demnach mit einer Geldleistung honoriert, während die Wiederaufnahme der Berufstätigkeit den Anspruch entfallen ließ. Noch attraktiver war das Betreuungsgeld in Kombination mit dem Ehegattensplitting und der kostenfreien Familienversicherung. Wer dagegen wieder Vollzeit arbeiten wollte, musste einen Krippenplatz bezahlen und verlor nicht nur den Anspruch auf das Betreuungsgeld, sondern auch Steuervorteile. Dadurch wurde ein nicht unerheblicher negativer Einfluss auf potentielle Berufsrückkehrerinnen ausgeübt. Der staatlich garantierte Krippenplatz wurde künstlich verteuert.[159] Damit bestand ein Anreiz, Kinder in den ersten drei Lebensjahren zu Hause zu betreuen.[160] Dies stellt eine Privilegierung der Alleinernährer-Familie und damit eine Verfestigung der klassischen Rollenteilung dar, die zu erheblichen Nachteilen für die individuelle Existenzsicherung von Frauen führt. Eine solche Einmischung des Staates verstößt nicht nur gegen das Neutralitätsgebot aus Art. 6 Abs. 1 GG, sondern auch gegen das Gleichstellungsgebot aus Art. 3 Abs. 2 GG. Daher bedarf sie einer Rechtfertigung.

Die Analyse, ob die in der Gesetzesbegründung benannten Zwecke für eine Rechtfertigung herangezogen werden können, birgt Schwierigkeiten. Aus der Begründung geht nicht eindeutig hervor, ob das Betreuungsgeld Familienleistungs- oder -lastenausgleich sein soll oder ob es sich dabei um eine pauschale Kompensationsleistung handelt.

Die Bezeichnung des Betreuungsgeldes als „Anerkennungs- und Unterstützungsleistung“ für Eltern mit Kleinkindern[161] lässt auf eine Form des Familienleistungsausgleichs schließen, der die Betreuungs- und Erziehungsleistung der Eltern belohnen soll. Ein Familienleistungsausgleich müsste jedoch sämtlichen Eltern gleichermaßen zukommen. Eltern, die ihr Kind in eine Krippe geben, kann nicht unterstellt werden, dass sie ihr Kind deshalb nicht betreuen und erziehen. Abgesehen davon, dass es noch ein Leben vor und nach der Krippe gibt, darf auch der Organisationsaufwand einer Drittbetreuung nicht unterschätzt werden. Zudem ist zu berücksichtigen, dass das Betreuungsgeld nur voraussetzte, dass keine staatlich

155 Schuler-Harms, S. 4.
156 BVerfGE 85, 191 (207).
157 Sacksofsky (2010/1), S. 13.
158 BT Drucks 17/9917, S. 1.
159 Schuler-Harms, S. 4.
160 Sacksofsky (2010/1), S. 13.
161 BT Drucks 17/9917, S. 1.

geförderte Betreuungseinrichtung in Anspruch genommen wurde. Betreuungsgeldberechtigte konnten ihr Kind in eine private Betreuungseinrichtung geben, ohne ihren Anspruch zu verlieren. Damit suggerierte das Betreuungsgeld, dass die öffentliche Kinderbetreuung weniger wert sei als die private.[162] Ein sachlicher Grund für diese Ungleichbehandlung ist nicht erkennbar, so dass die Anerkennungs- und Unterstützungsleistung die Grundrechtsverstöße nicht rechtfertigen kann.

Der Zweck des Ausgleichs kindbedingter Kosten lässt auch den Schluss auf einen Familienlastenausgleich zu. Aber auch dieser Zweck vermag nicht zu überzeugen. Art. 6 Abs. 1 GG verpflichtet den Staat, Eltern mit gleichen Lasten auch gleich zu fördern. Das Betreuungsgeld war jedoch nur auf Eltern beschränkt, die ihr Kind nicht in einer öffentlichen Betreuungseinrichtung betreuen ließen. Für einen Lastenausgleich müssten daher eben diese Eltern besondere finanzielle Belastungen haben, die Eltern, die eine öffentliche Betreuungseinrichtung in Anspruch nehmen, nicht haben. Solche besonderen Lasten können aber nicht pauschal für jeden Betreuungsgeldempfänger unterstellt werden. Insbesondere Eltern, die ihr Kind persönlich betreuen, ohne hierfür die Erwerbstätigkeit aufzugeben, haben weder einen Einkommensverlust noch zusätzliche Betreuungsausgaben. Gleiches gilt für Eltern, die ihr Kind kostenlos von Verwandten betreuen lassen.[163]

Ebenso wenig kann das Betreuungsgeld als Kompensation für Eltern, die keine öffentlich geförderte Betreuungseinrichtung beanspruchen, überzeugen. Abgesehen davon, dass der Kompensationsgedanke ein neuer Ansatz innerhalb der Familienförderung wäre, die bislang nur den Leistungs- und Lastenausgleich kennt, blieb das Betreuungsgeld weit hinter den Betreuungskostenzuschüssen für Eltern, die eine öffentlich genutzte Betreuungseinrichtung in Anspruch nehmen, zurück. Für diese wendet der Staat ca. 12.000 Euro pro Jahr und Kind auf (Bruttobetriebskosten). Ein Platz in der Kindertagespflege kostet ihn etwa 9.450 Euro jährlich.[164] Das Betreuungsgeld kostete den Staat dagegen maximal 1.800 Euro im Jahr. Wenn das Betreuungsgeld tatsächlich als finanzielle Kompensation hätte verstanden werden sollen, hätte es nahegelegen, den Zahlbetrag an die Höhe der staatlichen Zuschüsse für eine öffentlich betriebene Betreuungseinrichtung anzunähern. Gründe dafür, warum das Betreuungsgeld so weit hinter dem Betrag für öffentliche Betreuungseinrichtungen zurückblieb, nannte der Gesetzgeber nicht. Zudem hat das BVerfG festgestellt, dass ein ausreichendes Betreuungsangebot unerlässliche Voraussetzung für die Vereinbarkeit von Familie und Beruf- und damit notwendig für den Abbau bestehender Nachteile für Frauen auf dem Arbeitsmarkt ist, weshalb der Ausbau von Betreuungsinfrastruktur richtigerweise als Pflichtaufgabe des Staates anzusehen ist.[165]

162 Brosius-Gersdorf, NJW 2013, 2316 (2319).
163 Brosius-Gersdorf, NJW 2013, 2316 (2319).
164 BT Drucks 17/9917, S. 7.
165 BVerfGE 88, 203 (260); 99, 216 (234); Brosius-Gersdorf, NJW 2013, 2319 (2320); Wieland, S. 8.

Auch unter dem Aspekt der Wahlfreiheit in Bezug auf die Kinderbetreuung kann keine Rechtfertigung gefunden werden. Sacksofsky ist darin zuzustimmen, dass das Betreuungsgeld den Eltern keine Wahl beließ: Entweder sie entschieden sich für eine häusliche Betreuung oder nicht. Finanziell wurde aber nur die Entscheidung für die häusliche Betreuung honoriert. Von einer Realisierung von Wahlfreiheit kann korrekterweise nur dann gesprochen werden, wenn Eltern sich ohne das Betreuungsgeld eine häusliche Betreuung nicht leisten könnten, das Betreuungsgeld ihnen die häusliche Betreuung also erst ermöglichen würde. Die Abhängigkeit dieser Entscheidung von 150 Euro mehr oder weniger Familieneinkommen wird jedoch nur in den wenigsten Familien gegeben sein.[166] Wenn das Betreuungsgeld tatsächlich der Wahlfreiheit hätte dienen sollen, hätte es höher ausfallen müssen.

Nach alledem muss das Betreuungsgeld auch als materiell verfassungswidrig eingeordnet werden. Es förderte in einer verfassungsmäßig nicht zu rechtfertigenden Weise die Führung einer Hausfrauenehe.

3. Bundesverfassungsgerichtsentscheidung vom 21.07.2015

Im Juli 2015 erklärte das BVerfG die §§ 4a bis 4d BEEG für formell verfassungswidrig. Der Bund besitze keine Gesetzgebungskompetenz für die Einführung eines Betreuungsgeldes. Zwar könnten die §§ 4a ff. BEEG der öffentlichen Fürsorge nach Art. 74 Abs. 1 Nr. 7 GG zugeordnet werden, auf die sich die konkurrierende Gesetzgebung erstrecke. Die in Art. 72 Abs. 2 GG genannten Voraussetzungen für die Inanspruchnahme dieser Kompetenz durch den Bund lägen jedoch nicht vor, da die Herstellung gleicher Lebensverhältnisse im Bundesgebiet oder die Wahrung der Rechts- oder Wirtschaftseinheit im gesamtstaatlichen Interesse die Einführung des Betreuungsgeldes nicht erfordere.

Die Gleichwertigkeit der Lebensverhältnisse sei bedroht, wenn sich die Lebensverhältnisse in den Bundesländern in erheblicher, das bundesstaatliche Sozialgefüge beeinträchtigender Weise auseinanderentwickelt hätten oder sich eine derartige Entwicklung konkret abzeichne.

Zwar gebe es nur in Bayern, Sachsen und Thüringen ähnliche staatliche Leistungen. Dies führe jedoch nicht zu einer erheblichen Schlechterstellung von Eltern der anderen Bundesländer. Auch rechtfertige die Tatsache, dass der Ausbau der frühkindlichen Betreuung seit Jahren staatlich gefördert werde, kein Betreuungsgeld. Für die Herstellung gleicher Lebensverhältnisse sei die Schaffung einer Alternative zur Inanspruchnahme der außerhäuslichen Betreuung nicht erforderlich. Das Merkmal der Gleichwertigkeit der Lebensverhältnisse ziele auf den Ausgleich von Nachteilen für Einwohner einzelner Länder zur Vermeidung daraus resultierender Gefährdungen des bundesstaatlichen Sozialgefüges, nicht aber auf den Ausgleich sonstiger Ungleichheiten.

166 Sacksofsky (2010/1), S. 10.

Die aus Art. 6 Abs. 1 GG resultierende Verpflichtung des Staates, jede von den Eltern gewählte Art der Kinderbetreuung zu ermöglichen und zu fördern, gebiete ebenfalls keine andere Entscheidung. Aus dem verfassungsrechtlichen Gebot lasse sich kein konkreter Anspruch auf bestimmte staatliche Leistungen herleiten. Zudem sei das Betreuungsgeld auch aus Gleichheitsgründen nicht erforderlich, da das Angebot öffentlich geförderter Kinderbetreuung allen Eltern offenstehe. Wenn Eltern dieses nicht in Anspruch nähmen, verzichteten sie freiwillig, ohne dass dies eine verfassungsrechtliche Kompensationspflicht auslöse.

Das Betreuungsgeld bezwecke auch nicht, etwaige Engpässe bei der Verfügbarkeit von Betreuungsplätzen zu beheben, denn die Nichtinanspruchnahme eines verfügbaren Betreuungsplatzes genüge ebenso für den Geldbezug. Zudem bestehe ein einklagbarer Anspruch für den Zugang zu öffentlich geförderten Betreuungseinrichtungen, der nicht unter einem Kapazitätsvorbehalt stehe. Auch der gesellschaftspolitische Wunsch der Herstellung einer „echten Wahlfreiheit" könne für sich genommen keine bundeseinheitliche Gesetzgebung begründen.

Die angegriffenen Regelungen seien auch nicht zur Wahrung der Rechts- und Wirtschaftseinheit erforderlich. Eine Rechtsvereinheitlichung werde ohnehin nicht herbeigeführt, weil neben dem Betreuungsgeld zusätzliche vergleichbare Leistungen in den einzelnen Ländern unangetastet blieben. Zudem hätten unterschiedliche Landesregelungen oder das Untätigbleiben der Länder keine erkennbaren erheblichen Nachteile für die Gesamtwirtschaft mit sich gebracht, weshalb das Betreuungsgeld auch nicht zur Wahrung der Wirtschaftseinheit erforderlich sei. [167]

III. Das Elterngeld

Am 01.01.2007 löste das Elterngeld[168] das seit 1986 geltende Erziehungsgeld ab. Das bis dato geltende Erziehungsgeld war für den Betreuenden nicht existenzsichernd, da es gem. § 5 BerzGG i. d. F. vom 09.02.2004 nur 300 Euro (bzw. 450 Euro) betrug und von einer Bedürftigkeit abhängig war.

Das Elterngeld, das an vielen Stellen große Ähnlichkeiten mit seinem schwedischen Vorbild aufweist, ist hingegen als Lohnersatzleistung konzipiert. Das vor der Geburt des Kindes erzielte Nettoeinkommen wird je nach Einkommenshöhe zu verschiedenen Prozentsätzen (Regelsatz: 67 Prozent) und bis zu einem Höchstbetrag von 1.800 Euro ersetzt (§ 2 Abs. 1 bis 4 BEEG). Zudem erhalten alle Eltern ein Mindestelterngeld in Höhe von 300 Euro, auch wenn sie vor der Geburt des Kindes nicht erwerbstätig waren (§ 2 Abs. 4 BEEG).[169]

---

167 Zum Ganzen: BVerfG NJW 2015, 2399.

168 Nicht zu verwechseln mit der Eltern*zeit*, die den Anspruch auf unbezahlte Freistellung von der Arbeit für bis zu drei Jahre nach der Geburt des Kindes regelt. Dieser Anspruch bestand schon vor Einführung des Elterngeldes (BErzGG) und wurde bei der Reform nicht angetastet.

169 BT Drucks 16/1889, S. 26; Wersig (2012), Rn. 48.

1. Besonderheiten des Elterngeldes

Das Elterngeld weist einige Besonderheiten auf. Ein Elternteil allein ist grundsätzlich bis zu 12 Monate bezugsberechtigt. Es werden allerdings zwei zusätzliche Monate gewährt, wenn auch der andere Elter mindestens zwei Monate Elterngeld bezieht (Partnermonate, § 4 Abs. 4 BEEG). Werden mehrere Kleinkinder gleichzeitig betreut, wird ein Geschwisterbonus in Höhe von zehn Prozent, mindestens aber 75 Euro monatlich, gewährt (§ 2a Abs. 1 BEEG). Bei Mehrlingsgeburten wird ein Zuschlag in Höhe von 300 Euro pro Mehrling und Bezugsmonat gewährt. Außerdem können zwei weitere Partnerschaftsmonate in Anspruch genommen werden, um den Anspruchszeitraum auf 16 Monate zu verlängern (§ 2a Abs. 4 BEEG).

2. Elterngeld Plus

Am 01.01.2015 wurde das Elterngeld Plus eingeführt, das den Eltern einen flexibleren Elterngeldbezug ermöglicht. Fortan ist die Kombination von Basiselterngeld und Elterngeld Plus (zuzüglich Partnermonate) möglich. Entscheiden sich die Eltern für den Bezug des „normalen" Elterngeldes, bleiben die alten Regelungen bestehen (Basiselterngeld). Elterngeld Plus ermöglicht hingegen einen 24-monatigen hälftigen Bezug des Elterngeldes, wobei daneben eine Teilzeittätigkeit ausgeübt werden darf. Der Bezugszeitraum kann auf bis zu 36 Monate verlängert werden, wenn *beide* Elternteile bis zu vier Monate gleichzeitig einer Teilzeitbeschäftigung von 25–30 Wochenstunden nachgehen (§ 4 Abs. 3, 4 BEEG). Diese Variante steht auch Alleinerziehenden offen, die die Voraussetzungen für den Entlastungsbetrag für Alleinerziehende gem. § 24b EStG erfüllen, oder mit der Betreuung durch den anderen Teil das Kindeswohl gefährdet wäre, oder der andere Teil außerstande ist, das Kind zu betreuen (§ 4 Abs. 6 BEEG).

Während das Basiselterngeld nur bis zur Vollendung des 14. Lebensmonats des Kindes bezogen werden kann, kann das Elterngeld Plus auch danach noch beansprucht werden, solange es ab dem 15. Lebensmonat noch durchgängig von zumindest einem Elternteil in Anspruch genommen wird.

Mit Einführung des Elterngeld Plus wurde auch die Elternzeit flexibilisiert. Nach § 15 Abs. 2 S. 2 BEEG können Eltern nunmehr einen Teil ihrer Elternzeit von bis zu 24 Monaten ohne Zustimmung ihres Arbeitgebers zwischen das dritte und achte Lebensjahr des Kindes verlagern.

3. Verfassungsmäßigkeit des Elterngeldes

Die Lohnersatzleistungsfunktion wird insgesamt als Fortschritt und Anreiz für eine egalitäre Arbeitsteilung der Eltern bewertet und begrüßt. Der Wegfall der Bedürftigkeitsprüfung verhindert die finanzielle Abhängigkeit der betreuenden Person von ihrem Partner. Zudem ist die Inanspruchnahme des Elterngeldes wegen der Orientierung am vorherigen Erwerbseinkommen durch die meist besserverdienenden

Väter nicht (mehr) ökonomisch unsinnig.[170] Die Option, während des Bezugs einer Teilzeitarbeit von bis zu 30 Stunden wöchentlich nachzugehen (§ 15 Abs. 4 BEEG), ist auch ein Gewinn für die Vereinbarkeit von Betreuungs- und Erwerbstätigkeit. Da das Elterngeld als Lohnersatzleistung konzipiert ist, wird das durch Teilzeitberufstätigkeit erzielte Einkommen jedoch auf das Elterngeld angerechnet (§ 2 Abs. 3 BEEG). Trotz der verbesserten Geschlechtergerechtigkeit, die das neue Elterngeld gebracht hat, ist es dennoch vielfältiger verfassungsrechtlicher Kritik ausgesetzt.

a. Kritikpunkt „Soziale Schieflage"

An der Konzeption als Lohnersatzleistung wird kritisiert, dass das Elterngeld für besser verdienende Eltern lukrativer sei als für geringer verdienende.[171] Dazu ist zu sagen, dass dem Gesetzgeber bei der Familienförderung ein weiter Entscheidungs- und Gestaltungsspielraum zusteht, welche über die Förderung hinausgehenden Zwecke, wie etwa eine Verhaltenssteuerung oder die Verwirklichung eigener staatlicher Interessen, erreicht werden sollen. Das Elterngeld soll den durch die Geburt des Kindes verursachten Verdienstausfall kompensieren und dadurch die Gründung von Familien in sämtlichen sozialen Schichten fördern.[172] Zugleich soll dem demografischen Wandel entgegengewirkt werden. Wenn der Gesetzgeber für diese Ziele eine Koppelung der Leistung an das Einkommen der Familien vornehmen muss, muss er richtigerweise zu diesem Mittel greifen dürfen, sofern keine milderen, gleich wirksamen Alternativen für die Verwirklichung zur Verfügung stehen.[173] Die Geburtenrate in Deutschland ist seit Jahrzehnten rückläufig. Angesichts der existentiellen Bedeutung der Geburtenrate kann die Legitimität dieses Ziels nicht angezweifelt werden. Wenn dieses Ziel mithilfe des Elterngelds tatsächlich erfüllt werden soll, ist es erforderlich, die Leistungshöhe an die Einkommenssituation der Familien anzupassen. Für Familien mit hohem Einkommen gehen Anreize zur Familiengründung nur von vergleichsweise hohen finanziellen Zuwendungen aus, während für Paare mit niedrigem Einkommen bereits eine geringere finanzielle Unterstützung die Familiengründung erleichtern und positiv beeinflussen kann. Entnähme man Art. 6 Abs. 1 GG das Gebot, alle Familien gleich und einkommensunabhängig zu fördern, bliebe dem Staat die Förderung von Geburten in sämtlichen Gesellschaftsschichten verwehrt, da die finanziellen Impulse des Elterngeldes für einkommensschwache Paare größer sind als für einkommensstarke. Eine finanzielle Förderung nach dem „Gießkannenprinzip" (wie sie auch heute noch in Frankreich praktiziert wird) vermochte den Zweck, Fertilität quer durch

---

170 Wersig (2012), Rn. 48; dies. (2007/2), S. 131.

171 Fuchsloch, S. 387.

172 Weilert, DVBl 2010, 164 (169); Brosius-Gersdorf, NJW 2007, 177 (177 ff.).

173 Brosius-Gersdorf, NJW 2007, 177 (181); Gerade Akademikerinnen waren vor Einführung des Elterngeldes in Geburtsstatistiken als kinderarm aufgefallen (vgl. BT Drucks 16/1889, S. 15), so dass eine Lohnersatzleistung geschaffen werden sollte, die auch Akademikerinnen erreichen sollte, da sie in der Regel vom Erziehungsgeld wenig profitierten, vgl. Weilert, DVBl 2010, 164 (169 f.).

alle Gesellschaftsschichten zu steigern, um damit dem demografischen Wandel zu begegnen, bisher nicht zu erreichen.[174] Ferner darf nicht vergessen werden, dass das Elterngeld nicht darauf abzielt, den Lebensunterhalt von Geringverdienern oder einkommensschwachen Familien zu sichern. Das ist Aufgabe der Grundsicherungsleistungen für Kinder, des Kinderzuschlags und des Kindergeldes. Das Elterngeld ist dem Arbeitslosengeld nachgebildet. Dem Konzept des Einkommensersatzes entspricht eine steigende Leistung bei höherem Einkommen. Deshalb wird auch nicht gegen das Gleichbehandlungsverbot verstoßen, denn es wird jeweils das Einkommen ersetzt, das infolge der Kinderbetreuung wegfällt. Mit einer Differenzierung zwischen „wertvollen" und „weniger wertvollen Kindern" hat das nichts zu tun.[175] Der Gesetzgeber hat die verfassungsmäßig garantierte Freiheit aus Art. 6 Abs. 1 GG nicht verkürzt, sondern vielmehr einen Anreiz für ein neues Familienideal geschaffen. Dadurch wird die Führung einer Alleinverdienerehe nicht unmöglich gemacht. In gewisser Weise sorgt das Elterngeld sogar für noch mehr Wahlfreiheit, da es auch den vor der Geburt nicht erwerbstätigen Müttern die Möglichkeit bietet, ihr Kind die ersten 12 Lebensmonate persönlich zu betreuen.[176] Dem Gesetzgeber steht im Bereich der gewährenden Staatstätigkeit für die Abgrenzung des begünstigten Personenkreises ohnehin ein sehr weiter Gestaltungsspielraum zu.[177]

b. Kritikpunkt „Mindestelterngeld"

Es wird vorgeschlagen, das Mindestelterngeld auf 600 Euro monatlich anzuheben, um Erziehenden eine eigenständige Existenzsicherung zu ermöglichen. Dies entspricht dem Betrag, den finanzschwache Eltern früher über das Erziehungsgeld erhalten konnten.[178] Dieser Forderung stehen jedoch ähnliche Gründe entgegen wie dem Kritikpunkt der „sozialen Schieflage". Wie oben dargestellt, bewegt sich der Gesetzgeber in dem ihm zur Verfügung stehenden Gestaltungsspielraum für die gewährende Staatstätigkeit, wenn er das Elterngeld als Lohnersatzleistung ausgestaltet. Damit bezweckt er gerade nicht, den Lebensunterhalt von Geringverdienern oder einkommensschwachen Familien zu sichern. Die Existenzsicherung ist Aufgabe der Grundsicherungsleistungen. Insoweit sind bereits das Mindestelterngeld sowie der Geringverdiener-Zuschlag nach § 2 Abs. 2 BEEG als Systembruch zu werten. Allerdings versteht der Gesetzgeber das Mindestelterngeld als Anerkennung von

---

174 Brosius-Gersdorf, NJW 2007, 177 (180 ff.).

175 BVerfG NJW 2012, 214 (216); Fuchsloch, S. 387 f.

176 Weilert, DVBl 2010, 164 (166). Weilert ist sogar der Ansicht, dass der vom Gesetzgeber bezweckten Anreizwirkung nicht einmal Eingriffsqualität im verfassungsrechtl. Sinne zukomme.

177 BVerfGE 99,165 (178); 106, 166 (175 f.).

178 Auth et al., Gruppendynamik und Organisationsberatung 2011, 151 (156 f.).

Erziehungs- und Pflegeleistung.[179] Auch diese Anerkennung steht ihm im Rahmen seiner gewährenden Staatstätigkeit zu und ist nicht verboten.

c. *Kritikpunkt „Benachteiligung der Zweiverdiener-Familie"*

Wegen der Funktion als Anerkennungs- und Erziehungsleistung kann Brosius-Gersdorf auch nicht darin gefolgt werden, dass die Alleinverdienerfamilie gegenüber der Zweiverdiener-Familie bevorzugt werde, da sie durch ihren Anspruch auf Mindestelterngeld finanzielle Leistungen erhalte, ohne dass sie betreuungsbedingt einen Einkommensverlust erleide. Die Autorin weist auch selbst darauf hin, dass die Ungleichbehandlung gerechtfertigt wäre, wenn das Mindestelterngeld als Anerkennung von Erziehungs- und Pflegeleistung gesehen würde.[180]

Nach Ansicht der Autorin werden Zweiverdiener-Paare auch dadurch benachteiligt, dass sie im ersten Jahr nach der Geburt ihres Kindes nicht in gleichem Maße durch einen Betreuungskostenersatz gefördert würden wie Alleinverdiener-Familien durch das Elterngeld. Beiderseits erwerbstätige Eltern, die ihr Kind von Dritten betreuen lassen, erhalten lediglich eine steuerliche Vergünstigung in Höhe von 4.000 Euro, wohingegen Alleinverdiener-Eltern im ersten Jahr nach der Geburt ein Elterngeld in Höhe von bis zu 21.600 Euro beanspruchen können. Dadurch setze der Staat negative Anreize für die Zweiverdiener-Ehe, da sich im ersten Jahr nach der Geburt des Kindes der Ausstieg aus dem Beruf für viele Frauen finanziell mehr lohne als die Verbindung von Beruf und Familie. Die negativen Anreize würden zudem noch dadurch verstärkt, dass sich die Berufsrückkehr infolge knapper Betreuungsplätze und hoher Kosten als schwierig und teuer erweise.[181] Auf den Betreuungsplatzmangel hat der Gesetzgeber jedoch bereits mit einem massiven Ausbau staatlicher Betreuungsangebote reagiert, deren Gebühren sich regelmäßig unterhalb des Höchstbetrags für die steuerliche Absetzbarkeit bewegen, auch wenn weiterhin eine steuerliche Berücksichtigung ab dem ersten Euro zu empfehlen ist.

d. *Kritikpunkt „Partnermonate"*

Weiterer Kritikpunkt sind die sog. „Partnermonate", da der Gesetzgeber damit auf die interne Aufteilung der Erziehungsverantwortung zwischen den Eltern einwirkt. Diese Einwirkung könnte gegen das Neutralitätsgebot aus Art. 6 Abs. 1 GG verstoßen, da es den Eltern grundsätzlich selbst überlassen sein sollte, wie sie ihre Aufgabenteilung regeln. Dem ist jedoch entgegenzuhalten, dass das Elterngeld neben der Umsetzung des Familienfördergebots auch der Umsetzung des Gleichberechtigungsgebots nach Art. 3 Abs. 2 GG dient. Wie oben erläutert, kommt dem

---

179 BT Drucks 16/1889, S. 26. Dieser Gesetzeszweck wird jedoch seit der Einführung der Anrechnung des Mindestelterngeldes (2011) auf Einkommen im Bereich des SGB II wieder angezweifelt, vgl. Wersig (2012), Rn. 49.

180 Brosius-Gersdorf, S. 553.

181 Brosius-Gersdorf, S. 549 f.; so auch: Felix, RdJB 2008, 165 (174 f.).

Gleichberechtigungsgebot auch innerhalb der Ehe uneingeschränkte Geltung zu. Insbesondere kann die Durchsetzung des Gleichberechtigungsgebots eine Durchbrechung des Neutralitätsgebots aus Art. 6 Abs. 1 GG erfordern. Dies ist hier offensichtlich der Fall. Das frühere Erziehungsgeld bewirkte aus finanziellen Erwägungen heraus faktisch Druck auf die Mutter (für den Vater war eine Berufsunterbrechung in der Regel ökonomisch unsinnig), sich vorrangig der Kindererziehung zu widmen und dafür ihre Berufstätigkeit zumindest zu reduzieren und förderte dadurch die Benachteiligung von Frauen auf dem Arbeitsmarkt, was verfassungsrechtlich als problematisch eingeordnet werden muss. Dagegen ist es verfassungsmäßig geboten, die tatsächliche Gleichberechtigung der Geschlechter zu fördern. Die Förderung der partnerschaftlichen Gestaltung von Erziehungsaufgaben unterstützt dieses Ziel. Weiterhin hat das BVerfG in seiner Entscheidung zu den Gebühren für Kindergärten zutreffend darauf hingewiesen, dass erst eine adäquate Kinderbetreuung den Müttern den Freiraum verschaffe, am Arbeitsleben teilzuhaben und sie dadurch einer beruflichen Gleichstellung näherbringe. Auch insofern befolge der Staat das verfassungsrechtliche Gebot aus Art. 3 Abs. 2 S. 2 GG, das ihn dazu verpflichte, die Vereinbarkeit von Familie und Beruf zu ermöglichen, so dass die Übernahme der familiären Aufgaben nicht zu beruflichen Nachteilen führe.[182] Indes hat das BVerfG festgestellt, dass die Partnermonate geeignet sind, dass verfassungsrechtlich gebotene Ziel aus Art. 3 Abs. 2 S. 2 GG zu erreichen. Statistiken belegen die steigende Akzeptanz der Wahrnehmung von Familienverantwortung durch Väter. Der Nichtannahmebeschluss thematisiert den Verstoß gegen Art. 6 Abs. 1 GG zwar nicht, stellt aber fest, dass er jedenfalls durch Art. 3 Abs. 2 GG gerechtfertigt sei.[183]

e. Kritikpunkt „Bezugszeitraum"

Weiterhin wird der Bezugszeitraum des Elterngeldes als zu kurz bewertet, da er die Betreuenden, und damit in der Regel die Mütter, dazu bewege, bereits vor Ablauf der dreijährigen Elternzeit zu ihrem Beruf zurückzukehren.[184] Dies ist auch die gesetzgeberische Intention. Der Gesetzesentwurf zum Elterngeld weist ausdrücklich auf die Gefahren hin, die eine zu lange Berufsunterbrechung, insbesondere in Bezug auf die Rückkehrmöglichkeiten, Karrierechancen und Altersvorsorge der betreuenden Person, birgt. Frauen soll die Rückkehr in das Berufsleben erleichtert werden. Für Männer hingegen sollen die Chancen für eine „aktive Vaterschaft" verbessert werden.[185] Die Förderung einer raschen Berufsrückkehr von Frauen ist ein im Hinblick auf Art. 3 Abs. 2 GG zulässiges Ziel. Solange die Möglichkeit fortbesteht, die dreijährige Elternzeit in Anspruch zu nehmen, kann konsequenterweise keine Beschneidung der familiären Autonomie, und damit kein Eingriff in Art. 6 Abs. 1 GG,

---

182 BVerfGE 97, 332 (347 f.) m. W. N.; Fuchsloch, S. 379 ff.

183 BVerfG NJW 2012, 216 (217).

184 A. A. Brosius-Gersdorf, die den Zeitraum sogar noch für zu lang hält (2011, S. 549).

185 BT Drucks 16/1889, S. 14 f.

festgestellt werden.[186] Außerdem sei angemerkt, dass das alte Erziehungsgeld wegen der nach den ersten sechs Monaten erfolgten Absenkung der Einkommensgrenzen für die meisten „Normalverdiener“ ohnehin bereits nach einem halben Jahr wegfiel. Heutzutage erhalten nahezu alle Familien Elterngeld für mindestens 12 Monate, während im Jahr 2006 knapp ein Viertel überhaupt keinen Erziehungsgeldanspruch hatte und 18 Prozent der verbleibenden drei Viertel das Erziehungsgeld nur in den ersten sechs Lebensmonaten des Kindes erhielten. Im zweiten Jahr hatten nur noch 50 Prozent der Eltern einen Erziehungsgeldanspruch.[187] Zudem kann die Bezugsdauer des Elterngeldes seit der letzten Reform auf bis zu 36 Monate verlängert werden. Das Elterngeld Plus soll in diesem Zusammenhang besonders positiv hervorgehoben werden. Der Gesetzgeber hat erkannt, dass gerade das Modell der beiderseitigen Teilzeitbeschäftigung die partnerschaftliche Erziehungsarbeit und die Anbindung beider Eltern an den Arbeitsmarkt besser als jede andere Form der Aufteilung umsetzt und zudem das Problem der noch herrschenden Betreuungsknappheit eindämmen kann.[188]

IV. Arbeitsrecht: Berücksichtigung von Unterhaltspflichten bei der Sozialauswahl

Sollen aufgrund einer unternehmerischen Entscheidung Arbeitsplätze wegfallen (betriebsbedingte Kündigung), steht der Arbeitgeber vor der Aufgabe, unter mehreren für die Kündigung infrage kommenden Arbeitnehmern eine Wahl zu treffen. Mithilfe der sog. Sozialauswahl gem. § 1 Abs. 3 KSchG wird die Situation der für die Kündigung in Betracht kommenden Arbeitnehmer verglichen, um festzustellen, welche weniger schutzwürdig sind. Neben der Dauer der Betriebszugehörigkeit, dem Lebensalter und einer etwaigen Schwerbehinderung sind hierbei auch Unterhaltspflichten der Arbeitnehmer zu berücksichtigen.

Obwohl Unterhaltspflichten keinen unmittelbaren Bezug zum Arbeitsverhältnis aufweisen, sind sie bei der Sozialauswahl von Bedeutung. Unterhalt dient der Sicherung der Existenzgrundlage der Familie des Arbeitnehmers. Mit der Berücksichtigung etwaiger Unterhaltspflichten wird dem Umstand Rechnung getragen, dass auch noch andere vom Einkommen des Arbeitnehmers abhängig sein können.[189] Die Schutzwürdigkeit der Existenzgrundlage wird aus Art. 6 Abs. 1 GG hergeleitet. Geschützt sind nur gesetzliche Unterhaltspflichten der Arbeitnehmer.[190] Die berücksichtigungsfähigen Unterhaltspflichten orientieren sich an den familienrechtlichen

186 Langenfeld, DVBl 2010, 1019 (1027); Seiler NVwZ 2007, 129 (132).
187 BT Drucks 16/10770, S. 13; Langenfeld, DVBl 2010, 1019 (1027, Fn. 89).
188 Spiolek, jurisPR-SozR 25/2012 Anm. 3; Auth et al., Gruppendynamik und Organisationsberatung 2011, 151 (155). Auch Schweden kann hier nicht als Vorbild dienen, da der gleichzeitige Bezug gesetzgeberisch nicht gewollt ist.
189 ErfK-Oetker § 1 KSchG, Rn. 333.
190 Wersig (2007/1), S. 281; Kaiser, S. 286.

Verpflichtungen des BGB (§§ 1136 ff., 1569 ff., 1601 ff.).[191] Dieses Kriterium wirft Probleme auf, wenn beide Ehepartner Geld verdienen. Das Einkommen des Partners soll dann die Schutzwürdigkeit des für die Kündigung in Betracht kommenden Arbeitnehmers schmälern. Über die Form der Berücksichtigung des sog. „Doppelverdienstes“ wird bereits seit den 1970er Jahren debattiert.[192] Streitig ist, ob es nur auf die Zahl der Unterhaltsberechtigten ankommen soll oder auch auf die Höhe der Unterhaltsverpflichtungen. Im Kern geht es dabei um die Frage, inwieweit die Schutzbedürftigkeit des Arbeitnehmers dadurch gemindert wird, dass dessen Ehepartner über eigene Einkünfte verfügt.

Für die Berücksichtigung der Unterhaltshöhe spricht der Zweck des KSchG, die wirtschaftliche und soziale Existenz der Arbeitnehmer zu sichern, welche letztlich durch deren Familienverhältnisse und die damit verbundenen Unterhaltspflichten geprägt ist. Angesichts dessen erscheint ein Arbeitnehmer weniger schutzwürdig, wenn die Existenz seiner Familie nicht gefährdet ist, weil sie über eigenes Einkommen verfügt.[193] Es wird angenommen, dass Einkünfte der Unterhaltsberechtigten ihren Unterhaltsanspruch mindern, so dass die bei der Sozialauswahl zu berücksichtigenden Unterhaltspflichten des Arbeitnehmers geringer ausfallen.[194] Aus familienrechtlicher Sicht ist diese Vorgehensweise allerdings verfehlt: Gegenseitige Unterhaltsansprüche der Ehepartner sind während der Ehe nicht von ihrer Bedürftigkeit abhängig. Vielmehr richten sie sich nach den ehelichen Lebensverhältnissen (§ 1360a Abs. 1 BGB), die wiederum vom Haushaltsnettoeinkommen abhängen. Wenn beide Partner arbeiten, erhöht sich mit dem Einkommen auch der Lebensbedarf der Familie, so dass sie letztendlich auf beide Einkommen angewiesen ist.[195] Zudem ist ein Arbeitnehmer auch dann verpflichtet, zum Unterhalt der Familie beizutragen, wenn sein Ehegatte mehr Einkommen erzielt als er.[196] Die Berücksichtigung des „Doppelverdienstes“ kommt einer Pönalisierung von Zweiverdiener-Ehen gleich. Dabei kann es heute nicht mehr pauschal als „Luxus“ gewertet werden, wenn beide Partner einer Beschäftigung nachgehen. Trotz Partner-Einkommens kann der Arbeitnehmer dennoch existentiell auf seinen Arbeitsplatz angewiesen sein.

Seit den 1980er Jahren steht die negative Wirkung des „Doppelverdienstes“ außerdem in der Kritik, sich mittelbar diskriminierend auf Frauen auszuwirken.[197] Da mehr Männer als Frauen einer Vollzeitbeschäftigung nachgingen, müssten sich mehr Frauen als Männer das Einkommen ihrer Partner entgegenhalten lassen. Diesem Vorwurf wird entgegengebracht, dass angesichts dieser Tatsache eine Diskriminierung zwar vermutet werden, mangels statistischer Nachweise aber nicht

---

191 Zwanziger et al./KSchG, § 1, Rn. 233; Preis, NZA 1997, 1073 (1083).

192 Wersig (2007/1), S. 281 f.

193 Stein, S. 289 f.; Berkowsky, § 7, Rn. 180.

194 Preis, NZA 1997, 1073 (1083 f.), a. A. Fischermeier, NZA 1997, 1089 (1094).

195 Kaiser, S. 298.

196 Fischermeier, NZA 1997, 1089 (1094).

197 Wersig (2007/1), S. 283.

belegt werden könne.[198] Falls doch eine Diskriminierung vorliegen sollte, sei sie aber ohnehin gerechtfertigt, da ein sachlicher Grund gegeben sei: Wenn die Höhe der Unterhaltspflichten der Arbeitnehmer zu ermitteln sei, sei auch relevant, ob die Unterhaltsberechtigten überhaupt bedürftig seien. Schließlich fänden die Unterhaltspflichten im Rahmen der Sozialauswahl auch nur deshalb Berücksichtigung, weil das Arbeitsverhältnis maßgeblich der Existenzsicherung der Familie diene. Es gebe zur Erreichung dieses Zwecks auch kein ebenso geeignetes, milderes Mittel, so dass von einer Rechtfertigung auszugehen sei.[199]

Es ist fraglich, ob tatsächlich kein milderes Mittel den Schutz des Familieneinkommens gewährleisten kann. Indes könnte es bereits ausreichen, lediglich die Zahl der unterhaltsberechtigten Kinder in die Sozialauswahl einzubeziehen. Denn verfassungsrechtlich gilt als Familie die Lebensgemeinschaft zwischen Eltern und Kindern. Kinderlose Ehepaare sind nicht als Familie zu verstehen.[200] Die Berücksichtigung von gegenseitigen Unterhaltspflichten bei kinderlosen Ehepartnern bevorteilt die Einverdiener- oder zumindest Hauptverdiener-Ehe. Zudem sprechen familienrechtliche Wertungen für die Privilegierung von Kindesunterhalt: Eltern sind minderjährigen oder privilegiert volljährigen Kindern gegenüber gesteigert unterhaltpflichtig. Sie sollen „das Letzte mit ihnen teilen" (§ 1603 Abs. 2 BGB). Auch die Rangordnung des § 1609 BGB trägt diesem Grundsatz Rechnung: Unterhaltspflichten gegenüber Kindern haben die höchste Priorität. Ein Gleichlauf dieser Wertungen in der Sozialauswahl erscheint sinnvoll, auch weil Kinder im Gegensatz zum Ehepartner außerstande sind, sich selbst zu versorgen.[201]

Andererseits ist zu berücksichtigen, dass es berechtigte Gründe für die Berücksichtigung gegenseitiger Unterhaltspflichten geben kann. Wird ein Alleinverdiener arbeitslos, trifft die Kündigung seine Familie härter als eine Zweiverdiener-Familie. Diesem Umstand tragen die geltenden Punktesysteme Rechnung, indem sie dem Alleinverdiener mehr Punkte zuweisen als dem „Doppelverdiener". Es kann bei zwei berufstätigen Ehegatten sinnvoll sein, den Verdienst des Ehepartners zu berücksichtigen. Denn die Ehefrau, die einer Teilzeitstelle nachgeht, wird nicht imstande sein, die Familie zu versorgen, bis ihr Mann eine neue Stelle findet. Diese Familie wäre dann ebenso von Sozialleistungen abhängig wie die Alleinverdiener-Familie. Sofern der Arbeitgeber den „Doppelverdienst" berücksichtigt, muss er ihn eigentlich auch der Höhe nach berücksichtigen. Andernfalls wäre diese Regelung wenig sinnvoll. Somit bliebe nur noch die Option, den „Doppelverdienst" in Zukunft überhaupt nicht mehr zu berücksichtigen. Dies wäre allerdings ein Nachteil für Alleinverdiener-Ehen, weshalb auch das nicht empfohlen werden kann.

---

198 Bütefisch, S. 231 ff.; Gallner/Mestwerdt sehen eine mittelbare Diskriminierung solange als nicht gegeben an, als der „Doppelverdienst" ausschließlich bei dem Kriterium der Unterhaltspflichten in der Sozialauswahl berücksichtigt werde (HaKo-Gallner/Mestwerdt, § 1 Rn. 869).

199 Bütefisch, S. 233; Wersig (2007/1), S. 281; Stein, S. 290.

200 Brosius-Gersdorf, S. 201.

201 Berghahn/Wersig, S. 167.

Nach alledem stellt die geltende Praxis bei der Sozialauswahl das mildeste Mittel dar, bestehende Unterhaltspflichten angemessen zu berücksichtigen. Punktesystemen ist es immanent, dass sie nicht für jeden Einzelfall zu einem gerechten Ergebnis kommen können. Wichtig ist, dass sie insgesamt auf einem stimmigen Konzept beruhen. Wenn es in Zukunft gelingen sollte, mehr Frauen dauerhaft in ihrem Beruf zu halten, werden sie zudem auch häufiger in den Genuss des Kriteriums der „Dauer der Betriebszugehörigkeit" kommen können. Daneben spielt die Berücksichtigung des „Doppelverdienstes" dann nur noch eine untergeordnete Rolle.

Aber auch unabhängig davon, ob die Berücksichtigung des „Doppelverdienstes" als mittelbare Diskriminierung klassifiziert wird oder nicht, haben Frauen bei der Sozialauswahl schlechtere Chancen, da sie immer noch weniger verdienen als Männer: Der Gender Pay Gap, also der prozentuale Unterschied zwischen dem durchschnittlichen Bruttostundenverdienst von Frauen und Männern, liegt bei rund 22 Prozent. Damit gehört Deutschland zu den Schlusslichtern der EU.[202] Da sich etwaige Unterhaltspflichten am Einkommen orientieren, haben Frauen mit niedrigerem Gehalt auch geringere Unterhaltspflichten, die sie bei der Sozialauswahl zu ihren Gunsten vorweisen können. Entsprechend schwierig ist es für sie, mit einem Familienernährer-Einkommen zu konkurrieren.[203]

V. Exkurs: Warum verdienen Frauen bei gleicher Arbeit noch immer weniger als Männer?

Fakt ist: Der Gender Pay Gap liegt bei rund 22 Prozent.[204] Frauen verrichten knapp zwei Drittel ihrer gesamten Arbeitszeit unbezahlt (Haushalt, Familie, Ehrenämter).[205] Sie verdienen im Laufe ihres Lebens nur 42 Prozent eines lebenslangen Männereinkommens.[206] 43 Prozent aller erwerbstätigen Frauen verdienen weniger als 900 Euro netto im Monat und damit unterhalb der Armutsrisikogrenze. Armutslohnbezieher sind zu 70 Prozent weiblich.[207] Berufe, Arbeitsverhältnisse und Arbeitsmarkt sind geschlechtsspezifisch gespalten.

Diesen Tatsachen liegen verschiedene Ursachen zugrunde. Zunächst ist die mit der Industrialisierung entstandene traditionelle Rollenverteilung zwischen Mann und Frau zu nennen. Diese Spaltung wirkt sich heute auch noch auf die Unterbewertung haushaltsnaher Tätigkeiten und auch auf die frauendominierten, beziehungsweise als weiblich stigmatisierten, Tätigkeitsbereiche aus. Typisch weiblich geltende Tätigkeiten werden schlechter bewertet und deshalb schlechter bezahlt. Auch ist weiterhin die Vorstellung verbreitet, ein Mann müsse die Familie ernähren

---

202 COM: Gender pay gap in unadjusted form.
203 Wersig (2007/1), S. 283.
204 COM: Gender pay gap in unadjusted form.
205 Statistisches Bundesamt: Wo bleibt die Zeit, S. 6; Stiegler, S. 1; Stolz-Willig, S. 128.
206 BT Drucks 14/8952, S. 3; Stiegler, S. 1.
207 Stiegler, S. 1.

können.[208] Zwar finden sich heute in den Tarifverträgen keine Klauseln mehr, die für Frauen ausdrücklich ein geringeres Entgelt vorsehen, sie erhalten jedoch immer noch weniger Geld für die gleiche Arbeit.[209] Zudem verbergen sich hinter tariflichen oder betrieblichen Regelungen nach wie vor mittelbare Diskriminierungen. Arbeits- und Leistungsbewertungssysteme sind häufig derart ausgestaltet, dass sie im Ergebnis Frauen bei der Entlohnung diskriminieren. So etwa bei der Anknüpfung an die Dauer der Betriebszugehörigkeit, die bei Frauen aufgrund von familiären Unterbrechungen regelmäßig kürzer ist.[210]

Inzwischen kann die pauschale Annahme, in typisch „weiblichen Berufen“ werde weniger verdient, weil weniger qualifizierte Arbeit geleistet werde, nicht mehr gelten.[211] Im Gegenteil: Auch höher qualifizierte Frauen verdienen weniger als ihre männlichen Kollegen in der gleichen Position. Grund hierfür ist ihre schlechtere Ausgangslage im Konkurrenzkampf: Familiäre Berufseinschränkungen wirken sich vorwiegend auf den weiblichen Erwerbsverlauf aus. Dadurch werden Gehalts- und Beförderungschancen verspielt. Die Zuständigkeit der Frauen für die familiären Aufgaben macht sie auch weniger flexibel. Sie sind regelmäßig zeitlich und örtlich eingeschränkt. Ein Arbeitgeberwechsel, der ihre Chancen auf ein besseres Einkommen erhöhen würde, kann nicht bedenkenlos erfolgen. Viele Personalleiter machen Frauen (insb. Wiedereinsteigerinnen) zudem routiniert geringere Gehaltsangebote. Erschwerend kommt hinzu, dass Frauen in der Regel defensiver um ihr Gehalt verhandeln als Männer. Nach einer längeren Berufsunterbrechung nehmen sie auch gerne ein geringeres Gehalt in Kauf, wenn sie eine Stelle finden, mit der sie ihre familiären Aufgaben in Einklang bringen können. Die Vereinbarkeit von Familie und Beruf ist ihnen wichtiger als die Höhe des Gehalts.[212]

Die Entgeltungleichheit wirkt wie eine negative Kettenreaktion: Sie ist einerseits Folge tradierter Rollenzuschreibungen, ferner verfestigt sie diese Rollenteilung in Partnerschaften noch weiter, selbst dann, wenn das nicht das präferierte Lebensmodell ist. Zumeist wird die Frage, wer nach der Geburt eines Kindes zunächst zu Hause bleibt, nach finanziellen Aspekten entschieden. Dies hat zur Folge, dass die Frau im Beruf erhebliche Fortkommensnachteile erleidet, während der besser verdienende Mann davon nicht behelligt wird. Die Rückkehr in den Beruf (in reduziertem Beschäftigungsumfang) führt zu weniger Verdienst. Nicht zuletzt ist das Lebenseinkommen deutlich reduziert, und damit auch das Rentenniveau.[213]

208 Krell, S. 333; Liebscher, Rn. 5; BT Drucks 17/6240, S. 138.
209 Krell/Winter, S. 344.
210 Liebscher, Rn. 23.
211 So lautet jedenfalls der traditionelle Erklärungsansatz, vgl.: Winter, S. 321.
212 Zum Ganzen: BMFSFJ: Entgeltungleichheit zwischen Frauen und Männern, S. 10 f., 23; BT Drucks 17/6240, S. 138 ff.
213 BMFSFJ: Entgeltungleichheit zwischen Frauen und Männern, S. 9, S. 20 f.

VI. Sozialversicherungsrecht

1. Die Grundsicherung für Arbeitsuchende – Hartz IV

Im Jahr 2005 wurde die Grundsicherung in Deutschland neu geordnet. Seitdem kommt das gestufte System für Arbeitslose und Geringverdiener mit dem Arbeitslosengeld I und II und den aktivierenden Leistungen nach dem SGB II und III zur Anwendung. Das Arbeitslosengeld II ersetzt dabei die frühere Sozial- und die Arbeitslosenhilfe. Ziel des SGB II ist es, die Eigenverantwortung Hilfebedürftiger und gegebenenfalls der anderen Mitglieder der Bedarfsgemeinschaft zu stärken, indem die möglichst schnelle (Wieder-)Aufnahme einer Beschäftigung erreicht werden soll (Prinzip des „Fördern und Forderns"). Hierfür wurden Anreize geschaffen, einer Beschäftigung nachzugehen, die Zumutbarkeitskriterien wurden verschärft und die Leistungshöhe des Arbeitslosengeldes II wurde auf einen Regelbetrag festgelegt, der sich nicht am vorherigen Einkommen des Leistungsbeziehers orientiert. Gleichzeitig soll aber auch die berufliche Wiedereingliederung der Arbeitsuchenden aktiv gefördert werden.[214]

Bereits das Gesetzgebungsverfahren wurde von feministischer Kritik begleitet. Diese bezog sich im Wesentlichen auf zwei Aspekte: Die rechtliche Konstruktion der Bedarfsgemeinschaft und die unterschiedlichen Auswirkungen des Prinzips „Fordern und Fördern" auf Frauen und Männer.[215] Leistungen nach dem SGB II erhält, wer erwerbsfähig und hilfebedürftig ist (§ 7 Abs. 1 SGB II). Erwerbsfähig ist gem. § 8 Abs. 1 SGB II, wer nicht wegen Krankheit oder Behinderung auf absehbare Zeit außerstande ist, unter den üblichen Bedingungen des Arbeitsmarktes mindestens drei Stunden täglich erwerbstätig zu sein. Hilfebedürftig ist, wer seinen Bedarf nicht durch Arbeitseinkommen oder Vermögen sichern kann, und die erforderliche Hilfe nicht von anderen erhält (§ 9 Abs. 1 SGB II). Bei Personen, die in einer Bedarfsgemeinschaft leben, ist auch das Einkommen und Vermögen des Partners, bzw. der Eltern, zu berücksichtigen (§ 9 Abs. 2 SGB II). Partner und Eltern müssen finanziell für den Bedürftigen einstehen, sofern sie sich mit ihm einen Haushalt teilen (§ 7 Abs. 3 SGB II). Grund für diese Anrechnung sind die zivilrechtlichen Unterhaltsansprüche. Unterhalt durch die Familie hat Vorrang vor staatlichen Sozialleistungen.[216]

Die Voraussetzungen für den Leistungsbezug werden kritisiert. Da das Kriterium Erwerbsfähigkeit mit „voll verfügbar" für den Arbeitsmarkt gleichgesetzt werde, gälten zahlreiche Frauen infolge der fehlenden Infrastruktur für Kinderbetreuung und Pflege als nicht verfügbar, und damit als nicht anspruchsberechtigt.[217] Hinzu komme, dass Frauen vermehrt in geringfügige Beschäftigungsverhältnisse, auch in Privathaushalten, vermittelt würden, die mit einem abgesenkten Sozialversicherungsschutz

---

214 Zum Ganzen: Rust (2010/1), S. 430 f.; Scheele, S. 26.
215 Rostock et al., S. 308 ff.; Wersig (2012), Rn. 45.
216 Berghahn/Wersig, femina politica 2005, 84 (86).
217 Rostock et al., S. 310.

verbunden seien.[218] In „frauentypischen" Berufen würden sogar sozialversicherungspflichtige Arbeitsplätze zugunsten von Minijobberinnen abgebaut.[219] Da eines der wichtigsten Ziele der Arbeitsmarktreform Einsparungen seien, konzentriere sich die Arbeitsagentur darauf, diejenigen schneller zu vermitteln, die sie andernfalls „besonders teuer" kämen, also Personen mit hohen Ansprüchen auf Arbeitslosengeld I. Das seien in der Regel arbeitslos gewordene, zuvor vollzeitbeschäftigte und besser verdienende Männer. Infolge dieser Vernachlässigung gerieten Frauen wiederum schneller und stärker in die Abhängigkeit von sozialen Leistungen.[220]

Kritikpunkt bei dem Kriterium der Hilfebedürftigkeit ist wiederum die Anrechnung des Partnereinkommens. Denn mit der Absenkung des Leistungsniveaus auf das Existenzminimum wurden auch die Anrechnungsregeln für das Partnereinkommen verschärft: Sobald das Einkommen des Partners ausreicht, um den Bedarf der jetzt zur Bedarfsgemeinschaft zusammengefassten Personen zu decken, gilt der Antragsteller als nicht hilfebedürftig und erhält keine Leistungen.[221] In der Folge haben Frauen häufiger als Männer keinen Anspruch auf Arbeitslosengeld II. Dann gelten sie als Nichtleistungsempfängerinnen und haben keinen Zugang zu Leistungen der Arbeitslosenförderung.[222] Die Wiedereingliederung in den Beruf wird ihnen damit erschwert. Als versorgt geltende Frauen werden durch das System der Grundsicherung für Arbeitslose ausgeblendet. Über drei Viertel der Personen, deren Antrag auf Grundsicherung im Jahr 2004 wegen Partnereinkommensanrechnung abgelehnt wurde, waren Frauen. Obwohl kein aktuelles Datenmaterial vorliegt, ist die Fortsetzung dieses Trends als Effekt der verschärften Anrechnung des Partnereinkommens zu erwarten.[223] Ehezentrierung gilt im System der Grundsicherung als Selbstverständlichkeit. Die private Solidarität auf der Paarebene dient als primäre Existenzsicherung. Der Unterhalt ist Ersatz für eigenständige Sicherungsansprüche. Zwar haben auch nichteheliche Lebensgemeinschaften diese Einstandspflichten, dies dient aber erklärtermaßen gerade dem Schutz der Institution Ehe und wäre ohne die in der Ehe vorhandenen Unterhaltspflichten nicht möglich. Nur derjenige,

---

218 Ein Minijob bietet keinen eigenen Kranken- und Arbeitslosenversicherungsschutz und es wird nur ein geringer Pauschalbetrag (15 Prozent des Arbeitsentgeltes) in die Rentenkasse eingezahlt. Zudem wird bei der Wartezeit für den Rentenanspruch nicht die tatsächlich geleistete Zeit berücksichtigt, sondern stattdessen die Zuschläge an Entgeltpunkten geteilt durch 0,0313 (vgl. § 52 Abs. 2 SGB VI). Die Neuregelung der geringfügigen Beschäftigungsverhältnisse zum 01.01.2013 hat hieran nichts geändert. Es ist inzwischen zwar eine allgemeine Sozialversicherungspflicht statuiert worden, Arbeitnehmer können sich aber auf Antrag davon befreien lassen.: Griese et al., NZA 2013, 113 (116). Rostock et al., S. 310; Zimmer, S. 305 f.

219 Rostock et al., S. 310.

220 Jaehrling, S. 47 ff.; Rostock et al., S. 310; Buhls, S. 162 f.

221 Rostock et al., S. 315.

222 Wersig (2012), Rn. 46.

223 Rostock et al., S. 316; Buhls, S. 163.

der ein Familiengehalt erzielt, ist in der Lage, das Existenzminimum der gesamten Familie zu sichern. Damit wird das konservative Familienleitbild aufrechterhalten, obwohl das Normalarbeitsverhältnis zusehends durch weniger abgesicherte, flexible Arbeitsverhältnisse, bei denen kein „Familienlohn“ mehr ausgezahlt wird, ersetzt wird und Niedriglohnbeschäftigungen sich immer weiter ausbreiten.[224] Diese Vorgehensweise geht nicht mit den aktuellen Entwicklungen auf dem Arbeitsmarkt konform. Der Verweis auf den Vorrang privater Versorgung wurde durch diverse Reformen des SGB II überdies noch ausgeweitet.[225] Das Konzept der Grundsicherung ist allgemein fragwürdig. Während der arbeitsuchende Partner vollkommen aus dem System ausgeschlossen wird, wird der erwerbstätige Partner dazu verpflichtet, im Zweifel selbst auf das Niveau des Existenzminimums abzusinken.[226]

Im Ergebnis ist festzustellen, dass das geltende System der Grundsicherung die Hausfrauenehe fördert und weiter verfestigt. Auch wenn zuvor eine Doppelverdienerehe gelebt wurde, werden die Betroffenen in eine Hausfrauenehe gedrängt, sofern das Partnereinkommen zur Existenzsicherung der Haushaltsgemeinschaft ausreicht. Diese Vorgehensweise verhindert die (Wieder-)Eingliederung von Frauen in den Arbeitsmarkt und geht mit dem gesellschaftlichen Wandel nicht konform. Von den Wiedereingliederungsmaßnahmen profitieren Frauen deutlich seltener als Männer, Mütter seltener als Väter.[227] Frauen verdienen in der Regel weniger als Männer, arbeiten in Teilzeit und haben unterbrochene Erwerbsverläufe, so dass sie vor allem wegen der Anrechnungsregeln schneller und stärker in die Abhängigkeit geraten.[228] Den Kritikern ist daher darin zuzustimmen, dass die Frauen durchschnittlich häufiger von der Hartz IV-Reform betroffen sind.

2. Gesetzliche Krankenversicherung, Familienversicherung

Ehegatten können in der gesetzlichen Krankenversicherung kostenfrei mitversichert werden (§ 10 SGB V). Für die Bearbeitung ist § 10 Abs. 1 Nr. 5 SGB V von besonderer Bedeutung. Danach darf das Einkommen des Mitversicherten ein Siebtel der Bezugsgröße nach § 18 SGB IV (405 Euro mtl.) nicht regelmäßig überschreiten.[229] Für Minijobber nach § 8 Abs. 1 Nr. 1, § 8a SGB IV beträgt das zulässige Gesamteinkommen 450 Euro.

Die Aussicht Sozialabgaben zu sparen, bietet einen Anreiz, die festgelegten Einkommensgrenzen nicht zu überschreiten, wenn der Partner genug verdient, um

224 Rostock et al., S. 315; Liebscher, Rn. 10.
225 Z. B. finanzielle Einstandspflicht für Kinder des nichtehelichen Partners innerhalb der Bedarfsgemeinschaft, vgl. Wersig (2012), Rn. 47.
226 Wersig (2007/1), S. 280.
227 Rust (2010/1), S. 431.
228 Buhls, S. 162 f.
229 Dieser Betrag wurde anhand der für das Jahr 2014 festgelegten Bezugsgröße (West) ermittelt. Diese beträgt für das Jahr 2015 34.020 Euro jährlich, bzw. 2.835 Euro monatlich. Siehe dazu: BMAS: Sozialversicherungs-RechengrößenVO 2014, S. 3 f.

für die Familie zu sorgen. Die Führung einer Hausfrauenehe gewinnt dadurch an Attraktivität. Daher bevorzugt die Familienversicherung in der gesetzlichen Krankenkasse die Alleinverdiener-Ehe mit keinem oder nur geringem Einkommen des Partners und die damit einhergehende ökonomische Abhängigkeit vom anderen. Darüber hinaus wird ein Anreiz geschaffen, einer nur geringfügigen Beschäftigung nachzugehen, die wiederum mit einem abgesenkten Sozialversicherungsschutz verbunden ist. Daher ist nicht nur ein Verstoß gegen das Neutralitätsgebot, sondern auch ein Verstoß gegen Art. 3 Abs. 2 GG festzustellen.[230]

Die obigen Ausführungen gelten gleichermaßen für die soziale Pflegeversicherung. Dort bestehen die gleichen Einkommensbeschränkungen für mitversicherte Familienmitglieder, so dass auch dort ein Anreiz geschaffen wird, keiner oder nur einer geringfügigen Beschäftigung nachzugehen.[231]

3. Gesetzliche Rentenversicherung

Das System der deutschen Sozialversicherung ist einerseits auf die Erwerbsarbeit ausgerichtet, andererseits auf die traditionelle geschlechtsspezifische Arbeitsteilung in Ehe und Familie, und damit auf typisch männliche Erwerbsbiografien. Die ehemalige Einteilung in öffentliche und private Sphäre und die damit verbundenen Geschlechterrollen prägen auch heute noch das deutsche Sozialversicherungssystem. Zwar sind die Frauen nicht mehr lediglich mittelbar durch ihren Ernährer abgesichert, dennoch ist es weiterhin vornehmlich der weibliche Erwerbsverlauf, der wegen familiärer Verpflichtungen gehemmt oder unterbrochen wird. Haus- und Familienarbeit zählte schon traditionell nicht als Arbeit, die zu eigenständigen sozialversicherungsrechtlichen Ansprüchen führte, geschweige denn entlohnt wurde. Die Berechnung der Rente richtet sich deshalb in erster Linie an einer optimalen und lebenslangen Arbeitsmarktpartizipation aus, die in der Regel nur männliche Arbeitnehmer vorweisen können.[232] Die Äquivalenz von Beiträgen und Leistungen steht in Deutschland stärker im Mittelpunkt als in anderen Rentensystemen.[233]

Der sozialversicherungsrechtliche Schutz wurde auch auf die betreuungsbedingte Einschränkung oder Unterbrechung der Erwerbstätigkeit ausgeweitet. Seit 2001 erwirbt ein Elternteil, in der Regel die Mutter, Rentenansprüche für die ersten drei Lebensjahre jedes Kindes, das nach 1992[234] geboren wurde (§ 56 Abs. 1 SGB VI, sog. Kindererziehungszeiten). Geht der Erziehende während dieser Zeit einer sozialversicherungspflichtigen Beschäftigung nach, werden die dort erworbenen Entgeltpunkte mit denen aus der Kindererziehung addiert (§ 70 Abs. 2 S. 2 SGB VI). Für weitere sieben Jahre erhält der Erziehende sog. Berücksichtigungszeiten (§ 57 S. 1 SGB VI). Diese können dazu verhelfen, besonders niedrige Anwartschaften anteilig

230 Brosius-Gersdorf, S. 505 ff.
231 Zu den Voraussetzungen der kostenfreien Mitversicherung: § 25 SGB XI.
232 Frericks, DIW 2011, 119 (122).
233 Leiber, WSI-Diskussionspapier Nr. 166, S. 6.
234 Für vor 1992 geborene Kinder werden zwei Jahre Erziehungszeit angerechnet.

aufzubessern.[235] Erwerbstätige Mütter, die etwa wegen einer Teilzeittätigkeit weniger Einkommen erzielen, erhalten bis zum 10. Lebensjahr ihres Kindes eine Aufwertung ihrer Rentenpunkte auf maximal einen Entgeltpunkt pro Jahr. Ihr Einkommen wird um 50 Prozent aufgestockt. Voraussetzung dafür sind allerdings insgesamt 25 Versicherungsjahre (inkl. Kinderberücksichtigungszeiten). Nichterwerbstätige Frauen mit mindestens 25 Versicherungsjahren können ebenfalls eine Aufstockung bis zu einem Rentenpunkt erhalten, wenn sie zwei Kinder oder ein pflegebedürftiges Kind betreuen (§ 70 Abs. 2, 3a SGB VI). Auch für eine Pflegetätigkeit, die mindestens 14 Stunden wöchentlich und in häuslicher Umgebung erfolgt, erhalten die Pflegenden Pflichtbeitragszeiten, sofern neben der Pflegetätigkeit keine oder nur eine Erwerbstätigkeit von bis zu 30 Wochenstunden erfolgt. Die Rentenbeiträge zahlt die Pflegeversicherung. Die Höhe richtet sich nach der Pflegestufe des Pflegebedürftigen. Bemessungsgrundlage ist ein fiktives Arbeitsentgelt.[236]

Gleichwohl kann das Sozialversicherungssystem die Lücken der Rentenanwartschaften, die aus der Kindererziehungszeit resultieren, nicht vollständig kompensieren. Die Berücksichtigung von Betreuungszeiten ist sinnvoll, denn damit können die ersten drei Jahre, in denen es an Betreuungseinrichtungen mangelt kompensiert werden. Dennoch verbleiben weiterhin Lücken in der Rentenversorgung infolge von Berufsunterbrechungen.[237] Hierfür ist auch ausschlaggebend, dass das der Sozialversicherung zugrunde liegende Leitbild der Erwerbsunterbrechung für höchstens drei Jahre mit anschließender sozialversicherungspflichtiger Teilzeitbeschäftigung sowie der Wiederaufnahme einer Vollzeitberufstätigkeit nach Vollendung des 10. Lebensjahrs durch das Kind nicht immer der Realität entspricht. Die Rückkehr in den Beruf nach langer Erwerbsunterbrechung scheitert oftmals wegen Abwertung der Qualifikation oder der schwierigen Vereinbarkeit von Familie und Beruf, auch infolge knapper Betreuungsangebote. Wenn die Rückkehr nicht zu den idealtypischen Zeiten erfolgt, entfällt der soziale Schutz.[238]

Im Hinblick auf die Förderung der eigenen Existenzsicherung durch Erwerbstätigkeit ist zudem das Konzept der Berücksichtigungszeiten kritisch zu sehen. Die Berücksichtigungszeiten können zu einer Aufwertung des Einkommens bis zur Höhe des Durchschnittseinkommens beitragen. Diese Regelung fördert demnach insbesondere gering verdienende Eltern (vor allem Frauen), die nach dem dritten Geburtstag des Kindes in eine sozialversicherungspflichtige Erwerbstätigkeit zurückkehren. Gleichzeitig erhalten aber auch nicht berufstätige Eltern eine Rentenaufstockung, wenn sie mindestens zwei Kinder oder ein pflegebedürftiges Kind betreuen. Dadurch wird ein Anreiz gesetzt, die Berufstätigkeit für längere Zeit einzuschränken. An dem

---

235 Frericks, DIW 2011,119 (125). Für Kindererziehungszeiten erhält der Erziehende 0,0833 Entgeltpunkte mtl. (§ 70 Abs. 2 S. 1 SGB VI). Ein Entgeltpunkt ist derzeit 28,61 Euro (West), bzw. 26,39 Euro (Ost) wert (DRV: Aktueller Rentenwert). Für vor 1992 geborene Kinder werden inzwischen zwei Jahre pro Kind angerechnet.

236 Zum Ganzen: Riedmüller/Schmalreck, S. 6. DRV: Rente für Pflegepersonen, S. 22.

237 Frericks, DIW 2011, 119 (125 f.).

238 Kemper, S. 125.

ursprünglichen Zweck, den Wiedereinstieg des Erziehenden in das Erwerbsleben zu fördern, geht diese Regelung vorbei.[239] Zudem kann diese Regelung bewirken, dass der Missstand „Niedriglohnsektor“ durch die Rentenkasse ausgeglichen wird. Hinzu kommt, dass eine Mindestbeitragszeit von fünf Jahren vorgeschrieben ist (§ 50 Abs. 1 SGB VI), die nicht immer erfüllt werden kann. Eine Hausfrau hat dann im schlimmsten Fall überhaupt keinen Rentenanspruch. Überdies kann sich die Unterbrechung der Arbeitsmarktpartizipation auf die späteren Beitragsjahre in der Rentenversicherung auswirken, da die Rückkehr auf den Arbeitsmarkt zunächst erschwert ist, und Aufstiegschancen aufgrund fehlender Praxis oder Qualifikation geschmälert sein können.[240]

Durchschnittliche Zahlbeträge der Versichertenrenten nach Rentenarten in Euro[241]

Rentenart	**Alte Bundesländer**		**Neue Bundesländer**	
	Männlich	**Weiblich**	**Männlich**	**Weiblich**
Rente wegen verminderter Erwerbsfähigkeit (insg.)	659	594	603	662
Altersrenten (insg.) darunter: Altersrente wegen/für:	981	562	952	841
Arbeitslosigkeit/Altersteilzeit	1.106	861	898	954
langjährige Versicherte	1.014	662	938	846
Regelaltersrente	619	356	841	684
Versichertenrenten (insg.)	**925**	**586**	**888**	**801**

Bundesdurchschnitt: weiblich: 607 Euro/männlich: 918 Euro

Erwerbsjahre für Altersrente

Männlich		**Weiblich**	
Alte Bundesländer	Neue Bundesländer	Alte Bundesländer	Neue Bundesländer
41,1	44,3	31,1	43,1
41,8		**33,5**	

239 Scheiwe/Schuler-Harms, S. 53.
240 Frericks, DIW 2011, 119 (126).
241 DRV: Rentenversicherung in Zeitreihen, S. 124 f.

Die Zahlen bestätigen, dass Frauen im Durchschnitt deutlich weniger Rente beziehen als Männer. In den alten Bundesländern erreichen langjährig versicherte Frauen sogar nur rund 50 Prozent der männlichen Rentenanwartschaften. Westdeutsche Altersrentnerinnen können im Schnitt 31 Erwerbsjahre vorweisen, während die ostdeutschen auf immerhin 43 Jahre zurückblicken können. Insgesamt erreichen die Rentnerinnen in Ost und West aber nur 33,5 Erwerbsjahre, die Männer hingegen 41,8 Jahre (41,1 West/44,3 Ost).[242]

Das Ideal des „Eckrentners", der seine Rentenanwartschaften aus 45 Jahren Berufstätigkeit mit durchschnittlichem Einkommen herleitet, können insbesondere westdeutsche Frauen nicht erfüllen. Die niedrigen Renten von Frauen sind jedoch nicht nur auf das Konzept der gesetzlichen Rentenversicherung zurückzuführen. Das übrige Recht spielt hier ebenfalls eine Rolle, sowie Umstände außerhalb des Rechts. Zu nennen sind hier die geringere Erwerbsbeteiligung von Frauen, ihre vermehrte Beschäftigung in unteren Lohngruppen und die geringeren Aufstiegschancen. Auch das Auswahlverfahren der Arbeitgeber, deren Antizipieren der Mutterrolle, aber auch der Frauen selbst, üben einen Einfluss auf die Erwerbstätigkeit von Frauen aus. Darüber hinaus sind die Faktoren zu berücksichtigen, die für die geringe Erwerbsbeteiligung mit ursächlich (z. B. die Vorteile des Ehegattensplittings und die fehlenden Kitaplätze). All diese Umstände bewirken, dass Frauen weniger in die Rentenkasse einzahlen und daher auch niedrigere Rentenanwartschaften erwerben. Dadurch entsteht im Alter wiederum eine Abhängigkeit von der Rente des Ehemannes. Das traditionelle Ernährermodell wird jedoch aufgrund des immer weiter sinkenden Rentenniveaus zusehends geschwächt. Auch Männer blicken inzwischen häufiger auf prekäre Erwerbsverläufe zurück.[243] Die gesetzliche Rente des Ehepartners wird deshalb in Zukunft nicht mehr ausreichen, um die Existenz einer wirtschaftlich abhängigen Frau zu sichern.

Erschwerend kommt hinzu, dass Frauen seltener auf zusätzliche Anwartschaften aus einer privaten Altersvorsorge zurückgreifen können. Das Thema Alterssicherung hat für sie bei erwerbsbiografischen Entscheidungen einen geringen Stellenwert. Ihre Alterssicherung betreffend verlassen sie sich oftmals auf die Absicherung durch Ehe und Familie. Zum Teil kennen sie sogar die Faktoren nicht, die die Höhe der gesetzlichen Rente beeinflussen, so dass sie ihren Rentenanspruch stark überschätzen. Da Frauen vermehrt in kleinen und mittleren Betrieben arbeiten, haben sie auch seltener Anwartschaften aus Betriebsrente.[244] Die betrieblichen Rentenansprüche tragen aber auch dazu bei, die Geschlechterungleichheit im Alter weiter zu verstärken, da sie noch stärker als die gesetzliche Rente an die Dauer der Erwerbsarbeit und die Höhe des erzielten Einkommens anknüpfen. Zudem sind sie

242 Quelle: DRV: Rentenversicherung in Zeitreihen, S. 132 f.
243 BT Drucks 17/6240, S. 206.
244 Riedmüller/Schmalreck, S. 17 ff.

vornehmlich in typischen Männerbranchen und größeren Betrieben vorzufinden, in denen Frauen unterrepräsentiert sind.[245]

Geschlechtsspezifische Erwerbsbeteiligung, Arbeitsverträge und Berufe halten sich hartnäckig. Hinzu kommt der weiterhin bestehende Lohnunterschied zwischen Männern und Frauen. Solange diese Diskrepanzen nicht beseitigt sind, sind soziale Sicherungssysteme, die auf dem Prinzip der optimalen Erwerbsbiographie beruhen, ungeeignet die Geschlechtsunterschiede zwischen den Versicherten effektiv zu reduzieren. Statistiken belegen diese Erkenntnis. Individualisierte Renten können nur dann keinen frauenbenachteiligenden Effekt ausüben, wenn alle geschlechtsspezifischen Faktoren der Arbeitsmärkte, des Steuersystems und der traditionellen Aufteilung von Pflege- und Betreuungsaufgaben beseitigt werden.[246] Die Zahl der Bezieher von Grundsicherung im Alter ist seit ihrer Einführung (2003) stetig gestiegen, wobei Frauen deutlich häufiger von Altersarmut betroffen sind.[247] Sollte der vorwiegend von Frauen beherrschte Niedriglohnsektor in den nächsten Jahren weiter wachsen, wird die Altersarmut weiter ansteigen, denn aus Niedrigeinkommen resultieren Armutsrenten.[248] Es bleibt abzuwarten, ob der 2015 eingeführte Mindestlohn den Niedriglohnsektor einzudämmen vermag.

Zusammenfassend ist festzustellen, dass die deutsche Rentenversicherung einen frauenbenachteiligenden Effekt ausübt. Das beitragsgestützte System der Alterssicherung, das von der Erwerbstätigkeit abhängt, wirkt aus zwei Gründen geschlechtsspezifisch: Zum einen überträgt es die auf dem Arbeitsmarkt vorherrschenden Lohndiskriminierungen auf die Sozialversicherungsleistungen. Zum anderen macht es die Leistungen von der Erwerbsarbeit abhängig. Diese ist aber noch durch geschlechtsspezifische Rollenmuster bestimmt. Erwerbsunterbrechungen, Nichterwerbstätigkeit, aber auch Zeiten nicht versicherungspflichtiger Erwerbsarbeit (Minijobs) beeinträchtigen den Aufbau von Rentenansprüchen über den Zeitfaktor, während Teilzeitarbeit, Niedriglöhne und ausgebliebene Karriereentwicklungen die Höhe der Rente negativ beeinflussen.[249] Die Berücksichtigung von Kindererziehungszeiten vermag diese Nachteile nicht vollständig zu kompensieren. Zwar könnten diese Tatsachen als Signal für Frauen verstanden werden, eine eigene Berufstätigkeit aufzunehmen. Die Signale der Politik sind jedoch widersprüchlich, denn einerseits wird die Mutterschaft belohnt, andererseits zwingt das sinkende Rentenniveau die Frauen künftig zum Aufbau eigener Rentenanwartschaften.[250]

---

245 BT Drucks, S. 204.
246 Frericks, DIW 2011, 119 (128); Willert, S. 126 f.
247 Riedmüller/Schmalreck, S. 9; BT Drucks 17/6240, S. 209.
248 Riedmüller/Schmalreck, S. 31; Griese et al., NZA 2013, 113 (119 f.).
249 BT Drucks 17/6240, S. 202 f.
250 Riedmüller, S. 63.

4. Hinterbliebenenrente

Für den Fall, dass die Rente des Partners wegfällt, kann sich die Frau auch nicht auf eine ausreichende finanzielle Absicherung durch die Witwenrente verlassen.[251] Diese stellt ohnehin keinen Lohn für die Lebensleistung der Frau dar, sondern spiegelt die Erwerbsbiografie des verstorbenen Mannes wieder. Sie ist kein Äquivalent für unbezahlte Haus- und Familienarbeit.[252] Mit der Kürzung von 60 auf 55 Prozent der Bezüge des Verstorbenen und der Anrechnung des eigenen Einkommens der Witwe zu 40 Prozent (nach Abzug des Freibetrags)[253] wurde die Bedeutung der abgeleiteten Sicherung deutlich gemindert.[254] Unter Zugrundelegung der obigen Zahlen, ist davon auszugehen, dass Männer in der Regel nicht mehr als 1.000 Euro Rente beziehen. Erhält die Frau 55 Prozent davon, ist sie dennoch auf Grundsicherung im Alter angewiesen. Um der Altersarmut zu entgehen, sind Frauen immer mehr auf eine eigenständige Alterssicherung durch kontinuierliche Erwerbstätigkeit angewiesen. Für Witwen spielt die abgeleitete Sicherung aber weiterhin eine große Rolle, denn Frauen im Rentenalter sind mangels eigener existenzsichernder Ansprüche noch häufig von den Renten ihrer Ehemänner abhängig.[255]

---

251 Riedmüller/Schmalreck, S. 31.
252 BT Drucks 17/6240, S. 206.
253 Freibetrag West: 755,30 €/Ost: 696,70 €: DRV: Hinterbliebenenrente, S. 31 f.
254 Riedmüller/Schmalreck, S. 7.
255 A. a. O., S. 5.

E. Nacheheliche Ausgleichssysteme

Nachfolgend werden die nachehelichen Ausgleichssysteme einer Prüfung unterzogen. Dabei ist von besonderem Interesse, inwieweit die Rechtsinstitute eine geschlechtergerechte Teilhabe ermöglichen. Schließlich orientierten sich die Ausgleichssysteme bei ihrer Einführung primär am Modell der Hausfrauenehe.

In vermögensrechtlicher Hinsicht basiert das Scheidungsfolgenrecht auf einem Dreisäulenkonzept, welches aus Unterhalt, Zugewinn- und Versorgungsausgleich besteht.[256] Dabei sind alle drei Ausgleichssysteme nach dem Prinzip der Halbteilung ausgestaltet, so dass beide Eheleute grundsätzlich einen gleichen Anteil an der ehelichen Vermögensbildung haben sollen.[257] Grund für die Anwendung des Halbteilungsgrundsatzes ist, dass Art. 6 Abs. 1 i. V. m. Art. 3 Abs. 2 GG die Ehe als Gemeinschaft gleichberechtigter Partner schützt, in der es den Ehegatten in gemeinsamer Verantwortung selbst überlassen ist, wie sie ihre persönliche und wirtschaftliche Lebensführung gestalten.[258] Zur selbstverantwortlichen Lebensgestaltung gehört insbesondere die Entscheidung über die innerfamiliäre Arbeitsteilung und damit korrespondierend die Entscheidung darüber, wie das Familieneinkommen gesichert werden soll.[259] Dabei sind Aufteilung und Ausmaß von Erwerbs- und Hausarbeit allein der Disposition der Ehegatten überlassen.[260] In Konsequenz sind auch die Leistungen, die die Ehegatten im Rahmen ihrer Arbeits- und Aufgabenzuweisung erbringen, als gleichwertig anzusehen. Haushalts- und Betreuungsaufgaben haben für das gemeinsame Leben der Ehepartner keinen geringeren Wert als die Einkünfte, die dem Haushalt zur Verfügung stehen. Die ehelichen Lebensverhältnisse werden gleichermaßen von ihnen geprägt.[261] Die Gleichwertigkeit der von den Ehegatten erbrachten Beiträge bemisst sich weder an der Höhe eines eventuellen Erwerbseinkommens noch an einem wirtschaftlichen Wert oder dem Umfang der Familienarbeit. Stattdessen werden die Beiträge unabhängig von einer ökonomischen Bewertung als gleichgewichtig angesehen und kein Beitrag eines Ehegatten gegenüber dem anderen als höher oder niedriger bewertet. Diesem Gedanken tragen auch die Regelungen der §§ 1360 S. 2 und 1606 Abs. 3 BGB Rechnung, die die Gleichwertigkeit der Unterhaltsbeiträge der Ehegatten normieren und einen rechnerischen

256 Wellenhofer, JURA 2008, 647 (647 f.).

257 BVerfGE 47, 85 (100); 53, 257 (296); 63, 88 (109); 71, 364 (386); BGH FamRZ 2007, 983; FamRZ 2006, 387, FamRZ 1991, 1163.

258 BVerfGE 35, 382 (408); 57, 361 (390); 61, 319 (347); 103, 89 (101); Maunz/Dürig-Langenfeld, Art. 3 GG, Rn. 64 f.

259 BVerfGE 61, 319 (347); 66, 84 (94); 68, 256 (268).

260 BVerfGE 39, 169 (183); 48, 327 (338); 99, 216 (231); Maunz/Dürig-Badura, Art. 6 GG, Rn. 27a; Dreier/GG-Komm./Bd. I-Brosius-Gersdorf, Art. 6, Rn. 94.

261 BVerfGE 37, 217 (251); 47, 1 (24); 53, 257 (296); 66, 84 (94); 79, 106 (126); BVerfG, Beschluss v. 5.2.2002 - 1 BvR 105/9, Rn. 32.

Leistungsausgleich zwischen den Ehegatten ausschließen.[262] Aus dem Prinzip der Gleichwertigkeit der Ehebeiträge folgt deshalb auch das Recht der gleichen Teilhabe am gemeinsam Erwirtschafteten. Dies gilt nicht nur für die Ehezeit, sondern auch für die Zeit nach Trennung und Scheidung hinsichtlich Unterhalt, Versorgung und Aufteilung des gemeinsamen Vermögens, weshalb die gesetzlichen Regelungen über den Zugewinn- und den Versorgungsausgleich ebenfalls dem Halbteilungsgrundsatz entsprechen.[263]

I. Nachehelicher Unterhalt

1. Das Unterhaltsrechtsänderungsgesetz (UÄndG 2007)

Am 01. August 2008 trat ein neues Unterhaltsrecht in Kraft. Die Reform sollte eine Reaktion auf die geänderten gesellschaftlichen Verhältnisse und die damit verbundenen gewandelten Wertvorstellungen sein, um die Akzeptanz des Unterhaltsrechts bei den Betroffenen zu sichern. Aus empirischen Untersuchungen war ein Anstieg der Scheidungen hervorgegangen, die eine verhältnismäßig kurze Ehedauer vorwiesen. Zudem blieb die Hälfte dieser Ehen kinderlos. Außerdem wurde festgestellt, dass sich die Rollenverteilung in der Ehe zusehends verändere, da immer häufiger beide Elternteile ihre Berufstätigkeit beibehalten oder wiederaufnehmen würden, auch wenn Kinder zu erziehen seien. Darüber hinaus konnte nach der Scheidung die vermehrte Gründung von „Zweitfamilien" mit Kindern, aber auch die steigende Zahl von Kindern, deren Eltern in einer nichtehelichen Lebensgemeinschaft leben oder alleinerziehend sind, beobachtet werden. Mit den gesellschaftlichen Veränderungen sei auch ein Wertewandel einhergegangen. Es bestehe Einigkeit darüber, dass Kinder als das „schwächste Glied in der Kette" eines besonderen Schutzes bedürften, da sie sich im Gegensatz zu Erwachsenen nicht selbst versorgen könnten. Der Erwachsenenunterhalt sei jedoch anders zu bewerten. Hier stoße der Grundsatz der Eigenverantwortung nach der Scheidung auf eine immer größere Akzeptanz. Hauptmotiv der Scheidung bei Frauen sei der Wunsch nach größerer Unabhängigkeit. Angesichts dieser Untersuchungsergebnisse ließ sich der Regierungsentwurf von drei Zielen leiten: Stärkung des Kindeswohls, eine stärkere Betonung des Grundsatzes der Eigenverantwortung nach der Scheidung und die Vereinfachung des Unterhaltsrechts. Übergangsvorschriften sollten eine behutsame Anpassung von Altfällen an die neuen Bestimmungen ermöglichen.[264]

Für die Verfasserin ist die stärkere Betonung der Eigenverantwortlichkeit nach der Scheidung von besonderem Interesse. Diese könnte ein gesetzgeberischer Lenkungsversuch hin zur Zweiverdienerehe sein. Zudem ist zu prüfen, ob der Verweis auf die Eigenverantwortlichkeit auch mit der Rechtswirklichkeit übereinstimmt.

262 BVerfG, Beschluss v. 5.2.2002 - 1 BvR 105/9, Rn. 33.
263 BVerfGE 47, 85 (100); 53, 257 (296); 63, 88 (109); 71, 364 (386).
264 Zum Ganzen: BT Drucks 16/1830, S. 1 ff.; Borth, Rn. 2.

a. *Neufassung des § 1569 BGB*

Eine Stärkung der Eigenverantwortlichkeit soll § 1569 S. 1 BGB herbeiführen. Dieser verpflichtet die geschiedenen Ehegatten zur eigenverantwortlichen Sicherung ihres Lebensunterhalts und betont den Grundsatz der Eigenverantwortlichkeit bereits in der amtlichen Überschrift. Die systematische Stellung des § 1569 BGB als erstgenannte Vorschrift bewirkt außerdem, dass er sich auch auf die Auslegung der danach genannten Unterhaltstatbestände auswirkt. Die Vorschrift kann quasi als Obersatz im Sinne einer richtungsweisenden Direktive verstanden werden.[265] Die Unterhaltstatbestände sind im Lichte von § 1569 BGB auszulegen.

§ 1569 S. 2 BGB verdeutlicht den Ausnahmecharakter des nachehelichen Unterhaltsanspruchs: Der Grundsatz der Eigenverantwortung wird nur ausnahmsweise dann durchbrochen, wenn der Berechtigte außerstande ist, sich selbst zu unterhalten. Zudem wird klargestellt, dass die im BGB genannten nachehelichen Unterhaltstatbestände abschließend sind.

b. *Neufassung des § 1570 BGB*

Die Neufassung des Betreuungsunterhaltsanspruchs nach § 1570 BGB hat zur Folge, dass das früher geltende starre Altersphasenmodell, welches für die Frage herangezogen wurde, ab wann dem betreuenden Elternteil eine (Teil-)Berufstätigkeit neben der Kinderbetreuung (wieder) zuzumuten ist, entfällt. Stattdessen steht der individuelle Einzelfall im Mittelpunkt.[266] Im Vordergrund stehen kindbezogene Gründe, die eine Betreuung erforderlich machen. Betreuungsbedürftigkeit wird zumindest bis zum dritten Jahr unterstellt. Danach kommt es auf die persönliche Verfassung des Kindes an, also darauf, ob es gesund, pflegeleicht oder schwer erziehbar ist. Außerdem darauf, ob tatsächlich ein Betreuungsplatz zur Verfügung steht, der dem kindererziehenden Elternteil die Berufstätigkeit ermöglicht (§ 1570 Abs. 1 BGB).[267] Erst nachrangig werden mithilfe des § 1570 Abs. 2 BGB die Belange der Eltern berücksichtigt. Unterhalt für die Zeit nach Erreichung des dritten Lebensjahres des Kindes kann – sofern er nicht bereits wegen kindbezogener Gründe weiterhin gewährt wird - auch aus dem Prinzip der nachehelichen Solidarität folgen. Maßgeblich ist die einvernehmlich praktizierte Arbeitsaufteilung in der Ehe sowie deren Dauer (§ 1570 Abs. 2 BGB). Damit soll das Vertrauen in die vereinbarte und praktizierte Arbeitsteilung und die autonome Gestaltung der Kinderbetreuung in der Ehe geschützt werden, außerdem das Vertrauen in den Bestand der Ehe.[268] Die Ehefrau, die nach Absprache mit ihrem Mann ihren Beruf aufgegeben hat, um sich dem Haushalt und der Kinderbetreuung zu widmen, soll sich auch noch für eine

265 BT Drucks 16/1830, S. 16.

266 Ebenda.

267 BGH FamRZ 2006, 846 (847).

268 NK-BGB/Schilling § 1570, Rn. 30 ff.; BGH FamRZ 2009, 1391 (1395), Borth, Rn. 55, 83 f.

geraume Zeit nach der Ehe auf diese Absprache verlassen können. Sie soll nicht von jetzt auf gleich dazu gezwungen werden, wieder einen Beruf auszuüben, zumal das ohnehin nicht sofort realisierbar sein wird. Schließlich muss erst ein Arbeitsplatz gefunden- und eine adäquate Kinderbetreuung organisiert werden. Für diesen Unterhaltsanspruch muss das Gericht eine Einzelfallentscheidung fällen, die sich an den früheren Lebensverhältnissen der Partner orientiert (nachwirkende eheliche Solidarität).

Allerdings hat sich mit der Unterhaltsrechtsreform auch die Beweislastverteilung geändert. Der Unterhaltsempfänger ist nur noch so lange von der Darlegungs- und Beweislast entbunden, bis das Kind das dritte Lebensjahr erreicht. Dann hat er anhand konkreter Umstände darzulegen, warum ihm eine vollschichtige Erwerbstätigkeit nicht möglich ist. Der BGH stellt strenge Anforderungen an die Darlegungs- und Beweislast, weshalb es sich inzwischen schwieriger darstellt, einen Betreuungsunterhaltsanspruch zu erlangen. Wenn kein hinreichender Tatsachenvortrag erfolgt, kann das Gericht nur solche Gründe berücksichtigen, die sich naturgemäß aus dem festgestellten Sachverhalt ergeben.[269] Eine schriftliche Vereinbarung über die Rollenverteilung wird nur in den seltensten Fällen vorliegen.

c. Neufassung des § 1574 BGB

§ 1574 BGB, der ebenfalls im Lichte von § 1569 BGB auszulegen ist, umschreibt den Rahmen, innerhalb dessen eine Erwerbstätigkeit des Unterhaltsempfängers verlangt werden kann. Welche Erwerbstätigkeit zu erwarten ist, wird in § 1574 Abs. 2 BGB erläutert. Angemessen ist die Tätigkeit, die der Ausbildung, den Fähigkeiten, einer früheren Erwerbstätigkeit, dem Lebensalter und dem Gesundheitszustand des geschiedenen Ehegatten entspricht, soweit sie nicht nach den ehelichen Lebensverhältnissen unbillig wäre. Die Aufzählung ist nicht abschließend, den im Gesetz genannten Merkmalen kommt aber ein besonderes Gewicht zu.[270] Die Aufnahme einer früheren Erwerbstätigkeit in den Angemessenheitskatalog soll den veränderten Bedingungen auf dem Arbeitsmarkt Rechnung tragen und konkretisiert den seit der Reform verstärkten Grundsatz der Eigenverantwortung. Der Unterhaltsberechtigte, der bereits während der Ehe eine berufliche Tätigkeit unter seinem Ausbildungsniveau ausgeübt hat, kann sich nicht darauf berufen, dass diese seinem Bildungsstand nicht entspreche und nach der Scheidung unangemessen sei.[271] Unerheblich ist dabei grundsätzlich auch, ob die Erwerbstätigkeit nur aufgrund eines finanziellen Engpasses oder nur zeitlich befristet aufgenommen wurde. Maßgeblich ist allein die Tatsache, dass diese Tätigkeit früher einmal die ehelichen Lebensverhältnisse geprägt hat. Ähnliche Wirkung entfaltet das Merkmal der „Fähigkeiten“. Eine Tätigkeit, die

---

269 BGH FamRZ 2010, 444; FamRZ 2009, 1393; FamRZ 2009, 959; FamRZ 2010, 357 (zu § 1615l BGB).

270 NK-BGB/Fränken, § 1574, Rn. 1; Borth, Rn. 170; BGH FamRZ 1986, 553 (554).

271 BGH FamRZ 2005, 23 (25); NK-BGB/Fränken, § 1574, Rn. 5; Borth, Rn. 182; BT Drucks 16/1830, S. 17.

nicht der Ausbildung des Unterhaltsempfängers entspricht, kann auch dann angemessen sein, wenn sie mithilfe von Fertigkeiten, die sich der Berechtigte außerhalb einer beruflichen Ausbildung durch eine Erwerbstätigkeit oder auch im Rahmen der Haushaltsführung angeeignet hat, ausgeübt werden kann.[272] Zudem kann dem Berechtigten gegebenenfalls eine Ausbildung, Fortbildung oder Umschulung abverlangt werden (§ 1574 Abs. 3 BGB). Trotz allem muss geprüft werden, ob das Lebensalter und der Gesundheitszustand die berufliche Tätigkeit noch zulassen.[273]

Es wird deutlich, dass es nicht leicht sein wird, die Unangemessenheit einer dem Antragsteller abverlangten Berufstätigkeit darzulegen. Erschwerend kommt hinzu, dass die ehelichen Lebensverhältnisse nicht pauschal als Grund für die Unzumutbarkeit einer bestimmten Tätigkeit vorgebracht werden können. Sie werden lediglich in einer zweiten Stufe als Korrektiv im Rahmen einer Billigkeitsprüfung berücksichtigt. § 1574 Abs. 2 S. 1 Hs. 2 BGB ist jedoch als Einwendung ausgestaltet, so dass der Ehegatte sich explizit darauf berufen muss. Infolgedessen steht er in der Beweispflicht und muss darlegen, wieso die ehelichen Lebensverhältnisse seiner Ansicht nach der Ausübung der ihm abverlangten Tätigkeit widersprechen.[274] Dies wird nur bei einem extremen sozialen Abstieg Berücksichtigung finden, sofern nicht um eine Tätigkeit gestritten wird, die tatsächlich schon einmal während der Ehe ausgeübt wurde. Denn diese hat logischerweise bereits die ehelichen Lebensverhältnisse geprägt und kann deshalb für die nachehelichen Verhältnisse nicht mehr unbillig sein. Der Ehegatte soll durch die Scheidung keinen besseren Status erhalten, als er in der Ehe inne hatte, weshalb ein früher ausgeübter Beruf grundsätzlich immer angemessen ist.[275]

Der Grundsatz der Eigenverantwortlichkeit hat zur Folge, dass strenge Anforderungen an die Erwerbsobliegenheit des Unterhaltsberechtigten gestellt werden. Dieser Verpflichtung wird er kaum entkommen können. Der Ehegatte kann sich nach der Scheidung nicht mehr uneingeschränkt auf ein Auskommen durch finanzielle Mittel des Unterhaltsschuldners verlassen. Er muss (je nach Fall, eventuell stufenweise) selbst für seinen Lebensunterhalt sorgen.

d. Neufassung des § 1578b BGB

In der Regel orientiert sich die Höhe des Unterhaltsanspruchs gem. § 1578 BGB an den ehelichen Lebensverhältnissen. § 1578b BGB räumt jedoch die Möglichkeit einer Herabsetzung unterhalb des ehelichen Niveaus und/oder eine zeitliche Begrenzung des Unterhaltsanspruchs ein, sofern dies der Billigkeit entspricht. Er erstreckt sich auf alle Unterhaltstatbestände. Bei Herabsetzung des Anspruchs orientieren sich die Gerichte an den vorehelichen Lebensverhältnissen. Zum Teil wird auch auf

272 NK-BGB/Fränken, § 1574, Rn. 4 f.; Borth, Rn. 182; BT Drucks 16/1830, S. 17; BT Drucks 7/650, S. 128.
273 NK-BGB/Fränken, § 1574, Rn. 3.
274 BT Drucks 16/1830, S. 17.
275 Bömelburg, in: Wendl/Dose: § 4, Rn. 153; BT Drucks 16/1830, S. 17.

den hypothetischen, also ohne Eheschließung erreichten, Lebensstandard abgestellt. Untergrenze ist aber das Existenzminimum des Anspruchstellers.[276] Dabei sind gem. § 1578b Abs. 1 S. 2 BGB insbesondere die Nachteile im Hinblick auf das berufliche Fortkommen des Berechtigten zu berücksichtigen, die ehebedingt sind. Dies kann etwa eine länger dauernde Berufspause für die Kindererziehung sein, oder allgemein die Gestaltung von Haushaltsführung und Erwerbstätigkeit in der Ehe. Konkret bedeutet das: Die nacheheliche Solidarität findet dort ihre Grenze, wo die Unfähigkeit sich selbst zu unterhalten ihren Ursprung nicht in der Ehe hat. Kann die Einkommensdifferenz nicht auf die Ehe zurückgeführt werden, stellt sie keinen ausgleichsfähigen ehebedingten Nachteil dar. Beruht sie auf einem unterschiedlichen Ausbildungsniveau oder auf sonstigen persönlichen Umständen, so liegt der Nachteil im Verantwortungsbereich des Bedürftigen und der Grundsatz der Eigenverantwortlichkeit greift durch.

Nachrangig zu prüfen ist aber, ob nicht auch die nacheheliche Solidarität alleiniger Maßstab der Unterhaltsbegrenzung sein könnte. Dies ist insbesondere bei einer unabhängig von der Ehe eingetretenen Krankheit eines Ehegatten (§ 1572 BGB) oder bei starker wirtschaftlicher Verflechtung aufgrund langjähriger Ehe in Betracht zu ziehen.[277] Eine Heirat allein bietet keine Lebensstandardgarantie (mehr).[278] Nacheheliche Verantwortlichkeit besteht nur dann, wenn der Verpflichtete den Unterhaltsanspruch des Berechtigten quasi „mit verschuldet" hat (ehebedingter Nachteil) oder aus besonderen Gründen eine nacheheliche Solidarität zu erwarten ist. Sogar das Vorliegen ehebedingter Nachteile schließt die Herabsetzung des Anspruchs nicht vollständig aus.[279] Je weniger ehebedingte Nachteile fortwirken, desto eher kommt eine Beschränkung in Frage.[280]

e. Neufassung des § 1579 BGB

Die nacheheliche Solidarität begründet auch für solche Ehen keinen Unterhaltsanspruch, bei denen sich bereits während der Ehe keine Solidarität entwickeln konnte oder sonst kein Grund für eine nachwirkende Solidarität besteht. Sollte einer der in § 1579 BGB genannten Gründe eingreifen, wird der Berechtigte auf seine Eigenverantwortlichkeit verwiesen. Dafür sieht die Härteklausel des § 1579 BGB entsprechende Beschränkungs- oder Versagungsmöglichkeiten vor, sofern die Inanspruchnahme des Verpflichteten unter Berücksichtigung der Gesamtumstände grob unbillig wäre. In besonders gelagerten Fällen soll mithilfe dieser Klausel

276 NK-BGB/Schürmann, § 1578b, Rn. 36; BGH FamRZ 2009, 1990.
277 Wönne, in: Wendl/Dose: § 4, Rn. 1004.
278 Damit wurde die Rspr. des BGH zur Abschaffung der Lebensstandardgarantie umgesetzt, vgl. BGH NJW 2007, 839; NJW 2007, 2401; NJW 2006, 2401.
279 NK-BGB/Schürmann, § 1578b, Rn. 34.
280 Dethloff, A 62.

Einzelfallgerechtigkeit hergestellt werden.[281] Dabei gilt der Grundsatz: Je schwerer ein Härtegrund wiegt, desto mehr ist dem Berechtigten zuzumuten, die finanziellen Folgen der Trennung weitestgehend selbst zu tragen und die daraus resultierenden Einschränkungen auf sich zu nehmen, sofern nicht ausnahmsweise das Kindeswohl eine andere Beurteilung erfordert. In weniger gravierenden Fällen ist eine umfassende Abwägung der beiderseitigen Interessen vorzunehmen.[282]

§ 1579 BGB ist eine rechtsvernichtende Einwendung und daher von Amts wegen festzustellen. Sie führt jedoch nicht zwangsläufig zum dauerhaften und vollständigen Anspruchsverlust. Ein versagter Unterhaltsanspruch kann nach einer erneuten umfassenden Billigkeitsabwägung wieder aufleben.[283] Sollte ein in § 1579 BGB benannter Grund vorliegen, muss die grobe Unbilligkeit daneben gesondert geprüft werden. Es handelt sich dabei um ein eigenständiges Tatbestandsmerkmal. Liegen alle Voraussetzungen vor, besteht neben der Option einer absoluten Versagung des Unterhaltsanspruchs außerdem die Möglichkeit einer Herabsetzung oder Befristung.[284] Auch diese Befristungs-/ Versagungsmöglichkeiten verdeutlichen nochmals die Abhängigkeit des Unterhaltsanspruchs von der nachwirkenden ehelichen Solidarität. Besteht kein besonderer Grund, den Ex-Ehegatten weiterhin zu unterhalten, wird er auf seine Eigenverantwortlichkeit verwiesen. Darüber hinaus muss er die Konsequenzen für sein Verhalten während und nach der Ehe tragen. Er kann sich nicht auf eine lebenslange Versorgung durch den Verpflichteten verlassen.

Die Betonung der Eigenverantwortlichkeit kommt insbesondere durch die Gründe der „kurzen Ehedauer“ und das Leben in einer „neuen verfestigten Lebensgemeinschaft“ zum Ausdruck. Dem ersten Fall liegt der Gedanke zugrunde, dass sich die Lebensverhältnisse der Ehepartner nach kurzer Zeit noch nicht so stark miteinander verflechten können, dass eine nacheheliche Unterhaltsgewährung gerechtfertigt werden kann.[285] Während einer kurzen Ehe können sich in der Regel noch keine ehebedingten Nachteile eingestellt haben, die mithilfe von Unterhalt kompensiert werden müssen (nacheheliche Solidarität).

Wann eine Ehe als kurz gilt, gibt der Gesetzgeber bewusst nicht vor. Laut dem Gesetzesentwurf könne die Bestimmung des Zeitraumes nicht für alle Ehen gleich erfolgen, sondern bedürfe einer Prüfung der konkreten Lebenssituation des Paares. Das Gericht fällt deshalb eine Einzelfallentscheidung. Der zeitliche Rahmen ist durch die Rechtsprechung aber bereits konkretisiert:[286] Der BGH hält eine Ehe von bis zu zwei Jahren in der Regel als kurz, während er bei mehr als drei Jahren nicht mehr von einer kurzen Ehedauer ausgeht. Liegt die Ehedauer zwischen zwei und

281 Es erfolgt eine mehrstufige Einzelfallprüfung, vgl. BGH NJW 2002, 1947 (1949); FamRZ 1983, 670 (672).

282 Siebert, in: Wendl/Dose: § 4, Rn. 1222.

283 NK-BGB/Hohloch § 1579, Rn. 103; Borth, Rn. 366; OLG Celle FamRZ 2008, 1627 (1628); OLG Hamm FamRZ 2007, 1106; OLG Hamm FamRZ 1996, 1080 (1082).

284 Borth, Rn. 366.

285 Ebenda.

286 BT Drucks 16/1830, S. 20.

drei Jahren, ist es dem Richter überlassen, im Einzelfall zu bestimmen, inwieweit die Partner ihre Lebensführung bereits aufeinander eingestellt haben. Dieser zeitliche Rahmen ist jedoch nicht schematisch anzuwenden. In besonders gelagerten Fällen bleibt eine Abweichung möglich.[287]

Auch bei der Aufnahme des Bestehens einer „verfestigten Lebensgemeinschaft" in den Katalog des § 1579 BGB mangelt es an einer gesetzlichen Definition. Diese Fälle haben die Gerichte aber bereits in der Vergangenheit vielfach beschäftigt, so dass sich bereits einige Kriterien herausgebildet haben, anhand derer festgestellt werden kann, ob sich der Unterhaltsberechtigte durch die neue Partnerschaft aus der ehelichen Solidarität zu seinem früheren Partner herausgelöst hat. Ein gemeinsam geführter Haushalt, größere gemeinsame Anschaffungen (z. B. Eigenheim) oder das Erscheinungsbild in der Öffentlichkeit lassen nach der Rechtsprechung einen Rückschluss darauf zu, ob die neue Partnerschaft als eine Herauslösung aus der ehelichen Solidarität zu werten ist. Keine Rolle soll hingegen die Leistungsfähigkeit des neuen Partners oder die Aufnahme von intimen Beziehungen spielen.[288] Wird gerichtlich das Bestehen einer neuen verfestigten Lebensgemeinschaft festgestellt, findet die nacheheliche Solidarität des Ex-Partners ihr Ende. Der Unterhaltsberechtigte muss fortan selbst für seinen Unterhalt sorgen. Dabei ist unerheblich, ob ihm die neue Partnerschaft ein Auskommen bietet. Der Gesetzgeber hat diesen Ausschlussgrund deshalb bewusst als Anwendungsfall der Unbilligkeit nach § 1579 BGB aufgenommen und nicht als Fall einer Bedarfsdeckung nach § 1577 Abs. 1 BGB.[289] Es ist allein maßgeblich, ob eine Herauslösung aus der früheren Ehe endgültig stattgefunden hat, nicht jedoch, ob sich in der neuen Partnerschaft bereits eine Solidarität füreinander entwickelt hat.

f. Neufassung des § 1609 BGB

Sofern mehrere Unterhaltsberechtigte vorhanden sind, der Verpflichtete aber nicht genug Einkommen hat, um alle zu befriedigen, statuiert § 1609 BGB eine Rangfolge für den Mangelfall. Diese orientiert sich an der Stärkung des Kindeswohls, weshalb zuerst der Kindesunterhalt und sodann der Unterhalt wegen Kindesbetreuung zu befriedigen sind. Erst an dritter Stelle wird der Unterhalt für (geschiedene) Ehegatten genannt. Dieser Reihenfolge liegt ebenfalls der Gedanke zugrunde, dass ein Unterhaltsanspruch dann gewährt werden soll, wenn die Ehe beim Berechtigten zu Nachteilen in der Lebensführung geführt hat. Dies wird bei einvernehmlich praktizierter Rollenaufteilung angenommen, die infolge der Geburt von Kindern durchgeführt wurde. Daher ist der Betreuungsunterhalt vorrangig. Bei allen anderen Berechtigten liegt die Annahme zugrunde, dass sie die eventuell entstandenen

---

287 BGH NJW 1999, 1630 (1631); NJW-RR 1995, 449; Borth, Rn. 387.

288 BT Drucks 16/1830, S. 21; OLG Celle NJW 2008, 1456 Rn. 21; OLG Karlsruhe NJW 2008, 3645.

289 BT Drucks 16/1830, S. 21.

Nachteile nicht am weiteren Fortkommen hindern, sie also in der Lage sind, sich selbst zu unterhalten (Eigenverantwortung!).

Eine Ausnahme wird nur für Ehen von langer Dauer gemacht: Diese werden dem zweiten Rang zugeordnet, auch wenn keine Kinder mehr zu betreuen sind (§ 1609 Nr. 2 BGB). Dem liegt die Erfahrung zugrunde, dass die eheliche Lebenssituation der Partner entscheidend durch die gemeinsame Lebensplanung geprägt wird. Schließlich können die Betroffenen zum Scheidungszeitpunkt ihre in der Vergangenheit getroffenen Entscheidungen nicht mehr rückgängig machen. Dabei ist davon auszugehen: Je länger die Ehe gedauert hat, desto größer ist die Verflechtung und Abhängigkeit der beiderseitigen Lebensdispositionen, beziehungsweise desto größer ist die wirtschaftliche Abhängigkeit des unterhaltsbedürftigen Ehegatten, der sich durch die unterhaltsrechtliche Solidarität seines Partners abgesichert fühlte.[290] Dieses Vertrauen ist schutzwürdig. Seit dem 01.03.2013 ist gesetzlich ausdrücklich klargestellt worden, dass bei der Feststellung der langen Ehedauer auch die Nachteile i. S. d. § 1578b BGB zu berücksichtigen sind. Damit steht fest, dass der Zeitfaktor alleine nicht ausreicht. Eine kürzere oder mittellange Ehe kann schließlich bei Vorliegen besonderer Umstände ebenso gravierende Auswirkungen auf das berufliche Fortkommen des Unterhaltsberechtigten haben wie eine lange Ehe. Anders herum kann jedoch auch eine lange Ehe ohne nachwirkende ehebedingte Nachteile von § 1609 Nr. 2 BGB nicht erfasst sein.

g. *Zwischenergebnis zur Stärkung der Eigenverantwortung*

Im Ergebnis ist festzustellen, dass es nach geltendem Recht nicht leicht ist, einen Unterhaltsanspruch zu erlangen. Es werden besondere Gründe erwartet, die ein Fortwirken der ehelichen Solidarität auch nach dem Ende der Ehe rechtfertigen. Eine nachwirkende Verantwortung der Ehepartner, die den Grundsatz der Eigenverantwortung ausnahmsweise durchbricht, verlangt eine Bedürfnislage, die mit der Ehe in Verbindung steht (ein kausaler Zusammenhang zwischen Ehe und Bedürfnislage wird jedoch nicht zwangsläufig vorausgesetzt). Dagegen soll nicht jede schicksalsbedingte Bedürfnislage stets und auf Dauer zu einem Unterhaltsanspruch führen.[291] Der Anspruch kann von vornherein gekürzt oder befristet werden und soll auch keine lebenslange Aufrechterhaltung der ehelichen finanziellen Verhältnisse bieten.

Ob die Reform tatsächlich als Stärkung der Eigenverantwortung zu werten ist, wird im Schrifttum allerdings bezweifelt.[292] Vom Grundsatz der Eigenverantwortlichkeit seien auch schon zuvor alle Handbücher und Kommentare ausgegangen.

§ 1574 BGB bringe in seinem Abs. 1 ebenfalls nichts Neues. Es sei lediglich eine sprachliche Verbesserung festzustellen. Auch dass in Abs. 2 eine Berufstätigkeit als angemessen angesehen wird, die früher einmal ausgeübt wurde, sei nicht neu. Die

290 Bömelburg, in: Wendl/Dose: § 4, Rn. 103.

291 Ebenda.

292 Beispielhaft: Willutzki, FPR 2005, 505; Schwab, FamRZ 2005, 1417; Klein/Schlechta, FPR 2005, 496.

Gerichte hätten die Norm schon zuvor dahingehend ausgelegt. Die neue Härteklausel des § 1578b BGB bezeichnet Schwab als einen „im Grund alten Bekannten". Ein Unterschied sei nur darin zu sehen, dass sich die zeitliche Beschränkungsmöglichkeit nunmehr auf alle Unterhaltstatbestände erstrecke.[293] In seiner Grundstruktur sei das zuvor bestehende Unterhaltsrecht nicht angetastet worden: Ein Regel-Ausnahme-Verhältnis, in welchem der Unterhalt als Ausnahme konzipiert sei, die sich allerdings zum Regelfall entwickelt habe. Der Anspruch sei zunächst unbegrenzt, solle aber anschließend mithilfe von Billigkeitserwägungen wieder eingegrenzt werden.[294] Als problematisch wird außerdem gesehen, dass die Unterhaltsansprüche noch immer zu weit gefasst seien. In Kombination mit den Beschränkungsmöglichkeiten führe dies dazu, dass in jedem Einzelfall über Höhe und Dauer des Unterhaltsanspruchs zu entscheiden sei. Dies sei mit erheblichem Aufwand verbunden, außerdem mit einer beträchtlichen Rechtsunsicherheit.[295]

2. Veränderung der Rechtswirklichkeit?

Anlass für die Unterhaltsrechtsreform waren laut Gesetzgeber die geänderten gesellschaftlichen Verhältnisse und ein derentwegen eingetretener Wertewandel. Es wurde der Anstieg von Scheidungen von zumeist kinderlosen Kurzehen und eine vermehrte Gründung von (nichtehelichen) Zweitfamilien festgestellt. Auch seien die heutigen Ehen egalitärer ausgestaltet, so dass immer häufiger beide Partner erwerbstätig seien. Deswegen stoße der Grundsatz der Eigenverantwortung auch allgemein auf mehr Akzeptanz. Die Scheidung werde von Frauen als „Befreiungsschlag" zur Unabhängigkeit wahrgenommen.[296] Dabei ist zweifelhaft, ob die statistischen Daten eine solche Entwicklung tatsächlich stützen.

a. Zunahme von Scheidungen und Gründung von Zweitfamilien

Der Anstieg der Scheidungszahlen lässt sich statistisch nicht mehr bestätigen. Während 1998 noch 192.416 Scheidungen verzeichnet wurden, haben die Scheidungen im Jahr 2013 mit 169.833 den niedrigsten Stand erreicht, davon rund 50 Prozent (84.989) mit minderjährigen Kindern. In der Zwischenzeit war die Zahl der Scheidungen angestiegen und hatte ihren Höchststand im Jahr 2003 (213.975) erreicht.[297] Aktuelle Zahlen sind derzeit nicht verfügbar. Die Tendenz ist jedoch seit 2008 rückläufig.

---

293 Zum Ganzen: Schwab, FamRZ 2005, 1417 (1417 ff.); Klein/Schlechta, FPR 2005, 495 (498); Borth, Rn. 169 ff.

294 Schürmann, FPR 2005, 492 (493).

295 Dethloff, A 66.

296 BT Drucks 16/1830, S. 1, 12.

297 Statistisches Bundesamt: Statistisches Jahrbuch 2015, S. 53 f.

Die durchschnittliche Ehedauer bis zur Scheidung beträgt 14,7 Jahre. Rund 40 Prozent der Scheidungen werden erst nach 16 Ehejahren vollzogen. Das durchschnittliche Scheidungsalter liegt für Frauen bei 42,8 – für Männer bei 45,7 Jahren.[298] Zwar kann das Merkmal der „langen Ehedauer“ nicht ohne Weiteres anhand der Ehejahre festgemacht werden, da noch andere Umstände wie Kinderzahl und Aufgabenteilung zu berücksichtigen sind. Von einer langen Ehe kann jedoch auch schon nach sechs Ehejahren gesprochen werden, sofern Kinder zu betreuen sind.[299] Diese Zahlen belegen, dass eben nicht der Großteil der Scheidungen kinderlose Ehen von kurzer Dauer betrifft. Selbst wenn die Scheidungen von kinderlosen Kurzehen für sich betrachtet angestiegen sein sollten, rechtfertigt das nicht eine Gesetzesreform, die zulasten der 50 Prozent geht, die alleinerziehend aus der Ehe hervorgehen. Des Weiteren hatten die meisten Ehen zum Scheidungszeitpunkt das Merkmal der kurzen Ehedauer bereits überschritten. Bei einem Durchschnittsscheidungsalter von über 43 Jahren ist auch davon auszugehen, dass zurückliegende Entscheidungen, infolge der mit der Ehedauer immer stärker werdenden Verflechtung der Lebensverhältnisse, nicht mehr ohne Weiteres rückgängig gemacht werden können.

24,7 Prozent der Frauen und 23,6 Prozent der Männer waren bei Eheschließung bereits mindestens einmal verheiratet.[300] Ob diese Zahlen einen Handlungsbedarf zugunsten des Unterhaltsschuldners rechtfertigen, ist fraglich. Immerhin geht aus drei Viertel der Eheschließenden keine Zweitfamilie hervor. Es ist zwar sinnvoll, die Chancen für einen Neuanfang nach einer gescheiterten Ehe zu erhöhen. Die Zweitfamilie, insbesondere mit Kindern, soll dadurch nach gesetzgeberischer Intention entlastet werden.[301] Es ist aber zweifelhaft, ob die Kürzung der Unterhaltsansprüche der Erstfamilie dafür der richtige Weg ist. Es ist schon bedenklich, ob diese tatsächlich dem Kindeswohl zu dienen vermag. Immerhin bringt der Unterhaltsschuldner seine Arbeitskraft und sein Einkommen (inklusive Selbstbehalt) in die neue Familie ein, so dass diese im Vergleich zur „Altfamilie“ die wirtschaftlich potentere Einheit darstellt. Allein das Zusammenleben als Finanz- und Sozialgemeinschaft hat seine Vorteile. Außerdem stellte das BVerfG bereits in den 80er Jahren fest, dass die zweite Ehefrau von der Belastung ihrer Ehe durch die „wirtschaftliche Hypothek“ der Unterhaltsverpflichtungen wisse und sich darauf einstellen könne. Es stellte fest, dass es nicht verfassungswidrig sei, wenn deshalb beide Partner der neuen Ehe gezwungen seien, einer Berufstätigkeit nachzugehen, die eine Fremdbetreuung der Kinder bedinge.[302] Die „Altfamilie“ muss hingegen ihren Unterhaltsbedarf hauptsächlich alleine bestreiten, nebenbei muss die Betreuung und Versorgung der Kinder sichergestellt werden. Außerdem wachsen die Kinder in intakter Ehe in der

298 A. a. O, S. 54 f.
299 BGH FamRZ 2006, 1006.
300 Statistisches Bundesamt: Statistisches Jahrbuch 2015, S. 52.
301 BT Drucks 16/1830, S. 13, S. 23.
302 BVerfGE 66, 84 (98 f.).

Regel unter günstigeren Umständen auf als in einer Familiengemeinschaft mit nur einem Elternteil.[303]

Letztlich bewirkt die Reform, dass der Grundsatz der Eigenverantwortung regelmäßig die Frau trifft (sie ist es in der Regel, die die Kinderbetreuung während der Ehe übernommen hat und auch danach weiterhin übernimmt). Der Mann hingegen scheint keinerlei erwähnenswerte Verantwortlichkeit zu haben, obwohl er doch infolge von Heirat und Familiengründung mit anschließend gefällter (einvernehmlicher) Entscheidung bezüglich der praktizierten Rollenverteilung ursprünglich einmal Verantwortung übernommen hatte. Schließlich wurde die nacheheliche Bedürftigkeit der Frau von ihm mit verursacht. Wenn der Mann eine Zweitfamilie gründet, soll er nicht durch seine „Altlasten" aus der letzten Ehe beschnitten werden, während die Frau für die Gründung einer Zweitfamilie mit der Kürzung ihres Unterhaltanspruchs (§§ 1579 Nr. 2, 1586 Abs. 1 BGB) „bestraft" wird? Klein/Schlechta sehen darin ein fatales gesellschaftspolitisches Signal. Ihrer Ansicht nach werde der Wert der Frau durch das neue Unterhaltsrecht auf ihre Gebärtüchtigkeit reduziert, da ihr nur dann ein Unterhaltsanspruch zugesprochen werde, „wenn und solange sie gebärtüchtig" sei und bleibe, während der Mann sich immer wieder neu binden- und bis ins hohe Alter Nachwuchs zeugen könne, ohne jemals Verantwortung gegenüber seinen ehemaligen Frauen übernehmen zu müssen.[304] Dazu ist zu sagen, dass Klein/Schlechta hier zwar ein sehr überspitzes Bild zeichnen. Dennoch kann nicht geleugnet werden, dass diese Intention des Gesetzgebers in erster Linie zulasten kindererziehender Frauen geht. Sie werden von dem Vater ihrer Kinder zugunsten seiner neuen Familie im Stich gelassen, obwohl dieser in der Regel zu ihrer Bedürftigkeit beigetragen hat. Die Frau trägt die finanzielle und psychische Belastung durch die gemeinsamen Kinder weiterhin. Sie muss zusehen, dass sie einen Job findet, der die Familie ernährt und gleichzeitig eine adäquate Kinderbetreuung zulässt, während der Mann sich von seinen „Altlasten" lossagen kann, indem er eine neue Familie gründet. Dann wird er noch mit den Unterhaltszahlungen an die gemeinsamen Kinder belästigt, soll aber keinerlei finanzielle Verantwortlichkeit mehr gegenüber der Exfrau haben.

b. Zunahme von Zweiverdienerhaushalten

Wie zuvor herausgearbeitet, hat es die vom Gesetzgeber behauptete Zunahme der Frauenerwerbstätigkeit in diesem Umfang nicht gegeben. Es sind zwar tatsächlich mehr Frauen erwerbstätig als früher, sie arbeiten jedoch meist in Teilzeit oder gehen einer geringfügigen Beschäftigung nach, insbesondere wenn Kinder vorhanden sind. Ein daraus resultierendes Einkommen wird in der Regel nicht ausreichen, um den gesamten Lebensbedarf zu decken. Mit dem Zuwachs der Frauenerwerbstätigenquote geht folglich kein Zuwachs der eigenständigen Existenzsicherung von

303 A. a. O. (97).

304 Klein/Schlechta, FPR 2005, 496 (498 f.).

Frauen einher, weshalb die Reform auch an dieser Stelle nicht der Rechtswirklichkeit entspricht.

c. *Wertewandel und Wunsch nach mehr Eigenverantwortlichkeit*

Zu dem behaupteten Wertewandel ist zu sagen, dass junge Frauen, wie oben dargestellt, vermehrt den Wunsch hegen, Beruf und Familie miteinander zu vereinbaren. Dennoch finden sich die meisten Ehepaare nach der Familiengründung in einer Hausfrauenehe wieder, oder aber in deren modifizierten Form, der Zuverdienerehe. Diese Entwicklung ist einerseits infolge der arbeits-, steuer- und sozialrechtrechtlichen Situation strukturell bedingt. Andererseits beruht sie aber nach wie vor auf traditionellen Rollenerwartungen, die auch die heutige Rechtswirklichkeit prägen. Sicherlich gibt es auch Ehen, in denen beide Partner einer Vollzeitbeschäftigung nachgehen, obwohl sie Kinder erziehen. Dennoch bietet deren Anzahl noch keinen Anlass dazu, von einem Wertewandel auszugehen, der eine Rechtsanpassung bedingt. Außerdem muss bedacht werden, dass die Ehen durchschnittlich erst nach rund 15 Jahren geschieden werden. Die Betroffenen haben zu einer Zeit geheiratet, in der sie sich von Rechts wegen noch darauf verlassen konnten, auch nach der Ehe noch eine geraume Zeit durch den Expartner versorgt zu sein.

Zu der vermehrten Akzeptanz des Grundsatzes der Eigenverantwortung in der Bevölkerung ist Ähnliches zu sagen. Der Gesetzesbegründung ist dazu nicht viel zu entnehmen. Es wird lediglich auf empirische Studien verwiesen, die belegen, dass ein Hauptmotiv der Scheidung bei Frauen der Wunsch nach größerer Unabhängigkeit sei.[305] Dabei scheint nebensächlich zu sein, dass Hauptgrund der Scheidung in aller Regel die gescheiterte Beziehung der Betroffenen sein wird. Dass Frauen mittlerweile nach der Familiengründung nur noch selten vollständig aus dem Berufsleben aussteigen, kann zwar als Zeichen von Unabhängigkeit gedeutet werden. Es kann jedoch nicht davon ausgegangen werden, dass sie deshalb auch auf sich allein gestellt bleiben möchten, wenn sie infolge gemeinsam mit dem Partner getroffener Entscheidungen ihre Karriere bremsen und deshalb auch für die Zukunft finanzielle Einbußen in Kauf nehmen, während derjenige, der seinen Beruf ununterbrochen fortgesetzt hat, über deutlich mehr Einkommen verfügt. Dass der Unterhaltsverpflichtete seinen Zahlungen nur „unter Murren" nachkommt,[306] mag zwar ein klares Signal sein, dass er sich zu diesem Zeitpunkt mehr finanzielle Eigenverantwortlichkeit seiner Exfrau wünschen würde. Er sollte dabei aber nicht vergessen, dass er diese finanzielle Bedürftigkeit mitverursacht haben könnte. Dem Unterhaltsschuldner, der eine emotional belastende Scheidung hinter sich hat, kann die Verfasserin sein Vergessen noch zugestehen, nicht aber dem Gesetzgeber. Vielmehr ist erstaunlich, wie in dem Gesetzesentwurf lapidar darauf hingewiesen wird, dass Frauen mittlerweile immer häufiger berufstätig seien, dabei aber vollständig

305 BT Drucks 16/1830, S. 12.
306 Klein/Schlechta, FPR 2005, 496 (501).

ausgeblendet wird, dass der Umfang ihrer Berufstätigkeit nach wie vor durch traditionelle Rollenmuster geprägt ist, so dass in der Regel (zunächst) keine eigenständige Existenzsicherung nach der Scheidung zu erwarten sein wird.

3. Die Rolle des Unterhalts für Erwachsene im System der deutschen Existenzsicherung

In Deutschland soll das Individuum seinen Lebensunterhalt primär durch eigenes Erwerbseinkommen sichern. Das ist auch die vom Rechts- und Sozialsystem und in der gesellschaftlichen Wirklichkeit präferierte Säule. Ersatzweise ist es aber auch möglich, Sozialleistungen oder Sozialversicherungsleistungen zu beziehen, oder aber durch Ehegatten- oder Verwandtenunterhalt versorgt zu werden. Während beitragsabhängige Sozialversicherungsleistungen bei Eintritt bestimmter Risiken des Arbeitnehmers in Form von Lohnersatzleistungen bedarfsunabhängig eingreifen, handelt es sich bei steuerfinanzierten Sozialleistungen um bedarfsabhängige Leistungen. Das bedeutet, dass sie gegenüber anderen Einkommensarten und gegenüber dem privaten Unterhalt grundsätzlich nachrangig sind (Subsidiaritätsprinzip).[307]

Es hat sich gezeigt, dass die Rechtswirklichkeit dadurch geprägt ist, dass Mütter nicht ebenso gut ins Erwerbssystem integriert sind wie andere Berufsgruppen. Infolge von Teilzeitarbeit können sie weder die volle Existenzsicherung durch Erwerbsarbeit erlangen, noch verfügen sie über eine ebenso starke Absicherung durch Sozialversicherungsleistungen. Geringeres Einkommen bedingt bei beitragsfinanzierten Leistungen schließlich auch niedrigere Ansprüche. In Bedarfslagen wird die Frau deshalb vorrangig auf Sozialleistungen zurückgreifen müssen. Hier ist allerdings zu beachten, dass die primäre Zuständigkeit für die Existenzsicherung von Ehegatten bei den für die Rechtsinstitute Ehe und Familie normierten privaten Unterhalts- und Einstandspflichten liegt.[308] Sozialleistungen kommen nur dann zum Einsatz, wenn das eigene Einkommen und das der Unterhaltsverpflichteten nicht dazu ausreichen, die Bedürftige zu versorgen. Dadurch wird das traditionelle Familienleitbild in das Sozialversicherungssystem hineingetragen. Es wird unterstellt, dass Frauen sich nicht selbst ernähren müssen/dürfen, wenn sie eheliche Versorger haben. Damit die Versorger ihrer Rolle auch gerecht werden können, müssen sie weiterhin indirekt privilegiert werden.[309] Der Verweis auf den Versorger bewirkt eine finanzielle Abhängigkeit. Hilfe zur Wiedereingliederung in das Berufsleben erfolgt nicht. Der Arbeitsmarkt rückt in immer weitere Ferne. Vor diesem Hintergrund ist fraglich, wie das System des nachehelichen Unterhalts die Frauen dann nach der Ehe auf ihre Eigenverantwortlichkeit verweisen kann.

307 Berghahn (2004/2), S. 107.
308 Berghahn (2004/1), S. 112.
309 Berghahn/Wersig, FPR 2005, 508 (511).

4. Legitimation des nachehelichen Unterhalts für Erwachsene

Da Erwachsene, im Gegensatz zu Kindern, fähig sind, für ihren eigenen Unterhalt zu sorgen, bedarf die rechtliche Anordnung von Unterhaltspflichten einer Legitimation. Hierzu gibt es keinen einheitlichen Erklärungsansatz. Es besteht jedoch weitestgehend Einigkeit, dass sich der nacheheliche Unterhalt durch verschiedene Prinzipien rechtsethisch legitimieren lässt.[310]

Dethloff sieht die zentrale Funktion im Ausgleich ehebedingter Nachteile, obgleich der Kompensationsgedanke nicht stringent verwirklicht sei. Denn Unterhalt sei auch in Situationen vorgesehen, die nicht auf ehebedingter Bedürftigkeit beruhten (Krankheit, Alter, Erwerbslosigkeit). Außerdem sei der Unterhaltsanspruch nicht notwendigerweise auf einen Ausgleich der ehebedingten Nachteile beschränkt. Die Bemessung des Unterhaltsanspruchs mache deutlich, dass das Unterhaltsrecht auch auf dem Prinzip der Teilhabe am gemeinsam erwirtschafteten Lebensstandard basiere (§ 1578 Abs. 1 S. 1 BGB).[311] Das gegenseitige Einstehen bei Krankheit, Alter und Erwerbslosigkeit wird verbreiteter Ansicht nach durch den Grundsatz der nachehelichen Solidarität legitimiert. Die fortbestehende Geltungskraft der ehelichen Solidarität komme auch darin zum Ausdruck, dass der Gesetzgeber in seiner jüngsten Reform Ehen von langer Dauer „rangrechtlich gestärkt" habe.[312] Dethloff ist allerdings der Ansicht, dass der nachehelichen Solidarität nur geringe Legitimationskraft zukommen dürfe, da mit dem Ende der Ehe auch die Basis für eine umfassende Solidarität entfalle. Darüber hinaus harmoniere die fortwirkende Solidarität nicht mit der Tatsache, dass sich jeder Ehepartner seit Entfallen des Verschuldensprinzips einseitig, lediglich unter Einhaltung von Fristen, von der Ehe lossagen könne.[313] Brudermüller ist hingegen der Ansicht, dass der Ausgleich ehebedingter Nachteile eine Ausprägung der nachwirkenden ehelichen Solidarität sei, die eine Haftung für die durch die gemeinsame Lebensführung erzeugten „Schäden" für die wechselseitige eigenständige Existenzsicherung erzeuge. Der Solidaritätsgedanke dürfe jedoch nicht zu sehr überspannt werden.[314] Nacheheliche Solidarität und der Ausgleich ehebedingter Nachteile können demnach nicht ohne Weiteres isoliert als Legitimation herangezogen werden. Unter Berücksichtigung des § 1578b BGB dürfte Dethloff jedoch darin zuzustimmen sein, dass den ehebedingten Nachteilen eine Schlüsselrolle zukommt.

Tragender Grund für den Betreuungsunterhalt gem. § 1570 BGB sei dagegen die nach der Scheidung fortbestehende gemeinsame Elternverantwortung, die es im Interesse des Kindes erfordere, eine persönliche Betreuung zu ermöglichen. Der Betreuungsunterhalt diene primär den Kindesinteressen.[315] Da das zugrunde

---

310 Koppenfels-Spies, JZ 2008, 801 (802); Dethloff, A 47 ff.

311 Dethloff, A 47 ff.

312 Koppenfels-Spies, JZ 2008, 801 (802); BGH FamRZ 1980, 981 (983); FamRZ 1981, 1163 (1164); FamRZ 1986, 443 (444).

313 Dethloff, A 49.

314 Brudermüller (2008/1), S. 130; ders. (2008/2), I. 12.

315 Dethloff, A 50.

liegende Prinzip aber die elterliche Solidarität (zum Wohle des Kindes) sei, sei nicht ausgeschlossen, dass der Unterhaltsanspruch infolge persönlichen Fehlverhaltens der Eltern beschränkt oder verwirkt werden könne.[316]

5. Fazit

Im Ergebnis ist festzustellen, dass die vom Gesetzgeber intendierte stärkere Betonung der Eigenverantwortlichkeit tatsächlich ihren Niederschlag im Gesetz gefunden hat. Geschlechterunabhängig betrachtet, ist das Bestreben des Gesetzgebers, die nacheheliche Solidarität nicht zu überspannen, zu begrüßen. So werden Kurzehen, bei denen noch keine starke Verflechtung der Lebenswege stattgefunden hat, nicht mit jahrelangen Unterhaltszahlungen belastet. Allerdings ist die Anwendung der Kürzungs- und Versagungsgründe auch mit einer Rechtsunsicherheit für die Betroffenen verbunden. Jede Ehe ist anders, weshalb das Gericht in jedem Scheidungsfall eine Abwägung vornehmen muss. Dabei ist auch bedenklich, dass die Konsequenzen eines etwaigen Verschuldens in erster Linie die Frauen treffen, da sie in der Regel diejenigen sind, die Unterhalt begehren. Besonders deutlich wird dies in den Fällen, in denen Frauen eine neue gefestigte Partnerschaft eingehen: Dieses Tun wird mit der Versagung des Unterhaltanspruchs quittiert (§ 1579 Nr. 2 BGB), während die Eingehung einer neuen Ehe des Mannes sogar noch unterstützt werden soll. Die Anwendung der Beschränkungs- und Versagungsmöglichkeiten hat deshalb zum Teil negative geschlechtsspezifische Auswirkungen. Nebenbei bemerkt ist fraglich, wie eine Reform das Kindeswohl fördern soll, die den Erziehenden auf Sozialleistungen verweist. Finanziell wird sich das in jedem Fall negativ auf die „Restfamilie" auswirken. Schließlich bildet der Unterhaltsanspruch dann nicht mehr die zuvor gelebten ehelichen Lebensverhältnisse ab.

Auch die von den Reformern behaupteten geänderten gesellschaftlichen Verhältnisse und die damit verbundenen gewandelten Wertvorstellungen haben in dieser Form nicht stattgefunden. Es entsteht der Eindruck, dass der Gesetzgeber weniger auf die gesellschaftliche Realität reagieren wollte, als vielmehr einen Lenkungsversuch unternommen hat. Grundsätzlich ist darin nichts Verwerfliches zu erblicken. Fatal ist allerdings, dass die derzeitige gesellschaftspolitische Lage die eigenständige Versorgung der Unterhaltsberechtigten behindert. Frauen sind nach der Ehe in einer anderen Ausgangslage als Männer: Sie haben beruflich keine ebenso gut gesicherte Position. Ihr Lebenslauf ist nicht nur durch familiäre Einflüsse geprägt, sondern auch durch prekäre Beschäftigungsverhältnisse, Niedriglöhne und Diskriminierungen. Der Wiedereinstieg nach einer Berufspause gelingt nur wenigen Frauen mühelos. Sofern sie jung und gut ausgebildet sind und vor der Berufsunterbrechung einen anspruchsvollen Beruf ausgeübt haben, glückt der Wiedereinstieg am ehesten, da diese Frauen gebraucht werden. Eine Rückkehr in Vollzeit gelingt allerdings

316 Koppenfels-Spies, JZ 2008, 801 (803); a. A. Dethloff, A 50, die den Ausschluss nicht als mit den Kindesinteressen vereinbar empfindet.

bei fast keiner kindererziehenden Frau. Ein gutes Einkommen und eine berufliche Karriere – und damit eine gute Rente – bleiben ihr nach der Familienpause meist verwehrt.[317] Problematisch ist jedoch, dass das Ehe- und Scheidungsrecht hier ein anderes Bild abzeichnen: Unterhalt, Krankenversicherung, Hinterbliebenenrente und andere Elemente erwecken den Eindruck einer lückenlosen Absicherung. Darüber hinaus nimmt der (nach)eheliche Unterhalt im System der Existenzsicherung eine Schlüsselfunktion ein. Abgerundet wird das Bild schlussendlich mithilfe des Arbeits- und Steuerrechts, das der Ehe eine besondere Rolle zukommen lässt. Dass die Realität anders aussieht, wissen die Wenigsten. Erst nach der Scheidung wird klar, in welche nachteilige Situation der Kindererziehende sich gebracht hat. In Ermangelung einer eigenen Existenzsicherung ist er auf die Unterhaltszahlungen seines Expartners angewiesen, soll aber schleunigst dafür sorgen, dass er für diesen keine langfristige finanzielle Belastung darstellt. Dies ist als Systembruch zu werten, da die Frau während der Ehe an verschiedenen Punkten in ihrem Leben auf ihren Ernährer verwiesen und zum Teil sogar in eine Abhängigkeit von ihm gedrängt wird, nach der Ehe jedoch von ihm als finanziellen Unterstützer schnellstmöglich ablassen soll. Faktisch trifft das Mehr an Eigenverantwortlichkeit die Frau stärker als den Mann, obwohl sie nach der Scheidung offenkundig die schutzwürdigere Partei ist.

Wie eine Untersuchung zu Ehe und Partnerschaft belegt, ist den meisten der rechtliche Rahmen der Ehe unbekannt. Sie leben in Unkenntnis über die Scheidungsfolgen des gesetzlichen Güterstandes. Auch die künftigen materiellen und sozialen Folgen infolge bestimmter Lebensentscheidungen oder Ereignisse (Kindererziehung und Reduktion der Erwerbstätigkeit, Versterben des Partners, Scheidung) sind ihnen unbekannt. Vielmehr verlassen sie sich darauf, für solche Fälle sozialstaatlich abgesichert zu sein. Subsidiarität als Prinzip begrenzen die meisten auf die Dauer der Ehe, nicht aber darüber hinaus.[318] Es ist also kein Wunder, wenn die Unterhaltszahlungen nach der Ehe nur „unter Murren“ erfolgen. Mit diesen haben die Parteien in Ermangelung entsprechender Aufklärung nicht gerechnet. Wenn sich Ehepartner derart bewusst auf den Staat verlassen, ohne sich genauer zu informieren, sollte dieser das streng genommen als Aufruf verstehen, verlässliche Rahmenbedingungen zu schaffen.[319] Stattdessen zeichnet sich ein konfuses Bild ohne klare Linie ab, in dem die einzelnen Rechtsinstitute, die das Leben Verheirateter prägen, nicht aufeinander abgestimmt sind. Und das, obwohl die Logik der Eheförderung abweichendes Verhalten sanktioniert. Den Betroffenen ist es kaum möglich, sich der „Werbe- und Zuweisungslogik der Eheförderung“ zu entziehen.[320] Auch für Scheidungskinder setzt das neue Unterhaltsrecht Signale: Die Söhne der Betroffenen lernen daraus, dass Familienpflichten eine vorübergehende Angelegenheit sind und der Mann sich diesen ohne größere Einbußen entziehen kann. Die Töchter aber

317 Allmendinger, S. 140.
318 BMFSFJ: Partnerschaft und Ehe - Entscheidungen im Lebensverlauf, S. 49 ff.
319 A. a. O., S. 63.
320 Berghahn (2004/1), S. 118.

lernen daraus, dass das größte Lebensrisiko einer Frau die Gründung einer Familie ist.[321] Es ist daher kein Wunder, wenn das Kinderkriegen in den Köpfen von Frauen mit dem Ende der beruflichen Karriere gleichgesetzt wird.

Schlussendlich ist festzustellen, dass die Intention des Gesetzgebers, mehr Eigenständigkeit zu fördern, zwar grundsätzlich eine gute ist. Jedoch sind derzeit die Rahmenbedingungen dafür noch nicht geschaffen. Es kann nicht einmal behauptet werden, dass das Unterhaltsrecht die Bedürfnisse der jüngsten Generation Verheirateter abbildet. Traditionelle Rollenmuster werden im seltensten Fall tatsächlich gewünscht, nach der Geburt von Kindern aber zumeist dennoch praktiziert. Die gewandelten Wertvorstellungen lassen sich ohne eine verbesserte Vereinbarkeit von Beruf und Familie nicht umsetzen. Die derzeitige Situation macht es den Kindererziehenden sehr schwer, keine beruflichen Einbußen zu erleiden. Mutterschaft wird zum Karriererisiko. Darüber hinaus mangelt es an einer Aufklärung über die Konsequenzen von Berufsunterbrechungen. Der Gesetzgeber sollte zunächst adäquate Rahmenbedingungen schaffen, die eine eigenständige Existenzsicherung möglich machen, bevor er eine solche nach der Ehe verlangt. Die Reform geht zulasten (allein)erziehender Frauen, insbesondere derjenigen, bei denen die Nachteile der Berufsunterbrechung bereits irreversibel eingetroffen sind.

II. Zugewinnausgleich

Die Zugewinngemeinschaft ist seit Juli 1958 der gesetzliche Güterstand des BGB. Wenn keine anderweitige Vereinbarung getroffen wird, leben die Eheleute während der Ehe in diesem Güterstand (§ 1363 BGB). Bei einer Scheidung findet ein Ausgleich des Zugewinns der Ehegatten statt.

1. Motive der Einführung

Bis Einführung der Zugewinngemeinschaft war der gesetzlich vorgegebene Güterstand die ehemännliche Verwaltung und Nutznießung. Er verwaltete und nutzte nicht nur sein eigenes Vermögen, sondern auch das seiner Ehefrau (mit Ausnahme des Vorbehaltsgutes). Darüber hinaus gab es Wahlgüterstände. Wie aus den Gesetzesbegründungen hervorgeht, war der gesetzliche Güterstand bereits bei seiner Einführung nicht mehr zeitgemäß. Er widersprach schon damals dem in Art. 119 WRV statuierten Grundsatz der Gleichberechtigung.[322]

Daher wurde das Güterrecht durch das Gleichberechtigungsgesetz einer Reform unterzogen.[323] Obwohl die Gleichberechtigung von Mann und Frau bereits 1949 im GG verankert wurde, ließ die Umsetzung im BGB noch einige Jahre auf sich

---

321 Diwell, djbZ 2011, 125 (129).

322 BT Drucks 1/3802, S. 50 f.; BT Drucks 2/220, S. 33; Henjes, Rn. 2.

323 BT Drucks 2, 220.

warten.[324] Die Bundesregierung kam zu dem Schluss, dass der damalige gesetzliche Güterstand dem Grundsatz der Gleichberechtigung von Mann und Frau widersprach. Es bestand „Einmütigkeit darüber, dass dieser Güterstand nicht bestehen bleiben" konnte. Die Gütergemeinschaft in der damaligen Form war ebenfalls keine Option, da auch diese dem Mann das alleinige Verwaltungsrecht überließ. Deshalb wurde eine gemeinschaftliche Verwaltung innerhalb der Gütergemeinschaft vorgeschlagen. Diese wurde aber schließlich abgelehnt, da sie einerseits im Rechtsverkehr als unpraktisch angesehen wurde und andererseits erhebliches Streitpotential berge, das letztendlich die Ehe gefährden werde. Überdies würde faktisch dennoch weiterhin der Mann alleine über das Gesamtgut entscheiden.

Nach einer Untersuchung aller infrage kommenden Güterstände kam die Regierung letztlich darin überein, dass als gesetzlicher Güterstand nur die Gütertrennung geeignet sei. Da jeder Ehegatte in diesem Güterstand sein Vermögen selbständig verwalte, werde dieser der Gleichberechtigung der Geschlechter am ehesten gerecht. Bei Scheidung würde jeder die von ihm angeschafften Güter behalten. Allerdings war dem Gesetzgeber bewusst, dass die Ehefrauen der damaligen Zeit in der Regel die Aufgabe der Haushaltsführung und Kinderbetreuung übernahmen, während ausschließlich die Männer einer bezahlten Beschäftigung nachgingen. Dies führte dazu, dass nur der Mann in der Lage war, die für den Haushalt benötigten Anschaffungen zu tätigen. Insofern hatte die Hausfrau im Scheidungsfall keinen Eigentumsanteil an den Anschaffungen, obgleich sie unmittelbar oder mittelbar durch ihre Mitarbeit erzielt wurden, was dazu führte, dass sie leer ausging. Daher wurde festgestellt, dass eine reine Gütertrennung dem Wesen der Ehe nicht gerecht werde. Angesichts dessen wurde schließlich eine „modifizierte Gütertrennung" eingeführt: Die Zugewinngemeinschaft, wie sie im Grunde heute noch existiert. Diese hatte den Vorteil, dass während der Ehe grundsätzlich jeder sein Vermögen selbständig verwaltete, was eine Erleichterung für den Rechtsverkehr mit sich brachte. Im Scheidungsfall wurde dann jedoch eine Aufteilung des Zugewinns durchgeführt. Derjenige Ehegatte, der den geringeren Zugewinn aufwies, wurde am Zugewinn des anderen beteiligt. Somit konnte auch eine Frau, die keiner bezahlten Beschäftigung nachging, an dem Ehevermögen partizipieren. Die Regelung gründet auf dem Gedanken, dass der Vermögenserwerb in der Ehe in der Regel auf der Mitwirkung beider Ehegatten beruht.[325]

2. Durchführung des Zugewinnausgleichs

Zugewinn ist der Betrag, um den das Endvermögen eines Ehegatten sein Anfangsvermögen übersteigt (§ 1374 BGB). Dabei ist der Zugewinn eine reine Rechengröße, keine eigene Vermögensmasse oder Sondervermögen. Er wird in einer Geldsumme

324 Henjes, Rn. 2.
325 Zum Ganzen: BT Drucks 1/3802, S. 50 ff. (erster Entwurf); BT Drucks 2/220, S. 33 ff. (endgültiger Entwurf).

ausgedrückt (§ 1378 Abs. 1 BGB).[326] Der Zugewinnausgleich wird durchgeführt, wenn der Güterstand der Zugewinngemeinschaft beendet wird. Dies kann sowohl durch eine Scheidung, als auch durch Tod eines Ehegatten bedingt sein (§ 1371 ff. BGB). Bis dahin bleibt jeder Ehegatte Eigentümer des von ihm erworbenen Vermögens (§ 1363 Abs. 2 S. 1 BGB) und kann dieses grundsätzlich frei verwalten (§ 1364 BGB). Für die Bearbeitung ist der Zugewinnausgleich zu Lebzeiten von besonderem Interesse.

Zu Lebzeiten wird der Zugewinnausgleich derart vollzogen, dass derjenige Ehegatte, der in der Ehe weniger Zugewinn erzielt hat, gegen den anderen einen Ausgleichsanspruch erhält. Ihm steht die Hälfte des Überschusses des anderen zu (§ 1378 Abs. 1 BGB). Es kann nicht mehr Vermögen verlangt werden, als nach Beendigung des Güterstandes nach Abzug der Verbindlichkeiten übrig ist (§ 1378 Abs. 2 BGB).

a. Ermittlung des Anfangsvermögens

Anfangsvermögen ist das Vermögen, das einem Ehegatten nach Abzug der Verbindlichkeiten zu Beginn des Güterstandes gehört (§ 1374 Abs. 1 BGB). Dabei kann das Anfangsvermögen auch negativ sein (§ 1374 Abs. 3 BGB). Stichtag für die Wertermittlung ist der Eintritt des Güterstandes, in der Regel der Tag der Eheschließung. Sämtliche einem Ehegatten an diesem Tag zustehenden rechtlich geschützten Positionen mit wirtschaftlichem Wert werden dazu gezählt.[327] Eine Ausnahme wird nur bei Vermögen, das ein Ehegatte nach Eintritt des Güterstands von Todes wegen oder mit Rücksicht auf ein künftiges Erbrecht, durch Schenkung oder als Ausstattung erwirbt, gemacht. Dieses wird nach Abzug der Verbindlichkeiten dem Anfangsvermögen hinzugerechnet, soweit es nicht den Umständen nach zu den Einkünften zu rechnen ist (§ 1374 Abs. 2 BGB).[328]

b. Ermittlung des Endvermögens

Endvermögen ist das Vermögen, das einem Ehegatten nach Abzug der Verbindlichkeiten bei der Beendigung des Güterstands gehört. (§ 1375 Abs. 1 BGB). Verbindlichkeiten sind über die Höhe des Vermögens hinaus abziehbar (§ 1375 Abs. 1 BGB). Das Endvermögen kann negativ sein. Der Zugewinnausgleich wird zwar erst bei rechtskräftiger Scheidung vollzogen, für die Berechnung der Ausgleichsforderung wird der Stichtag jedoch auf den Zeitpunkt der Rechtshängigkeit des Scheidungsantrags vorverlegt (§ 1384 BGB). Beträge, die ein Ehegatte vor dem Stichtag (längstens zehn

---

326 NK-BGB/Heiß/Löhnig § 1374, Rn. 2.

327 Zum Ganzen: NK-BGB/Heiß/Löhnig § 1374, Rn. 6 ff.; Büte, Rn. 13 ff. mit Beispielen.

328 Nicht zum Anfangsvermögen zählen z. B. Anwartschaften aus gesetzlicher Renten- oder Unfallversicherung, Arbeitseinkünfte, Unterhalt, Anwartschaften aus Erbvertrag, eine unentgeltliche Überlassung von Wohnraum. Noch mehr Beispiele in: Büte, Rn. 16.

Jahre vor der Scheidung) durch illoyale Handlungen von seinem Vermögen abgeführt hat, werden ebenfalls dem Endvermögen hinzugerechnet (§ 1375 Abs. 2, 3 BGB).

c. *Ermittlung der Ausgleichsforderung*

Zur Ermittlung der Ausgleichsforderung werden Anfangs- und Endvermögen eines jeden Ehegatten gegenübergestellt. Derjenige, der aus dieser Rechnung mit einem höheren Überschuss herausgeht, muss diesen mit dem anderen Ehegatten teilen (§ 1378 Abs. 1 BGB).

d. *Steuerliche Privilegierung*

Vermögensübertragungen unter Ehegatten unterliegen der Schenkungssteuer. Das Erbschaftsteuerrecht räumt ihnen aber alle zehn Jahre einen Freibetrag in Höhe von 500.000 Euro ein (§ 16 Abs. 1 Nr. 1 ErbStG). Die Schenkung des selbst genutzten Familienheims ist sogar steuerfrei (§ 13 Nr. 4a ErbStG). Alles, was darüber hinausgeht, muss versteuert werden. Für Ehegatten, die in einer Zugewinngemeinschaft leben, entfällt allerdings eine während der Ehe entstandene Schenkungsteuer bei Beendigung des Güterstandes, wenn es sich um Zuwendungen handelt, die zur Erfüllung einer Ausgleichsforderung nach § 1378 BGB vorgenommen wurden (§ 29 Abs. 1 Nr. 3, 5 ErbStG). Voraussetzung ist aber, dass sich der Zuwendungsempfänger die Zuwendung auf einen künftigen Ausgleichsanspruch nach § 1380 BGB anrechnen lässt. Dies wird bei Gegenständen, die Gelegenheitsgeschenke nach den Lebensverhältnissen der Ehegatten übersteigen, unterstellt (§ 1380 Abs. 1 S. 2 BGB). Ehepaare, die in der Zugewinngemeinschaft leben und größere Vermögenswerte steuerfrei auf den anderen übertragen möchten, greifen daher auf die sog. Güterstandsschaukel zurück.[329]

Den anderen Güterständen bleibt eine steuerrechtliche Sonderstellung verwehrt. Die Gütertrennung ist zwar weder vorteil- noch nachteilhaft. Sie verhindert aber den Ausgleich nach § 1378 BGB, der in Form der Güterstandsschaukel privilegiert eingesetzt werden könnte. Aus steuerrechtlichen Gründen ist die Gütertrennung deshalb nicht zu empfehlen. Gleiches gilt für die Gütergemeinschaft. Diese birgt sogar steuerrechtliche Nachteile: Diejenige Bereicherung, die ein Ehegatte bei Begründung der Gütergemeinschaft erfährt, unterliegt der Schenkungsteuer (§ 7 Abs. 1 Nr. 4 ErbStG). Ein sich aus der Gütergemeinschaft ergebender Vermögensvorteil wird steuerrechtlich als Schenkung angesehen. Besorgniserregend ist auch die Tatsache, dass ein Ehegatte im Scheidungsfall gem. § 1478 BGB auf Verlangen

---

329 Hierbei wird der gesetzliche Güterstand mittels notariellen Ehevertrags zunächst aufgehoben und Gütertrennung vereinbart, damit der Zugewinnausgleich vollzogen werden kann. Der hier als Ausgleich zugewendete Betrag bleibt erbschaftsteuerfrei (§ 5 ErbStG). Im Anschluss an die Vermögensübertragung wird wieder die Zugewinngemeinschaft als Güterstand gewählt. Auf diese Weise können große Beträge steuerfrei auf den Anderen übertragen werden. Siehe dazu: Schlünder, FuR 2009, 61 (63), Grziwotz, S. 161 ff.

des anderen dazu verpflichtet ist, ihm den Wert dessen zurückzuerstatten, was er in die Gütergemeinschaft eingebracht hat. Dadurch wird die Bereicherung wieder aufgehoben, die sich zu Beginn der Gütergemeinschaft eingestellt hat und besteuert wurde. Höchstrichterlich ist noch nicht entschieden, ob der Rechtsgedanke des § 29 Abs. 3 ErbStG in diesen Fällen herangezogen werden könnte.

Die Gütergemeinschaft hat zwar den Vorteil, dass Zuwendungen, die nach Begründung der Gemeinschaft erfolgen, ohne eine rechtsgeschäftliche Übertragung zu gemeinschaftlichem Eigentum werden (§ 1416 Abs. 2 BGB). Daraus folgt, dass sie steuerrechtlich nicht als Schenkung qualifiziert werden. Bei Trennung muss aber jede Schenkung mit dem anderen Partner wieder geteilt werden (§ 1476 Abs. 1 BGB), so dass keine alleinige Bereicherung des Zuwendungsempfängers erfolgt. Damit wird der Vorteil wieder korrigiert.[330]

3. Legitimation

Über die Legitimation des Zugewinnausgleichs besteht weitestgehend Einigkeit.[331] Dennoch werden verschiedene Rechtfertigungsansätze herangezogen.

Vielfach wird davon ausgegangen, dass der Vermögenserwerb in der Ehe in der Regel auf der Mitwirkung beider Partner beruhe, gleichgültig wer durch Finanzierung der Anschaffung rechtlich als deren Eigentümer gelte. Als Ergebnis der gemeinsamen Wertschöpfung müsse daher das Vermögen bei Beendigung des Güterstandes beiden Ehepartnern zu gleichen Teilen zukommen. Insbesondere sei dies in Alleinverdiener-Ehen angebracht, da die Zugewinngemeinschaft gerade für diese konzipiert worden sei.[332] Schließlich war die Intention des Gesetzgebers, der Frau eine Teilhabe an dem Vermögen zu ermöglichen, das sie (un) mittelbar durch ihre Mitarbeit gemehrt hat.[333] Darüber hinaus komme dem Zugewinnausgleich die Aufgabe der Kompensation ehebedingten Erwerbsverzichts zu: Aufgrund der gewählten Aufgabenteilung in der Ehe ermögliche der haushaltsführende Partner unter Verzicht auf eine eigene Erwerbstätigkeit dem anderen eine solche und erleide dadurch Einbußen in der eigenen Vermögensbildung. Aus Gründen des Vertrauensschutzes müsse deshalb die versäumte Vorsorge kompensiert werden. Der Ehepartner, der zugunsten der ehelichen Lebensgemeinschaft auf eine eigene Vermögensbildung verzichte, müsse schließlich in seinem Vertrauen auf den lebenslangen Bestand der Ehe geschützt werden.[334]

Wenn es aber um die Legitimation des Ausgleichsanspruchs in Zweiverdiener-Ehen geht, geraten beide Ansätze in Erklärungsnot. Zum Teil wird kritisiert, dass der Zugewinnausgleich für diese Ehen unangemessen sei, da er dort nur als Ausgleich

330 Zum Ganzen: Schlünder, FuR 2009, 61 (66).
331 Koch, JR 2008, 309.
332 Dethloff, A 88, Koch, JR 2008, 309; Koppenfels-Spies, JZ 2008, 801 (804).
333 BT Drucks 2/220, S. 37.
334 Dethloff, A 88 f.; Koppenfels-Spies, JZ 2008, 801 (804).

für Unterschiede in der beruflichen Qualifikation benutzt werde.[335] Allerdings kann auch in nicht traditionell gelebten Ehen die Mitverursachung des Vermögenserwerbs oder die Kompensation von Nachteilen einen Ausgleich gebieten. Investitionen in eine Partnerschaft können vielfältig sein. Die arbeitsteilig gelebte Ehe ist nur eine Form davon. Auch in Zweiverdiener-Ehen können für einen Partner ehebedingte Vermögensnachteile entstehen, wie etwa wenn er zugunsten der Karriere seines Partners Nachteile für sein eigenes berufliches Fortkommen in Kauf nimmt, indem er um der Familie willen an einen Ort zieht, an dem er beruflich keine ebenso guten Chancen hat wie sein Partner oder zugunsten der Familie auf einen Ortswechsel verzichtet, der seine berufliche Karriere voranbringen würde. Ebenso ist es möglich, dass er seine Arbeitszeiten reduziert oder einer weniger gut bezahlten, aber familienkompatibleren, Beschäftigung nachgeht, um neben dem Beruf die Kindererziehung zu realisieren, während der andere Partner dadurch nicht beeinträchtigt wird. Vor allem in Partnerschaften mit Kindern ist ein größeres Zurückstecken des weiblichen Partners weit verbreitet, auch wenn der andere ebenfalls gewisse Nachteile in Kauf zu nehmen bereit ist. Auch bei Vollzeiterwerbstätigkeit beider Partner ist häufig nur einer der beiden primär für Haushalts- und Pflegeaufgaben zuständig. Indem einer der Partner beruflich zurücksteckt, ermöglicht er dem anderen regelmäßig einen größeren Vermögenszuwachs. Überdies ist es vor allem in Ehen mit Kindern üblich, dass die Vermögensmassen der Ehegatten sich vermischen. Es wird gemeinsam gewirtschaftet. Entscheidungen über Konsum und Investitionen in größere Güter werden zwar gemeinschaftlich getroffen. Oft ist es aber auch zufällig, oder von bloßen Praktikabilitätserwägungen abhängig, wessen Erwerbseinkommen für die jeweilige Anschaffung verwendet wird. Auch wenn beide ihren Anteil zum Lebensunterhalt aufbringen, bildet unter Umständen einer mehr Vermögen als der andere.[336] Im Ergebnis kann von Zweiverdiener-Ehen deshalb nicht behauptet werden, dass lediglich berufliche Qualifikationen zu Unterschieden in der Vermögensbildung führen. Empirische Untersuchungen belegen ohnehin, dass heutzutage in der überwiegenden Zahl der Fälle Partner mit vergleichbarer beruflicher Qualifikation heiraten.[337] Auch die jeweilige Investition in die Partnerschaft kann ein Vermögensgefälle produzieren, das einen Ausgleich bedingt. Dieser ist vor allem bei Ehen mit Kindern, und vor allem bei solchen von langer Dauer, geboten.[338]

Nach alledem bleibt jedoch weiterhin fraglich, wie sich ein Zugewinnausgleich bei einer kinderlosen Zweiverdiener-Ehe rechtfertigen lässt. Auf diesen Punkt wird noch einzugehen sein.

---

335 Gernhuber, S. 136; Battes, FuR 1990, 311 (316); Dethloff, A. 91.

336 Zum Ganzen: Dethloff, A 90 ff.; Battes, FuR 1990, 311 (314).

337 BMFSFJ: Gender Datenreport, S. 260 ff.

338 Dethloff, A 91.

4. Defizite des Zugewinnausgleichs

Mit der letzten Reform konnten einige Mängel des gesetzlichen Güterstandes behoben werden. Seither ist es möglich, negatives Anfangs- und Endvermögen in die Berechnung einzubeziehen, so dass Schulden besser berücksichtigt werden können. Außerdem wurde der Schutz vor illoyalen Vermögensverschiebungen erweitert, indem der Berechnungszeitpunkt für den Zugewinn und die Höhe des Ausgleichsanspruchs auf den Tag der Rechtshängigkeit des Scheidungsantrags zusammengelegt wurden (§ 1384 BGB).

Zum Schutz vor unredlichen Vermögensverschiebungen wurde außerdem die Darlegungs- und Beweislast geändert (§ 1375 Abs. 2 S. 2 BGB). Darüber hinaus wurden die Auskunftsrechte (§ 1379 BGB) gestärkt und der vorläufige Rechtsschutz erweitert. Überdies wurde die Hausratsverordnung aufgehoben und die notwendigen Regelungen in das BGB überführt. Eine Strukturreform war nicht gewollt, dennoch wurde die Berechnung nachhaltig geändert.[339] Ungeachtet dieser Neuerungen steht der Zugewinnausgleich aber noch immer in der Kritik. Bereits vor der Reform wurde beanstandet, dass die Grundgedanken der Zugewinngemeinschaft von Gesetzgeber und Rechtsprechung nur unzureichend umgesetzt würden.[340]

a. Eheneutraler Erwerb

Grundsätzlich müsse eheneutraler Erwerb aus dem Zugewinnausgleich ausgeklammert werden, da dieser nicht auf ein arbeitsteiliges Zusammenwirken der Ehegatten zurückzuführen sei. Dieser Gedanke komme in § 1374 Abs. 2 BGB zum Ausdruck, der eine Beteiligung an durch Erbe oder Schenkungen erworbenem Vermögen ausschließe. Darüber hinaus gebe es aber auch noch andere Erwerbsarten, die offensichtlich in keinem Zusammenhang mit der ehelichen Lebens- und Wirtschaftsgemeinschaft ständen. Zu nennen sind hier z. B. Lottogewinne, Schmerzensgelder, Unfallabfindungen oder Witwen-/Witwerrenten.[341] Der BGH hat bisher in ständiger Rechtsprechung eine Anwendung von § 1374 Abs. 2 BGB auf diese Fälle abgelehnt, weil die Regelung eine abschließende, der Analogie unzugängliche, Aufzählung beinhalte. Zudem enthielten die Vorschriften über die Zugewinngemeinschaft keinen allgemeinen Grundsatz, dass der Vermögenserwerb eines Ehegatten nur dann in den Ausgleich einzubeziehen sei, wenn der andere Ehegatte zum Erwerb beigetragen habe.[342] Auch nach der Reform besteht dieser Systembruch fort. Im Schrifttum ist es nahezu einhellige Auffassung, dass die Berücksichtigung eheneutralen Erwerbs mit den Gerechtigkeitsvorstellungen der heutigen Zeit nicht mehr zu vereinbaren

339 BT Drucks 16/10798, S. 1; Henjes, Rn. 15.

340 Dethloff, A 92.

341 Meder (2010), S. 27 f.; Rakete-Dombek, FPR 2009, 270 (272).

342 Meder (2010), S. 28; Vgl. BGH FamRZ 1977, 124; FamRZ 1982, 148; FamRZ 1997, 124. Für den Lottogewinn hat der BGH seine Rspr. im Jahr 2013 erneut bestätigt: BGH FamRZ 2012, 24.

sei.[343] Der Zugewinnausgleich könne heute nur noch dann legitimiert werden, wenn das Prinzip, allein ehebedingten Erwerb auszugleichen, stärker und konsequenter umgesetzt werde. Dem neuen Unterhaltsrecht entsprechend sollten nur ehebedingte Nachteile einen Ausgleich ermöglichen. Das Heraushalten aus der Teilung harmoniere auch mit anderen europäischen Rechtsordnungen.[344]

b. Wertveränderungen an Gegenständen des Anfangsvermögens

Entsprechend wird kritisiert, dass Wertsteigerungen von Grundstücken, Aktien, Wertpapieren oder ähnlichen Vermögenswerten ebenfalls mit dem Ehegatten geteilt werden müssen. Hier mangele es sowohl an einer gemeinsamen Wertschöpfung, als auch an einem Verzicht, der zu kompensieren sei.[345] Der Gesetzgeber war bei Einführung der Zugewinngemeinschaft der Ansicht, die Beteiligung an Wertminderungen und Wertsteigerung entspreche dem Wesen der Ehe als Schicksalsgemeinschaft.[346] Diese Argumentation wird inzwischen jedoch unter den Bedingungen der fortschreitenden Individualisierung korrekterweise als überholt angesehen.[347] Überdies ist es systemwidrig, Wertsteigerungen von Gegenständen auszugleichen, die der Ehepartner von Todes wegen oder durch Schenkung erlangt hat. Wenn die Beteiligung an den Gegenständen durch § 1374 Abs. 2 BGB ausgeschlossen wird, muss dies doch erst recht für deren Wertsteigerung gelten.

c. Schematische Anwendung des Halbteilungsgrundsatzes

Weiterhin wird bemängelt, dass der Zugewinnausgleich zu schematisch sei und keine Einzelfallentscheidung ermögliche. Er könne er der Vielfalt der Eheformen nicht gerecht werden.[348] Um mehr Einzelfallgerechtigkeit zu ermöglichen, wird vorgeschlagen, den Ausgleich auf ehebedingte Nachteile zu beschränken und auch Werte aus dem Zugewinnausgleich herauszuhalten, die keinen Bezug zur Ehe haben.[349]

Zugegebenermaßen bietet ein schematischer Ausgleich für die Betroffenen ein hohes Maß an Rechtssicherheit und Praktikabilität, er kann aber in besonders gelagerten Fällen unbillige Ergebnisse hervorbringen. Immerhin ist die Hausfrauenehe nicht mehr das vornehmlich gewünschte Ehemodell in Deutschland. Dass der Halbteilungsgrundsatz auch im Zugewinnausgleich beachtet wird, ist zu begrüßen. Es ist allerdings zu kritisieren, dass nicht nur ehebedingte Leistungen der Ehegatten ausgeglichen werden, sondern darüber hinaus ein pauschaler Ausgleich der gesamten

343 Born, NJW 2008, 2289 (2291); Koch, JR 2008, 309; Koppenfels-Spies, JZ 2008, 801 (805); Wellenhofer, JURA 2008, 647 (651); Dethloff, A 94; Meder (2010), S. 30 ff.

344 Koppenfels-Spies, JZ 2008, 801 (805); Meder (2011), S. 22 f.

345 Dethloff, A 94; Meder (2010), S. 39.

346 BT Drucks 2/220, S. 44 f.

347 Meder (2010), S. 41.

348 Peschel-Gutzeit/Lore, S. 17; Gernhuber, S. 137.

349 Dethloff, A 110 ff.

Lebensleistung erfolgt. Der Ursprung des Erwerbs, die Art der ehelichen Arbeitsteilung und die Ehedauer bleiben vollkommen außer Betracht. Einzelfallgerechtigkeit kann so nicht erzeugt werden. Der schematische Ausgleich kann nicht nur für Zweiverdiener-Ehen, sondern auch für die Alleinverdiener-Ehe zu unangemessenen Ergebnissen führen, obwohl das Modell gerade für diese konzipiert wurde.

Es kann auch nicht behauptet werden, dass der Zugewinnausgleich bei einer bestimmten Eheform immer zu fairen Ergebnissen führt. So kann in einer Alleinverdiener-Ehe, in der nur der Mann berufstätig war, das Bedürfnis nach einem Ausgleich fehlen, weil die Ehe kinderlos geblieben ist. Dann hat die Frau schließlich nicht um der Familie Willen auf die Absicherung ihrer eigenen Existenz verzichtet, sondern weil sie sich frei für diese Lebensweise entschieden hat. Ein ehebedingter Nachteil infolge funktioneller Arbeitsteilung kann deshalb nicht festgestellt werden. Auch kann das Vermögen des Mannes dann nicht als von ihr mitverursacht angesehen werden. Es sei denn, ihr Verzicht auf die Berufstätigkeit hat eine entscheidende Rolle für dessen berufliches Fortkommen gespielt.[350] Eine Ausnahme könnte aber weiterhin für lange Ehen zu machen sein, da bei diesen regelmäßig eine intensive Verflechtung der Lebensdispositionen gegeben sein wird, die nur schwer rückgängig zu machen ist. Die Berücksichtigung von Wertsteigerung der in die Ehe eingebrachten Vermögensgegenstände, die in keiner Weise auf eine Zusammenarbeit der Ehegatten zurückzuführen sind, kann weder mit dem Kompensations- noch mit dem Vertrauensschutzgedanken schlüssig begründet werden.[351]

Für Zweiverdiener-Ehen kann der Zugewinnausgleich hingegen nicht per se als unpassend eingestuft werden. Auch dort kann sich ein ehebedingter Nachteil einstellen, wenn sich beispielsweise die Familiengründung ungünstig auf die Karriere ausgewirkt hat. Wohingegen die schematische Halbteilung bei einer kinderlos gebliebenen Zweiverdiener-Ehe auf den ersten Blick zweifelhaft scheint. Aber auch in dieser Ehe kann ein Ausgleichsbedürfnis entstehen, etwa wenn ein Ehegatte immer allein für den Lebensunterhalt aufgekommen ist, während der andere sein Einkommen nur für persönliche Belange verwendet hat.[352] Eine stärkere Fokussierung auf die ehebedingten Nachteile beim Zugewinn könnte gerechtere Ergebnisse hervorbringen. Der Grundgedanke des Zugewinnausgleichs ist zwar allgemein richtig. Bei einer starren, schematischen Regelung kann es jedoch im Einzelfall zu ungerechten Ergebnissen kommen, für die nach der aktuellen Rechtslage keine Korrekturmöglichkeit existiert. Für besonders gelagerte Fälle kann zwar § 1381 BGB herangezogen werden. Dessen Anwendung ist aber ausgeschlossen, wenn das unbillige Ergebnis allein infolge der gesetzestreuen Berechnung des Zugewinns entstanden ist. Es müssen vielmehr zusätzliche Gründe vorliegen, die eine Korrektur erfordern.[353] Nach Wortlaut und Zweck dient das Leistungsverweigerungsrecht der Herstellung

350 Vgl. Beispiel bei Brambring, Rn. 47.
351 Koch, JR 2008, 309.
352 Vgl. Beispiel bei Brambring, Rn. 47.
353 BGH FamRZ 1992, 787; FamRZ 2002, 606; Wellenhofer, JURA 2008, 647 (650 f.).

von Einzelfallgerechtigkeit.[354] Probleme, die außerhalb des Anwendungsbereichs des § 1381 BGB liegen, müssen außergüterrechtlich über die unbenannten Zuwendungen gelöst werden. Allerdings hat das Güterrecht immer Vorrang vor anderen Ausgleichsmechanismen. Hinzu kommt, dass der Rechtsweg gar nicht erst eröffnet ist, wenn keine Zuwendungen infrage stehen. Auch die gerichtliche Zuständigkeit ist eine andere, so dass eine gerechte Gesamtbeurteilung nur schwer möglich wäre, weshalb es eigentlich eines anderen Korrektivs bedarf.[355]

Wollen die Betroffenen die schematische Teilung des Zugewinns umgehen, bleibt nur der Abschluss eines Ehevertrags. Zu Beginn einer Ehe kann es sich jedoch als schwierig herausstellen, die Vermögensentwicklung vorherzusehen und eine Teilungsquote zu erarbeiten. Sollten sich die Vermögensverhältnisse anders entwickeln als geplant, kann zum Scheidungszeitpunkt auch der Ehevertrag zu ungerechten Ergebnissen führen. Denkbar ist außerdem, dass der erneute Weg zum Notar (Notarkosten) für einige Paare abschreckend wirkt, zumal in einer intakten Ehe keiner damit rechnet, dass der Ehevertrag einmal benötigt wird. Überdies wurde bereits im ersten Entwurf zum Gleichberechtigungsgesetz festgestellt, dass es Aufgabe eines gesetzlichen Güterstandes sei, „für den Durchschnitt der Ehen eine Regelung zu treffen, die beiden Ehegatten gerecht wird, ohne daß diese zu dem Abschluss von Ehe- oder Erbverträgen gezwungen werden“.[356]

d. Keine dingliche Beteiligung

Auch die fehlende dingliche Partizipation an dem Vermögen des jeweils anderen wird als Problem gesehen. Sollten die Beteiligten eine solche wünschen, müssen sie in einem Ehevertrag eine Gütergemeinschaft vereinbaren (§ 1416 BGB). Folge ist allerdings, dass sie dann nicht mehr frei über das sog. Gesamtgut verfügen können. Sie bilden eine Gesamthandsgemeinschaft und müssen alle Rechtsgeschäfte, die das Gesamtgut betreffen, gemeinsam vornehmen, sofern sie nichts anderes vereinbart haben (§§ 1419, 1421 S. 2 BGB). Außerdem haften beide Ehegatten für die Verbindlichkeiten des anderen aus dem Gesamtgut und persönlich (§ 1437 BGB), wogegen in einer Zugewinngemeinschaft jeder nur für seine eigenen Verbindlichkeiten haftet, sofern das Rechtsgeschäft nicht von beiden Ehegatten gemeinsam abgeschlossen wurde. Diese Tatsache war einer der ausschlaggebenden Gründe für die Einführung der Zugewinngemeinschaft. Die Frau sollte eigenes Vermögen haben und unabhängig von ihrem Ehemann verwalten können. Zudem kann der nicht berufstätigen Frau keine Haftung für Schulden zugemutet werden, die ihr finanzstarker Partner eingegangen ist.

Dennoch wird die Zugewinngemeinschaft aus Gleichberechtigungsaspekten kritisiert: Es wird beanstandet, dass der Zugewinnausgleich der Gleichwertigkeit der

354 BGH FamRZ 1973, 254 (256); FamRZ 1974, 83 (84).
355 Schwab, S. 54; Wellenhofer, JURA 2008, 647 (651).
356 BT Drucks 1/3802, S. 52.

Ehebeiträge nicht gerecht werde. Die Leidtragenden seien die Frauen, die keiner oder einer nur eingeschränkten Berufstätigkeit nachgingen. Ihnen werde die dingliche Teilhabe am Vermögen ihrer Männer verweigert, obwohl sie durch ihre Hausarbeit zu dessen Mehrung beigetragen hätten. Würden die Ehebeiträge tatsächlich als gleichwertig angesehen, wäre dem nicht-/teilerwerbstätigen Ehegatten auch eine dingliche Teilhabe am laufenden Erwerbseinkommen des erwerbstätigen einzuräumen, um eine reale Autonomie zu ermöglichen. Mittlerweile wirke die ursprüngliche Intention kontraproduktiv.[357] Weiterhin wird vorgebracht, dass der Großteil der Ehegatten ohnehin davon ausgehe, dass die Gütergemeinschaft der gesetzliche Güterstand sei und ihnen ihr Vermögen aufgrund der Eheschließung gemeinsam gehöre. Das entspreche – abgesehen von der Vermeidung einer Mithaftung bei Unternehmern – auch dem Gerechtigkeitsempfinden. Dies komme auch durch die Behandlung des Familienheims (§§ 1365, 1369 BGB) gesetzgeberisch zum Ausdruck.[358]

Eine Studie zu Ehe und Partnerschaft bestätigt die verbreitete Unkenntnis über den rechtlichen Rahmen der Ehe. Je jünger die Altersgruppe, desto größer sind die Irrtümer, dabei spielt der Bildungsstand keine Rolle. Lediglich 28 Prozent der Befragten kennen den Begriff „Gesetzlicher Güterstand" und wissen, was er bedeutet. Es wird auch deutlich, dass im Zeitpunkt des Scheiterns einer Partnerschaft nur noch die Wenigsten dazu bereit sind, weiterhin Verantwortung für den Partner zu übernehmen. Ein Gros der Teilnehmer verlagert den Verantwortungsbereich in die Zeit der bestehenden Ehe. Nach der Scheidung sind 48 Prozent der verheirateten Frauen und 34 Prozent der Männer nicht der Ansicht, noch weiterhin für ihren Partner verantwortlich zu sein.[359] Die Praxis bestätigt diese Ergebnisse, denn bedeutende Vermögensentscheidungen, wie z. B. der Erwerb eines Hausgrundstücks, erfolgen vielfach zu gemeinsamem Mit- oder Gesamthandseigentum, oder sogar ausschließlich zugunsten des wirtschaftlich schwächeren Ehegatten. Dies deutet darauf hin, dass die Ehegatten eine dingliche Partizipation während der Ehe als selbstverständlich ansehen. Daher ist zweifelhaft, ob der gesetzliche Güterstand den Rechtstatsachen entspricht.[360] Meder ist der Ansicht, dass die Ergebnisse der Studie als Signal für den Gesetzgeber gewertet werden müssten, bereits während der Ehe für einen fairen Ausgleich zu sorgen.[361]

Diese Argumente sind freilich nicht ausreichend, um die Zugewinngemeinschaft durch eine Errungenschaftsgemeinschaft abzulösen, oder die Gütergemeinschaft zum gesetzlichen Güterstand zu erklären. Es wäre aber denkbar, neben dem gesetzlichen Güterstand ein weiteres Modell anzubieten, das dem gemeinschaftlichen Element während der Ehe stärker Rechnung trägt.[362] Allerdings wollen sich die Paare die

---

357 Röthel, FPR 2009, 273 (276); Brudermüller (2009), S. 18; Meder (2011), S. 34 f.
358 Grziwotz, S. 155.
359 BMFSFJ: Partnerschaft und Ehe - Entscheidungen im Lebensverlauf, S. 49 ff.
360 Röthel, FPR 2009, 273 (276).
361 Meder (2011), S. 41.
362 Meder (2011), S. 35.

Freiheit der individuellen Vermögensverwaltung auch heute noch erhalten. Denn im Unterschied zur Zugewinngemeinschaft und zur Gütertrennung wird von der Gütergemeinschaft in der Praxis kaum noch Gebrauch gemacht.[363] Für Meder ist die Gütergemeinschaft „so gut wie ausgestorben". Obwohl das BGB der Gütergemeinschaft nach wie vor über 100 Paragraphen widme, sei diese Option nahezu nicht existent.[364] Die Gründe dafür liegen nahe: Die Gütergemeinschaft wird wegen des Zwangs zur Einigung bei gemeinschaftlicher Verwaltung als zu schwerfällig angesehen. Zudem ist die bestehende Mithaftung auch für voreheliche Schulden, Schadensersatzverpflichtungen (sogar aus Delikt) oder Unterhaltsverpflichtungen nicht nur mit erheblichen Risiken verbunden, sondern kann unter den Bedingungen fortschreitender Individualisierung nicht mehr als zeitgemäß empfunden werden. Hinzu kommen die steuerlichen Nachteile.[365] Die Gütergemeinschaft hat im deutschen Recht weitestgehend ihre Existenzberechtigung eingebüßt. Selbst ihre Befürworter raten dringend von einigen Regelungen ab.[366] Freilich könnte überlegt werden, die „angestaubte" Gütergemeinschaft des BGB durch eine moderne Form der Errungenschaftsgemeinschaft zu ersetzen, wie sie in anderen europäischen Ländern bereits existiert.[367] Der Zugewinnausgleich hat jedoch den Vorteil, dass die Vermögensauseinandersetzung anhand des Wertausgleichs wesentlich praktikabler ist, als eine dingliche Auseinandersetzung jedes einzelnen Vermögensgegenstandes.

5. Fazit

Zusammenfassend ist festzustellen, dass die Zugewinngemeinschaft im Zeitpunkt ihrer Einführung zweifellos ein Fortschritt für die Gleichstellung der Geschlechter war. Damals war die Hausfrauenehe das vorherrschende Modell in Deutschland, so dass der Zugewinnausgleich der Ehefrau nach Beendigung der Ehe eine vermögensrechtliche Absicherung versprach. Der Grundgedanke, die Frau, die die Haushaltsführung und Kindererziehung allein übernimmt, am erwirtschafteten Ehevermögen teilhaben zu lassen, ist gerecht, da das Vermögen ohne ihre Mithilfe nicht in dieser Form entstehen würde. Dennoch muss das Güterrecht in Zeiten des fortschreitenden Wandels ehelicher Lebensverhältnisse erneut auf den Prüfstand gestellt werden. Die gesellschaftlichen Verhältnisse haben sich verändert. Frauen sind kein Fremdkörper mehr auf dem Arbeitsmarkt, weshalb auch sie grundsätzlich fähig sind, eigenes Vermögen aufzubauen.

Zwar wird der Halbteilungsgrundsatz der Gleichwertigkeit der Ehebeiträge im Grunde gerecht. Die unbezahlte Lebensleistung (der Frau) erhält den gleichen Stellenwert wie die entgeltliche Arbeitsleistung (des Mannes). Dieser Aspekt kann unter

363 Brudermüller, FF 2012, 280 (281).
364 Meder (2013), S. 13.
365 Brudermüller, FF 2012, 280 (281); Meder (2013), S. 16.
366 Mecke, AcP 2011, 886 (923).
367 Brudermüller, FF 2012, 280 (283 ff.); Mecke, AcP 2011, 886 (922 f.); Meder (2011), S. 35.

Gleichstellungsgesichtspunkten nur begrüßt werden. Positiv zu bewerten ist auch die bestehende Gütertrennung während der Ehe. Sie bietet eine immense Erleichterung für den Rechtsverkehr.

Allerdings ist gesetzlich angeordnete schematische Halbteilung nicht immer angemessen. Es mangelt an einem Ausnahmetatbestand. Eine Unangemessenheit liegt nahe, wenn die Vermögensdifferenz der Eheleute typischerweise nicht ehebedingt ist, so z. B. bei Kurzehen und nicht arbeitsteilig gelebten Ehen.[368] Ein flexibles Korrektiv im Rahmen des Zugewinnausgleichs könnte auch der aktuellen Vielfalt der Eheformen eher gerecht werden als der pauschale Ausgleich. Der Ausgleich ehebedingter Nachteile sollte im Vordergrund stehen. Eine Auseinandersetzung der gesamten Lebensleistung wird dem heutigen Eheverständnis nicht mehr gerecht. Es kommt nur noch in den seltensten Fällen vor, dass die Ehefrauen vollständig aus dem Berufsleben aussteigen. Die Beschränkung des Ausgleichs auf ehebedingte Nachteile würde auch zu einer Harmonisierung mit dem geltenden Unterhaltsrecht beitragen.

Der Ansicht, dass der Ausgleichsanspruch zu weit gefasst sei, ist zuzustimmen. Errungenschaften, die nicht den Beiträgen beider Partner entspringen, sollten aus der Teilung herausgehalten werden. Dies betrifft insbesondere den eheneutralen Erwerb und die Wertsteigerung des (privilegierten) Vermögens. In diesen Fällen kann nicht behauptet werden, dass die Vermögensmehrung ohne den Beitrag des anderen Partners nicht eingetreten wäre. Die Berücksichtigung von Wertsteigerungen privilegierten Vermögens wirkt ohnehin deplatziert. Wenn privilegiertes Vermögen schon dem Anfangsvermögen zugerechnet wird, ist nicht nachvollziehbar, warum dessen „Früchte" zu teilen sind.

Auch ist nicht von der Hand zu weisen, dass die mangelnde dingliche Beteiligung des (zumeist weiblichen) Ehegatten mit keinem oder nur geringen Einkommen befremdlich erscheinen mag. Dennoch kann bei geltender Rechtslage die Gütergemeinschaft nicht empfohlen werden. Diese wäre vorwiegend für die Gläubiger ein Vorteil. Für die Ehepaare ist die Gütergemeinschaft nicht nur mit Hindernissen im Rechtsverkehr, sondern auch mit einer steuerlichen Deprivilegierung verbunden. Eine sinnvolle Option könnte es sein, die unhandliche Gütergemeinschaft des BGB durch eine moderne Form der Errungenschaftsgemeinschaft zu ersetzen. Der Zugewinnausgleich sollte jedoch, nicht zuletzt wegen der Vorteile des Wertausgleichs, als gesetzlicher Güterstand erhalten bleiben.

Zu kritisieren ist jedoch die steuerrechtliche Privilegierung der Zugewinngemeinschaft und die damit einhergehende Deprivilegierung der anderen Güterstände. Es ist vernünftig, dem meistgewählten Güterstand steuerliche Vorteile zukommen zu lassen. Wenn dadurch jedoch die anderen Güterstände – jedenfalls steuerrechtlich – nicht mehr sinnvoll erscheinen, hat das mit Wahlfreiheit nicht mehr viel gemein.

Die Gleichstellungsdefizite können jedoch nicht ausschließlich auf den gesetzlichen Güterstand zurückgeführt werden. Es gilt zu berücksichtigen, dass die Defizite des Arbeits- und Sozialrechts ebenfalls in den Zugewinnausgleich hineingetragen

368 Dethloff, A 109.

werden. Eine verbesserte Erwerbseingliederung des kindererziehenden Partners würde den Aufbau eigenen Vermögens erleichtern. Auch sind die vorgebrachten Defizite im Güterrecht mitunter darauf zurückzuführen, dass die Betroffenen zu wenig informiert sind.[369] Von den rechtlichen Möglichkeiten, den Güterstand zu modifizieren, wird kaum Gebrauch gemacht. Das allein kann kein Grund sein, das bestehende Güterrecht zu reformieren. Es wäre jedoch zu empfehlen, eine bessere Aufklärung vor der Eheschließung zu ermöglichen.

III. Versorgungsausgleich

Der Versorgungsausgleich regelt die Teilung von Versorgungsanrechten im Scheidungsfall und kommt neben dem Zugewinnausgleich zur Anwendung. Somit unterfällt nicht nur das in der Ehe erworbene Vermögen, sondern auch die in der Ehe erworbenen Versorgungsanrechte, der Teilung unter den Ehegatten. Bei seiner Einführung war der Versorgungsausgleich weltweit eine Neuheit.[370] Er wurde zuletzt im Jahr 2009 einer umfassenden „Strukturreform" unterzogen. Seitdem findet sich im BGB nur noch eine knappe Umschreibung des Versorgungsausgleichs (§ 1587 BGB), die bezüglich der Einzelheiten auf das VersAusglG verweist. Das bis dato geltende Ausgleichssystem war seit Langem als reformbedürftig gesehen worden. Es stand in der Kritik, das Ziel der gerechten Teilhabe der Eheleute an den Versorgungsanwartschaften regelmäßig zu verfehlen. Das Hauptproblem wurde darin erblickt, dass das bisherige Recht sich auf Prognosen stützen musste, die oftmals von den tatsächlichen Werten im Versorgungsfall abwichen. Zudem fand in der Praxis keine Korrektur statt. Außerdem war der Gesetzgeber der Ansicht, dass das geltende Recht zu unübersichtlich geworden war.[371]

1. Motive der Einführung

Der Versorgungsausgleich soll dazu dienen, der geschiedenen Hausfrau eigene Rentenanwartschaften zu verschaffen. Dieses Anliegen ist nachvollziehbar, wenn man sich die bei Einführung bestehende rechtliche Situation vor Augen führt. Im geltenden System der sozialen Sicherung erwarb in der Regel allein der Mann eine eigenständige Alterssicherung, während die Ehefrau eine von ihm abgeleitete Versorgung erhielt. Denn bis 1977 war die Hausfrauenehe das gesetzlich verankerte Leitbild der ehelichen Lebensführung. Die Hausfrau war bei einer Scheidung wirtschaftlich nur unzulänglich abgesichert, da sie kein Einkommen erwirtschaftete, um sich eigene Anwartschaften in der Rentenversicherung aufzubauen. Die abgeleitete Alterssicherung der Ehefrau bestand darin, dass sie Unterhalt von ihrem Mann verlangen konnte und

369 Brudermüller (2009), S. 18 f.
370 Dethloff, A 115; BGH NJW 1977, 101 (102).
371 Zu den Motiven der Strukturreform und der geltenden Rechtslage bis 2009: BT Drucks 16/10144, S. 1; Wick, FuR 2009, 482; Dethloff, A 126 ff.

nach seinem Ableben eine abgeleitete Hinterbliebenenversorgung erhielt. Selbst wenn die Frau erwerbstätig war, musste sie Einbußen in ihrer Altersversorgung hinnehmen, sofern sie ihre Erwerbstätigkeit auch nur vorübergehend für Erziehungs- oder Pflegeaufgaben unterbrach. Dieser Zustand wurde nach Ansicht des Gesetzgebers der gewandelten gesellschaftlichen Stellung der Frau nicht mehr gerecht. Außerdem wurde dadurch der Wert ihrer Tätigkeit für die Familie und die Allgemeinheit unterlaufen. In einer intakten Ehe kamen diese Mängel weitestgehend nicht zum Vorschein, sie zeigten sich aber umso deutlicher bei einer Scheidung: Dann nahm der Mann die in seiner Person entstandenen Versorgungsanwartschaften ungeschmälert mit, während die Frau auf Unterhaltsansprüche beschränkt blieb, die von seiner Leistungsfähigkeit und Leistungsbereitschaft abhingen.[372] Erreichte der Mann das Rentenalter, konnten die Unterhaltsansprüche häufig wegen mangelnder Leistungsfähigkeit nicht mehr realisiert werden.[373] Verstarb der Ehemann nach der Scheidung, erhielt die Ehefrau nur dann eine Geschiedenen-Rente, wenn der Versicherte zum Todeszeitpunkt zu Unterhaltsleistungen verpflichtet war, also nur dann, wenn sie nicht für das Scheitern der Ehe allein oder überwiegend verantwortlich war. Wenn der Geschiedene außerdem eine Witwe hinterließ, musste die Rente mit dieser geteilt werden.[374] An der Versorgung des Mannes partizipierte seine Ehefrau nicht, auch dann nicht, wenn diese ganz oder zum Teil während der Ehe erworben worden war.

Obgleich das Leitbild der Hausfrauenehe im Zuge der großen Ehe- und Scheidungsrechtsreform aufgegeben wurde, war den Reformgesetzgebern bewusst, dass die Hausfrauenehe weiterhin von großer Bedeutung bleiben würde.[375] Der nacheheliche Unterhalt vermochte die durch die Mitnahme der Versorgungsanrechte des Mannes entstandene Lücke für die weibliche Versorgung nicht zu schließen.

Außerdem stellte der Gesetzgeber fest, dass der eheliche Unterhalt auch die Altersvorsorge umfasse, weshalb die Versagung eines Versorgungsausgleiches einer teilweisen Rücknahme geleisteten Unterhalts gleichkomme.[376]

Die einseitige versorgungsrechtliche Benachteiligung der Frau wurde der Gleichwertigkeit der Ehebeiträge nicht gerecht.[377] Mithilfe des Versorgungsausgleichs sollte künftig eine gleichmäßige Teilung der erworbenen Anrechte auf Alters- und Invalidenversorgung ermöglicht werden. Der Grundsatz der Halbteilung von Vermögenswerten war bereits seit Einführung des Zugewinnausgleichs anerkannt. Dieser sollte fortan auch auf die in den Versorgungsanrechten verkörperten Vermögenswerte angewandt werden.[378]

---

372 BT Drucks 7/4361, S. 18.
373 BT Drucks 7/650, S. 61.
374 BT Drucks 7/4361, S. 18.
375 BT Drucks 7/650, S. 61, S. 154.
376 BT Drucks 7/4361, S. 18.
377 BT Drucks 7/650, S. 154 f.
378 BT Drucks 7/650, S. 61; BT Drucks 7/4361, S. 18 f.; Wick, FuR 2009, 482.

2. Durchführung des Versorgungsausgleichs

Die in der Ehezeit durch Arbeit oder Vermögen erworbenen Anrechte sind grundsätzlich hälftig unter den Ehegatten aufzuteilen (§ 1 Abs. 1 VersAusglG). Als Ehezeit gilt die Zeit vom Beginn des Monats der Eheschließung bis zum Ende des Monats vor Rechtshängigkeit des Scheidungsantrags (§ 3 Abs. 1 VersAusglG). Der Halbteilungsgrundsatz wurde auch nach der Reform beibehalten, mit dem Unterschied, dass er sich nunmehr auf jedes einzelne von den Eheleuten erworbene Anrecht bezieht. Jeder Ehegatte ist dem jeweils anderen gegenüber ausgleichspflichtig (§ 1 Abs. 2 S. 1 VersAusglG) und hat seinerseits gegen den anderen einen hälftigen Anspruch auf dessen Anteile.[379] Der Grundgedanke der Ehe als Versorgungsgemeinschaft erfordere nach höchstrichterlicher Rechtsprechung eine gleichmäßige Teilhabe der Ehegatten an den während der Ehe geschaffenen Vorsorgevermögenswerten auch im Falle einer Scheidung.[380]

a. Grundsatz der internen Teilung

Um Fehlberechnungen künftig zu vermeiden, wurde der Grundsatz der internen Teilung normiert. Dies stellt einen grundlegenden Systemwechsel im Versorgungsausgleich dar. Jedes einzelne in der Ehe aufgebaute Versorgungsanrecht ist in der Regel gesondert in dem jeweiligen Versorgungssystem zu teilen (§ 9 Abs. 1, 2 i. V. m. §§ 10–13 VersAusglG). Der Vorteil dieses Verfahrens ist, dass der ausgleichsberechtigte Ehegatte ein eigenes Anrecht, beziehungsweise „eigenes Konto“, im jeweiligen Versorgungssystem erhält, wodurch er gleichberechtigt an den Chancen und Risiken des Ausgleichspflichtigen teilnimmt.[381] Die Versorgungsträger können allerdings die dabei entstehenden Kosten jeweils hälftig auf die Ehegatten umlegen (§ 13 VersAusglG), wodurch sich die verbleibenden Anrechte verringern. Um diesen Nachteil zu minimieren, können Vereinbarungen über den Versorgungsausgleich getroffen werden. Die Spielräume dafür sind durch das neue Recht wesentlich erweitert worden.[382]

Eine externe Teilung ist nur in besonderen Fällen zugelassen (§ 9 Abs. 3 i. V. m. §§ 14–17 VersAusglG). Der Anwendungsbereich beschränkt sich nur auf wenige Ausnahmefälle: § 14 Abs. 2 und § 16 Abs. 1, 2 VersAusglG. Extern wird geteilt, wenn die Beteiligten eine entsprechende Vereinbarung getroffen haben, oder auf Verlangen des Versorgungsträgers, sofern bestimmte Wertgrenzen nicht überschritten werden (§ 14 Abs. 2 VersAusglG). Externe Teilung bedeutet, dass die Teilung nicht beim Versorgungsträger des Ausgleichspflichtigen erfolgt, sondern durch eine zweckgebundene Einmalzahlung an einen anderen (externen) Versorgungsträger, wobei sich der Ausgleichsberechtigte aussuchen kann, in welches Versorgungssystem eingezahlt

379 NK-BGB/Götsche, § 1 VersAusglG, Rn. 16 ff.; Wick, FuR 2009, 482 (483).
380 BVerfGE 53, 257 (296); BGH FamRZ 2006, 205; FamRZ 2009, 205.
381 Viefhues, NWB 2009, 1839.
382 Wick, FuR 2009, 482.

werden soll (§ 15 Abs. 1 VersAusglG).[383] Auszugleichen sind in- und ausländische Anrechte und Anwartschaften auf künftige, beziehungsweise bereits laufende Versorgungen (§ 2 VersAusglG).[384]

b. Ausschluss des Versorgungsausgleichs

Der Versorgungsausgleich kann in bestimmten Fällen gesetzlich ausgeschlossen sein. Er findet nur auf Antrag statt, wenn die Ehe nicht mehr als drei Jahre gedauert hat (§ 3 Abs. 3 VersAusglG). Überdies findet er nicht statt, wenn der Ausgleich durch Parteivereinbarung ganz oder teilweise ausgeschlossen wurde (§ 6 Abs. 1 S. 2 Nr. 2 VersAusglG). Außerdem entfällt der Ausgleich, wenn der Ausgleichswert sehr gering ist, oder beide Ehegatten gleichartige Anrechte vorweisen können, deren Ausgleichswerte nur geringfügig differieren, es sei denn, die Einbeziehung dieser Anrechte wäre im Einzelfall geboten (§ 18 VersAusglG). Die Geringfügigkeitsgrenze wird mithilfe der jährlich anzupassenden Größe nach § 18 Abs. 1 SGB IV berechnet. Wird der Ausgleichswert in Form eines Rentenbetrags angegeben, liegt der Grenzwert bei einem Prozent der Bezugsgröße (monatlich 28,35 Euro), in allen anderen Fällen als Kapitalwert bei 120 Prozent der Bezugsgröße (40.824 Euro).[385]

c. Härtefälle

Ein Ausgleich findet auch dann nicht statt, soweit das Gericht wegen grober Unbilligkeit von ihm absieht (§ 27 VersAusglG). Um unerträgliche Ergebnisse zu korrigieren, ist eine Abweichung vom Halbteilungsgrundsatz möglich. Die Härtefälle des früheren Rechts sind nunmehr in § 27 VersAusglG zusammengefasst worden.[386] Da eine Änderung des materiellen Rechts mit der Neufassung nicht beabsichtigt war, können die in § 1587c BGB a. F. genannten Härtefälle und die von der Rechtsprechung entwickelten Fallgruppen nach wie vor herangezogen werden. Bei der Anwendung der Härteklausel bedarf es deshalb weiterhin einer Gesamtschau der beiderseitigen vermögensrechtlichen Verhältnisse, bei der nicht nur die Verhältnisse bis zur Scheidung relevant sind. Darüber hinaus wird eine Zukunftsprognose im Hinblick auf die künftig eintretenden Verhältnisse vorgenommen. Sollte sich dabei herausstellen, dass die Durchführung des Versorgungsausgleichs dem Gerechtigkeitsdenken in unerträglicher Weise

---

383 Viefhues, NWB 2009, 1839 (1840 f.). Eine Ausnahme gilt für die Fälle des § 16 VersAusglG. Dort ist der Ausgleichsbetrag an einen Träger der gesetzlichen Rentenversicherung entrichten (§ 16 Abs. 2 VersAusglG).

384 Die Darstellung des Wertausgleichs im Einzelnen ist im Rahmen der Bearbeitung zu umfangreich. Daher soll auf weiterführende Literatur verwiesen werden: Wick, in: FuR 2009, 482; ders., in: FuR 2011, 555; Glockner et al. (2009), Der neue Versorgungsausgleich.

385 Wick, FuR 2009, 482 (486 f.); BMAS: Sozialversicherungs-RechengrößenVO 2014, S. 3 f.

386 BT Drucks 16/10144, S. 67 f.; NK-BGB/Götsche, § 27 VersAusglG, Rn. 1.

widerspricht, kann eine Anpassung erfolgen.[387] Dies ist etwa der Fall, wenn abzusehen ist, dass dem Ausgleichsverpflichteten nach Durchführung des Versorgungsausgleichs im Verhältnis zum Ausgleichsberechtigten eine verhältnismäßig niedrige Rente verbleibt oder die Versorgung des Ausgleichsberechtigten wesentlich höher ausfällt als die des Pflichtigen oder der Ausgleichspflichtige auf die ehezeitliche Versorgung dringend angewiesen ist, während der Berechtigte anderweitig abgesichert ist. Bei der Bewertung sind allerdings sehr strenge Maßstäbe anzulegen. Bei der Abwägung der persönlichen und wirtschaftlichen Verhältnisse der Ehegatten „muss sich die Waage eindeutig zugunsten eines der beiden neigen“.[388] Beispielhaft sind weiterhin zu nennen die Fallgruppen der einseitigen Rollenverteilung in der Ehe, der Kindererziehungszeiten, der Zweckverfehlung des Versorgungsausgleichs, der langen Trennungszeit und des persönlichen Fehlverhaltens des Berechtigten.[389]

Die früheren Fallgruppen des Bagatellausgleichs und der steuer- und sozialversicherungsrechtlichen Ungleichheiten sind hingegen seit der Reform obsolet geworden. Der Bagatellausgleich ist nunmehr ausdrücklich in § 18 Abs. 1 VersAusglG geregelt.[390] Steuer- und sozialversicherungsrechtliche Ungleichheiten können seit Einführung des internen Ausgleichs nicht mehr vorkommen, da beide Ehegatten fortan an der Besteuerung aller Anrechte teilnehmen. Überdies hat sich die Reform des Versorgungsausgleichs auch auf das Steuerrecht ausgewirkt. Nach § 3 Nr. 55a S. 1 EStG ist die im Rahmen der internen Teilung durchgeführte Übertragung von Anrechten steuerfrei.[391]

Zudem ermöglicht § 27 VersAusglG inzwischen eine Sanktion bei treuwidrigem Verhalten des Ausgleichspflichtigen. Bisher konnte nur treuwidriges Verhalten des Ausgleichsberechtigten zu einer Kürzung oder Versagung führen. Insbesondere die Fälle illoyaler Vermögensverschiebungen oder die Kündigung privater Rentenversicherungsverträge, um sie dem Ausgleich zu entziehen, können jetzt korrigiert werden. Eine Sanktion gegenüber dem Verpflichteten war bisher immer daran gescheitert, dass eine Erhöhung des Ausgleichsanspruchs zugunsten des Berechtigten nicht möglich war. Seit der Reform findet der Ausgleich in beide Richtungen statt, was dazu führt, dass das Gesetz nicht mehr zwischen dem Verpflichteten und dem Berechtigten unterscheidet. Dennoch darf die Härtefallentscheidung auch künftig keinen Strafcharakter einnehmen.[392]

387 BT Drucks 16/10144, S. 67 f.; Glockner et al., § 8, Rn. 79 ff.; Wick, FuR 2011, 555 (560).

388 Glockner et al., § 8, Rn. 83; BGH FamRZ 2015, 37.

389 Blüm, S. 127 ff.; Eine ausführliche Analyse der Fallgruppen findet sich bei: Blüm, S. 99 ff.

390 NK-BGB/Götsche § 18 VersAusglG, Rn. 2.

391 M. w. N. Ruland, S. 18 ff.

392 BT Drucks 16/10144, S. 68; Glockner et al., § 8, Rn. 97; Wick, FuR 2011, 555 (560).

3. Legitimation des Versorgungsausgleichs

Der Versorgungsausgleich wird auf zwei Legitimationsgedanken gestützt. Einerseits rechtfertigt er sich als Fortführung des Gedankens des Zugewinnausgleichs, andererseits wird er als Sicherung des Altersvorsorgeunterhalts angesehen,[393] wobei den beiden Aspekten ein unterschiedliches Gewicht beigemessen wird. In erster Linie soll eine Teilhabe an den in den Versorgungsanrechten verkörperten Vermögenswerten ermöglicht werden, und zwar unabhängig von künftiger Bedürftigkeit und Leistungsfähigkeit. Diese Partizipation wird - ebenso wie bei den erworbenen Vermögenswerten im Zugewinnausgleich - grundsätzlich dadurch gerechtfertigt, dass die Versorgungsanwartschaften gemeinsam von beiden Partnern erwirtschaftet wurden, unabhängig davon, bei wem sie tatsächlich entstanden sind. Die Beiträge zum Familienunterhalt werden als gleichwertig angesehen. Es ist unerheblich, ob sie durch Erwerbstätigkeit oder durch Haushaltsführung geleistet wurden.[394]

Der Versorgungsausgleich lässt sich aber, wie der Zugewinnausgleich, auch als Kompensation für den Verzicht auf die eigene Erwerbstätigkeit des Haushaltsführenden begreifen. Die Versorgungslücke, die infolge der Familienarbeit entstanden ist, wird durch Teilhabe an den Anwartschaften des Partners geschlossen.[395] Auch nach der Ehe sollen beide Partner die Konsequenzen der gelebten Aufgabenteilung gemeinsam tragen. In den Gesetzesmaterialen findet sich aber auch ein Hinweis darauf, dass der Versorgungsausgleich außerdem als Fortführung der Unterhaltspflicht des Ehemannes zu begreifen sei, da die Unterhaltspflicht nicht nur den unmittelbaren Lebensbedarf, sondern auch die Alterssicherung der Frau umfasse. Der Zweck der Alterssicherung komme auch durch die Hinterbliebenenversorgung zum Ausdruck. Wenn der unterhaltspflichtige Ehemann nach Scheidung alle Anwartschaften für sich behalte, komme dies einer teilweisen Rücknahme des geleisteten Unterhalts gleich.[396]

Auch wenn das Institut des Versorgungsausgleichs ursprünglich für die Hausfrauenehe geschaffen wurde, ist die Legitimation für nicht traditionell gelebte Ehen ähnlich zu bewerten wie beim Zugewinnausgleich. In Zuverdiener-, Zweiverdiener- oder anders arbeitsteilig gelebten Ehen können sich ebenfalls ehebedingte Nachteile einstellen, sei es durch vorübergehende Berufseinschränkungen oder ungenutzte Karrierechancen, wie dies insbesondere in Partnerschaften mit Kindern vorzufinden ist. Lediglich bei kinderlosen- oder besonders kurzen Ehen, bei denen sich keine wirtschaftlichen Nachteile manifestieren konnten, ist die pauschale Halbteilung der Versorgungsanwartschaften zu hinterfragen. Jedenfalls grob unbillige Fälle können korrigiert werden (§ 27 VersAusglG).

393 BT Drucks 7/650, S. 155; BT Drucks 7/4361, S. 18 f.

394 Dethloff, A 116; BT Drucks 7/4361, S. 19; BVerfGE 37, 217 (251); 47, 1 (24); 53, 257 (296); 66, 84 (94); 79, 106 (126); BVerfG, Beschluss v. 5.2.2002 - 1 BvR 105/9, Rn. 32 f.

395 Dethloff, A 116.

396 BT Drucks 7/4361, S. 19.

4. Defizite

Die Strukturreform weist bei kritischer Betrachtung Nachteile für Betriebe und Ehegatten auf, die hier nur teilweise aufgeführt werden können.[397] Für die Bearbeitung von besonderem Interesse sind die Auswirkungen des Versorgungsausgleichs auf den Halbteilungsgrundsatz. Bereits vor der Reform wurden zahlreiche Bedenken geäußert. Vor allem wurden die vielen Entlastungen für die Versorgungsträger kritisiert, da diese oft mit einer Benachteiligung der Ehegatten korrespondierten. In diesem Zusammenhang wurden die §§ 3 Abs. 3, 18 Abs. 2 und 32 ff. VersAusglG genannt.[398] Die Ausschlussbestimmungen könnten zu einer erheblichen Benachteiligung der zumeist ausgleichsberechtigten Ehefrauen führen, etwa bei Aufgliederung einer betrieblichen Altersversorgung beim selben Arbeitgeber in beispielsweise fünf Einzelanrechte, wenn mehrere, oder sogar alle, die Bagatellgrenze des § 18 Abs. 3 VersAusglG nicht überschritten.[399] Infolge der Entlastung der Versorgungsträger wurde auch eine Aufweichung des Halbteilungsgrundsatzes prognostiziert.[400] Dies hat sich in der Praxis bewahrheitet. Der Halbteilungsgrundatz geht bereits vielfach innerhalb der internen Teilungsmethode fehl, obwohl gerade diese neue Berechnungsmethode zu einer gerechteren Teilhabe verhelfen sollte. Geringfügige Abweichungen sind schwer zu verhindern und können noch hinnehmbar sein. Bestehen aber erhebliche Altersunterschiede der Partner, oder bezieht einer von beiden bereits eine Alters-/Invalidenrente, kann die interne Teilung infolge sehr unterschiedlicher Barwertfaktoren (wegen unterschiedlicher biometrischer Daten wie Alter und Geschlecht) in einem unvertretbaren Maß von der Halbteilung abweichen.[401] Auch die mit der internen Teilung verbundenen Bürokratiekosten tragen dazu bei, den Halbteilungsgrundsatz zu verwischen. Die Umlage auf die Ehegatten verringert deren Rentenanwartschaften zusätzlich.[402] Wegen der Teilung eines jeden Anrechts haben es die Ehegatten jetzt mit deutlich mehr Versorgungsträgern zu tun. Dies kann für die Betroffenen sehr teuer werden, da jeder einzelne Träger seine Kosten auf die Ehegatten umlegen darf. Geht man von dem Drei-Schichten-Modell der Altersvorsorge aus, können oft fünf verschiedene Versorgungsträger ihre Kosten auf die Ehegatten umlegen. Dies ist nicht nur lästig, sondern auch teuer und geht auf Kosten der Halbteilung.[403]

---

397 Dazu: Bergner/Schnabel, Sonderbeilage zu RV 2011; Rehme, FamRZ 2008, 738.

398 Born, NJW 2008, 2289 (2292); Rehme, FuR 2008, 370 (374).

399 Rehme, FuR 2008, 474 (476).

400 Bergner, ZRP 2008, 211 (212); Rehme, FuR 2008, 474 (475 ff.); Born, NJW 2008, 2289 (2292).

401 Näher hierzu (mit Beispielrechnung): Bergner/Schnabel, Sonderbeilage zu RV 2011, S. 41 f.

402 Bergner, ZRP 2008, 211 (212).

403 Ruland, S. 10.

Im Rahmen der externen Teilung ist die Verfehlung des Halbteilungsgrundatzes sogar zum Regelfall geworden.[404] Der Bundesrat hat in seinem Gesetzesentwurf zwar erkannt, dass die externe Teilung aufgrund eines unterschiedlichen Rechnungszinses und einer unterschiedlichen Dynamik des abgebenden und des aufnehmenden Systems zu Abweichungen vom Halbteilungsgrundsatz führen kann, die Regelung wurde aber dennoch beibehalten. Vielmehr wurden die Abweichungen damit gerechtfertigt, dass der externe Ausgleich von der Zustimmung des Ausgleichspflichtigen abhänge (§ 14 Abs. 2 Nr. 1 VersAusglG), beziehungsweise ein Ausgleich von Kleinstanrechten und die dadurch entstehenden Verwaltungskosten vermieden würden, weil die Beträge in eine bestehende Versorgung flössen oder in der gesetzlichen Rentenversicherung gebündelt würden.[405]

Überdies führt die Tatsache, dass das Familiengericht bei Geringfügigkeit keinen Ausgleich durchführen soll, zu einer Aufweichung des Halbteilungsgrundsatzes.

5. Fazit

Die Strukturreform hat die zuvor bestehenden Probleme des Einmalausgleichs erfolgreich gelöst, sie selbst wirft jedoch einige neue Probleme auf. Insbesondere die Tatsache, dass der Versorgungsausgleich dazu geeignet ist, den Halbteilungsgrundsatz zu unterlaufen, ist bedenklich. Sinn des Versorgungsausgleichs ist es schließlich gerade, eine gleichberechtigte Teilhabe an den erarbeiteten Anwartschaften zu ermöglichen. Der Halbteilungsgrundsatz hat sich für solche Ehen bewährt, in denen einer ganz oder zum Teil auf eine eigene Erwerbstätigkeit verzichtet. Die unbezahlte Lebensleistung wird der entgeltlichen Arbeitsleistung gleichgestellt, wodurch eine gleichberechtigte Teilhabe erreicht werden kann. Der Schutz arbeitsteilig gelebter Ehen stellt sicher, dass die Freiheit der Wahl der Eheformen gewahrt bleibt. Wollen die Ehegatten die Defizite des Versorgungsausgleichs umgehen, müssen sie ihn entweder ausschließen oder eigene Regelungen finden, die die nachteiligen Effekte so gering wie möglich halten. Auch wenn die Möglichkeiten vertraglicher Vereinbarungen durch die Strukturreform erweitert wurden, kann dies kein Allheilmittel sein. Der Gesetzgeber ist infolge seines Auftrags dazu angehalten, Gesetze bereitzustellen, die eine gerechte Teilhabe ermöglichen.

Negativ ist auch zu bewerten, dass das Gesetz keine Korrekturmöglichkeit vorsieht, wenn die Durchführung des Versorgungsausgleichs zu einer Abweichung vom Halbteilungsgrundsatz führt. In diesem Zusammenhang sind die Nachteile der Geringwertigkeitsklausel (§ 18 VersAusglG) besonders augenfällig. Diese geht meist zulasten der Ehefrauen, da diese in der Regel die Ausgleichsberechtigten sind. Gerade durch die neue Berechnungsmethode haben sich die Versorgungsträger vermehrt, was dazu führen kann, dass viele kleinere Anrechte bei vielen verschiedenen

404 Näher hierzu (mit Beispielsrechnung): Bergner/Schnabel, Sonderbeilage zu RV 2011, S. 42 ff.; Rehme, FuR 2008, 474 (477).

405 BR Drucks 343/08, S. 135 f.

Versorgungsträgern auszugleichen sind, bei denen die Gefahr besteht, dass sie unter die Geringfügigkeitsgrenze fallen. Folge ist, dass dem Ausgleichspflichtigen mehr Versorgungsanwartschaften verbleiben, als er auf den Berechtigten überträgt, so dass dem Halbteilungsgrundsatz nicht entsprochen wird. Zumindest für eklatante Abweichungen wäre ein Korrektiv wünschenswert. § 27 VersAusglG kann die Ausgleichssumme nur nach unten korrigieren.

Zudem bietet § 27 VersAusglG keine Lösung, wenn die Vorsorgeunterschiede nicht auf einem arbeitsteiligen Zusammenwirken der Ehegatten basieren (ehebedingte Nachteile). Härteklauseln ist es immanent, dass sie nur harte Ausnahmefälle erfassen und deshalb keine allgemeine Korrektur aus Gerechtigkeitserwägungen heraus möglich ist.[406] Eine Korrektur wegen Fehlens ehebedingter Nachteile wurde im Rahmen des § 27 VersAusglG in einer Zweiverdiener-Ehe nicht zugelassen.[407]

Die Rechtsprechung stellt insbesondere darauf ab, ob der erwerbstätige Ehegatte neben einer Erwerbstätigkeit auch noch die übrigen Familienarbeiten übernommen, und damit die gesamten Lasten des Familienlebens alleine getragen hat. Wenn er bereits während der Ehe eine Doppelbelastung hatte, soll ihn bei Scheidung keine weitere wirtschaftliche Einbuße treffen.[408] Hierbei darf aber das Prinzip der ehelichen Solidarität nicht aus den Augen verloren werden, das es gebietet, den anderen Partner insoweit zu unterstützen, als dieser nicht in der Lage ist, einer eigenen Berufstätigkeit nachzugehen.[409] Der Fall, dass einer der Partner die meiste Zeit der Ehe studiert, während der andere arbeitet und die Haus-, beziehungsweise Familienarbeit übernimmt, ist zwar bereits zugunsten des Ausgleichspflichtigen entschieden worden, da ein studierender Ehegatte in Bezug auf seine Altersvorsorge so steht, als wenn er nie geheiratet hätte und somit keine ehebedingten Nachteile erleidet.[410] Für andere Fälle wird das Fehlen ehebedingter Nachteile aber in der Regel nicht so eindeutig feststellbar sein. Es ist schwer vorstellbar, dass ein Partner ausschließlich Freizeitaktivitäten nachgeht und dabei weder Haus- noch Familienarbeiten übernimmt, während der andere für das Auskommen der Familie sorgt und die Familienarbeit übernimmt. In Ehen, bei denen sich ein Ungleichgewicht nicht nahezu aufdrängt, ist für eine Korrektur im Rahmen des § 27 VersAusglG kein Raum. Die Norm verlangt eine *grobe* Unbilligkeit, was regelmäßig eine unerträgliche Schieflage voraussetzt. Das Fehlen ehebedingter Nachteile wird diese Schwere nur in den seltensten Fällen erreichen. Wenn eine Korrektur für nicht ehebedingte Versorgungsdifferenzen möglich sein soll, muss ein zusätzliches Korrektiv wegen einfacher Unbilligkeit normiert werden.

Abgesehen von den Defiziten, die dem Versorgungsausgleich selbst immanent sind, sind die Defizite, ebenso wie beim Zugewinnausgleich, auch außerhalb des

---

406 Wellenhofer, JURA 2008, 647 (650).
407 NK-BGB/Götsche, § 27 VersAusglG, Rn. 35.
408 OLG Köln, FamRZ 2005, 1485 (1486).
409 OLG Hamm, FamRZ 2005, 38 (39).
410 BGH FamRZ 1988, 600; FamRZ 1983, 1217 (1218).

Scheidungsfolgenrechts zu suchen. Eine verbesserte Erwerbseingliederung der Frauen mit entsprechenden Kinderbetreuungsmöglichkeiten könnte dazu beitragen, Erwerbsunterbrechungen und damit Fehlbeträge in den Alterssicherungssystemen zu verhindern und die Abhängigkeit vom anderen Ehegatten zu vermeiden.

Im Ergebnis ist der Versorgungsausgleich grundsätzlich das richtige Institut, eine gleichberechtigte Teilhabe der Ehegatten am Vorsorgevermögen zu ermöglichen. Dennoch ist er an einigen Stellen noch reformbedürftig. Vor dem Hintergrund der gewandelten gesellschaftlichen Verhältnisse ist es insbesondere notwendig, dass sich der Versorgungsausgleich noch stärker an den ehebedingten Nachteilen orientiert. Mit der Herausnahme von Kurzehen aus dem Ausgleich ist bereits ein Schritt in diese Richtung vollzogen worden. Dies allein reicht jedoch nicht. Nachehelicher Unterhalt, Zugewinn- und Versorgungsausgleich dienen allesamt der finanziellen Abwicklung der Ehe. Sie sind gewissermaßen ineinander verzahnt. Daher kann nicht nachvollzogen werden, wie sich das nacheheliche Unterhaltsrecht inzwischen derart stark auf ehebedingte Nachteile besinnt, während Zugewinn- und Versorgungsausgleich diese vollständig ausblenden.

F. Bewertung der staatlichen Ehe- und Familienförderung vor dem Hintergrund der nachehelichen Ausgleichssysteme

Nach Untersuchung der rechtlichen Rahmenbedingungen und der aktuellen Rechtstatsachen ergibt sich ein Gesamtbild, das von Widersprüchlichkeiten durchzogen ist. Der Gesetzgeber ist dem verfassungsrechtlich verankerten Fördergebot zwar nachgekommen. Die Förderung ist jedoch an einigen Stellen nicht konsequent an einer Durchsetzung der Gleichberechtigung der Geschlechter ausgerichtet. Vielfach orientiert sich die Gesetzgebung an dem traditionellen Modell der Alleinverdiener-Familie. Das Ernährermodell behindert die Gleichstellung der Geschlechter in verschiedenen Lebensbereichen. Steuer-, Arbeits-, Sozialversicherungs- und Scheidungsfolgenrecht sind weitestgehend noch immer auf den Schutz der nicht erwerbstätigen Ehefrau zugeschnitten und erwecken in der Bevölkerung den Eindruck, dass eine lückenlose Absicherung bestehe. Die Realität sieht jedoch anders aus. Ein vorübergehender beruflicher Ausstieg ist abgesichert. Der Wiedereinstieg fällt jedoch in den überwiegenden Fällen sehr schwer, so dass oftmals langjährige Berufspausen entstehen, die sich langfristig auf das Lebenseinkommen und die davon abhängige Vermögensbildung und Alterssicherung auswirken. Für Berufsrückkehrerinnen besteht zwar grundsätzlich die Möglichkeit, ihre alte Position wieder zu besetzen. Der Mangel an Betreuungsplätzen oder das Bedürfnis, die Kinder in den ersten Lebensjahren zumindest in Teilzeit persönlich zu betreuen, kann es aber bedingen, die eigene Berufstätigkeit einzuschränken. Der Arbeitgeber ist aber nicht immer verpflichtet, dem Wunsch nach weniger Arbeitsstunden nachzukommen, so dass die alte Stelle häufig aufgegeben werden muss. Und da Kindererziehung noch immer als Frauendomäne betrachtet wird, treffen die Nachteile des Berufsausstiegs überwiegend das weibliche Geschlecht.

Auch die Suche nach einem neuen Job gestaltet sich schwierig. Da Mütter eine hohe Ausfallgefahr bergen, werden sie ungern eingestellt. Sind sie auf eine Vermittlung durch die Arbeitsagentur angewiesen, werden sie bei entsprechendem Einkommen des Mannes auf diesen verwiesen und es werden keine Bemühungen unternommen, sie ins Berufsleben zu vermitteln. Die Gefahr des dauerhaften Berufsausstiegs steigt. Und das obwohl die Frau eigentlich arbeitswillig ist.

Die geschlechterpolitische Asymmetrie reproduziert sich immer wieder von selbst, obwohl die meisten Paare sich ein egalitäres Modell wünschen. Die geschlechtsspezifische Arbeitsteilung und die daran anknüpfende Abhängigkeit vom Familienernährer werden in vielen Rechtsbereichen noch immer vorausgesetzt.[411] Die individuelle Existenzsicherung der Frau wird blockiert.

411 Berghahn et al., Projektbericht, S. 109.

Solange die Ehe fortbesteht, stellt all dies für die Betroffenen kein Problem dar. Der Mann sorgt bereitwillig für das Auskommen der Familie. Bei Scheidung vollzieht sich allerdings ein Wandel. Die Zahlungsbereitschaft sinkt. Die Beteiligten können nicht nachvollziehen, warum die Ehe so lange nachwirken soll. Die Frau kann sich nun nicht mehr uneingeschränkt auf ihren Ernährer verlassen. Sie soll sich jetzt ohne Zögern wieder voll ins Berufsleben integrieren und für ihr eigenes Auskommen sorgen. Dabei wird nicht nur außeracht gelassen, wie ihre Chancen nach einer langen Berufspause stehen, sondern auch auf welchen Ursachen ihre Bedürftigkeit nach der Scheidung beruht.

Die Gesetzgebung ist inkonsequent. Es ist keine klare Linie ersichtlich. Während einige Rechtsbereiche die Hausfrauenehe besonders lukrativ erscheinen lassen (insb. Ehegattensplitting, Mitversicherung in der Krankenversicherung, Rentenpunkte für Erziehende, Witwenrente), geht das Unterhaltsrecht von einem egalitären Ehemodell aus, das infolge verschiedener gesetzgeberischer Behinderungen (vor allem für Erziehende) nicht zu verwirklichen ist. Für die von diesen Regelungen Betroffenen ist nicht nachvollziehbar, welches nun die vom Gesetzgeber präferierte Rollenaufteilung ist. Auch unter dem Gesichtspunkt, dass der Gesetzgeber zur Neutralität verpflichtet ist, sofern sein Einschreiten nicht aus Gleichstellungsgesichtspunkten geboten ist, findet sich keine Erklärung. Der Gesetzgeber verhält sich nicht neutral. Er übt eine Lenkungsfunktion in Richtung Hausfrauenehe aus, der er in anderen Gesetzen schließlich widerspricht. Somit muss festgestellt werden, dass eine Gleichberechtigung der Geschlechter in den hier untersuchten Bereichen immer noch nicht stattgefunden hat, obwohl rechtlich keine ausdrückliche Geschlechterungleichheit mehr existiert und die Frauen auch im Bildungssektor gleichgezogen sind. Die Diskrepanzen, die das Forschungsprojekt von Berghahn bereits im Jahre 2007 zutage brachte, bestehen nach wie vor fort.[412] Das Leitbild der Hausfrauenehe, das seit 39 Jahren entfallen ist, prägt weiterhin die Struktur der Ehe- und Familienförderung. Dadurch wird eine Art „Double-bind-Logik“ bewirkt, die insbesondere Mütter in Bezug auf ihre häusliche Arbeitsteilung und ihre Erwerbsmöglichkeiten beeinflusst. Auf dem Arbeitsmarkt und im Sozialsystem bleibt ihnen die gleiche Teilhabe verwehrt. Sie können nicht in gleichem Maße wie die Männer aufgefangen werden. Andere Rechtsmechanismen hingegen verschleiern die Gefahren eines Berufsausstiegs. Das Ehe- und Scheidungsrecht spiegelt Frauen eine nahezu lückenlose Absicherung vor, die dann im Scheidungsfall nicht in dieser Form existiert. Diese strukturellen Widersprüche bergen Benachteiligungen,[413] von denen überproportional viele Frauen betroffen sind, so dass eine mittelbar diskriminierende Wirkung nicht ausgeschlossen werden kann.

Gleichzeitig ist jedoch auch das Scheidungsfolgenrecht in sich nicht konsequent ausgestaltet. Vor dem Hintergrund der noch immer nachteiligen Stellung von Müttern im Erwerbsleben ist zwar grundsätzlich zu begrüßen, dass die Konsequenzen familienbedingter Erwerbsentscheidungen auch für das Scheidungsfolgenrecht eine

412 Vgl. Berghahn et al., Projektbericht.
413 Berghahn (2004/1), S. 117 f.

Rolle spielen. Dies kommt im nachehelichen Unterhaltsrecht durch die Berücksichtigung ehebedingter Nachteile zum Ausdruck. Warum ehebedingte Nachteile für den Zugewinn- und den Versorgungsausgleich kaum eine Rolle spielen, ist hingegen fraglich. Diese Rechtsinstitute tragen nicht nur dazu bei, die Konsequenzen einer Scheidung zu verschleiern, sondern sorgen auch für Unstimmigkeiten innerhalb der nachehelichen Ausgleichssysteme. Führt das Fehlen ehebedingter Nachteile im Unterhaltsrecht zu einer Herabsetzung oder sogar zu einem Ausschluss des Anspruchs (§§ 1578b, 1579 BGB), findet dennoch ein ungeschmälerter Ausgleich im Rahmen der anderen beiden Ausgleichssysteme statt, sofern nicht ausnahmsweise eine grobe Unbilligkeit des Ausgleichs festgestellt wird. Damit wird das für den nachehelichen Unterhalt gefundene Ergebnis unterlaufen.

Zu berücksichtigen ist schließlich auch, dass die Ehepartner gegenwärtig immer weniger dazu bereit sind, auch nach der Ehe noch in größerem Umfang Verantwortung füreinander zu übernehmen. Je besser die Akzeptanz für die nacheheliche Verantwortung, desto größer ist die Zahlungsbereitschaft. Nacheheliche Zahlungspflichten beeinflussen schließlich die Lebensführung des wirtschaftlich besser gestellten Ehegatten in großem Maße. Mitunter verhindern sie neue Lebenspläne sogar völlig. Diese Tatsache stößt zum Teil auf Unverständnis, wo doch die Scheidung selbst inzwischen so liberal vollzogen werden kann.[414] Wenn der Ausgleich auf ehebedingte Einkommens-/Vermögensnachteile beschränkt bliebe, könnte dies auch zu einer Steigerung der Akzeptanz beitragen.

Gleichzeitig ist das Merkmal der ehebedingten Nachteile geeignet, einen Ausgleich zu ermöglichen, wenn die Gleichberechtigung ihn gebietet. Wie die vorstehenden Untersuchungen zeigen, bedeutet Gleichberechtigung im Rahmen des Scheidungsfolgenrechts nicht mehr, die Hausfrau der Alleinverdiener-Ehe im Scheidungsfall abzusichern, sondern vor allem eine adäquate Absicherung für diejenigen zu bieten, deren Erwerbsverlauf durch ehebedingte Entscheidungen beeinflusst wurde (Kompensation ehebedingter Nachteile). Die Wahlfreiheit, die der Gesetzgeber postuliert hat, bedingt auch flexiblere Ausgleichsmechanismen. Jede Ehe ist anders. Wenn der Gesetzgeber den Ehegatten die Freiheit bei der Wahl ihres Ehemodells belässt, muss er auch sicherstellen, dass nach Beendigung der Ehe gerechte Ausgleichsmechanismen zur Verfügung stehen. Diese Erkenntnis hat sich bereits auf das Unterhaltsrecht ausgewirkt und sollte auch für die anderen beiden Ausgleichsinstitute beherzigt werden. Dabei wäre auch der Kompensationsgedanke noch etwas stringenter umzusetzen als im Unterhaltsrecht. Es hat sich gezeigt, dass dort noch Diskrepanzen bestehen.

414 Koch, JR 2008, 309 (311).

G. Reformalternativen zur Herstellung tatsächlicher Gleichstellung

Die vorstehenden Untersuchungen machen deutlich, dass die deutsche Rechtsordnung ungeachtet gegenteiliger gesetzgeberischer Bemühungen noch immer durch das Leitbild der Hausfrauenehe geprägt ist. Antizipierte Rollenverteilungen bestehen trotz geschlechtsneutraler Formulierung weiterhin fort und führen zu geschlechtsspezifischen Rechtswirkungen. Wenngleich eine klare Zuweisung der Geschlechterrollen im Gesetzestext vermieden wird, ändert dies nichts an der Tatsache, dass eine geschlechtsspezifische Arbeitsteilung und die daraus resultierenden finanziellen Abhängigkeiten von Frauen nach wie vor vorausgesetzt werden. Theoretisch ist bei der derzeitigen Gesetzeslage zwar ein Rollentausch möglich, er birgt aber in der Regel derartige finanzielle Nachteile, dass die Paare gezwungenermaßen davon absehen. Ein gleichberechtigtes Lebensmodell ist noch nicht Wirklichkeit. Daher besteht in Deutschland weiterhin Reformbedarf. Auch wenn die Verfassungswidrigkeit der frauenbenachteiligenden Regelungen bislang nicht gerichtlich bestätigt wurde, besteht Anlass über Alternativmodelle nachzudenken. Art. 3 Abs. 2 GG wird zwar nicht als zwingender Verfassungsauftrag verstanden, der den Gesetzgeber zum Erlass einfacher Gesetze verpflichten würde, er beinhaltet aber zumindest eine Ermächtigung und ein Gebot, geschlechtsspezifische Nachteile zu kompensieren.[415] Bei der Frage, wie der Gesetzgeber diesem Gebot nachkommt, steht ihm ein Gestaltungsspielraum zu. Der Staat muss dabei faktische Diskriminierungen, die sich als Konsequenz seiner Regelungen ergeben, jedoch so weit wie möglich vermeiden.[416]

Damit eine tatsächliche Gleichberechtigung der Geschlechter gewährleistet werden kann, bedarf es eines Abbaus der gegenwärtigen institutionellen Fehlanreize und Widersprüchlichkeiten. Schließlich gehört die Freiheit zur selbstverantwortlichen Lebensgestaltung innerhalb der Ehe zum Schutzgut des Art. 3 Abs. 2 GG. Um tatsächlich eine Selbstbestimmung beider Ehepartner sicherzustellen, hat der Staat die Eigenverantwortlichkeit *beider* Partner zu sichern und geschlechtsspezifische Diskriminierungen zu beseitigen. Eine mittelbare Förderung des Ernährermodells steht dem entgegen.[417] Ziel der Reform sollte es sein, sowohl Frauen als auch Männern die Chance zu geben, für sich selbst zu sorgen und von Unterhalt unabhängig zu sein. Abgeleitete Sicherungsmodelle und gegenseitige Einstandspflichten sollten den Ausnahmefällen vorbehalten sein. Dafür sollte die Erwerbsintegration von Frauen zu existenzsichernden Bedingungen bei gleichzeitiger Verbesserung der Vereinbarkeit von Familie und Beruf, die auch einen

415 BVerfGE 15, 337 (345); 19, 268 (280); 48, 327 (329 f.); 57, 335 (345); 74, 163 (179); Jarass/Pieroth-Jarass, Art. 3 GG, Rn. 90.

416 BVerfGE 109, 64 (90); Jarass/Pieroth-Jarass, Art. 3 GG, Rn. 91.

417 Wrase/Klose, Rn. 18.

Rollentausch zulässt, weiterentwickelt werden. Wenn diese Bestrebungen umgesetzt werden würden, wären auch automatisch das Subsidiaritätsprinzip und der Verweis auf einen Ernährer inklusive abgeleiteter Absicherung weitestgehend obsolet. Zudem hätte die ununterbrochene Erwerbstätigkeit der Frau auch einen Einfluss auf die nachehelichen Ausgleichssysteme. Ein Unterhaltsanspruch würde in den Fällen, in denen bereits eine ausreichende eigene Absicherung besteht, entfallen. Bei der Durchführung von Zugewinn- und Versorgungsausgleich würde zudem kein großes Gefälle mehr auszugleichen sein.

All das erfordert jedoch eine Beseitigung der besonderen Anreize, die einer individuellen Existenzsicherung im Wege stehen. Zwar gehört es zu den staatlichen Aufgaben, eine frei gewählte Lebensweise zu unterstützen und sozial abzusichern, der Gesetzgeber ist dabei jedoch nicht absolut frei. Wenn er gewisse Anreize für oder gegen ein bestimmtes Lebensmodell setzt, hat er die verfassungsmäßigen Wertentscheidungen des Grundgesetzes zu beachten. Sofern er weiterhin die Hausfrauenehe fördert und dabei andere Ehemodelle benachteiligt, verletzt er das Fördergebot aus Art. 3 Abs. 2 S. 2 GG.[418]

Für die Herstellung von Gleichberechtigung ist es nicht zwingend notwendig, das traditionelle Ehemodell ganz zu verdrängen. Vielmehr kann es ausreichen, echte Alternativen zu schaffen. Denn in der Realität wird die Entscheidung über die eheliche Aufgabenteilung nicht frei von äußeren Zwängen getroffen. Insbesondere lassen finanzielle Aspekte oder der Mangel an Kinderbetreuungsmöglichkeiten die Hausfrauenehe im späteren Lebensverlauf wieder attraktiv erscheinen, auch wenn zuvor bewusst ein anderes Modell gelebt wurde.

I. Gang der weiteren Untersuchung

Zunächst ist es naheliegend, Maßnahmen für eine noch bessere Erwerbseingliederung von Frauen zu erwägen. Eine eigene vollwertige Erwerbstätigkeit ist die beste Alternative, um eine vom Partner unabhängige Existenzsicherung aufzubauen. Die Möglichkeit, die eigene Berufstätigkeit zugunsten von Betreuungs- und Pflegeaufgaben einzuschränken oder auszusetzen, sollte jedoch auch in Zukunft eine echte Alternative bleiben. Das Postulat, das der Gesetzgeber 1977 mit der Abschaffung eines bestimmten Eheleitbildes für sich selbst aufgestellt hat, ist endlich umzusetzen. Daher geht die Bearbeitung unter Zuhilfenahme ausländischer Regelungssysteme eingangs der Frage nach, welche Maßnahmen dazu beitragen könnten, berufstätigen Müttern die gleichen Möglichkeiten zu eröffnen wie ihren männlichen Mitbewerbern. In diesem Zusammenhang wird auch die soziale Absicherung der Menschen sowie deren Verhältnis zur Eheschließung einer Untersuchung unterzogen. Sodann werden die nachehelichen Ausgleichssysteme der ausländischen Rechtsordnungen dahingehend bewertet, inwieweit sie mit der gelebten Rechtswirklichkeit übereinstimmen und ob sie an einer Gleichstellung beider Geschlechter ausgerichtet sind.

418 Diwell, djbZ 2011, 125 (129); BVerfGE 109, 64 (90).

Im Anschluss an diese Analyse werden Alternativen für die deutsche Rechtsordnung vorgestellt, die das Potential haben, bestehenden Fehlsteuerungen und Widersprüchlichkeiten des Rechts entgegenzuwirken. Zuletzt wird herausgearbeitet, inwieweit die nachehelichen Ausgleichssysteme mit den potentiellen Alternativen harmonisieren würden und ob die gefundenen Ergebnisse einen erneuten Reformbedarf bedingen.

II. Ausländische Lösungen als Alternative für Deutschland?

Es existieren verschiedene Länder, die nicht erst seit kurzem eine höhere Frauenerwerbstätigenquote, auch von (verheirateten) Frauen mit Kindern, vorweisen können. Fraglich ist, was sie dazu veranlasst hat und wie deren Arbeitsförderungsmaßnahmen gestaltet sind. Von besonderem Interesse ist auch, welche Vorkehrungen für die Vereinbarkeit von Familie und Beruf existieren. Möglicherweise können jene Konzepte auch auf Deutschland übertragen werden, oder jedenfalls einen Denkansatz bieten.

Der Vergleichbarkeit halber soll sich die Untersuchung auf europäische Staaten beschränken, die eine ähnlich umfangreiche soziale Sicherung wie Deutschland bieten (sog. „Wohlfahrtsstaaten“).[419] Bei der Gegenüberstellung mit anderen Kulturkreisen überwiegen in Europa die strukturellen und familienpolitischen Gemeinsamkeiten. Gleichwohl unterscheiden sich Ursprung und Entwicklung der Familienpolitik der Länder sehr.[420] Um die bestehenden institutionellen Unterschiede nachvollziehen zu können, werden die Maßnahmen der politischen Akteure auch in ihrem historischen Kontext veranschaulicht.

Im internationalen Vergleich schneiden nordeuropäische Sozialstaaten mit weniger traditionellen Elementen und einer konsequenteren Gleichstellung der Geschlechter in der Sozial- und Rechtsordnung besser ab als Deutschland. In diesem Zusammenhang hat insbesondere Schweden eine Vorbildfunktion. Dort begann die Umstellung auf ein Zweiverdienermodell bereits in den 60er Jahren. Andererseits existieren aber auch Länder, deren System Ähnlichkeit mit dem deutschen Modell des Familienernährers hat. Eine Anrechnung von Partnereinkommen vollzieht beispielsweise Frankreich.[421]

419 Zur Begrifflichkeit: Schmid, S. 42 f.
420 Mühling/Schwarze, S. 44.
421 Berghahn/Wersig, S. 326.

H. Gleichstellung in Schweden

Kernstück der schwedischen Gleichstellungspolitik ist es, jeden Einzelnen dazu zu befähigen, durch eine eigene Erwerbstätigkeit finanziell unabhängig zu sein. Die Frauenerwerbstätigenquote fällt dort im europäischen Vergleich entsprechend hoch aus. Jeder soll sich im Rahmen seiner Fähigkeiten entwickeln und vollumfänglich am öffentlichen Leben teilhaben können, unabhängig von Geschlecht und Partnerschaftsstatus. Es existieren umfassende familienpolitische Maßnahmen, die die Gleichstellung von Mann und Frau und die Vereinbarkeit von Familie und Beruf gewährleisten sollen. Ungeachtet ihrer Position auf dem Arbeitsmarkt haben alle schwedischen Bürgerinnen und Bürger zudem einen Anspruch auf ein Mindestmaß sozialer Sicherung, die vor allem durch Steuern finanziert wird.[422]

I. Historischer Überblick

Bis in die 1920er Jahre ähnelte die schwedische Sozialpolitik noch der deutschen, anfangs jedoch deutlich zurückhaltender in Bezug auf obligatorische Versicherungen. Die eklatanten Unterschiede zwischen den beiden Staaten entwickelten sich überwiegend erst seit dem Zweiten Weltkrieg. In den ersten zwei Nachkriegsjahrzehnten herrschte in beiden Ländern noch die Intention, Männer durch einen entsprechenden Lohn und mithilfe von Sozialleistungen in die Lage zu versetzen, ihre Frauen und Kinder zu unterhalten, während die Frauen sich den unbezahlten Pflege- und Betreuungs- und Haushaltsaufgaben widmen sollten.[423] Obwohl in beiden Ländern ein Mangel an Arbeitskräften herrschte, entwickelten sie sich trotz ihrer ähnlichen Ausgangsposition in vollkommen unterschiedliche Richtungen. Während sich Deutschland damit behalf, Arbeitskräfte aus dem Ausland anzuwerben, griff die schwedische Regierung auf ihre weiblichen Ressourcen im Inland zurück. Frauen (insb. Mütter) wurden stärker in das Erwerbsleben integriert.[424] Schon vorher war gefordert worden, die Sozialpolitik stärker auf die Beseitigung von Ungleichheiten auszurichten.[425] Es entstand eine breite öffentliche Diskussion über Gleichstellungsfragen, die von einer Änderung der Begrifflichkeiten begleitet wurde. Es ging fortan nicht mehr um „die Rechte der Frauen“, sondern um „Gleichstellung“ und „Wahlfreiheit“. Dadurch konnten auch Männer und ihr Verhalten in die Diskussion mit einbezogen werden. Die Debatte über Mutterschaft und Muttererwerbstätigkeit war stark von den wirtschaftlichen Interessen des Landes beeinflusst, da der Mangel an Arbeitskräften das Wachstum der Industrie gefährdete.[426]

---

422 Mühling/Schwarze, S. 85; Martinek, S. 2.
423 Schmid, S. 222; Kolbe, S. 35 ff.
424 Martinek, S. 3.
425 Schmid, S. 224.
426 Martinek, S. 3; Mühling/Schwarze, S. 86 f.

Das Produktionswachstum sollte durch die Mobilisierung der verheirateten Frauen und Mütter wieder in Gang gebracht werden. Der Arbeitsmarkt sollte für diese durch die Bereitstellung von Teilzeitarbeitsplätzen, Fortbildungsmaßnahmen für den beruflichen Wiedereinstieg älterer Frauen und einen starken Ausbau kommunaler und privater Kinderbetreuungseinrichtungen an Attraktivität gewinnen. Die Wahlfreiheit wurde im Schweden der 60er Jahre zum politischen Schlüsselbegriff.[427] Die Zweiverdiener-Familie wurde zum neuen Leitbild. Ende der 60er Jahre wurde ein massiver Ausbau der Kinderbetreuungseinrichtungen in Gang gebracht. Zudem wurde in den 70er Jahren der sechsmonatige Mutterschaftsurlaub in eine Elternversicherung umgewandelt, die sich Mutter und Vater aufteilen können. Fortan war in erster Linie der Staat für die Kinderbetreuung zuständig. Die Eltern nahmen dabei eher eine ergänzende Rolle ein.[428] Schweden hatte erkannt, dass eine vollständige Erwerbseingliederung der Mütter nur erreicht werden konnte, wenn sie von ihren Reproduktionsaufgaben entlastet würden. Das Angebot außerfamiliärer Kinderbetreuung führte in Kombination mit Verbesserungen der Freistellungsmöglichkeiten nach der Geburt von Kindern und mit Einführung eines großzügigen Kindergeldes zu einem Anstieg der Geburtenraten in den 80er Jahren. Zwischen 1965 und 1985 vervierfachte sich der Anteil fremdbetreuter Kinder. Damit korrelierend nahm auch die Erwerbsbeteiligung von Frauen deutlich zu.[429] Die finanzielle Unabhängigkeit der Ehepartner wurde zu einem leitenden Begriff in der Politik. Auch der Abbau früher noch bedarfsabhängiger Sozialleistungen zugunsten universeller Leistungen, die unabhängig von Einkommen und Erwerbstätigkeit gewährt werden, trug zur finanziellen Unabhängigkeit bei.[430] Die Gleichstellungspolitik wurde über die Jahre stringent weiterverfolgt. Obgleich es zwischenzeitig zu Steuererhöhungen[431] und Einsparungen in verschiedenen Bereichen gekommen ist, sind die typischen Merkmale des schwedischen Modells (Universalität, relativ hohe Lohnersatzleistungen, verhältnismäßig geringe Einkommensunterschiede, Geschlechtergerechtigkeit, individualisierte soziale Absicherung) erhalten geblieben.[432]

II. Ehegattenbesteuerung

In Schweden wird seit 1971 eine reine Individualbesteuerung vollzogen. Der rechtliche Status der Partner hat ebenso wenig Einfluss auf die Besteuerung, wie das Vorhandensein von Kindern. Die Einkünfte der Ehegatten werden getrennt veranlagt und besteuert. Ein Alleinverdiener mit Ehefrau und zwei Kindern unterliegt daher

---

427 Kolbe, S. 91 ff.

428 Martinek, S. 3.

429 Mühling/Schwarze, S. 87.

430 Kolbe, S. 35 ff.

431 Schweden hat eine vergleichbar hohe Steuerlast. Dies ist u. a. dadurch bedingt, dass die Grundversorgung der Bevölkerung damit finanziert wird: Mühling/Schwarze, S. 46.

432 Martinek, S. 3 f.

dem gleichen Steuersatz wie ein Single mit gleichem Gehalt.[433] Der individualistische Gedanke wird im Steuerrecht konsequent umgesetzt. Den Familienlasten wird jedoch an anderer Stelle mithilfe von direkten Transferleistungen Rechnung getragen.

III. Der Arbeitsmarkt

Sowohl Frauen als auch Männer sind auf dem schwedischen Arbeitsmarkt selbstverständlich. Die Hausfrauenehe wird nicht als gleichberechtigungsförderndes Modell angesehen und deshalb nicht unterstützt.[434] Entsprechend hoch ist die Frauenerwerbstätigkeit (77,6 Prozent). Bei einem Vergleich der Vollzeitäquivalente liegt Deutschland weit hinter Schweden zurück. In Vollzeitäquivalenten ist die schwedische Frauenerwerbsbeteiligung mit 69,6 Prozent rund 14 Prozent höher als die deutsche.[435] Zwar kann auch in Schweden ein Gender Pay Gap ausgemacht werden, dieser ist mit 14,6 Prozent aber nicht so stark ausgeprägt wie hierzulande.[436] Weiterhin belegen die Statistiken, dass in Schweden eine bessere Vereinbarkeit von Familie und Beruf möglich. Die Frauenerwerbstätigenquote von Frauen mit Kindern unter 15 Jahren weicht prozentual nur geringfügig von der allgemeinen Frauenerwerbstätigenquote ab, während die deutsche Quote bei Mutterschaft rund 15 Prozent niedriger ist als die allgemeine Erwerbsquote.[437] Um Frauen die gleiche Teilhabe am Arbeitsmarkt zu ermöglichen, hat Schweden nicht nur zahlreiche Gleichstellungsgesetze erlassen,[438] sondern auch Maßnahmen zur Vereinbarkeit von Familie und Beruf ergriffen.

1. Elternurlaub

Bis das Kind 18 Monate alt ist, hat ein Elternteil Anspruch auf Elternurlaub, unabhängig davon, ob in dieser Zeit Elternschaftsgeld bezogen wird oder nicht.[439] Während dieser Zeit darf die Arbeit auch komplett eingestellt werden. Wer länger zu Hause bleiben möchte, kann dies nur machen, wenn er sein Erziehungszeitkonto noch nicht aufgebraucht hat. Bis zum achten Lebensjahr des Kindes ist es jedoch erlaubt, die Arbeitszeit um bis zu 25 Prozent einzuschränken, ohne hierfür das Erziehungszeitkonto zu beanspruchen. Die Arbeitsreduktion darf vom Arbeitgeber

---

433 Mühling/Schwarze, S. 92; Kristoffersson/Strömberg, Schweden, Rn. 147.

434 Martinek, S. 9 f.

435 COM: Erwerbstätigenquote nach Geschlecht; Female labour market participation, S. 11.

436 COM: Gender pay gap in unadjusted form.

437 OECD: Maternal employment rates, S. 2.

438 Das wichtigste Gesetz in diesem Zusammenhang ist das Gesetz zur Chancengleichheit (1992), das Diskriminierungsverbote für die Stellenausschreibung, die Anstellungsbedingungen, das Entgelt, die Versetzung, die Art der Arbeit und die Beendigung des Arbeitsverhältnisses vorsieht: Martinek, S. 10.

439 COM: Vergleichende Tabellen/Sozialschutzsysteme.

nicht zum Anlass genommen werden, das Beschäftigungsverhältnis zu kündigen.[440] Damit der Wiedereinstieg nach einer Berufsunterbrechung gelingt, hat jedes Kind ab dem ersten Lebensjahr einen Rechtsanspruch auf einen Betreuungsplatz.[441] Ab dem achten Lebensjahr des Kindes besteht allerdings keine gesetzliche Akzeptanz mehr für eine Arbeitszeitverkürzung. Spätestens zu diesem Zeitpunkt wird eine Berufsrückkehr in dem vor Geburt des Kindes bestehenden Umfang erwartet.

2. Kinderbetreuungsangebot

Da in Schweden von allen Eltern erwartet wird, dass sie trotz der Geburt von Kindern weiterhin aktiv dazu beitragen, ihre eigene Existenz nachhaltig zu sichern, wird ein umfangreiches Kinderbetreuungsangebot bereitgestellt. Dieses spielt eine wesentliche Rolle für die Vereinbarkeit von Familie und Beruf. Neben den wirtschaftlichen Folgen der Elternschaft, die durch die Familienlastenausgleichssysteme zumindest teilweise kompensiert werden können, ist die Frage nach der Vereinbarkeit von Familie und Beruf oft auch von einer ergänzenden Kinderbetreuung abhängig. Der Anteil der erwerbstätigen Eltern, insbesondere der Mütter, kann als Ergebnis des jeweiligen sozialstaatlichen Familienleitbildes angesehen werden. Die Unterschiede in der öffentlichen Bereitstellung von Kinderbetreuungseinrichtungen sind davon abhängig, wie die Familienaufgaben in den verschiedenen Ländern interpretiert werden, also in welchem Maß von der Familie erwartet wird, die Hauptverantwortung für die Kinderbetreuung zu übernehmen.[442] Eine hohe Betreuungsdichte kann einen langen Erwerbsausstieg verhindern.

Das schwedische Betreuungsangebot umfasst öffentliche Tagesstätten für Kinder bis 12 Jahre. Zudem ist es üblich, vor dem Besuch der Grundschule ein Jahr lang die Vorschule zu besuchen. Nahezu alle schwedischen Kinder nehmen dieses Angebot wahr.

Seit 1995 besteht für die Gemeinden eine Verpflichtung, Kindern erwerbstätiger und studierender Eltern ohne unbillige Verzögerung einen Platz in einer öffentlichen Betreuungseinrichtung zur Verfügung zu stellen. Das Betreuungsangebot lässt sich in eine Vorschulbetreuung und in eine Betreuung von Schulkindern unterteilen. Die Gemeinden dürfen auch private Kinderbetreuungseinrichtungen finanziell unterstützen. Kennzeichnend für die schwedische Kinderbetreuungspolitik ist, dass Bildung bereits bei den kleinsten Kindern eine große Rolle spielt, weshalb ein Zusammenspiel von Betreuung und Pädagogik dazu dienen soll, die Verantwortung für „das ganze Kind während des gesamten Tages“ zu übernehmen. Daher müssen Kinderbetreuer und Lehrer qualitative Anforderungen erfüllen, die explizit im Schulgesetz geregelt sind.[443] Ganztagsschulen, bei der die Schüler in der Regel bis

---

440 EU: Schweden.
441 Mühling/Schwarze, S. 93.
442 Gerlach, S. 401 f.; Letablier/Jönsson, S. 87.
443 Zum Ganzen: Schwedisches Institut: Kinderbetreuung in Schweden, S. 1 ff.

16:00 oder 17:00 Uhr betreut werden, sind weit verbreitet.[444] Bemerkenswert sind auch die ausgedehnten Öffnungszeiten der Betreuungseinrichtungen. Diese sollen den Eltern eine Vollzeiterwerbstätigkeit ermöglichen, weshalb das Gros der Einrichtungen von 6:30 bis 18:30 Uhr geöffnet hat. In den Städten werden zum Teil sogar Nachtkindergärten angeboten.[445]

Damit Kinder aus allen Einkommensschichten in den Genuss des Betreuungsangebots kommen, ist der Beitrag von Haushaltseinkommen und Kinderzahl abhängig. Es wurde aber auch ein (für die Gemeinden freiwilliger) Höchstbeitrag festgelegt. Alle Kindern sollen möglichst die gleichen Ausgangsbedingungen für ihre Entwicklung erhalten. Der Anspruch, Gleichheit auf allen Ebenen zu gewährleisten, wirkt sich auch auf die schwedische Betreuungspolitik aus. Der Besuch einer Vorschule ist für Kinder zwischen drei und sechs Jahren bis zu 15 Stunden in der Woche kostenlos. Für alle anderen Kinder gilt: Die nach Region variierenden Gebühren dürfen nicht mehr als ein bis drei Prozent des Familieneinkommens ausmachen. Für die Betreuung von Schulkindern dürfen die Beiträge nicht mehr als ein bis zwei Prozent des Familieneinkommens ausmachen. Gemeinden, die sich an Höchstbeitragssätze halten, erhalten neben einer staatlichen finanziellen Kompensation auch zusätzliche Mittel, die sie für die Qualitätsverbesserung verwenden können. Im ersten Jahr nach Verabschiedung dieser Regelung hatten bereits 288 der 290 Gemeinden die Höchstbeitragsregelung übernommen.[446]

Entsprechend hoch ist die Akzeptanz der Fremdbetreuung in der Bevölkerung. Im Vergleich zu Deutschland zeigen sich in der Betreuungsquote der Kinder große Unterschiede. Während in Schweden die Besuchsquote der Einjährigen mit 46 Prozent doppelt so hoch ist wie die Quote der unter drei-Jährigen in Deutschland, liegt die außerschulische Betreuungsquote der über sechs-Jährigen in Schweden bei 76,5 Prozent, während in Deutschland nur 21,5 Prozent der Kinder ein vergleichbares Angebot in Anspruch nehmen.[447] Dies ist in Deutschland aber auch dadurch bedingt, dass eine Ganztagesbetreuung für Schulkinder (noch) nicht flächendeckend angeboten wird.

3. Arbeitslosigkeit

Die schwedische Arbeitslosenversicherung besteht aus zwei Teilen: eine aus Arbeitgeber- und Mitgliedsbeiträgen finanzierte freiwillige Versicherung gegen den Einkommensausfall, deren Höhe vom vorangegangen Einkommen abhängig ist (Arbeitslosenversicherung), und eine aus Arbeitgeberbeiträgen finanzierte Grundversicherung mit einer pauschalen Leistung für diejenigen, die keiner Arbeitslosenversicherung angehören (Arbeitslosenhilfe).

---

444 Mühling/Schwarze, S. 96.
445 EU: Schweden.
446 Schwedisches Institut: Kinderbetreuung in Schweden, S. 1 ff.
447 BT Drucks 17/9000, S. 81.

Das Arbeitslosengeld beträgt während der ersten 200 Tage 80 Prozent des vor der Arbeitslosigkeit erzielten Erwerbseinkommens, danach 70 Prozent. Sofern kein unter 18jähriges Kind vorhanden ist, wird es höchstens 300 Tage gewährt. Andernfalls ist eine Verlängerung um weitere 150 Tage möglich. Voraussetzungen für den Bezug sind die 12-monatige Einzahlung in die Arbeitslosenkasse und eine sechsmonatige Erwerbstätigkeit innerhalb der letzten 12 Monate vor dem Bezugszeitraum. Wer diese Voraussetzungen nicht erfüllt, kann Leistungen der Arbeitslosenhilfe (Grundversicherung) in Anspruch nehmen. Die Grundversicherung ist mit 320 SEK (= ca. 37 Euro) pro Tag wesentlich höher bemessen als die Grundsicherung in Deutschland (399 Euro monatlich). Dennoch gilt zu berücksichtigen, dass in Deutschland über diese Grundleistung hinaus auch die Kosten für eine angemessene Unterkunft vom Staat übernommen werden (§ 22 Abs. 1 SGB II).

Sowohl für das Arbeitslosengeld als auch für die Arbeitslosenhilfe muss der Anspruchsteller unter 65 Jahre alt, arbeitsfähig und arbeitsuchend gemeldet sein, dem Arbeitsmarkt zur Verfügung stehen, mit der Arbeitsvermittlung bei der Entwicklung eines individuellen Aktionsplans zusammenarbeiten, aktiv eine angemessene Beschäftigung suchen und auch bereit sein, eine solche anzunehmen.[448]

Schweden legt großen Wert auf Wiedereingliederungsmaßnahmen. Es gilt als Kernland der aktiven Arbeitsmarktpolitik und zielt traditionell auf die Eingliederung der gesamten Bevölkerung auf den Arbeitsmarkt ab. Leistungsempfänger haben kein Recht auf ein Maßnahmenangebot, es besteht aber die Verpflichtung, an einer Maßnahme teilzunehmen, wenn sie angeordnet wird. Dabei sollen die an den individuellen Talenten und Präferenzen orientierten Maßnahmen immer das Ziel haben, die Beschäftigungsfähigkeit der Teilnehmer zu erhöhen. Die Vielzahl der bestehenden Programme (im Jahr 2002 waren es insgesamt 800), lässt sich grob in die Kategorien Beratung/Betreuung, Training/Weiterbildung und subventionierte Beschäftigung einteilen.[449] Die Teilnahme an Berufsförderungsmaßnahmen wird zudem finanziell belohnt.[450]

Weder beim Arbeitslosengeld noch bei der Arbeitslosenhilfe wird das Einkommen des Partners berücksichtigt.[451] Es erfolgt eine individuelle Unterstützung.

IV. Die Sozialversicherung

Die schwedischen Sozialversicherungsleistungen lassen sich in zwei Bereiche aufteilen: Allgemeine staatliche (steuerfinanzierte) Leistungen, die unabhängig von Staatsbürgerschaft und Erwerbstätigkeit gewährt werden (Grundversicherung) und die erwerbsbezogene Sozialversicherung.

---

448 Zum Ganzen: M. w. N.: COM: Ihre Rechte der Sozialen Sicherheit in Schweden, S. 30 ff.; COM: Vergleichende Tabellen/Sozialschutzsysteme.

449 Sproß/Lang, S. 61, 72 f.

450 Försäkringskassan: Über die Sozialversicherung, S. 13 f.

451 COM: Ihre Rechte der Sozialen Sicherheit in Schweden, S. 32.

1. Allgemeine Grundsicherung

Die allgemeine Grundsicherung steht jedem zu, der in Schweden wohnt. Davon umfasst sind unter anderem Leistungen wie die Krankenversicherung, die Betreuungsbeihilfe, die Elternversicherung und die Sozialhilfe.[452]

a. Krankenversicherung

Jeder Einwohner in Schweden ist individuell und unabhängig von seinem partnerschaftlichen Status krankenversichert.[453] Es gibt dort die sog. Elternversicherung, die ein eigenständiger Bereich innerhalb der Krankenversicherung ist. Sie umfasst das Schwangerschaftsgeld, das Elternschaftsgeld und das Kindergeld. Die Elternversicherung ist jedoch administrativ eher der erwerbsbezogenen Sozialversicherung zuzuordnen, weshalb an dieser Stelle auf die Ausführungen im Kapitel „Erwerbsbezogene Sozialversicherung" verwiesen werden soll.

b. Kinderbetreuungsbeihilfe

Gemeinden haben die Befugnis, eine kommunale Kinderbetreuungsbeihilfe einzuführen, zu finanzieren und zu verwalten. Ein Anspruch kann daher nur in solchen Gemeinden bestehen, die von diesem Recht Gebrauch gemacht haben und ist an das Elternschaftsgeld gebunden. Dieses muss mindestens 250 Tage bezogen worden sein. Die Kinderbetreuungsbeihilfe beträgt bis zu 3.000 SEK (= ca. 326 Euro) monatlich und kann mit Einkünften aus Arbeit kombiniert werden. Der Anspruch kann gekürzt werden, wenn das Kind eine öffentlich finanzierte Kinderbetreuungseinrichtung besucht. Die Kürzung ist abhängig vom Umfang der außerhäuslichen Betreuung. Die Betreuungsbeihilfe soll den Eltern eine häusliche Betreuung für Kinder zwischen einem und drei Jahren ermöglichen.[454]

Diese Leistung erinnert stark an das deutsche Betreuungsgeld. Der höhere Zahlbetrag in Schweden kann jedoch besser zur Wahlfreiheit bei der Kinderbetreuung beitragen. Dennoch ist die Beihilfe ein Fremdkörper in dem ansonsten strikt am Zweiverdiener-Modell ausgerichteten System.

c. Sozialhilfe

Die Sozialhilfe in Höhe von 2.950 SEK (= ca. 339 Euro) monatlich zzgl. angemessener Kosten für die Unterkunft wird gewährt, wenn eine Person nicht in der Lage ist, ihren Unterhalt mit eigenen Mitteln zu decken. Hierfür wird sowohl bei Verheirateten als auch bei Unverheirateten eine Bedürftigkeitsprüfung durchgeführt,

---

452 M. w. N.: Försäkringskassan: Über die Sozialversicherung.
453 COM: Ihre Rechte der Sozialen Sicherheit in Schweden, S. 7.
454 COM: Vergleichende Tabellen/Sozialschutzsysteme, COM: Ihre Rechte der Sozialen Sicherheit in Schweden, S. 28.

bei der die Situation des gesamten Haushaltes berücksichtigt wird. Die Staatsbürgerschaft spielt wie in Deutschland für den Anspruch keine Rolle. Es genügt ein Aufenthaltsrecht.[455]

Die Sozialhilfe fungiert in Schweden als unterstes Auffangnetz. Sie kann als Pendant zum Ehegattenunterhalt verstanden werden. Derjenige, der sich nicht aus eigenen Mitteln selbst versorgen kann, soll durch den anderen finanziell unterstützt werden. Daher erfolgt eine Anrechnung von Partnereinkommen. Die Anrechnung spielt in Schweden jedoch eine geringere Rolle als in Deutschland, weil die sozialen Netze und die schwedische „Erwerbskultur" Handlungsalternativen bieten, bevor der Einzelne auf dieses unterste und nachrangige Netz zurückgreifen muss.[456]

2. Erwerbsbezogene Sozialversicherung

Die erwerbsbezogene Sozialversicherung umfasst unter anderem die sog. Elternschaftsversicherung und die Leistungen aus der gesetzlichen Rentenversicherung.

a. Elternschaftsversicherung - Elternschaftsgeld

Die Elternschaftsversicherung ist Teil der erwerbsbezogenen Sozialversicherung und umfasst den Großteil der schwedischen Familienleistungen. Die Elternversicherung greift bei Verdienstausfällen, die im Zusammenhang mit der Geburt oder Betreuung eines Kindes stehen.[457] Das Elternschaftsgeld als Teil der schwedischen Familienleistungen ist für die vorliegende Bearbeitung von besonderem Interesse.

Anlässlich der Geburt eines Kindes hat der Vater zunächst einen Anspruch auf zehn Tage „zeitweiliges" Elternschaftsgeld. Eine Leistung in Höhe von 80 Prozent seines Einkommens soll ihm ermöglichen, der Geburt beizuwohnen und die Mutter während der ersten Tage zu unterstützen.

Zudem ermöglicht das Elternschaftsgeld den Eltern eine bezahlte Erziehungszeit. Die Gesamtbezugsdauer beträgt 16 Monate pro Kind. Bei Mehrlingsgeburten verlängert sich der Anspruch um sechs Monate. Bei gemeinsamem Sorgerecht haben die Eltern einen Anspruch auf jeweils die Hälfte der Bezugsdauer, wobei eine Übertragung auf nur einen Elternteil möglich ist. Ausgenommen hiervon sind allerdings zwei Monate, die von einem Elternteil beansprucht werden müssen und deshalb nicht übertragen werden können. Sie verfallen, wenn sie nicht in Anspruch genommen werden. Diese zwei Monate sind ein politisch gesetzter Anreiz, beide Elternteile in die Kinderbetreuung einzubeziehen.

Das Elternschaftsgeld kann frühestens 60 Tage vor dem errechneten Geburtstermin und spätestens bis zum achten Lebensjahr bezogen werden. Grundsätzlich kann nur ein Elternteil das Elternschaftsgeld beanspruchen, nicht beide Eltern gleichzeitig. Eine Ausnahme wird lediglich für das erste Lebensjahr des Kindes gemacht. In

455 COM: Ihre Rechte der Sozialen Sicherheit in Schweden, S. 34 f.
456 Berghahn/Wersig, S. 327.
457 Mühling/Schwarze, S. 96.

dieser Zeit können die Eltern 30 Tage gemeinsam Geld beziehen. Dann werden 60 Tage auf die Gesamtbezugsdauer angerechnet.[458]

Das Elternschaftsgeld dient als Einkommensersatzleistung für Erwerbseinschränkungen infolge der Geburt von Kindern. Personen, die vor der Geburt kein Einkommen hatten, können dennoch eine Mindestleistung in Höhe von 180 SEK (= ca. 21 Euro) pro Tag beanspruchen. Für einen darüber hinausgehenden Anspruch muss vor Antragstellung mindestens 240 Tage ununterbrochen gearbeitet worden sein. Diese Bedingung gilt für die ersten 180 Tage des Leistungsbezugs, nicht jedoch für die verbleibenden Tage. Hat der Anspruchsberechtigte die Mindestversicherungsdauer vor Antragstellung erreicht, werden ihm für die ersten 13 Monate der Bezugsdauer 80 Prozent seines bisherigen Einkommens bezahlt. Andernfalls wird der Mindestsatz gewährt. Für die letzten drei Monate wird unabhängig von einer vorherigen Erwerbstätigkeit grundsätzlich nur der Mindestbetrag gewährt. Es existiert eine Höchstbemessungsgrenze in Höhe des 10-fachen Grundbetrags, der derzeit bei 444.000 SEK (= ca. 48.281 Euro) liegt.

Die Gesamtbezugsdauer muss nicht zusammenhängend beansprucht werden. Sie kann bis zum achten Lebensjahr des Kindes nach Belieben aufgeteilt werden. Zudem muss die Berufstätigkeit nicht vollständig eingestellt werden. Abhängig von der beruflichen Einschränkung besteht die Möglichkeit, das Elternschaftsgeld zu 12,5-, 25-, 50- oder 75 Prozent des Satzes zu beziehen. Auf die Verkürzung der Arbeitszeit besteht ein Rechtanspruch. Der Bezugszeitraum verlängert sich durch ungenutzte Teile des Tagessatzes entsprechend, nicht aber der Gesamtbetrag.[459] Dieses System sorgt für viel Flexibilität bei der persönlichen Kinderbetreuung.

b. Besonderheiten des Elternschaftsgeldes – Geschwindigkeitsprämie und Gleichstellungszulage

Eltern können die Auszahlungsmodalitäten des Elternschaftsgeldes durch ihr eigenes Verhalten beeinflussen.

Die „Geschwindigkeitsprämie“ erlaubt es Müttern, die innerhalb einer gewissen Zeit ein weiteres Kind bekommen, dieselbe Leistung, wie für ihr davor geborenes Kind in Anspruch zu nehmen, auch ohne zwischen den Geburten arbeiten zu gehen. Voraussetzung ist, dass innerhalb von 30 Monaten nach der Geburt des letzten Kindes, ein weiteres Kind geboren wird. Folge ist, dass man für das zweite Kind genauso viel Elterngeld erhält wie für das Erstgeborene. Hintergrund dieser Regelung ist, dass viele schwedische Frauen ihre Arbeitszeit nach der Geburt eines Kindes reduzieren. Da sich das Elternschaftsgeld am vorherigen Einkommen orientiert, würden die Zahlungen für das später geborene Kind geringer ausfallen. Die Geschwindigkeitsprämie kann dies verhindern. Zudem kann sie dazu beitragen, Frauen nach

---

458 Zum Ganzen: COM: Vergleichende Tabellen/Sozialschutzsysteme; COM: Ihre Rechte der Sozialen Sicherheit in Schweden, S. 13 f.; Schmid, S. 233; Martinek, S. 8.

459 Zum Ganzen: COM: Ihre Rechte der Sozialen Sicherheit in Schweden, S. 13 ff.

der Familiengründung schnell wieder in den Arbeitsmarkt einzugliedern. Dadurch werden weitere familiär bedingte Berufsunterbrechungen vermieden.

Des Weiteren bietet der „Gender Equality Bonus“ den Eltern einen Anreiz, das Elternschaftsgeld möglichst gleichmäßig untereinander aufzuteilen. Eltern, die die Elternzeit zu gleichen Teilen in Anspruch nehmen, bekommen den höchsten Bonus. Bedingung ist, dass ein Elternteil arbeitet, während der andere in Elternzeit ist. Die Gleichstellungszulage von 50 SEK (= ca. 5,44 Euro) wird pro Person und Bezugstag gewährt. Der Höchstbetrag für beide Eltern zusammen mit einem Kind liegt bei 13.500 SEK (= ca. 1.468 Euro).[460]

c. *Elternschaftsversicherung - Kindergeld*

Bis zum 16. Lebensjahr des Kindes besteht Anspruch auf reguläres Kindergeld. Danach kann bis zum 20. Lebensjahr ein vergleichbar hohes Studiengeld gewährt werden, wenn das Kind sich noch in der Ausbildung befindet. Pro Kind und Monat werden 1.050 SEK steuerfrei ausbezahlt (= ca. 112 Euro). Einkommen der Eltern und Alter der Kinder spielen für die Höhe des Kindergeldes keine Rolle. Schweden honoriert jedoch Mehrkindfamilien mit einer von der Kinderzahl abhängigen Zulage. Eine Familie mit fünf Kindern erhält in Schweden 8.114 SEK [5x1.050 SEK plus 2.864 Zulage] (= ca. 867 Euro) Kindergeld.[461] In Deutschland erhält eine Familie mit fünf Kindern dagegen 988 Euro Kindergeld (§ 6 BKGG).

Kinder	**1**	**2**	**3**	**4**	**5**
Schweden	112 Euro	240 Euro	401 Euro	621 Euro	867 Euro
Deutschland	184 Euro	368 Euro	558 Euro	773 Euro	988 Euro

(Kindergeldzahlungen in Schweden und Deutschland im Vergleich- eigene Darstellung)

d. *Gesetzliche Rentenversicherung*

Die gesetzliche Rente in Schweden lässt sich in zwei Segmente aufteilen, die Garantierente und die entgeltbezogene Rente.

460 Zum Ganzen: BMFSFJ: Wohlfahrtsstaatliche Einflussfaktoren auf die Geburtenrate in europäischen Ländern, S. 22; COM: Vergleichende Tabellen/Sozialschutzsysteme, Försäkringskassan: Über die Sozialversicherung, S. 8.

461 Zulage ab dem zweiten Kind: mtl. 150 SEK (ca. 16 Euro), ab dem dritten 604 SEK (= ca. 64 Euro), ab dem vierten Kind 1.614 SEK (= ca. 172 Euro), für das fünfte und jedes weitere Kind Zulage in Höhe von 2.864 SEK (= ca. 306 Euro): Försäkringskassan: Child allowance and large family supplement, S. 1 f.

aa. Die Garantierente

Die Garantierente soll eine einheitliche, steuerfinanzierte Grundsicherung für diejenigen gewährleisten, deren vorangegangene Erwerbstätigkeit nicht dazu ausreicht, im Alter eine einkommensabhängige Rente zu erlangen. Einzige Voraussetzung für den Bezug ist ein mindestens dreijähriger Wohnsitz in Schweden. Es erfolgt keine Unterscheidung zwischen Arbeitnehmern und Selbständigen.[462] Die einkommensabhängige Rente kann insbesondere dann entfallen, wenn der Betroffene nicht genug Einkommen erzielt, um die dafür vorgeschriebene Bemessungsgrenze zu erreichen.[463]

Die Höhe der Garantierente beläuft sich jährlich auf das 2,13-fache des Grundbetrags für Unverheiratete (ca. 10.284 Euro), bzw. das 1,9-fache des Grundbetrags für Verheiratete (ca. 9.173 Euro). Um den vollen Betrag zu erhalten, muss der Berechtigte zwischen dem 25. und 64. Lebensjahr 40 Jahre in Schweden gewohnt haben. Für jedes fehlende Jahr wird 1/40 des Rentenanspruchs abgezogen. Zudem wird die Garantierente proportional zur Höhe der entgeltbezogenen Rente reduziert. Für diejenigen, die keinen Anspruch auf die Garantierente haben, gibt es eine Unterhaltsbeihilfe für Ältere.[464]

bb. Entgeltbezogene Rente

Die entgeltbezogene Rente ist als zusätzliches Versorgungssystem anzusehen. Diese Rente steht ebenfalls sowohl Selbständigen als auch Arbeitnehmern offen und wird paritätisch durch Beiträge von Arbeitgebern und Arbeitnehmern finanziert. Die Rentenhöhe bemisst sich nach dem Grundsatz der Berücksichtigung des Lebenserwerbseinkommens.[465] Eine Mindestversicherungszeit gibt es nicht. Das Renteneintrittsalter ist flexibel gestaltet. Es liegt zwischen dem 61. und dem 67. Lebensjahr. Ein vorgezogener Renteneintritt ist nicht möglich. Daneben existieren jedoch auch noch eine entgeltbezogene Zusatzrente sowie eine kapitalgedeckte Zusatzrente.[466]

cc. Kindererziehungszeiten

Obgleich grundsätzlich jeder Einzelne für den Aufbau seiner Rentenanwartschaften einer eigenen Berufstätigkeit nachgehen soll, erkennt das schwedische System an, dass die Familiengründung unvermeidbare Erwerbsunterbrechungen zur Folge haben kann. Deshalb können zum Teil auch Zeiten der Berufsunterbrechung zu Rentenanwartschaften führen. Die Rentenansprüche werden dann anhand eines fiktiven Einkommens, den sog. rentenwirksamen Beiträgen, errechnet.[467]

---

462 COM: Ihre Rechte der Sozialen Sicherheit in Schweden, S. 21.
463 COM: Vergleichende Tabellen/Sozialschutzsysteme.
464 COM: Ihre Rechte der Sozialen Sicherheit in Schweden, S. 23, 34.
465 COM: Ihre Rechte der Sozialen Sicherheit in Schweden, S. 21; Schmid, S. 229.
466 COM: Vergleichende Tabellen/Sozialschutzsysteme.
467 COM: Ihre Rechte der Sozialen Sicherheit in Schweden, S. 22.

Für eine Anrechnung von Kindererziehungszeiten muss die betreffende Person lediglich kleine Kinder haben. Sie muss nicht zwangsweise zu Hause bleiben. Berücksichtigungsfähig sind die ersten vier Lebensjahre eines Kindes, aber immer nur für ein Kind gleichzeitig. Die Anrechnung erfolgt pro Jahr und nur für ein Elternteil. Im Unterschied zu Deutschland erhält nicht vorwiegend die Mutter die Erziehungszeit angerechnet, sondern grundsätzlich derjenige, der weniger rentenwirksames Einkommen erzielt.

Die Berechnung der Rente wegen Kindererziehungszeiten kann anhand von drei Methoden erfolgen. Die zuständige staatliche Stelle wählt automatisch die günstigste Methode aus. Die Alternativen sollen die Wahlfreiheit sicherstellen. Sie sollen zwar diejenigen schützen, die für die Kinderbetreuung zu Hause bleiben möchten, aber diejenigen, die arbeiten wollen, nicht zwingen, darauf zu verzichten. Wahlweise kann ein Ausgleich der Differenz des Verdienstes der Eltern vor und nach der Geburt gewählt werden. Dies ist für den Fall, dass der besser verdienende zu Hause bleiben will, die beste Option. Weiterhin kann ein Vergleich des Einkommens während der Kindererziehungszeit mit 75 Prozent des Durchschnittseinkommens erfolgen. Dies ist die beste Option für Bezieher geringer Einkünfte, die zu Hause bleiben möchten. Als letzte Alternative kann ein Zuschuss in Höhe des jeweils geltenden Einkommensgrundbetrages gewählt werden. Dies stellt normalerweise die beste Option dar, wenn ein Elternteil während der Erziehungszeit weiterhin arbeiten gehen möchte.[468]

dd. Witwen-/Witwerrente - Anpassungsrente

Eine Witwen-/Witwerrente existiert in Schweden nicht mehr. Der überlebende Ehegatte kann jedoch einen Anspruch auf die sog. Anpassungsrente haben. Dafür muss er unter 65 Jahre alt sein und mit einem unter 18 Jahre alten Kind zusammenleben oder mit dem Verstorbenen mindestens fünf Jahre ununterbrochen in einem gemeinsamen Haushalt zusammengelebt haben. Je nach Fall wird entweder die garantierte Anpassungsrente aus den Mitteln der Garantierente gewährt oder die einkommensbezogene Anpassungsrente. Für die garantierte Anpassungsrente ist notwendig, dass der Verstorbene mindestens drei Jahre in Schweden gewohnt hat. Die volle Rente wird nur bei 40-jährigem Wohnsitz gewährt (andernfalls Abschlag von 1/40 pro fehlendes Jahr). Die einkommensbezogene Anpassungsrente kommt hingegen zum Tragen, wenn der Verstorbene Anwartschaften im entgeltbezogenen Alterssystem erworben hat.

Die Anpassungsrente soll keine dauerhafte Absicherung bieten. Sie wird zunächst nur für 12 Monate gewährt. Eine Verlängerung ist möglich, wenn unter 18-jährige Kinder im Haushalt des Anspruchsstellers leben. Die Rente wird mindestens so lange gewährt, bis das jüngste Kind 12 Jahre alt ist. Ein Hinterbliebener, der keine mehr versorgen muss, erhält die Unterstützung nur für 12 Monate. Danach muss er

468 Zum Ganzen: Kellner, S. 43 f.

sich entweder wieder durch eigene Einkünfte versorgen, oder auf die allgemeinen staatlichen Sicherungssysteme zurückgreifen.

Die Höhe der einkommensbezogenen Anpassungsrente beträgt 55 Prozent der fiktiven Altersrente des Ehegatten. Die garantierte Anpassungsrente entspricht der Höhe nach der allgemeinen Garantierente.[469]

V. Nacheheliche Ausgleichssysteme

Nach der Scheidung kann in Schweden ein Anspruch auf Unterhalt und/oder Vermögensaufteilung bestehen.

1. Unterhalt

a. Während der Ehe

Bei bestehender Ehe unterstellt das schwedische Recht, dass beide Ehegatten nach ihrem besten Können die Verantwortung für ihre wirtschaftlichen Verhältnisse und für die Haushaltsführung übernehmen. Dabei geht es davon aus, dass derjenige, der leistungsfähiger ist, auch mehr beitragen soll. Ein Ehegatte soll nur dann wirtschaftliche Verantwortung für den anderen übernehmen, wenn dessen Beiträge nicht zur Deckung seines persönlichen Bedarfs und für die von ihm üblicherweise zu erledigenden und zum Familienunterhalt gehörenden Zahlungen ausreichen. Der Gesetzgeber erwartet, dass die Ehegatten ihr Eheleben einverständlich und gleichberechtigt regeln. Hausarbeit wird indes als gleichberechtigter Beitrag zum Unterhalt angesehen.[470]

Beide Ehegatten trifft eine Erwerbsobliegenheit. Diese ist unerlässliche Voraussetzung für die Befähigung, wirtschaftlich gleichberechtigt zum Familienunterhalt beizutragen. Wie die Ehegatten die beiderseitigen Unterhaltsbeiträge aufteilen, ist ihnen überlassen.[471] Da das schwedische Recht jedoch grundsätzlich individualistisch gestaltet ist, werden regelmäßig beide Ehegatten an einer eigenen Erwerbstätigkeit interessiert sein. Diese bietet die einzige Möglichkeit, sich eine eigenständige Rente und eventuell eine Existenzsicherung für den Scheidungsfall aufzubauen.

b. Nach Scheidung

Nach der Scheidung gilt die Grundregel der uneingeschränkten Erwerbsobliegenheit: Jeder Ehegatte hat sich grundsätzlich selbst zu versorgen (6 kap. 1 S. 1 ÄktB). Von den Geschiedenen wird erwartet, dass sie sich ernstlich und nachhaltig bemühen, voll

---

469 Zum Ganzen: COM: Ihre Rechte der Sozialen Sicherheit in Schweden, S. 24 f.

470 Firsching-Ausländisches FamR: Schweden, Rn. 9.

471 Eine gegenseitige Unterhaltspflicht besteht auch bei Getrenntleben der Ehegatten, z. B. bei laufender Bedenkzeit während eines Scheidungsverfahrens, Firsching-Ausländisches FamR: Schweden, Rn. 9.

am Erwerbsleben teilzunehmen. Kinderbetreuungsaufgaben werden in Schweden im Allgemeinen nicht als Hinderungsgrund für die Teilnahme am Erwerbsleben gesehen. Grund hierfür ist mitunter die gut ausgebaute Betreuungsinfrastruktur.

Nachehelicher Unterhalt wird nur ausnahmsweise gewährt und auch nur für eine kurze Übergangszeit. Er ist von der Leistungsfähigkeit des anderen Ex-Ehegatten abhängig. Der Unterhaltsanspruch soll dem Bedürftigen eine Umstellungszeit einräumen, in der er durch Ausbildung oder Umschulung die Befähigung erlangen kann, eigenes Einkommen zu erwerben oder seine bestehende Einkommenssituation zu verbessern. Die Dauer der angemessenen Umstellungsperiode ist einzelfallabhängig.

Ein über diese Übergangsperiode hinausgehender Unterhaltsanspruch wird nur in besonderen Ausnahmesituationen gewährt, etwa wenn der Bedürftige nach Auflösung einer langen Ehe Schwierigkeiten hat, sich selbst zu versorgen oder andere beträchtliche Gründe bestehen, die einen Unterhaltsanspruch über die Übergangsperiode hinaus rechtfertigen (6 kap. 7. Abs. 2, 3 ÄktB). Die Gerichte gehen restriktiv mit dieser Verlängerungsmöglichkeit um. Sie wurde etwa durch den Höchsten Schwedischen Gerichtshof bei einer 27 Jahre dauernden Ehe zuerkannt, bei der die Bedürftige bereits das 50. Lebensjahr vollendet hatte und während der Ehe größtenteils als „Heimarbeiterin“ tätig war. Bei der Frage, ob nachehelicher Unterhalt zu gewähren ist, spielt für die Gerichte auch eine Rolle, ob der geschiedene Ehegatte den Unterhalt für die Schaffung von eigenen Rentenansprüchen benötigt.[472]

Das schwedische Unterhaltsrecht weist demnach große Ähnlichkeiten mit dem deutschen Recht auf. Während der Ehe wird ein gegenseitiges Einstehen je nach persönlichen finanziellen Möglichkeiten erwartet. Ebenso wie in Deutschland kann dort der Unterhalt auch durch Hausarbeit geleistet werden. Der nacheheliche Unterhalt ist grundsätzlich strikt am Grundsatz der Eigenverantwortlichkeit ausgerichtet. Ein Unterhaltsanspruch bildet die Ausnahme. Für die ausnahmsweise Verlängerung des Unterhaltsanspruchs spielen ähnliche Gründe eine Rolle wie in Deutschland. Die Rechtsprechung des Höchsten Schwedischen Gerichtshofs verdeutlicht, dass auch in Schweden die Dauer der Ehe und die in der Ehe praktizierte Rollenaufteilung den Unterhaltsanspruch beeinflussen. Insoweit kann festgestellt werden, dass sowohl ehebedingte Nachteile als auch eine nacheheliche Solidarität für die Verlängerung des Unterhaltsanspruchs maßgeblich sind. Die schwedische Rechtsprechung ist jedoch noch strenger als die deutsche, da sie Kindererziehung regelmäßig nicht als Hinderungsgrund für die Erwerbstätigkeit des Erziehenden anerkennt. Zudem ist der nacheheliche Unterhalt grundsätzlich befristet. Im Unterschied zum deutschen Recht dürfen die schwedischen Gesetze die strengen Anforderungen an eine eigenverantwortliche Existenzsicherung aber auch tatsächlich stellen, denn das Land ermöglicht eine egalitäre Teilhabe beider Ehegatten am Erwerbsleben, auch wenn sie Kinder haben. Das gut ausgebaute Ganztagsbetreuungsangebot ermöglicht den Müttern, einer langen Teilzeitarbeit oder einer Vollzeitberufstätigkeit nachzugehen und somit ihre individuelle Existenzsicherung auch nach einer Familiengründung

472 Zum Ganzen: Firsching-Ausländisches FamR: Schweden, Rn. 18.

weitestgehend beizubehalten. Dass das schwedische Recht dem nachehelichen Unterhalt die beiderseitige Erwerbsteilhabe zugrundelegt, ist daher nur konsequent. In Deutschland fehlt es bislang an dieser Stimmigkeit.

2. (Nach-)Eheliches Güterrecht

Sofern die Ehegatten nichts anderes durch Ehevertrag vereinbart haben, ist der gesetzliche Güterstand in Schweden die sogenannte „Giftorättsgods-Gemeinschaft". Danach bestehen während der Ehe zwei getrennte Vermögenssphären. Jeder Ehegatte behält sein Eigentum (inklusive Schulden) und verwaltet dieses auch selbst (1 kap. 3 ÄktB). Die Heirat ändert nichts an den vor der Ehe bestehenden Eigentumsverhältnissen. Auch das während der Ehe erworbene Eigentum bleibt in der Sphäre desjenigen, der es erwirbt. Derjenige, dessen Geld zum Erwerb eingesetzt wird, wird Eigentümer des Erworbenen.[473] Dies führt zunächst dazu, dass der haushaltsführende Ehegatte keine Möglichkeit hat, eigenes Eigentum zu erwerben. Dieses Ungleichgewicht wird jedoch bei Ehescheidung korrigiert. Die eigentliche Bedeutung des gesetzlichen Güterstandes realisiert sich erst bei Scheitern der Ehe: Sämtliches Vermögen, dass die Ehegatten mit in die Ehe bringen, erlangt den Status von „Giftorättsgods" (Heiratsrechtsgüter). Durch den gesetzlichen Güterstand erlangt jeder Ehegatte ein Forderungsrecht in das Eigentum des anderen. Ihm steht ein Anspruch auf die Hälfte des dem anderen Ehegatten gehörenden Eigentums zu. Deshalb ist bei Eheauflösung folgendermaßen zu verfahren:

Zunächst ist das Eigentum jedes Ehegatten abzüglich Schulden zu ermitteln. Der verbleibende Rest ist dann mit demjenigen des anderen Ehegatten zu addieren. Diese Summe ist anschließend hälftig unter den Ehegatten aufzuteilen. Dieses Verfahren (sog. „bodelning") ist bei Scheidung oder Tod eines Ehegatten durchzuführen und kann auch noch während der Ehe vollzogen werden. Das schwedische Recht geht sogar davon aus, dass die Ehegatten ihr Vermögen selbst (unter Einhaltung bestimmter Formvorschriften) gemäß dem gesetzlichen Leitbild einvernehmlich auseinandersetzen. Dabei können die Ehegatten auch übereinstimmend vom Grundprinzip der hälftigen Auseinandersetzung abweichen. Die Eheauflösung muss für die Teilung nicht abgewartet werden.

Von der Halbteilung kann jedoch auch durch richterliche Entscheidung abgewichen werden. Dies ist möglich, wenn die hälftige Teilung der Güter vor dem

473 Firsching-Ausländisches FamR: Schweden, Rn. 10. Zum Schutz der Familienangehörigen existieren Verfügungsbeschränkungen. Jeder Ehegatte haftet z. B. nur für eigene Schulden, nicht aber für die des anderen. Eine rechtsgeschäftliche Verpflichtung bindet nur den, der sie eingegangen ist. Eine Ausnahme kann jedoch gemacht werden, wenn der andere Ehegatte aufgrund Krankheit oder Abwesenheit nicht in der Lage ist, seine Angelegenheiten selbst wahrzunehmen. Auch der Verkauf der Ehewohnung, die Vermietung oder Nutzungsüberlassung oder Belastung und Verpfändung derselben bedarf stets der Zustimmung des anderen Ehegatten, unabhängig vom rechtlichen Status der Wohnung (7 kap. 5 ÄktB).

Hintergrund der Ehedauer, der wirtschaftlichen Verhältnisse der Ehegatten oder übriger Umstände des Einzelfalls unbillig wäre (12:1 ÄktB: sog. asymmetrische Güterteilungsregelung).

Auch ist eine Abweichung vom gesetzlichen Güterstand durch Ehevertrag möglich. Es kann vereinbart werden, dass bestimmte Vermögensgegenstände oder sogar das gesamte Eigentum eines oder beider Ehegatten zu alleinigem Eigentum (Vorbehaltsgut) werden, also von der Teilung ausgenommen sein sollen. Häufig schließen die Ehegatten nur vereinzelte Gegenstände (wie etwa ein mit in die Ehe gebrachtes Grundstück oder eine Unternehmensbeteiligung) von der Teilung aus, während der Rest der „giftorätts-Gemeinschaft" unterfallen soll.[474]

Das schwedische System, das als „aufgeschobene" Errungenschaftsgemeinschaft bezeichnet werden kann,[475] hat im Vergleich zur deutschen Zugewinngemeinschaft drei entscheidende Unterschiede. Es ermöglicht eine dingliche Teilhabe an den Gütern des anderen Ehegatten, es wird nicht nur der ehezeitliche Zugewinn ausgeglichen und es ist eine Abweichung vom Halbteilungsgrundsatz aus Gründen der allgemeinen Billigkeit möglich. Gleichzeitig hat es jedoch auch den Vorteil, dass jeder Ehegatte während der Ehe eigenes Vermögen aufbauen und verwalten kann. Bei Scheidung wird das gesamte vorhandene Vermögen jedoch wie gemeinschaftliches Vermögen behandelt.

Die Konsequenz der schwedischen Gesetzgebung wird erst auf den zweiten Blick deutlich. Die Güterteilung geht wegen der hälftigen Teilung des gesamten (auch voreheliche) Vermögens der Ehegatten sogar noch über die Teilungsanordnung der deutschen Zugewinngemeinschaft hinaus. Vor dem Hintergrund des ansonsten stringent an dem Grundsatz der Eigenverantwortlichkeit orientierten Rechts wirkt diese Teilungsanordnung systemwidrig. Die Korrekturmöglichkeit für unbillige Teilungsergebnisse revidiert jedoch diese Unstimmigkeit. In Übereinstimmung mit dem nachehelichen Unterhaltsrecht fließen ehebedingt entstandene Vermögensnachteile sowie eine möglicherweise durch die Ehedauer gewachsene nacheheliche Solidarität in die Entscheidung über die Vermögensteilung ein und können zu einer Kürzung der Ausgleichssumme führen.

3. Versorgungsausgleich

Da der schwedische Gesetzgeber davon ausgeht, dass beide Ehegatten gleichberechtigt am Erwerbsleben teilnehmen und damit beide ihre eigenen Rentenanwartschaften erwerben, sieht er keinen Bedarf für ein dem Versorgungsausgleich entsprechendes Rechtsinstitut. Die einzige Möglichkeit an den Rentenansprüchen des Partners zu partizipieren, besteht in Ausnahmefällen bei der Güterteilung. Die staatliche Rente oder Betriebsrenten sind der Teilung grundsätzlich nicht unterworfen. Eine Ausnahme wird jedoch für individuelle private Rentensparverträge

474 Zum Ganzen: Firsching-Ausländisches FamR: Schweden, Rn. 20.
475 BT Drucks 17/6240, S. 67.

gemacht. Diese sind bei der Güterteilung angemessen zu berücksichtigen. Die Frage nach einer zumutbaren Rentenvorsorge kann auch im Rahmen des nachehelichen Unterhalts berücksichtigt werden.[476]

VI. Fazit

Infolge der obigen Ausführungen ist festzustellen, dass die verschiedenen Elemente des schwedischen Systems gleichstellungsförderlich zusammenwirken. Das Prinzip der Erwerbsgesellschaft gilt beinahe uneingeschränkt und wird dem Prinzip der ehelichen Solidarität regelmäßig vorgezogen. Hierfür setzt das schwedische System entsprechende Anreize. Während der Ehe wird zwar von den Partnern gegenseitiges Einstehen erwartet, allerdings nicht ohne gleichzeitig eine beiderseitige Erwerbsobliegenheit anzuordnen. Auch in Schweden wird im Regelfall kein Einkommen (mehr) gezahlt, das einen Alleinverdiener dazu befähigen würde, die ganze Familie zu unterhalten.[477] Zudem ist das schwedische System derart individualisiert, dass ein langer Erwerbsausstieg für die eigene Existenzsicherung eigentlich nicht zu verantworten ist.

Schweden hat erkannt, dass eine Mobilisierung der weiblichen Arbeitskräfte nur mithilfe einer Abkehr von der Hausfrauenehe in Kombination mit einer besseren Vereinbarkeit von Beruf und Familie erfolgen konnte. Das impliziert zwar, dass die Betreuungsaufgaben auch in Schweden vornehmlich dem weiblichen Geschlecht zugeordnet werden, der Gesetzgeber zeigt jedoch große Bemühungen, auch Männer stärker in die Erziehungsaufgaben einzubeziehen („Papa-Monate", Gleichstellungszulage). Auch wenn in Schweden ebenfalls ein Gender Pay Gap ausgemacht werden kann, fällt dieser nicht so gravierend aus wie der deutsche.

Positiv ist auch zu verzeichnen, dass die Kinderbetreuung dem öffentlichen Sektor zugeordnet wird. Der Staat nimmt mithilfe von Ganztagsbetreuungsangeboten sowohl eine Bildungs- als auch eine Erziehungsfunktion ein. Die Betreuung ist derart hochwertig ausgestaltet, dass sie bestmöglichen Ersatz für die Betreuungsleistung der Eltern zu bieten vermag. Zudem ist die außerhäusliche Betreuung von Kleinkindern gesellschaftlich eine Selbstverständlichkeit. Die verhältnismäßig geringen Gebühren ermöglichen eine Teilhabe für Kinder aus sämtlichen Gesellschaftsschichten. Dadurch kann auch das vergleichsweise geringe Kindergeld verschmerzt werden. Die gute Betreuung erlaubt es den Müttern „guten Gewissens" einer Erwerbstätigkeit nachzugehen und damit ihre finanzielle Unabhängigkeit zu bewahren.

Die Hausfrauenehe wird aus Gleichstellungsgesichtspunkten nicht als Option anerkannt. Eine Berufsunterbrechung/-einschränkung wird, wenn überhaupt, nur vorübergehend und längstens bis zum achten Lebensjahr des jüngsten Kindes akzeptiert. Schweden setzt Anreize, Berufsunterbrechungen möglichst kurz zu halten. Längerfristige Beurlaubungen sind finanziell unattraktiv. Außerdem bestehen

---

476 Zum Ganzen: Firsching-Ausländisches FamR: Schweden, Rn. 21.

477 Berghahn/Wersig, S. 326.

verschiedene Optionen, die Berufstätigkeit nur teilweise einzuschränken. Eine 25-prozentige Einschränkung ist sogar ohne Inanspruchnahme von Elternschaftsgeld möglich. Eine Rückkehr in die Erwerbstätigkeit in vormals ausgeübtem Umfang ist selbstverständlich und wird auch erwartet.

Erfreulich ist auch, dass die Pflicht zur Gleichstellung von Frauen in der Privatwirtschaft gesetzlich verankert ist. Das Auffangnetz für Arbeitslose ist grundsätzlich ebenfalls individuell ausgestaltet und fördert den Wiedereinstieg für beide Geschlechter in gleichem Umfang. Die einzige Ausnahme bildet die Sozialhilfe, die auch eine Anrechnung von Partnereinkommen vorsieht. Diese greift jedoch erst als letzte Instanz. Im Idealfall sollen die Arbeitslosen schon vorher auf den Arbeitsmarkt zurückvermittelt werden. Die Abhängigkeit vom Partner kann hier als Druckmittel verstanden werden, sich ernsthaft um die eigenständige Existenzsicherung zu bemühen.[478]

Die nachehelichen Ausgleichssyteme entsprechen ebenfalls dem Prinzip der individuellen Existenzsicherung. Da grundsätzlich davon ausgegangen wird, dass die Ehegatten ihren Unterhalt eigenständig bestreiten können, hängen Unterhalt und der Vermögensausgleich nach der Scheidung maßgeblich von dem Eintritt ehebedingter Nachteile ab. Der Solidaritätsgedanke kommt jedoch teilweise auch noch zum Tragen, wenn eine andere Beurteilung unbillig wäre. Letztlich ist alles eine Frage des Einzelfalls. Für die Beurteilung ehebedingter Nachteile sind ähnliche Kriterien maßgeblich wie in Deutschland. Im Unterschied zu Deutschland setzt Schweden jedoch das Zweiverdiener-Modell voraus. Deshalb kann das Gericht bei der Prüfung der Unbilligkeit strengere Maßstäbe anlegen. Ein längerer Unterhaltsanspruch, bzw. die hälftige Teilung des Vermögens, werden deshalb in Schweden auch in der Realität seltener sein. Deutschland weist jedoch noch erhebliche Mängel für die Erwerbsfähigkeit von Müttern auf. Vor diesem Hintergrund kann das Regel-Ausnahme-Verhältnis des schwedischen Unterhaltsrechts (kein Unterhaltsanspruch/hälftiger Vermögensausgleich ist die Regel) nicht auf Deutschland übertragen werden.

Ferner ist kein Versorgungsausgleich vorgesehen. Grundsätzlich nicht einmal bei einem Todesfall. Die Anpassungsrente kann in diesem Zusammenhang quasi als „Starthilfe" für einen Berufs(wieder)einstieg verstanden werden.

Nach alledem kann dem schwedischen Rechtssystem eine Vorbildfunktion für Deutschland nicht abgesprochen werden. Eine uneingeschränkte Übertragung ist zwar unrealistisch. Schweden hat in seiner Entwicklung schon einige Jahrzehnte Vorsprung und kann bereits entsprechende Rahmenbedingungen für eine eigenständige Existenzsicherung aller Erwachsenen vorweisen.[479] Dennoch kann es eine richtungsweisende Funktion für Deutschland einnehmen, insbesondere was die Eingliederung von Müttern in das Erwerbsleben betrifft.

478 Martinek, S. 15.
479 Berghahn/Wersig, S. 327.

I. Gleichstellung in Frankreich

Auf den ersten Blick differiert der französische Wohlfahrtstaat in wirtschaftlicher, politischer und institutioneller Hinsicht kaum von dem deutschen. Ebenso wie Deutschland wird Frankreich dem konservativen Wohlfahrtstaatenmodell zugeordnet. Das französische Modell birgt jedoch eine Reihe von Besonderheiten.[480] Die Vereinbarkeit von Familie und Vollzeitbeschäftigung gelingt den Französinnen besser. Die Frauenerwerbstätigenquote ist mit 66,2 Prozent niedriger als die deutsche.[481] In Vollzeitäquivalenten hat Frankreich mit 58,5 Prozent jedoch die Nase vorn.[482] Auch im Bereich von Gehalt und Karriere ist Frankreich im Vorteil. Der Gender Pay Gap ist mit 15,3 Prozent deutlich niedriger als der deutsche, und auch in Führungspositionen sind Frauen häufiger vertreten.[483] Zudem wurde eine Frauenquote für Führungskräfte in französischen Unternehmen eingeführt. Die regierungsbeauftragte Frauenexpertin spricht von einer „Revolution“.[484]

Französischen Müttern wird ein größerer Gestaltungsspielraum bei der Vereinbarkeit von Familie und Beruf zugestanden, während die deutschen Mütter sich gezwungenermaßen zwischen Familie und Beruf entscheiden müssen. Nicht nur familienpolitische Maßnahmen, sondern auch Vorschriften in anderen Politikbereichen tragen dazu bei, dass auf die Belange von Frauen und Familien größere Rücksicht genommen wird. Die Gleichstellung der Geschlechter sowie die Vereinbarkeit von Familie und Beruf werden als eng miteinander verzahnte Bereiche verstanden. Zudem sieht der französische Staat die Geschlechtergleichstellung als Querschnittsthema an, das sich durch alle Politikbereiche zieht. Die bessere Vereinbarkeit von Familie und Beruf ist auf ein Zusammenwirken verschiedener institutioneller Bereiche zurückzuführen.[485]

I. Historischer Überblick

Der französische Wohlfahrtsstaat wird in der Sozialwissenschaft wegen seiner gemäßigten Orientierung am Ernährermodell als abgeschwächtes/moderates Modell bezeichnet, während der deutsche als „stark konservatives“ Modell eingeordnet wird.[486] Die Entstehung der institutionellen Unterschiede soll hier zunächst veranschaulicht werden.

480 Schmid, S. 164 f.
481 COM: Erwerbstätigenquote nach Geschlecht.
482 COM: Female labour market participation, S. 11.
483 COM: Gender pay gap in unadjusted form.
484 FAZ (15.01.2011): Frankreich: Frauenquote für Unternehmen.
485 Luci, S. 3.
486 Schmid, S. 161; Mühling/Schwarze, S. 45.

Wie in Deutschland stellte sich im 19. Jahrhundert die soziale Frage. Der französische Staat nahm diese zum Anlass, die ersten familienpolitischen Maßnahmen auf betrieblicher Ebene zu ergreifen. Die Betriebe richteten Familienkassen ein, bei denen kinderreiche Industriearbeiter Lohnzuschläge erhielten. Die Dritte Republik (1871–1940) sah zudem eine Notwendigkeit, die katholische Kirche zurückzudrängen, auch aus der Schulpolitik. Es herrschte die Ansicht, dass die staatliche Schule gute Republikaner erziehen könne. Um den Einfluss der katholischen Mütter auf die Kinder möglichst gering zu halten, sollte die Schulbildung fortan möglichst früh einsetzen und mit einem langen Schultag einhergehen. Seither bleiben der Familie nur noch die für etwaigen Religionsunterricht frei gehaltenen Mittwochnachmittage und die langen Sommerferien. Anlässlich dieser Schulpolitik orientierten sich die Mütter fortan an einer kontinuierlichen Erwerbstätigkeit.

Familienpolitik und Fertilität stehen in Frankreich in engem Zusammenhang. Das Land galt wegen seiner niedrigen Geburtenrate vor dem ersten Weltkrieg noch als „Hort des Hedonismus" und der mangelnden Opferbereitschaft von Eltern. Inzwischen kann es mit zwei Geburten pro Frau eine der höchsten Geburtenraten in Europa vorweisen.[487] Dies ist dem Ausbau der Familienpolitik, insbesondere der Kinderbetreuungsmöglichkeiten seit den 1920er Jahren, zu verdanken. Die „Deklaration der Rechte der Familie" im Jahr 1920 bildete die Grundlage für die Entwicklung einer staatlichen Familienpolitik. 1939 wurde ein pronatalistisches Rahmengesetz (Code de la famille) als Reaktion auf den Geburtenrückgang erlassen, das unter anderem Geburtenprämien, ein Müttergehalt, eine Unterstützung für kinderreiche Familien und Beihilfen für bedürftige Familien vorsah. Anknüpfend an dieses Gesetz wurden die Transferzahlungen nach dem zweiten Weltkrieg angehoben und an einen Preisindex gekoppelt, um einen Inflationsausgleich zu garantieren. Darüber hinaus wurde 1945 das Familiensplitting eingeführt, von dem insbesondere kinderreiche Familien profitieren. Infolge dieser Maßnahmen stiegen die Familieneinkommen.

Obwohl die Frauenerwerbstätigkeit zwischen 1945 und 1965 zunahm, war - wie in Deutschland auch - die dominante Lebensform in diesen Jahrzehnten die Hausfrauenehe. Erst Mitte der 1960er Jahre erfolgte im Zuge einer Frauenbewegung eine Verschiebung der Leitbilder, die letztendlich dazu führte, dass die nicht berufstätige Hausfrau und Mutter zunehmend verpönt wurde. In der Folge wurde die Kombination aus Mutterschaft und Erwerbstätigkeit zum Ideal. Gleichsam als Nebenerscheinung der weiblichen Emanzipation ging zunächst der Anteil der kinderreichen Familien zurück, weshalb die pronatalistisch eingestellte Regierung wieder Handlungsbedarf sah. In den 1970er Jahren wurde auf den Geburtenrückgang mit einem umfangreichen Maßnahmenkatalog, der sogenannten „Politik des dritten Kindes", einem Ausbau der Kinderkrippen und einer Bezuschussung der außerelterlichen Betreuung reagiert. 1977 wurde schließlich ein zweijähriger Erziehungsurlaub mit Kündigungsschutz eingeführt und der Status „Tagesmutter" offiziell als Beruf anerkannt. In der Folgezeit entwickelte sich die Familienpolitik zu einer Sozialpolitik mit

487 Zum Ganzen: Mühling/Schwarze, S. 66 f.; COM: total fertility rate, 1960–2012.

dem Ziel größerer finanzieller Gerechtigkeit, weshalb eine Vielzahl von bedarfs- und einkommensabhängigen Leistungen eingeführt oder reformiert wurden. Es wurde unter anderem eine Mindestsicherung für Alleinerziehende und eine finanzielle Unterstützung für Scheidungskinder, denen der Unterhalt eines Elternteils fehlt, eingeführt. Zudem wurde der Ausbau qualitativ hochwertiger außerfamiliärer Kinderbetreuung, die den Bedürfnissen von Kleinkindern gerecht wird, zum politischen Ziel deklariert. Diese Bestrebungen haben, ähnlich wie in Schweden, zu einem hohen Qualitätsanspruch für die außerfamiliäre Kinderbetreuung geführt. Generell geht man in Frankreich davon aus, dass die Betreuung und Erziehung durch entsprechend qualifiziertes Personal für die Entwicklung eines Kindes bedeutender ist als die elterliche Sorge.

Kurze Zeit später zwang jedoch die problematische Situation auf dem Arbeitsmarkt die französische Regierung, von ihrem Fokus auf die Betreuungsqualität abzurücken. Fortan konzentrierte sich die Investition in die Kinderbetreuung darauf, diese im Sinne einer möglichst nachhaltigen Beschäftigungspolitik zu verwenden. Angesichts der hohen Arbeitslosenquote widmete sich die Familienpolitik seit 1985 verstärkt dem Ziel, Arbeitsplätze zu schaffen und die Schwarzarbeit zurückzudrängen. Beschäftigungspolitik wurde gewissermaßen als Familienpolitik betrieben. Daher wurde 1987 eine Leistung für Eltern eingeführt, die eine häusliche Betreuungskraft für ihre Kinder unter drei Jahren beschäftigten. Diese Leistung wurde 1994 schließlich verdoppelt und auf Kinder bis zu sechs Jahren ausgeweitet. Darüber hinaus wurde der Steuerfreibetrag für die Absetzbarkeit der Kosten für alle öffentlich registrierten Formen der Kinderbetreuung (auch für Tagesmütter und Kinderfrauen) erhöht und der Status der Tagesmutter noch weiter verbessert. Die Folge war eine vermehrte Inanspruchnahme häuslicher Kinderbetreuung und damit einhergehend die Schaffung zahlreicher neuer Arbeitsplätze für Betreuungspersonen. Diese Entwicklung hat einen positiven Effekt auf die kontinuierliche Berufskarriere qualifizierter Frauen. Dennoch ist sie von einem negativen Beigeschmack begleitet: Bei der massiven Förderung der Fremdbetreuung von kleinen Kindern ist der Qualitätsanspruch aus dem Fokus gerückt, so dass eine Gefährdung der Kindesentwicklung nicht immer ausgeschlossen werden kann. Zudem sind die Arbeitsplätze in der „Betreuungsbranche“ vornehmlich gering entlohnt, befristet und ohne Aufstiegsmöglichkeiten. Die Förderung qualifizierter Frauen geht gleichsam auf Kosten der geringer qualifizierten jungen Frauen, die zunehmend in prekäre und flexible Arbeitsverhältnisse abgedrängt werden. Dies hat eine Verschärfung der sozialen Polarisierung von Frauen zur Folge.[488]

Nichtsdestotrotz hat die Vergangenheit dazu geführt, dass Frankreich heute im europäischen Vergleich die größte Vielfalt familienpolitischer Leistungen und Betreuungsangebote bereithält. Diese können in allgemeine staatliche Leistungen, auf die grundsätzlich alle Familien Anspruch haben, und in Leistungen im Bereich

488 Zum Ganzen: Mühling/Schwarze, S. 67 ff.

der Sozialversicherungssysteme, auf die nur die Versicherten Anspruch haben, unterteilt werden.

II. Einkommensteuerrecht

Das französische Steuersystem sieht eine familienbezogene Steuervergünstigung sowie Freibeträge für die Kinderbetreuung außer Haus oder für die Beschäftigung einer Haushaltshilfe vor.

1. Das Familiensplitting

Frankreich ist das einzige Land in der europäischen Union, das das Modell des Familiensplittings heranzieht, indem es für die Besteuerung den gesamten Haushalt (auch Kinder) berücksichtigt. Dabei ist belanglos, ob die Steuerpflichtigen verheiratet sind oder nicht. Einzige Voraussetzung ist eine bestehende Unterhaltspflicht. Dadurch werden auch Alleinerziehende und zivilrechtliche Partnerschaften[489] erfasst. Für die Einkommensteuerberechnung wird pro Familienmitglied ein Quotient vergeben. Mithilfe des Quotienten („Part") wird aus dem Einkommen aller Familienmitglieder das Durchschnittseinkommen eines jeden Familienmitglieds ermittelt, welches im Anschluss als Besteuerungsgrundlage dient. Ein verheiratetes Paar erhält zwei Part, das heißt, das zu versteuernde Einkommen wird halbiert und gleichermaßen auf beide Personen verteilt. Dadurch mindert sich die Steuerbelastung. Für unterhaltspflichtige Paare ohne Kinder gilt damit faktisch das in Deutschland durchgeführte Ehegattensplitting, allerdings mit geringerem Steuerfreibetrag. Für Paare mit unterhaltsberechtigten Kindern werden – je nach Haushaltstyp - weitere Quoten vergeben: Paare mit Kindern erhalten für die ersten beiden Kinder pro Kind zusätzlich einen Quotienten zu je 0,5, ab dem dritten Kind erhöht sich der Quotient auf eins. Alleinerziehende erhalten hingegen schon für ihr erstes Kind einen ganzen Quotienten, für das zweite hingegen 0,5, für jedes weitere Kind aber wiederum einen ganzen Quotienten. Auf den mithilfe dieser Quotienten errechneten Betrag wird der jeweilige Steuersatz angewendet. Die so ermittelte Steuer wird wiederum mit dem Familienquotienten multipliziert. Allerdings ist der Effekt des Familiensplittings begrenzt.

Der mithilfe der Quotientenbildung ermittelte Endbetrag ergibt die Steuerbelastung des gesamten Haushaltes. Das Steuersystem belohnt insbesondere kinderreiche Paare mit steigendem Einkommen. Die französische Politik ist demnach auch heute noch stark pronatalistisch geprägt. Das Steuersystem hat jedoch den Vorteil, dass

489 Der zivile Solidaritätspakt (pacte civil de solidaritè, PACS) wurde in Frankreich 1999 eingeführt und bietet unverheirateten hetero-/homosexuellen Paaren einen rechtlichen Status. Er kommt nicht nur im Steuerrecht zum Tragen, sondern auch im Mietrecht und im Arbeitsrecht. Näher dazu, vergleichend mit dem deutschen LPartG: Suck, FS 2010, 229.

es die geminderte steuerliche Leistungsfähigkeit durch hinzutretende Unterhaltsberechtigte berücksichtigt.[490]

Ehegatten + 2 Kinder 45.000 Euro Einkommen	*Deutschland*	*Frankreich*	*Familiensplitting für Deutschland*	*Familiensplitting Alleinerziehende +2 Kinder Deutschland*
Familienquotient	-	3	3	2,5
Ehegattensplitting	+	-	-	-
Steuerbelastung in Euro	**6.664 Euro**[491]	**2.283 Euro**[492]	**4.250 Euro**	**5.549 Euro (ohne Splitting: 7.708 Euro)**

Anhand der obigen Zahlen wird deutlich, dass die Steuerlast einer Familie mit zwei Kindern in Frankreich merklich niedriger ist als in Deutschland. Die französische Familie hat (unter Zugrundelegung des französischen Steuersatzes) rund 4.500 Euro mehr im Jahr zur Verfügung. Bei Übertragung des Familiensplittings auf Deutschland könnte die Familie eine Steuerersparnis von rund 2.500 Euro verbuchen. Für Alleinerziehende brächte dies auch eine Ersparnis. Allerdings sollte bei der finanziellen Belastung auch das Kindergeld berücksichtigt werden. Die deutsche Familie würde 4.416 Euro Kindergeld im Jahr erhalten, die französische hingegen nur 1.559,88 Euro. Sofern in Deutschland statt des Kindergeldes der Kinderfreibetrag steuerlich geltend gemacht würde, könnte die Steuerlast der obigen Beispielsfamilie sogar auf 3.091 Euro minimiert werden.[493] Die steuerliche Belastung in Deutschland kommt der französischen sehr nahe. Unter Anwendung des Familiensplittings auf Deutschland wäre die Steuerlast der Familie durch das Kindergeld jedoch vollständig ausgeglichen. Es verbliebe sogar noch ein Plus von 382 Euro. Alleinerziehende wären dagegen nicht vollständig entlastet.

490 Zum Ganzen: Hellio et al., Rn. 156 ff.: Der halbe „Part“ für ein Kind wird bis zu einem Wert von 2.336 Euro berücksichtigt. 5.698 Euro im Jahr können bei getrennter Veranlagung pro volljährigem Kind als Sonderausgabe geltend gemacht werden, wenn das Kind noch Unterhalt bekommt; Mühling/Schwarze, S. 77 f.

491 Beträge für Deutschland entstammen dem Lohn- und Einkommensteuerrechner des BMF.

492 Der Wert wurde einer Infografik des Lohnsteuerhilfevereins entnommen.

493 Beträge für Deutschland entstammen dem Lohn- und Einkommensteuerrechner des BMF.

2. Steuerfreibetrag für die Kinderbetreuung

Erwerbstätigen Eltern steht ein Freibetrag für die Inanspruchnahme außerfamiliärer Kinderbetreuung zu, solange die Kinder noch keine sieben Jahre alt sind. 25 Prozent der Betreuungskosten für eine außerhäusliche Betreuung können von der Steuer abgesetzt werden, maximal aber 2.300 Euro pro Kind und Jahr. Für die Beschäftigung einer Hilfe im eigenen Haushalt können 50 Prozent der Kosten und maximal 6.900 Euro im Jahr abgesetzt werden.[494]

III. Der Arbeitsmarkt

Der hohe Anteil erwerbstätiger Mütter in Frankreich ist eine Konsequenz der sozialstaatlichen Philosophie. Das staatliche Engagement im Bereich der Kinderbetreuung und Familienförderung stößt in Frankreich, wie in Schweden auch, auf breite gesellschaftliche Zustimmung. Keine Lebensform soll bevorzugt werden, denn der Staat hat sich seit den 1970er Jahren der Neutralität verschrieben. Die Entscheidung einer außerhäuslichen Erwerbstätigkeit nachzugehen, wird ebenso respektiert, wie die Entscheidung zu Hause zu bleiben. Sofern Mütter einer Erwerbstätigkeit nachgehen, soll der Staat sie bei der Betreuung unterstützen, sei es durch finanzielle Mittel, Betreuungsangebote oder Elternurlaub. Zudem sieht sich Frankreich als Beschützer der Kindheit und Garant der Chancengleichheit von Kindern. Die Einführung der Vorschule sollte etwa durch frühe kollektive Sozialisation gleiche Ausgangsbedingungen für alle Kinder schaffen, um ihnen eine gesellschaftliche Teilhabe unabhängig von ihrer wirtschaftlichen und sozialen Herkunft zu ermöglichen. Aber auch der demografische Faktor spielt eine entscheidende Rolle bei den Bemühungen, Familien zu fördern und zu entlasten.[495]

Für Frauen und Mütter ist es in Frankreich Tradition, einer Vollzeitbeschäftigung nachgehen. In vielen Familien gehen beide Eltern in Vollzeit arbeiten. Das Nebeneinander von Familie und Beruf ist eine Selbstverständlichkeit und wird gesellschaftlich nicht (auch nicht von der älteren Generation) infrage gestellt. Der deutsche Begriff der „Rabenmutter“[496] ist nahezu allen Franzosen unbekannt, wohl aber das Gegenteil: die „merè poule“, die „Mutterglucke“, die ihre Kinder nicht loslassen will. Das Prestige französischer Mütter ist sogar höher, wenn sie ihren Beruf nicht für ihre Kinder aufgeben möchten. Gleichzeitig wird die starke Rolle des Staates bei der Kindererziehung nicht nur akzeptiert, sondern auch eingefordert. Die Mehrheit der

494 Mühling/Schwarze, S. 78.

495 Letablier/Jönsson, S. 90 ff.

496 Mütter, die sich nicht an die Regel halten, vorrangig für ihre Kinder dazu sein, werden hierzulande, insbesondere in Westdeutschland, noch häufig mit diesem Begriff behaftet, vgl. Hohmann-Dennhardt, FF 2006, 15 (21); dies. FF 2007, 174 (177 f.).

Franzosen misst die Qualität der staatlichen Familienpolitik nicht an der Höhe der Transferleistungen, sondern an der Vereinbarkeit von Familie und Beruf.[497]

Zudem gibt es in Frankreich einen gesetzlich festgelegten Mindestlohn, der von der französischen Regierung anhand der allgemeinen Lohnentwicklung jährlich aktualisiert wird. Seit 2016 beträgt er 9,67 Euro pro Stunde bei einer 35-Stunden-Woche (1.466,62 Euro im Monat).[498] Ein frauendominierter Niedriglohnsektor kann dadurch eingedämmt werden.

1. Elternurlaub

In Frankreich bestehen verschiedene Möglichkeiten, die Erwerbstätigkeit für die Kinderbetreuung einzuschränken oder zu unterbrechen.

Neben dem Mutterschafts-/Vaterschaftsurlaub[499] anlässlich der Geburt eines Kindes ist der daran anschließende Erziehungsurlaub von besonderer Bedeutung.

Eltern können bis zu drei Jahre unbezahlten Erziehungsurlaub nehmen. In dieser Zeit sind sie unkündbar und es besteht ein Wiederbeschäftigungsanspruch auf denselben oder einen gleichwertigen Arbeitsplatz. Auch Fortbildungen während des Erziehungsurlaubs werden unterstützt.[500]

2. Kinderbetreuungsangebot

Das französische Kinderbetreuungsangebot ist vielfältig. Es umfasst Krippen, Einrichtungen zur kurzzeitigen Betreuung, Vorschulen, Kindergärten, Tagesmütter und Kinderfrauen.

a. Krippen

Für die Betreuung von Kleinkindern zwischen zehn Wochen und drei Jahren stehen Kinderkrippen zur Verfügung. Diese sind für die Eltern kostenpflichtig, wobei die Höhe der Beiträge von verschiedenen Kriterien abhängt. Dabei spielt die Art der Krippe, das Haushaltseinkommen und die Zahl der Kinder eine Rolle.[501] Die Öffnungszeiten der Krippen variieren. Die Kinder können bis zu zwölf Stunden am Tag betreut werden. Entsprechend divergieren auch die Preise. Sie liegen in der Regel zwischen 300 und 350 Euro im Monat.[502] Derzeit wird beinahe jedes zweite Kleinkind unter drei

497 Zum Ganzen: Luci, S. 11 f.; Bauer-Haller/Wezel, SM Ba-Wü 2007, 15 (16).

498 Frankreich in Deutschland: Mindestlohn: Der SMIC (Für Jugendliche unter 18 Jahren, Azubis und Praktikanten existieren Sonderregelungen). Schweden hat keinen gesetzl. Mindestlohn.

499 COM: Ihre Rechte der Sozialen Sicherheit in Frankreich, S. 12 f.

500 BMFSFJ: Wohlfahrtsstaatliche Einflussfaktoren auf die Geburtenrate in europäischen Ländern, S. 29; Mühling/Schwarze, S. 83.

501 Mühling/Schwarze, S. 78 f.

502 Luci, S. 17.

Jahren fremdbetreut.[503] Allerdings sind die Krippenplätze regional ungleich verteilt. 45 Prozent der öffentlich betriebenen Krippenplätze befinden sich allein im Großraum Paris.[504] Zudem gibt es in diesem Bereich infolge von Budgetbeschränkungen kaum noch Investitionen, so dass es insbesondere in Ballungszentren für die Eltern immer schwieriger wird, einen Krippenplatz zu bekommen. Dadurch entstehen lange Wartezeiten mit zum Teil undurchdringlichen Vergabepraktiken. Im Übrigen ist kritisch anzumerken, dass Kinder von berufstätigen Eltern bei der Platzvergabe bevorzugt werden, wodurch sich die Jobchancen insbesondere für arbeitslose Alleinerziehende verschlechtern.[505]

b. Einrichtungen zur kurzzeitigen Betreuung

Für Kinder zwischen zwei und sechs Jahren, die nur halbtags oder nur gelegentlich betreut werden müssen, stehen Einrichtungen zur kurzzeitigen Betreuung zur Verfügung. Diese können sowohl öffentlich als auch privat oder innerhalb einer Firma betrieben werden. Die Beiträge richten sich nach dem Einkommen der Eltern und den Betreuungsstunden. Dieses Angebot ermöglicht es unter anderem, die Zeiten vor Öffnung und nach Schließung der Vorschulen zu überbrücken.[506]

c. Vorschule/Kindergarten

Drei- bis Sechsjährige können eine Vorschule besuchen. Darauf besteht ein Rechtsanspruch.[507] Die Vorschule gilt in Frankreich als Teil des öffentlichen Schulsystems und ist kostenlos. Dieses Angebot wird von 99 Prozent der Kinder in Anspruch genommen. Der Besuch einer Vorschule hat sich ebenso wie der spätere Schulbesuch zu einer sozialen Norm entwickelt. Gesellschaftlich wird von den Vorschulen erwartet, dass sie Chancengleichheit für Kinder aus sämtlichen Bildungs- und Einkommensschichten ermöglichen.[508]

Die Öffnungszeiten der häufig an die Schulen angegliederten Einrichtungen ähneln denen der Schulen und liegen zwischen 8:30 und 16:30 Uhr. Zudem haben sie die gleichen schulfreien Tage und Ferienzeiten. Im Schnitt besuchen die Kinder etwa sieben Stunden am Tag die Vorschule. Sollten noch freie Plätze verfügbar sein, werden auch Kinder zwischen zwei und drei Jahren aufgenommen. Nach der Vorschulzeit besuchen die Kinder Ganztagsschulen, in denen vor und nach der eigentlichen Unterrichtszeit Betreuungsangebote bereitgestellt werden.[509]

---

503 OECD: Enrolment in childcare and pre-schools, S. 3 (Zahlen umfassen auch anderweitige Betreuungsangebote wie Tagesmütter, Kinderfrauen, u. a.).
504 Mühling/Schwarze, S. 79.
505 Luci, S. 17.
506 Mühling/Schwarze, S. 79 f.
507 Scheiwe/Schuler-Harms, S. 58.
508 Luci, S. 17 f.; Veil, APuZ 2003, 18.
509 Mühling/Schwarze, S. 80 f.

d. *Tagesmutter/Kinderfrau*

Kinder zwischen zehn Wochen und drei Jahren können auch von einer Tagesmutter betreut werden. Die Kinderbetreuung erfolgt bei der Tagesmutter zu Hause. Eine Tagesmutter, die mehrere Kinder in ihrem Haushalt betreut, kostet in der Regel zwischen 600 und 700 Euro im Monat. Eine Kinderfrau hingegen betreut Kinder verschiedenen Alters im Haushalt ihrer Eltern. Diese Betreuung ist allerdings recht kostspielig (bis zu 2.500 Euro/mtl.), so dass viele Familien dazu übergegangen sind, sich eine Kinderfrau zu teilen.[510]

3. Finanzielle Kompensation für Kinder(betreuungs)kosten

Frankreich zählt in der EU gemeinsam mit Schweden zu den Ländern, in denen sich der Staat am meisten familienpolitisch engagiert. Neben dem Kindergeld existieren z. B. Beihilfen zum Schulbeginn, Leistungen aus der Familienergänzungsbeihilfe, der Geburtsbeihilfe, die Betreuungszulage, das Erziehungsgeld, die Beihilfe für Alleinerziehende, eine Wohnbeihilfe, Invaliditätsbeihilfe, eine Altersvorsorge für Hausfrauen/-männer und das Mindesteinkommen für Familien.[511] Die wichtigsten Beihilfen sind das Kindergeld, das Erziehungsgeld und die Betreuungszulage für die häusliche Kinderbetreuung oder zur Beschäftigung einer Tagesmutter,[512] auf die hier näher eingegangen wird.

a. *Kindergeld*

Die französische Familienpolitik ist traditionell auf die Förderung von Großfamilien ausgerichtet. Die Geburtenförderung steht im Vordergrund.[513] Diese politische Einstellung spiegelt sich auch bei der Bewilligung von Kindergeld wider. Kindergeld wird erst ab dem zweiten Kind gezahlt. Damit nimmt Frankreich in Europa eine einzigartige Rolle ein.[514] Ab dem zweiten Kind erhalten die Eltern ein monatliches Kindergeld in Höhe von 129,99 Euro und für jedes weitere Kind jeweils 166,55 Euro. Ab dem 14. Lebensjahr steigt die Leistung pro Kind um 64,99 Euro. Von dieser Regelung ist jedoch in Familien mit weniger als drei Kindern das erste Kind ausgenommen. Anspruchsberechtigt sind alle Kinder bis 20 Jahre.

---

510 Wagner, S. 15; Mühling/Schwarze, S. 81.
511 Eine Auflistung aller familienpolitischen Leistungen ist abrufbar bei: Frankreich in Deutschland: Familienleistungen.
512 Zum Ganzen: Veil, APuZ 2003, 16 f.
513 Schmid, S. 176.
514 Veil, APuZ 2003, 17.

Kinder	**1**	**2**	**3**	**4**	**5**
Frankreich	--------------	129,99 Euro	296,54 Euro	463,09 Euro	629,64 Euro
Deutschland	184 Euro	368 Euro	558 Euro	773 Euro	988 Euro

(Kindergeldzahlungen in Frankreich und Deutschland im Vergleich – eigene Darstellung)

Im Vergleich zu Deutschland fallen die Beträge in Frankreich zwar deutlich geringer aus. Wie in Deutschland gibt es jedoch noch weitere finanzielle Entlastungsmöglichkeiten für Familien, die diesen Nachteil zu kompensieren vermögen.[515]

b. Betreuungszulage

In Frankreich kann eine Betreuungszulage für Kleinkinder bis sechs Jahre gewährt werden. Ziel dieser Maßnahme ist es, einkommensschwachen Eltern die Wahlfreiheit bei der Art der Betreuung ihrer Kinder zu ermöglichen. Auch Familien mit niedrigem oder mittlerem Einkommen sollen befähigt werden, ihre Kinder von einer Tagesmutter oder Kinderfrau betreuen zu lassen.[516] Bedingung ist Einstellung einer anerkannten Tagesmutter oder Kinderfrau. Abhängig von Haushaltseinkommen und Alter der Kinder wird ein Betreuungszuschuss gewährt. Die Sozialabgaben für eine Tagesmutter werden in voller Höhe vom Staat übernommen, die Abgaben für eine Kinderfrau in Abhängigkeit des Kindesalters zu bis zu 50 Prozent.[517] Die Betreuungszulage kann mit dem Steuerfreibetrag für die Kinderbetreuung kombiniert werden (nicht aber mit dem Erziehungsgeld). Auf diese Weise können bis zu 70 Prozent der Kosten für eine Ganztageshilfe vom Staat übernommen werden.[518] Dies ist eine immense finanzielle Entlastung für berufstätige Familien. Mithilfe der zusätzlichen Entlastung durch Familiensplitting und Kindergeld kann die finanzielle Belastung der Familien auf ein Minimum reduziert werden.

c. Erziehungsbeihilfe

Eine Erziehungsperson, die für die Betreuung ihrer Kinder auf eine Erwerbstätigkeit verzichtet, hat Anspruch auf Erziehungsbeihilfe.[519] Voraussetzung ist neben der

515 Zum Ganzen: Das französische Sozialversicherungssystem: IV-Zweig: Familie. Für das erste Kind kann z. B. ab dem siebten Schwangerschaftsmonat bei Bedürftigkeit eine einmalige Geburtsprämie (927,71 Euro) in Anspruch genommen werden oder eine monatliche Kinderbeihilfe (185,54 Euro) bis zum dritten Lebensjahr des Kindes.

516 Mühling/Schwarze, S. 73.

517 Das französische Sozialversicherungssystem: IV-Zweig: Familie; Service-public.fr: Complément de libre choix d'activité (CLCA).

518 Mühling/Schwarze, S. 69.

519 Die geltende Erziehungsbeihilfe wurde 2004 eingeführt. Für Kinder, die davor geboren sind, gilt die Regelung von 1994, die nur Familien mit mindestens zwei

Unterbrechung/Reduktion der Erwerbstätigkeit eine Berufstätigkeit in den zwei Jahren vor der Geburt des Kindes. Für das erste Kind wird die Beihilfe sechs Monate lang gezahlt. Ab dem zweiten Kind verlängert sich der Bezugszeitraum auf drei Jahre. Zudem muss ab dem zweiten Kind lediglich eine zweijährige Erwerbstätigkeit innerhalb der letzten vier Jahre, ab dem dritten Kind eine Erwerbstätigkeit innerhalb der letzten fünf Jahre, nachgewiesen werden. Die Höhe der Beihilfe orientiert sich nicht am vorangegangenen Einkommen, sondern am Umfang der Erwerbsreduktion. Nichterwerbstätige Eltern haben Anspruch auf 390,52 Euro monatlich. Reduziert die Erziehungsperson ihren Erwerbsumfang um 50 Prozent, sinkt der Betrag auf 252,46 Euro, bei einem Erwerbsumfang zwischen 50 und 80 Prozent auf 145,63 Euro. Für Kinder, die vor dem 01.04.2014 geboren wurden, erhöht sich der Anspruch um jeweils 185,72 Euro, wenn keine Leistungen aus der Grundbeihilfe beansprucht werden. Der Zahlbetrag ist unabhängig von der Anzahl der zum Anspruch berechtigenden Kinder.[520]

Alternativ können Familien mit mindestens drei Kindern eine Leistung in Höhe von 638,34 Euro monatlich beanspruchen. Diese kann allerdings nur ein Jahr lang bezogen werden. Voraussetzung ist die vollständige Unterbrechung der Erwerbstätigkeit. Für Kinder, die vor dem 01.04.2014 geboren wurden, wird der Anspruch noch um die monatliche Grundbeihilfe erhöht, falls sie nicht bezogen wird.[521]

4. Arbeitslosigkeit

In Frankreich existiert eine obligatorische Arbeitslosenversicherung, die mithilfe von Arbeitgeber- und Arbeitnehmerbeiträgen finanziert wird, und eine Arbeitslosenhilfe.[522] Zudem kann eine Aufstockung mithilfe der Mindestsicherung erfolgen. Das Arbeitslosengeld beträgt je nach Vorversicherungszeit 57,4 bis 75 Prozent des zuvor bezogenen Erwerbseinkommens. Es findet keine Anrechnung von Partnereinkommen statt. Auch eine Bedürftigkeitsprüfung entfällt. Arbeitslosengeld wird grundsätzlich vier bis 24 Monate gezahlt. Der Bezug setzt eine Vorversicherungszeit von mindestens vier Monaten in den letzten 28 Monaten voraus.[523]

Kindern eine Beihilfe gewährte. Bei Einführung der Beihilfe (1985) mussten die Anspruchsberechtigten sogar mindestens drei Kinder betreuen: Scheiwe/Schuler-Harms, S. 50 ff.

520 Service-public.fr: Complément de libre choix d'activité (CLCA); Mühling/Schwarze, S. 72. 2014 wurde die Anrechnung der Grundbeihilfe auf die Erziehungsbeihilfe eingeführt.

521 Service-public.fr: Complément optionell de libre choix d'activité (Colca).

522 Schmid, S. 178.

523 COM: Ihre Rechte der Sozialen Sicherheit in Frankreich, S. 23. Für über 50jährige gelten andere Regelungen.

Wer diese Voraussetzung nicht erfüllt, kann bei bestehender Bedürftigkeit Arbeitslosenhilfe in Höhe von circa 487 Euro monatlich beantragen. Hier findet allerdings eine Anrechnung von Partnereinkommen statt.[524]

Sowohl für das Arbeitslosengeld als auch für die Arbeitslosenhilfe muss der Anspruchsteller sich arbeitslos melden, arbeitsfähig sein, aktiv eine neue Beschäftigung suchen und jünger als 60 Jahre alt sein (andernfalls kann er Altersrente beantragen).[525]

Ebenso wie Deutschland verweist Frankreich im Rahmen der Arbeitslosenhilfe zunächst auf den „Familienernährer“. Nur wenn sein Einkommen gewisse Einkommensgrenzen nicht überschreitet, besteht ein Anspruch auf Arbeitslosenhilfe. Aktuell sind nahezu ebenso viele Männer wie Frauen in Frankreich von Arbeitslosigkeit betroffen (Männer: 10,9 Prozent/Frauen 10,2 Prozent).[526] Auch die Langzeitarbeitslosenquote hat sich für beide Geschlechter angeglichen (jeweils 4,2 Prozent),[527] so dass der Eindruck entsteht, dass die Anrechnung von Partnereinkommen keinen negativen geschlechtsspezifischen Effekt (mehr) auszuüben vermag. Dabei muss jedoch berücksichtigt werden, dass diejenigen, die als „versorgt“ gelten, von der Statistik nicht erfasst sind. Unter Berücksichtigung des auch in Frankreich noch existenten Gender Pay Gaps werden ebenso wie in Deutschland mehr Frauen als Männer als Nichtleistungsempfänger gelten.

IV. Die Sozialversicherung

In Frankreich existiert ein Versicherungssystem, bei dem die Mitgliedschaft vorrangig auf Erwerbstätigkeit und nachrangig auf dem Wohnortprinzip beruht. Es wird durch Sozialabgaben und besondere Beiträge finanziert.[528]

1. Krankenversicherung

Familienangehörige können ebenso wie in Deutschland in der gesetzlichen Krankenversicherung mitversichert werden, sofern sie unterhaltsberechtigt sind und keiner Erwerbstätigkeit nachgehen. Die Pflichtversicherung deckt aber nur 75 Prozent der Kosten ab, deshalb ist es in Frankreich üblich, Zusatzversicherungen abzuschließen, die zum Teil auch von den Arbeitgebern angeboten werden. Für Menschen mit geringen Einkünften existiert allerdings eine allgemeine Krankenversicherung.[529]

---

524 Service-public.fr: Allocation de solidarité spècifique (ASS); Schmid, S. 178.

525 COM: Ihre Rechte der Sozialen Sicherheit in Frankreich, S. 23; Service-public.fr: Allocation de solidarité spècifique (ASS); Schmid, S. 178.

526 COM: Harmonisierte Arbeitslosenquote nach Geschlecht.

527 COM: Langzeitarbeitslosenquote nach Geschlecht.

528 COM: Vergleichende Tabellen/Sozialschutzsysteme.

529 COM: Ihre Rechte der Sozialen Sicherheit in Frankreich, S. 7 f.; Mühling/Schwarze, S. 82.

2. Rentenversicherung

Das französische Alterssicherungssystem beruht auf Beitragszahlungen durch Arbeitnehmer und Arbeitgeber. Die Reformen der vergangenen Jahre haben jedoch einen Wandel eingeleitet. Obgleich die gesetzliche Rentenversicherung nach wie vor dominant ist, wird sie inzwischen von freiwilligen betrieblichen und privaten Versicherungen flankiert.[530]

a. Altersrente

Wie auch in Deutschland stellt sich der Rentenanspruch als Spiegel der vorangegangenen Lebensarbeitszeit dar. Für den Bezug des vollen Satzes ist eine 40-jährige Versicherungsdauer erforderlich. Jedes fehlende Jahr führt zu Abzügen.[531] Die Regelaltersgrenze wird derzeit stufenweise von 60 auf 65 Jahre erhöht, bei Nichterfüllung des Versicherungszeitraums schrittweise von 65 auf 67 Jahre. Für das Zusatzrentensystem gelten die gleichen Altersgrenzen, jedoch unter Verzicht auf eine Mindestversicherungsdauer. Wenn die Voraussetzungen für die Versicherungsdauer und das Alter erfüllt sind, kann der Rentenanspruch durch ein weiteres Aufschieben des Rentenantritts weiter erhöht werden. Der Höchstsatz der gesetzlichen Grundrente liegt bei 50 Prozent des durchschnittlichen Jahresentgelts. Mithilfe der obligatorischen Zusatzrente kann der Anspruch auf 80 Prozent aufgestockt werden. Daneben besteht die Möglichkeit, an einem freiwilligen Rentenprogramm teilzunehmen.[532] Für die Höhe der Grundrente sind Höchst- und Mindestzahlbeträge festgelegt. Jeder Versicherte, der die erforderliche Versicherungszeit erfüllt, hat einen Anspruch auf die volle Mindestrente. Für jedes fehlende Versicherungsjahr wird der Anspruch entsprechend gekürzt.[533]

Personen, die die nötigen Versicherungsjahre für den Rentenbezug nicht aufbauen konnten, erhalten eine staatliche Solidaritätszulage für ältere Menschen. Diese hat die 1956 eingeführte Mindestrente ersetzt. Voraussetzung für den Bezug ist ein Mindestalter von 65 Jahren und ein ständiger Wohnsitz in Frankreich. Berechtigte erhalten dann monatliche Zahlungen bis zu 791,99 Euro für Alleinstehende, bzw. 1.229,61 Euro für Paare. Eigene finanzielle Mittel werden angerechnet.[534]

---

530 Schmid, S. 174.

531 Die Beitragszeiten betrugen bislang 37,5 Jahre, werden aber schrittweise auf 41,5 Jahre erhöht: Das französische Sozialversicherungssystem: III-Zweig: Alter, COM: Vergleichende Tabellen/Sozialschutzsysteme.

532 COM: Ihre Rechte der Sozialen Sicherheit in Frankreich, S. 15 f.; Schmid, S. 175 f.

533 Der Höchstsatz liegt bei 18.774 Euro/Jahr, die Mindestrente beläuft sich auf 7.548 Euro. Wenn der Antragsteller mindestens 120 Versicherungsquartale nachweisen kann, erhöht sich die Mindestrente auf 8.247,84 Euro/Jahr. COM: Vergleichende Tabellen/Sozialschutzsysteme.

534 Service-public.fr: Allocation de solidarité aux personnes âgées (Aspa).

b. *Rentenerhöhung durch Pflege und Betreuung*

Die französische Rentenversicherung belohnt die Reproduktionsleistung von Eltern in Abhängigkeit von der Kinderzahl auf zweierlei Weise.

aa. *Kinderzuschlag*

Eltern, die drei Kinder bis zum 16. Geburtstag jeweils mindestens neun Jahre lang aufgezogen haben, erhalten einen Rentenzuschlag von zehn Prozent. Dieser Aufschlag steht beiden Elternteilen zu, wenn sie einen Anspruch auf die Grundrente haben. Zudem kann sich die Zusatzrente um zehn Prozent erhöhen, wenn drei oder mehr Kinder erzogen wurden. Der Zuschlag ist abhängig vom jeweiligen Versorgungsträger, darf aber 1.000 Euro nicht überschreiten.[535]

Hier zeigt sich wieder die pronatalistische Familienpolitik des französischen Staates. Kinderreichen Familien kommt eine besondere finanzielle Anerkennung zu. Die Übernahme dieser Regelung in das deutsche Rentenversicherungssystem hätte zwar den Effekt, dass Frauen mit einer unterbrochenen Erwerbsbiographie ihre Rentenanwartschaften etwas aufbessern könnten. Solange aber der Gender Pay Gap weiterhin besteht, würde diese Regelung dazu beitragen, geschlechterspezifische Asymmetrien hervorzubringen, da Frauen infolge ihres geringeren Gehalts benachteiligt wären. Eine Option wäre es, diesen Zuschlag nur Müttern zu gewähren. Diese Lösung wäre jedoch wegen der damit verbundenen Diskriminierung erziehender Väter kaum mit Art. 3 Abs. 3 GG zu vereinbaren.

bb. *Kindererziehungszeiten*

Für die Rente werden bestimmte Zeiten berücksichtigt, in denen der Rentenbezieher keiner entgeltlichen Tätigkeit nachgegangen ist. Dazu gehört auch eine Berufsunterbrechung wegen Erziehungstätigkeiten. Für das erste Jahr nach der Geburt eines Kindes erhält ausschließlich die Mutter ein Berücksichtigungsjahr. Dieses soll die Nachteile kompensieren, die Schwangerschaft und Niederkunft für ihre Berufslaufbahn mit sich gebracht haben. Darüber hinaus wird ein weiteres Jahr berücksichtigt, das eine Kompensation für Erziehungsaufgaben in den ersten vier Jahren nach der Geburt eines Kindes darstellen soll. Dieser Zeitbonus kann zwischen den Eltern nach ihrem Ermessen aufgeteilt werden. Die Leistungen sind nicht von einer Berufsunterbrechung oder -einschränkung abhängig. Sie sollen ein bestimmtes Verhalten nach der Familiengründung weder belohnen noch maßregeln, sondern nur ganz allgemein einen Nachteilsausgleich schaffen.[536] Für Familien mit mindestens drei Kindern existiert eine Spezialregelung: Arbeitnehmerinnen, die drei Kinder groß gezogen haben, erhalten auch dann ihre volle Grundrente von 50 Prozent, wenn sie die dafür vorausgesetzte Versicherungszeit nicht erfüllt haben.[537] Diese

---

535 COM: Vergleichende Tabellen/Sozialschutzsysteme.
536 Das französische Sozialversicherungssystem: III-Zweig: Alter; Veil, S. 79.
537 COM: Vergleichende Tabellen/Sozialschutzsysteme.

Regelung bietet eine Kompensation für verlorene Erwerbsjahre wegen Erziehungs- und Betreuungsaufgaben und kommt ausschließlich kinderreichen Familien zugute. Die pronatalistische Familienpolitik wirkt sich auch auf die Berücksichtigung von Erziehungszeiten aus.

c. *Witwen-/Witwerrente*

Da die Hinterbliebenenversorgung Teil der Alterssicherung ist, muss der Verstorbene die Bedingungen für den Erhalt einer Rente in der Rentenversicherung erfüllt haben. Der Hinterbliebene hingegen muss mindestens 55 Jahre alt und bedürftig sein. Hierfür dürfen seine Einkünfte den gesetzlichen Mindestlohn nicht überschreiten. Bei Erfüllung dieser Voraussetzungen werden 54 Prozent der sonst anfallenden Alters- oder Invaliditätsrente und 60 Prozent der Altersrente aus einer obligatorischen Zusatzversicherung des Verstorbenen ausgezahlt.[538] Während die bedürftige Mutter einer kinderreichen Familie bei der Einführung (1945) noch als Leitbild galt, ist es für einen Anspruch auf die Hinterbliebenenrente inzwischen gleichgültig, ob Kindern vorhanden sind.[539] Die Existenz unterhaltsberechtigter Kinder unter 16 Jahren führt jedoch zu einem Zuschlag (96,21 Euro monatlich). Wenn der Anspruchsteller mindestens drei Kinder neun Jahre lang erzogen hat, erhöht sich die Hinterbliebenenrente nochmals um zehn Prozent. Personen, die die Altersvoraussetzungen für die Hinterbliebenenrente nicht erfüllen, können gegebenenfalls eine Hinterbliebenenbeihilfe in Anspruch nehmen. Eine Bedürftigkeit wird auch dort vorausgesetzt.[540]

Die französische Hinterbliebenenrente ist traditionell den unteren Einkommensgruppen vorbehalten. Der Anspruch auf Hinterbliebenenrente entfällt, wenn die eigene Alterssicherung des Hinterbliebenen mindestens die Hälfte des Einkommens des Verstorbenen zu dessen Lebzeiten erreicht.[541] Eine Wiederheirat lässt lediglich den Rentenanspruch aus der Zusatzrente entfallen, eine Scheidung hat gar keinen Einfluss auf die Hinterbliebenenrente. Daher kann es vorkommen, dass der Hinterbliebene seine Anwartschaften mit dem neuen Ehegatten des verstorbenen Ex-Ehegatten teilen muss.[542] Insgesamt ist die Struktur der französischen Witwenrente auch heute noch als Reaktion auf eine besondere Bedarfssituation zugeschnitten. Dafür spricht auch die Tatsache, dass die Witwenrente bei einer Scheidung grundsätzlich nicht ausgeschlossen ist. Die Freibeträge sind im Vergleich zu den deutschen Freibeträgen zwar höher,[543] im Unterschied zu Deutschland entfällt die Hinterbliebenenrente jedoch bei Überschreitung des Freibetrages, während in Deutschland lediglich eine Kürzung vorgenommen wird.

---

538 Schmid, S. 173.
539 Veil, S. 81; Scheiwe/Schuler-Harms, S. 41.
540 COM: Vergleichende Tabellen/Sozialschutzsysteme.
541 Scheiwe/Schuler-Harms, S. 68.
542 COM: Vergleichende Tabellen/Sozialschutzsysteme.
543 DRV: Hinterbliebenenrente, S. 32.

V. Nacheheliche Ausgleichssysteme

Eine Scheidung kann nach französischem Recht einen Unterhaltsanspruch und/oder einen Vermögensausgleich begründen.

1. Unterhalt

a. Während der Ehe

Während der intakten Ehe trägt jeder Ehegatte nach seinen persönlichen finanziellen Verhältnissen zum Familienunterhalt bei (Art. 214 C.civ.). Der Beitrag eines nicht berufstätigen Ehegatten kann ebenso wie in Deutschland darin bestehen, dass er sich um die Kinder und den Haushalt kümmert.[544] Eine Bedürftigkeit des anderen wird für den ehelichen Unterhalt nicht vorausgesetzt. Sollte einer der Ehegatten jedoch bedürftig werden, ergibt sich aus Art. 212 C.civ. die Pflicht zur Zahlung von Unterhalt.[545]

b. Nach Scheidung

Nach Scheidung müssen hingegen besondere Gründe vorliegen, um einen Unterhaltsanspruch zu begründen. Wie in Deutschland endet mit der Scheidung grundsätzlich die Unterstützungspflicht der Ehegatten (Art. 270 Abs. 1 C.civ.). Das französische Recht bietet keinen Unterhaltsanspruch (mehr), dessen Wesen in einer fortlaufenden Versorgung durch monatliche Zahlungen besteht.[546] Eine sogenannte „Ausgleichsleistung“ (prestation compensatoire) kann sich aber dennoch ergeben, wenn sie richterlich angeordnet oder von den Ehegatten individuell vereinbart wird. Ein Richter kann sich bei Vorliegen besonderer Gründe über einen vereinbarten Unterhaltsausschluss der Ehegatten hinwegsetzen.[547] Unterhalt wird in Form einer pauschalen Ausgleichszahlung zugesprochen. Diese wurde dafür konzipiert, die Ungleichheit, die die Scheidung im Hinblick auf die Lebensverhältnisse verursacht, mithilfe einer Kapitalsumme auszugleichen. Dadurch soll ein „clean break“ ermöglicht werden, der die Belastungen, die mit nachehelichen juristischen Entscheidungen verbunden sind, zu einem Ende bringen soll. Sofern sich eine wirtschaftliche Ungleichheit *durch die Scheidung* (nicht wie in Deutschland durch die Lebensführung in der Ehe) ergeben hat, kann ein Richter einen Ausgleich anordnen (Art. 270 C.civ.). Der Unterschied muss nicht signifikant sein. Der Anspruch darf auch nicht mit der Begründung zurückgewiesen werden, dass die Ungleichheit schon vor der Ehe bestanden habe, weil das französische Recht im Gegensatz zum deutschen ausschließlich auf die Folgen der Scheidung abstellt. Die Liquidation des gesetzlichen

---

544 Junggeburth, FPR 2013, 75 (79).
545 Eber-Arampatsi-Ausländisches FamR: Frankreich, Rn. 7.
546 Junggeburth, FPR 2013, 75 (80).
547 Eber-Arampatsi-Ausländisches FamR: Frankreich, Rn. 25.

Güterstandes spielt bei der Bemessung der Abfindungshöhe allerdings keine Rolle, da eine gleiche Beteiligung beider Partner an den Vermögensgegenständen keine Ungleichheit der Lebensverhältnisse hervorbringe.[548]

Maßstab für die Abfindungshöhe sind die Bedürftigkeit des Anspruchstellers und die Leistungsfähigkeit des Verpflichteten zum Zeitpunkt der Scheidung und deren Entwicklung in der nahen Zukunft (Artt. 271, 272 C.civ.). Bei der Festlegung des Bedarfs sind insbesondere folgende Faktoren zu berücksichtigen: Dauer der Ehe, Alter und Gesundheit der Ehegatten, deren berufliche Situation, sowie allgemein berufliche Einschränkungen wegen Kindererziehung, das geschätzte oder voraussichtliche Vermögen der Ehegatten, bestehende oder voraussichtliche Forderungen und die zukünftige Altersvorsorge(Art. 271 Abs. 2 C.civ.). Die Höhe des Ausgleichs wird durch Urteil auf eine bestimmte Geldsumme festgelegt, die entweder einmalig (vom Gesetzgeber bevorzugte Variante) oder in Monats- oder Jahresraten, jedoch höchstens acht Jahre lang, an den Ausgleichsberechtigten gezahlt werden muss (Artt. 274, 275 C.civ.). Der Ausgleich kann auch durch Überlassung von Vermögenswerten in Natur bewirkt werden. Ausnahmsweise kann auch eine Zahlung über acht Jahre hinaus angeordnet werden.[549] Bedenklich ist allerdings, dass der Abfindungsanspruch versagt werden kann, wenn dem Anspruchsberechtigten das Alleinverschulden an der Scheidung nachgewiesen wird (Art. 270 Abs. 2 C.civ.). Zudem sieht Art. 266 C.civ. bei ganz außergewöhnlichen Scheidungs-Nachteilen einen Schadensersatzanspruch vor, sofern der Anspruchsgegner die Scheidung allein verschuldet hat.[550] Die Versagungs- und Schadensersatzmöglichkeiten erinnern an das Verschuldensprinzip des früheren deutschen Scheidungsfolgenrechts. Es ist schwer vorstellbar, dass eine Trennung ausschließlich auf alleinigem Verschulden eines Partners beruhen kann.

Die französische Ausgleichsleistung weist dennoch Ähnlichkeit mit dem deutschen nachehelichen Unterhalt auf. Grundsätzlich geht die Eigenverantwortlichkeit der Ex-Ehegatten vor, Ausgleichsansprüche sind die Ausnahme. Auch die Kriterien, die für die Bestimmung der Abfindungshöhe herangezogen werden, sind den deutschen Kriterien für die Bemessung und Dauer des nachehelichen Unterhalts nicht unähnlich. Allerdings zwingt das französische Recht dazu, die Bewertung unmittelbar im Rahmen des Scheidungsverfahrens vorzunehmen und gleichzeitig zu versuchen, weit in die Zukunft zu blicken. Eine systematische Besonderheit bildet zudem die Tatsache, dass die Bemessung der Ausgleichszahlungen unter anderem Funktionen erfüllt, die in Deutschland der Versorgungsausgleich inne hat. Die Berücksichtigung der zu erwartenden Rentenansprüche ist in Frankreich jedoch schwer abzuschätzen, da keine Spaltung von Rentenanwartschaften an der Quelle erfolgt. Zudem hat der Geschiedene grundsätzlich noch einen Anspruch auf eine Hinterbliebenenrente, so dass der Richter bei seinen Erwägungen auch abschätzen

548 Zum Ganzen: Junggeburth, FPR 2013, 75 (80 ff.).

549 Eber-Arampatsi-Ausländisches FamR: Frankreich, Rn. 25.

550 NK-Länderbericht Frankreich, Rn. 112, 129.

muss, ob derjenige mit den geringeren Anwartschaften den anderen voraussichtlich überleben wird und ob er noch einmal heiraten wird. Diese Vorgehensweise ist mit großen Unsicherheiten behaftet. Ferner kann nicht pauschal ausgeschlossen werden, dass die Liquidation des gesetzlichen Güterstandes nie zu einem Vermögensgefälle führt. Da nämlich Vermögensgegenstände, die während der Ehe als Ersatz für einen im Eigengut stehenden Vermögensgegenstand, bzw. aus dessen Erlös, erworben wurden, weiterhin Eigengut des einsetzenden Ehegatten bleiben (Artt. 1407, 1434 C.civ.), steht diesem eine höhere Beteiligung am erworbenen Gegenstand zu, so etwa, wenn die vor der Ehe erworbene Singlewohnung verkauft und der Erlös anschließend zum Kauf des gemeinsamen Familienheims verwendet wird. Dann steht dem Ehegatten, der sein Eigengut (oder Surrogat) in den Erwerb mit eingebracht hat, mehr als die Hälfte des Familienheims zu.[551]

Zu der Frage, ob die französische Ausgleichszahlung mit den dortigen Lebensbedingungen übereinstimmt, ist zu sagen, dass Frankreich in seiner Entwicklung dem deutschen Staat einen Schritt voraus ist und dem Unterhaltsberechtigten daher mehr Eigenständigkeit nach der Scheidung abverlangen kann. Die Erwerbstätigenquote von Frauen ist höher, Familiengründung bildet kein ebenso großes Karriererisiko wie in Deutschland, der Staat schreibt eine Frauenquote für Führungskräfte in großen Unternehmen vor und es gibt einen Mindestlohn, der eine eigene Existenzsicherung für alle Berufstätigen ermöglicht. Letztgenannte Maßnahmen wurden in Deutschland gerade erst umgesetzt. Zudem werden in Frankreich nicht ebenso widersprüchliche Anreize gesetzt wie in Deutschland. Der französische Staat zeigt großes Engagement bei der Erwerbseingliederung von Frauen bei gleichzeitiger Entlastung von Erziehungs- und Betreuungsaufgaben, so dass grundsätzlich die Möglichkeit besteht trotz Familiengründung weiterhin voll erwerbstätig zu sein, wohingegen es in Deutschland attraktiver erscheint, nach der Familiengründung eine Berufsunterbrechung und eine daran anschließende Berufseinschränkung zu praktizieren.

2. (Nach-)Eheliches Güterrecht

Einen Zugewinnausgleich kennt das französische Recht nicht. Das vorhandene Vermögen wird bereits bei Berechnung der Ausgleichszahlung berücksichtigt. Ansonsten hat die Scheidung keinerlei Einfluss auf einen Vermögensvorteil, der sich in der Ehe entwickelt hat. Durch die Scheidung werden jedoch automatisch alle güterrechtlichen Vorteile widerrufen, die erst bei Auflösung des Güterstandes oder mit dem Tod eines Ehegatten erfolgen sollten, es sei denn, derjenige, der die Vorteile gewährt hat, widerspricht diesem Widerruf. Den Eheleuten steht es frei, dem Gericht eine Scheidungsfolgenvereinbarung zur Genehmigung vorzulegen (Art. 268 C.civ.). Soweit die Interessen der Ehegatten und Kinder gewahrt werden, steht die Vermögensaufteilung zur Disposition offen. Fehlt eine solche Vereinbarung, etwa

551 Zum Ganzen: Junggeburth, FPR 2013, 75 (82); Eber-Arampatsi-Ausländisches FamR: Frankreich, Rn. 26.

weil die Ehegatten sich nicht einigen können, ordnet das Gericht die Verteilung des Vermögens an (Art. 267 Abs. 1 C.civ.).[552]

Gesetzlicher Güterstand in Frankreich ist gem. Art. 1400 ff. C.civ. der „Güterstand der Errungenschaftsgemeinschaft“ (la communauté légale). Bei diesem Güterstand unterscheidet man drei Vermögensmassen: Das Eigengut eines jeden Ehegatten, das er selbst behält und verwaltet (auch Schulden) und das gemeinschaftliche Vermögen der Ehegatten. Ein Ehegatte wird auch Eigentümer von durch Erbschaft oder Schenkung erlangten Gütern. Nur bei einem entgeltlichen Erwerb von Gütern während der Ehezeit wird gemeinschaftliches Vermögen der Ehegatten vermutet, wobei unerheblich ist, ob nur einer der Ehegatten das Rechtsgeschäft getätigt hat. Früchte und Erträge aus dem eigenen Vermögen gehen ebenfalls in das gemeinschaftliche Vermögen über. Die Gemeinschaft muss bei Auseinandersetzung gleichermaßen für Lasten des Eigenguts aufkommen. Von einigen Ausnahmen abgesehen (z. B. Verfügungen über unbewegliches Vermögen) kann grundsätzlich jeder Ehegatte auch allein die gemeinschaftlichen Güter verwalten und darüber verfügen. Die gerichtliche Auseinandersetzung des Vermögens bezieht sich im gesetzlichen Güterstand lediglich auf das gemeinschaftliche Vermögen. Nach Auflösung der Gemeinschaft stehen jedem Ehegatten zunächst seine persönlichen Güter (auch Surrogate) zu. Anschließend wird das gemeinschaftliche Vermögen auseinandergesetzt. Es wird für jeden Ehegatten gesondert die Summe der Verbindlichkeiten ermittelt, die er gegenüber der Gemeinschaft hat und die der Gemeinschaft ihm gegenüber zustehen. Bei positiver Bilanz der Gemeinschaft, muss der Ehegatte seine Schulden bezahlen. Bei positiver Bilanz des Ehegatten, steht ihm ein Wahlrecht zu. Er kann sich entweder auszahlen lassen oder Güter aus der Gemeinschaft entnehmen (Art. 1440 C.civ.). Dabei ist die Reihenfolge: Bargeld, Mobilien, Immobilien einzuhalten. Begehren beide Ehegatten dasselbe Gut, entscheidet das Los (Art. 1471 Abs. 2 C.civ.). Sofern die Verbindlichkeiten gegenüber den Ehegatten den Wert des gemeinschaftlichen Vermögens übersteigen, erfolgt eine anteilige Verteilung des Vermögens unter den Ehegatten. Verschulden eines Ehegatten bei der Entstehung der Schulden wird berücksichtigt (Art. 1472 Abs. 2 C.civ.). Sollte nach Bilanzziehung noch etwas vom Gemeinschaftsvermögen übrig sein, wird dies hälftig unter den Ehegatten aufgeteilt (Art. 1475 Abs. 1 C.civ.).

Neben dem gesetzlichen Güterstand stehen in Frankreich auch Wahlgüterstände zur Verfügung. Ein deutsch-französisches Abkommen ermöglicht zudem eine Wahl-Zugewinngemeinschaft für alle Ehen, die in Deutschland oder Frankreich geschlossen werden.[553]

Der gesetzliche Güterstand in Frankreich ermöglicht beiden Ehepartnern bereits während der Ehe eine dingliche Beteiligung an allen ehezeitlich erworbenen Gütern. Wegen der fehlenden dinglichen Partizipation im Rahmen der Zugewinngemeinschaft wurde die Übernahme der Errungenschaftsgemeinschaft in das deutsche

---

552 Eber-Arampatsi-Ausländisches FamR: Frankreich, Rn. 26.

553 Zum Ganzen: Eber-Arampatsi-Ausländisches FamR: Frankreich, Rn. 11 ff.

Recht in der Vergangenheit immer wieder vorgeschlagen. Dadurch würden die güterrechtlichen Nachteile, die eine Berufsunterbrechung mit sich bringe, schon während der Ehezeit ausgeglichen.[554] Allerdings ist fraglich, ob eine automatische Zuordnung als gemeinschaftliches Vermögen tatsächlich dem heutigen Rechtsbewusstsein in der Bevölkerung entsprechen würde. In intakten Partnerschaften entspricht es zwar der Realität, dass das eigene Hab und Gut gerne und freiwillig mit dem anderen geteilt wird. Bei einer Scheidung verhält sich dies jedoch in der Regel anders. Problematisch ist auch, dass die Errungenschaftsgemeinschaft zu einer gemeinsamen Schuldenhaftung führt. Zwar muss derjenige, der die Schulden gemacht hat, seine Verbindlichkeiten gegenüber der Gemeinschaft erfüllen, bevor der verbleibende Rest geteilt wird. Wenn er aber nicht entsprechend liquide ist, bleibt weniger Teilungsmasse für den anderen übrig. Dies ist auch ein großes finanzielles Risiko für einen nicht berufstätigen Ehegatten. Zudem sind auch hier die gleichen Einwände gegen eine schematische Halbteilung vorzubringen wie bei der deutschen Zugewinngemeinschaft. Überdies erfolgt auch in Frankreich eine Teilhabe an den Wertveränderungen des Eigenguts. Auch kann die Liquidation der Gemeinschaft zu ungerechten Ergebnissen führen, wenn ein gemeinsamer Vermögensgegenstand mit Mitteln aus dem Eigengut eines Ehegatten finanziert wurde.

3. Versorgungsausgleich

Das französische Recht kennt keinen Ausgleich der Versorgungsanwartschaften. Diese werden bei Berechnung der Ausgleichszahlung berücksichtigt (Art. 271 C.civ.).

VI. Fazit

Die obigen Ausführungen zeigen, dass die französischen Regelungen, die Ehe und Familie berühren, auch heute noch durch die lange Tradition der Familien- und Kinderförderung geprägt sind. Frankreich hat infolge des schwindenden Geburtenrückgangs eine pronatalistische Politik eingeschlagen. Dabei hat es erkannt, dass der Hebel für die Förderung bei den Müttern zu suchen ist. Auch heute wird die Familienarbeit in Frankreich noch immer dem weiblichen Geschlecht zugeordnet. Deshalb wird versucht, mithilfe von finanzieller Förderung und dem Ausbau außerfamiliärer Kinderbetreuung eine Entlastung von den Familienaufgaben herbeizuführen. Im Bereich der Familienpolitik sieht sich der Staat als Hauptakteur. Die Kinderbetreuung wird dadurch zu einer zwischen Staat und Familie (Mutter) geteilten Aufgabe, während in Deutschland das Ideal der „privaten Kindheit“ erst allmählich zu schwinden beginnt.

Frankreich zeigt auch großes Engagement bei der Erwerbs(wieder-)eingliederung von Frauen. Schon früh hat sich das Leitbild der (vollzeit-)berufstätigen Mutter durchgesetzt. Daher kann Frankreich eine hohe Vollzeit-Erwerbsbeteiligung von

554 BT Drucks 17/6240, S. 66 f.

Frauen vorweisen. Kinderreichtum wird im sozialen Sicherungssystem in besonderem Maße belohnt. Zudem stehen zahlreiche finanzielle Transferleistungen bereit.

Das französische System zeichnet sich vor allem dadurch aus, dass es – obwohl es als Ideal die berufstätige Mutter bevorzugt – eine tatsächliche Wahlfreiheit für die Aufgabenteilung der Eltern ermöglicht. Trotzdem machen die Regelungen deutlich, dass nicht die Hausfrauenehe gefördert werden soll, sondern stattdessen ein aktuell bestehender Bedarf der Familien befriedigt werden soll. Die Dauer des Erziehungsurlaubs für ein Kind ist verhältnismäßig kurz und verlängert sich erst, wenn weitere Kinder hinzu kommen. Zudem wird ein pauschaler, vom vorherigen Einkommen unabhängiger, recht geringer Satz ausbezahlt, der sich durch weitere Kinder auch nicht weiter erhöht. Lediglich Familien, die schon drei Kinder haben, können einen höheren Satz erhalten. Die Zahlungen sind dann aber auf ein Jahr beschränkt. Der Elternurlaub setzt einen starken Anreiz, nach der Geburt des ersten Kindes schnell wieder in den Beruf zurückzukehren oder bald ein zweites Kind zu bekommen. Die Regelungen sollen, gewissermaßen bis sich die familiären Verhältnisse reguliert haben, eine finanzielle Hilfestellung für eine Übergangszeit bieten. Sie sollen aber nicht zu einem dauerhaften Berufsausstieg führen. Dabei ist auch positiv zu verzeichnen, dass der Elternurlaub prinzipiell geschlechtsneutral geregelt ist, Mutter und Vater die staatlichen Transferleistungen also unter sich aufteilen können. Allerdings kann der Elternurlaub ausschließlich von nur einem Elter ausgeschöpft werden. Im Gegensatz zu Deutschland und Schweden besteht kein Anreiz zur gleichmäßigen Aufteilung.

Der Wiedereinstieg nach der Erziehungspause wird mit einem Wiederbeschäftigungsanspruch unterstützt, der sich aber in der Regel auf eine Vollzeitstelle beschränkt. Ein allgemeiner Anspruch auf eine Verkürzung der Arbeitszeit besteht nicht. Mütter in Frankreich verfügen aber dennoch über einen größeren Gestaltungsspielraum bei der Vereinbarkeit von Familie und Beruf, wohingegen Mütter in Deutschland praktisch gezwungen sind, sich zwischen Familie und Beruf zu entscheiden.

Die Erwerbszentriertheit der französischen Politik wird auch dadurch deutlich, dass nahezu alle Transferleistungen von einer bestehenden oder zuvor ausgeübten Berufstätigkeit abhängig sind. Mithilfe eines Mindestlohns wird zudem versucht, die Sicherung der Existenz durch Erwerbstätigkeit zu gewährleisten. Außerdem ist positiv zu verzeichnen, dass der Gender Pay Gap deutlich geringer ist als der deutsche. Das Zusammenspiel dieser Regelungen führt dazu, dass Frauen in Frankreich ein eigenes existenzsicherndes Einkommen und eine eigene Rente erwirtschaften können.

Auch die nachehelichen Ausgleichssysteme sind erwerbszentriert ausgestaltet und werden deshalb restriktiv angewendet. Die Ausgleichszahlung soll ebenfalls nur einen real bestehenden Bedarf befriedigen. Es erfolgt lediglich dann ein Ausgleich, wenn infolge der Scheidung auch tatsächlich finanzielle Nachteile eines Partners entstanden sind. Andernfalls endet mit der Scheidung die eheliche Solidarität. Zudem findet, ebenso wie in Deutschland, eine Bedarfsprüfung statt. Diese orientiert sich allerdings an Kriterien, die hierzulande für die Herabsetzung des Unterhaltsanspruchs herangezogen werden. Ein weiterer Unterschied zum deutschen System besteht darin, dass der Unterhaltsanspruch auch die Altersvorsorge umfasst. In

Deutschland kann sich die Altersvorsorge jedoch auch auf einen auszugleichenden ehebedingten Nachteil beim Unterhalt auswirken.[555]

Das französische gesetzliche Güterrecht weist jedoch ähnliche Nachteile auf wie das deutsche. Ihn in das deutsche Recht zu implementieren, würde die bestehenden Unstimmigkeiten nicht beseitigen. Insbesondere berücksichtigt auch das französische Recht bei der pauschalen Teilung des ehezeitlich erworbenen Vermögens die gelebte Rollenteilung in der Ehe nicht. Auch führt die Vermögensteilung zu einer Beteiligung an Wertveränderungen des Eigenguts, das mit dem Anfangsvermögen im deutschen Güterrecht vergleichbar ist. Die Güterteilung harmoniert nicht mit den strengen Voraussetzungen der Ausgleichszahlung. Das Scheidungsfolgenrecht weist damit eine ähnliche Inkonsistenz aus wie das deutsche.

Das französische System weist zudem weitere Defizite auf. Wie in Deutschland sind die Regelungen in den Systemen der sozialen Sicherung zwar geschlechtsneutral formuliert, führen aber in der Praxis zu diskriminierenden Ergebnissen. Bei den bedarfsabhängigen Leistungen wird vorrangig auf den Familienernährer verwiesen. Dadurch sind die Frauen, die infolge des Gender Pay Gaps in der Regel ein geringeres Einkommen erwirtschaften als Männer, mit den gleichen Problemen konfrontiert wie die deutschen Frauen. Sie geraten in eine finanzielle Abhängigkeit, die sich nicht nur auf das aktuelle Einkommen, sondern auch auf die spätere Alterssicherung auswirkt. Auch das französische Rentensystem versteht sich als Spiegelbild der vorangegangen Erwerbsbiographie. Betreuungs- und Pflegeaufgaben werden zwar berücksichtigt, aber nicht in einem derart hohen Maße, dass die Nachteile einer unterbrochenen Erwerbsbiografie vollständig kompensiert werden könnten. Französische Frauen erhalten im Durchschnitt weniger Rente als Männer. Die Rentenhöhe der Frauen erreicht nur knapp 60 Prozent der Renten der Männer, obwohl in Frankreich mehr Frauen in Vollzeit arbeiten als in Deutschland. Während die geringen Frauenrenten in Deutschland jedoch dadurch bedingt sind, dass die Berechnung der weiblichen Rente von Berufsunterbrechungen und Tätigkeiten im Niedriglohnsektor beeinflusst wird, ist die Ursache für die niedrigeren Frauenrenten in Frankreich, dass die Frauen im Rentensystem mehr benachteiligt werden als deutsche. Die Rente wird kräftig gemindert, wenn keine 40jährige Erwerbstätigkeit nachgewiesen wird. Dies betrifft vorrangig Frauen, die infolge von Pflege- und Betreuungsaufgaben selten eine ununterbrochene Erwerbsbiographie vorweisen können. Ein weiterer Nachteil ist die Aufstockung um zehn Prozent, von der Frauen, bedingt durch ihre durchschnittlich geringere Rente, weniger profitieren als Männer.[556] Trotz allem können Frauen in Frankreich aber eine deutlich höhere Rente als Frauen in Deutschland vorweisen. Eine Minderung der Nachteile bietet auch die gesetzliche Mindestrente.

Darüber hinaus stellt sich die französische Kinderbetreuungssituation auch nicht vollkommen unproblematisch dar. Ungeachtet der Vielfalt der angebotenen Betreuungsplätze haben viele Eltern de facto keine freie Wahl bezüglich der Fremdbetreuung

555 BGH FamRZ 2011, 1721.

556 Luci, S. 9; Durchschnittsrente: Frauen: 951 Euro/Männer: 1.654 Euro: Drees, S. 63.

ihrer Kinder. Insbesondere einkommensschwachen Eltern bleibt als einzige Option die Krippe als kostengünstigste Möglichkeit.[557] Wegen der hohen Nachfrage herrscht jedoch eine Knappheit an Krippenplätzen, gleichzeitig erfolgen wegen Budgetbeschränkungen in diesem Bereich keine Investitionen mehr. Gerade in Ballungszentren wird diese Tatsache für viele Eltern zum Problem. Die Folge sind lange Wartezeiten und der deutschen Praxis ähnelnde undurchsichtige Vergabemethoden. Erschwerend kommt hinzu, dass Kinder berufstätiger Eltern bei der Platzvergabe bevorzugt werden, so dass sich die Jobchancen insbesondere für alleinerziehende Arbeitslose verschlechtern.[558]

Zusammenfassend ist festzustellen, dass Frankreich nur eingeschränkt als Vorbild dienen kann. Im Rahmen der vorliegenden Bearbeitung hat sich herauskristallisiert, dass die Vereinbarkeit von Familie und Beruf das Schlüsselelement ist, welches erklärt, warum Frankreich bei der Frauenerwerbstätigkeit und der Geburtenrate die Nase vorn hat. Die große Vielfalt an Familienleistungen kann als Leitbild für die deutsche Familienpolitik dienen. Vieles deutet darauf hin, dass diese Politik auch einen positiven Einfluss auf die Geburtenrate haben könnte, die hierzulande aktuell nur bei 1,38 Kindern pro Frau liegt.[559] Eine Steigerung der Geburtenrate wäre auch im Hinblick auf den demografischen Wandel wünschenswert. Dennoch werden französische Frauen im sozialen Sicherungssystem ebenso diskriminiert Frauen wie in Deutschland. Frankreich verfolgt keineswegs das Ziel einer egalitären Familienpolitik. Der Fokus liegt weiterhin bei der Geburtenförderung und der Entlastung der vorrangig für die Kinderbetreuung als zuständig angesehenen Mütter.

557 Mühling/Schwarze, S. 84.
558 Luci, S. 17.
559 COM: total fertility rate, 1960–2012.

J. Reformoptionen für Deutschland

Eingangs stellt sich die Frage, welchen Zweck etwaige Reformen in Deutschland haben sollten. Die Bearbeitung konnte zeigen, dass insbesondere verheiratete Mütter seltener eine eigenständige Existenzsicherung vorweisen können. Diese Tatsache stellt in der Regel so lange kein Problem dar, wie die Familie intakt ist. In Deutschland ist jedoch inzwischen nahezu jede fünfte Familie mit minderjährigen Kindern alleinerziehend.[560] Alleinerziehende sind fünf Mal so häufig auf Grundsicherungsleistungen angewiesen wie Paarfamilien.[561] Grund hierfür ist die geltende Gesetzeslage: Das nacheheliche Unterhaltsrecht verlangt dem Unterhaltsempfänger spätestens seit 2008 mehr - und vor allem schneller - finanzielle Eigenständigkeit ab. Dieser Forderung kann jedoch angesichts der angespannten Lage auf dem Arbeitsmarkt nicht ohne Weiteres nachgekommen werden, wenn nicht schon während der Ehe möglichst ununterbrochen eine der eigenen Ausbildung entsprechende Erwerbstätigkeit ausgeübt wurde. Freilich gibt es Frauen, denen der existenzsichernde Wiedereinstieg in das Arbeitsleben nach einigen Mühen wieder gelingt. Viele verbleiben jedoch im Hartz IV-Bezug und werden durch die Jobcenter nach einigen Jahren schlichtweg aufgegeben oder in Berufe vermittelt, die kein ausreichendes Auskommen bieten, so dass zumindest weiterhin eine Hartz IV-Aufstockung beansprucht werden muss. Bei der Erwerbseingliederung von Frauen ist zudem zu bedenken, dass sie nach der Trennung weiterhin die Hauptverantwortlichen für die Kindererziehung sind. 90 Prozent der Alleinerziehenden sind Frauen.[562] Sie stehen daher nicht nur vor der Schwierigkeit, einen existenzsichernden Beruf zu finden, sondern müssen daneben auch die Haus- und Familienaufgaben alleine bewältigen. Vor diesem Hintergrund ist auch eine Vollzeiterwerbstätigkeit, die der Gesetzgeber grundsätzlich ab dem dritten Lebensjahr der zu betreuenden Kinder verlangt, zu hinterfragen. Darauf wird noch einzugehen sein.

Zusammenfassend lässt sich feststellen, dass dem Gros der bestehenden Probleme entgegengewirkt werden könnte, wenn die eigenständige Existenzsicherung von Müttern stärker gefördert würde. Dies betrifft vor allem verheiratete Frauen, denn diese sind den widersprüchlichen Anreizen der Ehewirkungen ausgesetzt. Eine große Rolle spielt dafür das Einkommensteuerrecht. Daneben ist eine flächendeckende und bezahlbare Kinderbetreuung unerlässlich. Der Vergleich mit Schweden und Frankreich macht deutlich, dass dies ein wichtiger Hebel für die Erwerbseingliederung von Frauen ist. Sinnvoll wäre es auch, die Väter noch mehr in die Erziehungsaufgaben einzubeziehen, so dass etwaige aus der Kinderbetreuung resultierende Hindernisse nicht einseitig zulasten der Mütter gehen müssten. Schließlich besteht

560 Statistisches Bundesamt: Statistisches Jahrbuch 2015, S. 58.
561 Lenze, S. 7; BT Drucks 17/6240.
562 Lenze, S. 10.

auch eine gemeinsame Elternverantwortung. Es ist jedoch nicht zu empfehlen, wieder ein bestimmtes Eheleitbild einzuführen. Der Gesetzgeber tut grundsätzlich gut daran, wenn er den Ehegatten die Wahlfreiheit in Bezug auf ihre Arbeitsteilung belässt. Es wäre jedoch wünschenswert, Modelle zu entwickeln, die Raum für eine wirkliche Wahl belassen und keines der Modelle besonders attraktiv oder unattraktiv erscheinen lassen. Die nachehelichen Ausgleichssysteme stehen insoweit vor der zugegebenermaßen nicht einfach zu lösenden Aufgabe, für sämtliche Ehemodelle angemessene Lösungen bereitzuhalten. Daneben ist zu berücksichtigen, dass zurückliegende Entscheidungen im Nachhinein nicht mehr rückgängig gemacht werden können. In der Vergangenheit ist noch weniger in die Berufstätigkeit von verheirateten Frauen investiert worden als heute. Wenn sich diese Frauen heute scheiden lassen, können sie nicht ohne Weiteres mit dem reformierten Unterhaltsrecht konfrontiert werden. Dabei muss es jedoch ausreichen, den Fokus auf bestimmte „Standardmodelle" zu richten. Alles Weitere muss in Zukunft der Vertragsgestaltung der Ehegatten überlassen werden. Damit diejenigen, für die ein Ehevertrag sinnvoll ist, aber auch tatsächlich von dieser Option Gebrauch machen, wäre allerdings auch noch eine bessere Information vor der Eheschließung zu empfehlen.

Freilich sind die möglichen Reformalternativen dabei stets im Lichte der Verfassung zu betrachten. Eine Änderung des Rechts unter Missachtung der Verfassung wäre nicht realisierbar.

K. Gleichstellung im Steuerrecht

Im Folgenden wird untersucht, welche Reformalternativen die negativen Erwerbsanreize des Steuerrechts auf die weibliche Erwerbstätigkeit verringern oder beseitigen könnten.

I. Ehegattenbesteuerung

Zunächst stellt sich die Frage, wie mit dem Ehegattensplitting im Steuerrecht zu verfahren wäre. Die vorstehenden Untersuchungen zeigen zwei Alternativen auf: Die konsequente Individualbesteuerung der Ehegatten nach schwedischem- und die Familienbesteuerung nach französischem Vorbild.[563] Zudem wurde in Deutschland unter anderem schon die Ausweitung des Realsplittings, das gem.

§ 10 Abs. 1 Nr. 1 EStG derzeit nur auf getrennt lebende Ehegatten angewendet wird, vorgeschlagen, aber auch eine Individualbesteuerung mit übertragbarem Grundfreibetrag.[564] Die Wahlprogramme für die Bundestagswahl 2013 beinhalteten ebenfalls Vorschläge, die in modifizierter Form in diese Richtung gingen.

1. Verfassungsrechtlicher Rahmen

Anfangs ist klarzustellen, dass die Ehegattenbesteuerung in ihrer gegenwärtigen Form verfassungsrechtlich nicht geboten ist.

Nach inzwischen verbreiteter Ansicht ist die Ehegattenbesteuerung in ihrer aktuellen Gestalt weder durch den Grundsatz der Belastungsgleichheit im Einkommensteuerrecht (Art. 3 Abs. 1 GG) noch durch das Gebot des Schutzes von Ehe und Familie (Art. 6 Abs. 1 GG) gefordert, obgleich dies zum Teil noch mit Bezug auf eine Formulierung des BVerfG von 1982 behauptet wird. Das Gericht stellte damals fest, dass das Ehegattensplitting keine beliebig veränderbare Steuer- „Vergünstigung" sei. Es führte aber weiter aus, dass das Ehegattensplitting - „unbeschadet der näheren Gestaltungsbefugnis des Gesetzgebers" – Ausdruck einer am Eheschutzgebot und an der wirtschaftlichen Leistungsfähigkeit orientierten Besteuerung sei, da es die bei einer getrennten Veranlagung drohende Gefahr der Benachteiligung der Hausfrauenehe verhindere. Diese Ausführungen sollten lediglich begründen, warum das Ehegattensplitting verfassungsrechtlich nicht zu beanstanden ist und weshalb es nicht geboten ist, das Splitting auf Alleinstehende mit Kindern auszuweiten.[565] Entsprechend ist auch dem Hinweis auf die Gestaltungsbefugnis des Gesetzgebers

563 Beides wurde auch für Deutschland bereits vorgeschlagen: Sacksofsky (2007), S. 338 ff. (Reine Individualbesteuerung); Pfab, ZRP 2006, 212 (Familiensplitting), u. a.

564 Winhard, DStR 2006, 1729 (1732 f.); Jachmann, FR 2010, 123 (124); Prinz, FR 2010, 105 (109 ff.).

565 Schuler-Harms, FPR 2012, 297 (299); BVerfGE 61, 319 (345 ff.); 68, 143 (153).

zu entnehmen, dass das Ehegattensplitting nicht die einzig zulässige Form der Besteuerung Verheirateter darstellt.[566]

Zugleich ist es im Hinblick auf Art. 6 Abs. 1 GG auch nicht verboten, das Ehegattensplitting zu reformieren. Von den Befürwortern des Ehegattensplittings wird häufig angeführt, dass ausschließlich das bestehende Modell eine neutrale Form der Besteuerung sei, da Ehepaare mit gleichem Einkommen auch gleich besteuert würden. Nur so könne die Wahlfreiheit in Bezug auf die Eheformen gewahrt werden, weshalb eine finanzielle Förderung eines bestimmten Ehemodells verfassungswidrig sei.[567] Steuern sind jedoch richtigerweise niemals frei von Richtungsweisungen des Staates. Im Gegenteil: Ein Blick auf die Geschichte bestätigt, dass arbeitsmarktpolitische Aspekte, also die Frage, ob die Erwerbstätigkeit der Ehefrau gefördert oder zurückgedrängt werden sollte, immer wieder enormen Einfluss auf die Form der Ehegattenbesteuerung hatten.[568]

Soweit der Gesetzgeber bei seiner Einflussnahme keine verfassungsrechtlichen Vorgaben missachtet, hat er einen weiten Entscheidungsspielraum. Das Recht darf jedenfalls dann als Steuerungsinstrument für gesellschaftliche Prozesse gebraucht werden, wenn die Verfassung dies gebietet. Nach der Formulierung des Art. 3 Abs. 2 GG lässt sich das Recht als Werkzeug verstehen, das geschlechtsspezifischen Rollenzuschreibungen entgegenwirken soll. Der Handlungsspielraum des Gesetzgebers ist aber gleichzeitig auf die Beseitigung geschlechtsspezifischer Nachteile begrenzt.[569] Dabei sind die Vorgaben des Art. 6 Abs. 1 GG zu beachten. Wie das BVerfG klargestellt hat, wirkt Art. 3 Abs. 2 GG auch in den Schutzbereich des Art. 6 Abs. 1 GG hinein.[570] Der Gleichbehandlungsgrundsatz „verlangt, dass der Schleier der Einheit der Ehe gelüftet wird, um zu sehen, welche Folgen die Einheit für die einzelnen Familienmitglieder hat".[571] Die vorstehenden Untersuchungen zeigen auf, dass das aktuelle Besteuerungsmodell erhebliche Risiken für die individuelle Existenzsicherung der Hausfrau birgt und dass die Einkommensverteilung der Ehepartner für die bestehende Ehe nicht belanglos ist, so dass gesetzgeberisch ein Handlungsbedarf angezeigt ist, auch wenn das BVerfG keine Verfassungswidrigkeit des Ehegattensplittings festgestellt hat.[572]

Dabei ist jedoch die Vorgabe des BVerfG zu berücksichtigen, dass Art. 6 Abs. 1 GG einen angemessenen Familienlastenausgleich und die Steuerfreiheit des Existenzminimums gebietet. Ein existenznotwendiger Aufwand muss deshalb in angemessener,

566 Jarass/Pieroth-Jarass, Art. 6 GG, Rn. 32.
567 Verfassungs- und systemgerechte Besteuerung von Ehe und Familie, S. 21.
568 Sacksofsky (2007), S. 338.
569 Meder, JCSW 2012, 139 (158).
570 BVerfGE 10, 59 (66 ff.); 15, 337 (342 ff.); 85, 191 (198); 488, 327 (337 ff.).
571 Sacksofsky (2007), S. 338.
572 Sacksofsky bejaht die Verfassungswidrigkeit des Ehegattensplittings und sieht daher eine Pflicht, die Besteuerung einer Reform zu unterziehen: Sacksofsky, FPR 2003, 395 (397).

realitätsgerechter Höhe von der Einkommensteuer freigestellt werden.[573] Daher ist es auch ganz herrschende Meinung, die Übertragung der das Existenzminimum sichernden Grundfreibeträge auf den anderen Ehepartner zuzulassen. Dies entspreche dem Leistungsfähigkeitsprinzip des Steuerrechts, wonach die durch Ehe und Familie zwangsläufig entstehenden Unterhaltsaufwendungen die Leistungsfähigkeit des Steuerpflichtigen minderten und daher zumindest in Höhe des Existenzminimums zu berücksichtigen seien.[574]

Eine unbeschränkte Berücksichtigung der Unterhaltsleistungen in tatsächlicher Höhe lässt sich daraus jedoch nicht ableiten. Diese Vorgehensweise würde auch mit Art. 6 Abs. 1 GG in Konflikt geraten, da dadurch Eheleute mit höherem Einkommen bevorzugt werden würden. Denn die Höhe des Unterhalts hängt vom Lebensstandard des Steuerpflichtigen ab (§ 1360a BGB).[575] Eine steuerliche Entlastung von Familien über das Existenzminimum hinaus ist verfassungsrechtlich nicht geboten, da ein Teil von dem, was Familien über das notwendige Minimum hinaus erwirtschaften, an die Gemeinschaft abzuführen ist.[576] Zudem wird der in der Familie herrschende Lebensstandard der persönlichen Lebensführung zugeordnet, die steuerlich grundsätzlich keine Berücksichtigung finden soll. Damit übereinstimmend hat auch das BVerfG die Notwendigkeit der Berücksichtigung eines Kinderfreibetrags auf das Existenzminimum beschränkt und dieses in Anlehnung an das Sozialhilferecht ermittelt. Denn wenn der Staat dem Bürger die unterhaltsrechtliche Verantwortung für seine Familienmitglieder überlasse, sei es inkonsequent, ihm die dafür benötigten Mittel ganz oder teilweise mit der Folge zu entziehen, dass der Staat die Unterstützung selbst übernehmen müsse.[577]

2. Tarifliches Familiensplitting

Auch für Deutschland wird schon lange ein Familiensplitting nach französischem Vorbild diskutiert, das als Weiterentwicklung des Ehegattensplittings verstanden wird.[578] Dabei handelt es sich um ein tarifliches Familiensplitting, da dort mit festen Divisoren gearbeitet wird. Der Unterschied zum Ehegattensplitting besteht darin, dass alle Familienmitglieder in die Berechnung mit einbezogen werden. Die gesamte Haushaltsgemeinschaft wird als Erwerbs- und Verbrauchsgemeinschaft behandelt.[579] Die Höhe des den einzelnen Familienmitgliedern zuzuordnenden Splittingfaktors

---

573 BVerfGE 99, 246 (259 f.); 110, 412 (433); 112, 268 (281 ff.); 120, 125 (154 f.); 124, 282 (294); Jarass/Pieroth-Jarass, Art. 6 GG, Rn. 31.

574 Schuler-Harms, FPR 2012, 297 (299).

575 Sacksofsky, FPR 2003, 395 (397 f.).

576 Sacksofsky, FR 2010, 119 (122).

577 Sacksofsky, FPR 2003, 395 (398); vgl. BVerfG 82, 60 (86 f.); 87, 153 (170 f.); 91, 93 (111 ff.); 99, 246 (259 f.).

578 Pfab, ZRP 2006, 212 (215); Winhard, DStR 2006, 1729 (1732); so auch die UNION vor der letzten Bundestagswahl.

579 Pfab, ZRP 2006, 212 (215); Jachmann/Liebl, DStR 2010, 2009 (2012 f.).

unterscheidet sich je nach Entwurf voneinander, wird aber für Kinder regelmäßig niedriger angesetzt als für Erwachsene.[580]

Wie sich oben gezeigt hat, würde die Übertragung des französischen Modells auf Deutschland die Steuerlast der Familie nicht merklich verringern, sofern Kinderfreibetrag und Kindergeld unverändert blieben. Zudem kann die Annahme einer Erwerbs- und Verbrauchsgemeinschaft, die zwischen Eheleuten besteht, nicht auf das Verhältnis von Eltern und Kindern übertragen werden. Für das Steuerrecht ist die Erwerbsgemeinschaft von entscheidender Bedeutung, da tatbestandlich die Einkommenserzielung besteuert wird. Anders als für die Ehe gibt es für die Familie allerdings keine zivilrechtliche Grundlage, die eine Erwerbsgemeinschaft konstatiert. Die Eltern-Kind-Beziehung ist zivilrechtlich primär durch Sorgerecht und Unterhaltspflichten definiert (§§ 1626 ff.; §§ 1601 ff. BGB). Die Familie ist deshalb als Unterhaltsgemeinschaft einzuordnen, bei der der Versorgungsaspekt im Vordergrund steht, nicht aber als Erwerbsgemeinschaft. Hinzu kommt, dass Kinder schon schul- und altersbedingt nicht erwerbstätig sein können. Sie sind deshalb allenfalls nach § 1619 BGB zur Leistung von Diensten im Haushalt der Eltern verpflichtet. Nur in Ausnahmefällen besteht eine Pflicht zum Familienunterhalt beizutragen (Folgerung aus § 1620 BGB).[581]

Das Familientarifsplitting gerät außerdem in Konflikt mit dem steuerrechtlichen Prinzip der Besteuerung nach Leistungsfähigkeit. Das Leistungsfähigkeitsprinzip liegt darin begründet, dass jedem Steuerpflichtigen die gleiche individuelle Verfügungsfreiheit über finanzielle Mittel verbleiben soll. Reichen dürfen mehr Steuern abgenommen werden, weil sie danach immer noch über ein hinreichendes Maß an finanzieller Freiheit verfügen. Das Familientarifsplitting könnte korrekterweise nur dann dem Leistungsfähigkeitsprinzip entsprechen, wenn die Verfügungsfreiheit über die erwirtschafteten Mittel von allen Familienmitgliedern gemeinsam ausgeübt würde, was jedoch nicht der Realität entspricht. Im Eltern-Kind-Verhältnis entscheiden üblicherweise die Eltern darüber, welche Ausgaben getätigt werden.[582] Das tarifliche Familiensplitting würde damit eine gleichberechtigte Entscheidung über die familiären Ausgaben fingieren, die in der Realität nicht vorzufinden ist.

Schlussendlich sprechen gegen das Familiensplitting alle Aspekte, die auch gegen das Ehegattensplitting sprechen. Der Förderung der Alleinverdiener-Ehe, die dem aktuellen System der Ehegattenbesteuerung immanent ist, kann durch die Erweiterung auf ein Familiensplitting nicht entgegengewirkt werden. Im Gegenteil: Die Erweiterung des Splittings auch auf die Kinder würde dem Alleinverdiener infolge des progressiven Steuertarifs in Deutschland noch mehr Steuereinsparungen bescheren. Bei hohem Einkommen überstiege die finanzielle Entlastung durch das Familiensplitting sogar die Entlastungswirkung des geltenden Kinderfreibetrags.[583]

580 Bergs et al., FiFo 2006, S. 8.
581 Spangenberg (2005), S. 53; Jachmann/Liebl, DStR 2010, 2009 (2013).
582 Sacksofsky (2007), S. 348.
583 Spangenberg (2005), S. 53.

Dadurch fände eine über die bloße Entlastung hinausgehende Förderung statt, die jedoch nicht geboten ist. Zwar sehen die französischen Gesetze eine Obergrenze des Splittingbetrags für Kinder vor. Eine Obergrenze sollte in Deutschland jedoch die Kosten für die Existenzminima der Kinder realitätsgetreu abbilden. Der aktuelle Existenzminimumbericht des Bundesfinanzministeriums beziffert den Betrag für das sächliche Existenzminimum eines Kindes auf 4.512 Euro pro Jahr,[584] so dass die Kappung des Splittingeffekts mindestens bei diesem Betrag ansetzen müsste. Die Folge ist allerdings, dass die vollständige Inanspruchnahme der steuerlichen Entlastung nur besonders gut verdienenden Familien möglich wäre. Damit würde die Begrenzung des Splittingeffekts schlechter verdienende Familien gegenüber Besserverdiener-Familien benachteiligen. Die steuerliche Entlastung würde also gerade diejenigen nicht erreichen, die sie am dringendsten benötigen. Bergs et al. stellen fest, dass insgesamt nur sehr wenige Familien mit Kindern über ein so hohes Einkommen verfügen, das den Vorteil aus dem Familiensplitting über die jeweilige Kindergeldzahlung hinaus anwachsen lassen würde.[585]

Es lässt sich zwar nicht abstreiten, dass Kinder und die daraus resultierenden Unterhaltspflichten die steuerliche Leistungsfähigkeit des Steuerpflichtigen mindern, deren Berücksichtigung ist jedoch systematisch besser beim Familienleistungsausgleich (§ 31 EStG) aufgehoben. Da der Gesetzgeber bei einer Erweiterung des Splittings auf die ganze Familie die Vorgaben des BVerfG beachten und die Freibeträge in Höhe des Existenzminimums auch für Kinder belassen müsste (auch um nicht viele Familien gegenüber der bestehenden Rechtslage zu benachteiligen),[586] würden nur Familien mit höheren Einkommen die Vorteile des Familiensplittings zu spüren bekommen.[587]

Der Einführung einer Besteuerung, die dazu führt, dass einkommensstärkere Familien besser behandelt werden als einkommensschwächere, steht auch der Gleichbehandlungsgrundsatz aus Art. 3 Abs. 1 GG entgegen. Zudem könnte auch dem Prinzip der Besteuerung nach Leistungsfähigkeit nicht mehr entsprochen werden, da nicht alle Familien mit gleichem Einkommen auch gleich besteuert würden. Die Steuerlast hinge von der Anzahl der vorhandenen Kinder ab. Hinzu kommt, dass Familien mit unterdurchschnittlichem Einkommen gar keinen oder nur wenig Nutzen aus dem Familiensplitting ziehen könnten, so dass bei ihnen die Lasten der Kinderbetreuung nicht (angemessen) berücksichtigt werden könnten.

Zu bedenken ist außerdem, dass das tarifliche Familiensplitting im internationalen Vergleich eine seltene Besteuerungsform ist. Die meisten Länder sind inzwischen zu einer Individualbesteuerung übergegangen.[588]

---

584 BMF: 10. Existenzminimumbericht, S. 8. Für 2016: 4.608 Euro.
585 Bergs et al., FiFo 2006, S. 14.
586 Schuler-Harms, FPR 2012, 297 (300 f.).
587 Berechnungen zufolge würden lediglich 0,5 Prozent der Eheleute mit Kindern von einem tariflichen Familiensplitting profitieren, vorwiegend die oberen Einkommensgruppen: Bergs et al., FiFo 2006, S. 14.
588 Dingeldey, WSI-Mitt. 2002, 154 (155); Schuler-Harms, FPR 2012, 297 (301).

3. Familienrealsplitting

Möglicherweise könnte ein Familienrealsplitting die bessere Option sein. Diese Variante arbeitet nicht mit festen Quotienten, sondern will gesetzlich zwangsläufige Unterhaltsaufwendungen für Familienmitglieder beim Steuerpflichtigen als Sonderausgaben voll absetzbar machen. Beim Empfänger wären die Unterhaltszahlungen wiederum als sonstige Einkünfte zu versteuern, da sie dessen Leistungsfähigkeit erhöhten.[589] Diese Variante hätte zunächst den Vorteil, dass sie keine Erwerbs- und Wirtschaftsgemeinschaft zwischen Eltern und Kindern fingiert, sondern in Übereinstimmung mit den Grundsätzen des BGB von einer Unterhaltsgemeinschaft ausgeht.

Allerdings ist schon problematisch, in welcher Höhe der abzugsfähige Unterhalt anzusetzen wäre. Die Berücksichtigung der Unterhaltszahlungen in tatsächlicher Höhe kann aus mehreren Gründen nicht in Betracht kommen: Zunächst gilt auch hier der gegen das tarifliche Splitting vorgebrachte Einwand, dass einkommensstärkere Familien bei einer Orientierung an den zivilrechtlichen Unterhaltsregelungen höhere Ausgaben geltend machen könnten. Dies würde zu einer Benachteiligung einkommensschwächerer Familien führen, der Art. 3 Abs. 1 GG entgegensteht. Hinzu kommt, dass der in der Familie tatsächlich geflossene Unterhalt nur schwer überprüfbar ist. Weiterhin könnte die unbegrenzte Abzugsfähigkeit in Kombination mit dem progressiven Steuertarif, einen Anreiz bieten, Unterhaltszahlungen an Kinder zu fingieren, um eine Steuerersparnis zu erzielen. In Anlehnung an § 10 Abs. 1a Nr. 1 EStG wurde für Ehegatten deshalb ein abzugsfähiger Betrag von höchstens 13.805 Euro pro Jahr vorgeschlagen.[590] Für Kinder wird eine Orientierung an der Düsseldorfer Tabelle oder an den Beträgen des Sozialhilferechts in Betracht gezogen.[591] Andere wollen den aktuellen Grundfreibetrag für Erwachsene übernehmen, überlegt wird auch eine Anlehnung an den geltenden Kinderfreibetrag.[592]

Im Grunde würde diese Besteuerungsform auf Basis einer Individualbesteuerung die Grundsätze des für die gescheiterte Ehe geltenden Realsplittings auf alle Familienmitglieder erweitern.[593] Materiell würde sich das Realsplitting unter Ehegatten als Begrenzung des Splittingeffekts auswirken, jedoch nur sofern ihre Einkommensdifferenz 13.805 Euro im Jahr übersteigt. Ist die Differenz geringer, ergeben sich keine Unterschiede zum geltenden Ehegattensplitting.[594]

Im Hinblick auf das Leistungsfähigkeitsprinzip ist zu sagen, dass ein Steuerpflichtiger mit Kindern wegen seiner gesetzlichen Unterhaltspflichten logischerweise weniger leistungsfähig ist als ein Steuerpflichtiger ohne Kinder, so dass das Realsplitting dem Leistungsfähigkeitsprinzip grundsätzlich entsprechen würde. Die

589 Winhard, DStR 2006, 1729 (1732); Spangenberg (2005), S. 54.
590 Bergs et al., FiFo 2006, S. 10.
591 Jachmann/Liebl DStR 2010, 2009 (2012); Winhard, DStR 2006, 1729 (1732).
592 Bergs et al., FiFo 2006, S. 10, Fn. 33. Für Erwachsenen-Grundfreibetrag: CDU/CSU: Regierungsprogramm, S. 38.
593 Winhard, DStR 2006, 1729 (1732).
594 Prinz, FR 2010, 105 (110); Bergs et al., FiFo 2006, S. 10.

Kappung des Splittingeffekts mithilfe der Höchstbeträge würde auch die Manipulationsgefahr durch Besserverdiener eindämmen.

Es ist dennoch fraglich, ob gesetzliche Unterhaltspflichten über das sächliche Existenzminimum hinaus berücksichtigt werden sollten. Wie oben dargestellt, ist eine steuerliche Entlastung von Familien über das Existenzminimum hinaus verfassungsrechtlich nicht geboten. Es entspricht vielmehr dem steuerrechtlichen Leistungsfähigkeitsprinzip, den Steuerzahler erst dann in Anspruch zu nehmen, wenn er das finanziell Notwenige für seine Familie zur Verfügung hat. Wenn der Steuerpflichtige seinem Partner oder seinen Kindern mehr als das Notwendige zukommen lassen möchte, ist dies seine private Entscheidung, die nicht von der Gemeinschaft der Steuerzahler zu tragen ist.[595] Die Berücksichtigung von Unterhaltspflichten über das Existenzminimum hinaus ist allerdings auch nicht verboten. Dem Gesetzgeber steht hier ein Gestaltungsspielraum zu. Wenn er möchte, kann er die Familie auch über das gebotene Maß hinaus entlasten und ihr damit eine Förderung zukommen lassen. Eine zielgerichtete Förderung von Familien lässt sich über das Steuerrecht aber nur schwer erreichen, ebenso wenig die Gleichstellung der Haus- und Betreuungsarbeit verheirateter Frauen, da steuerliche Entlastungen darauf ausgelegt sind, nur dem Erwerbstätigen zugutezukommen und anderen Bedürftigen deshalb allenfalls mittelbar zufließen.[596]

Daher ist zu empfehlen, die Beträge auf das Existenzminimum der Familienmitglieder zu beschränken. Eine zielgerichtete Förderung der Familie kann immer noch an anderer Stelle erfolgen. Für die steuerliche Berücksichtigung von Unterhaltspflichten bietet sich daher die Orientierung an den aktuellen Berechnungen des Existenzminimumberichts an. Dieses hat für alleinstehende Erwachsene einen Betrag in Höhe von 8.472 Euro (für Kinder 4.512 Euro) für das Jahr 2015 ermittelt.[597] Dann wäre aber auch der Betrag in § 10 Abs. 1a Nr. EStG auf das sächliche Existenzminimum zu beschränken, da andernfalls verheiratete Ehepartner schlechter behandelt würden als getrennt lebende oder geschiedene Ehegatten. Dieser Benachteiligung steht Art. 6 Abs. 1 GG entgegen.

Allerdings wäre diese Reform nicht geeignet, die negativen Erwerbsanreize, die das geltende System der Ehegattenbesteuerung setzt, zu beseitigen oder zumindest einzudämmen. Berechnungen zufolge beeinflusst ein Realsplitting mit einem übertragbaren Unterhaltsabzug in Höhe von 15.000 Euro das Arbeitsangebot aller Paare mit einer Einkommensdifferenz kleiner als 30.000 Euro nicht, da sich für diese Paare gegenüber dem Status Quo nichts ändern würde, insbesondere die effektiven Grenzsteuersätze und das Haushaltseinkommen unverändert blieben. Bei Ehepaaren mit einer höheren Einkommensdifferenz steigt das Arbeitsangebot von Frauen um rund 12 Prozent an. Die Reform hätte demnach nur auf relativ wenige

595 Sacksofsky, FR 2010, 119 (122).
596 Spangenberg (2005), S. 55.
597 BMF: 10. Existenzminimumbericht, S. 8.

Frauen einen Einfluss.[598] Ähnliche Wirkung ist auch von einer Begrenzung des Unterhaltsabzugs auf 8.472 Euro zu erwarten. Bei einer Einkommensdifferenz bis zu 16.944 Euro merken die Ehepaare keinen Unterschied zur bestehenden Besteuerungsmethode. Wegen des progressiven Steuertarifs ist erst bei einer eklatanten Einkommensdifferenz ein größerer Arbeitsanreiz für Frauen zu erwarten.

Eine andere Untersuchung bestätigt dieses Ergebnis: Bei einem Übergang zum Realsplitting würden die meisten Frauen entweder gar nicht, etwa 20 Stunden oder 40 Stunden arbeiten. Hauptsächlich sind nur kleinere Abweichungen von bis zu fünf Stunden feststellbar. In den meisten Fällen würde die Reform eine Stundenanpassung von nur einem der Partner, in der Regel der Frau, bewirken. 93 Prozent der Paare zeigten bei der Untersuchung jedoch keinerlei Reaktionen auf die geänderten steuerlichen Bedingungen.[599] Berechnungen zufolge hätte das Realsplitting eine verhältnismäßig moderate Ausweitung des Arbeitsangebots um rund 150.000 vollzeitäquivalente Stellen zur Folge.[600]

Zudem begegnet das Realsplitting ähnlichen Bedenken wie das tarifliche Splitting. Es fingiert eine Teilung des Einkommens in der Familie, die in dieser Form nicht existiert. In der intakten Familie wird nicht real geteilt, sondern lediglich fiktiv zugeordnet. Die Kinder erhalten keine Verfügungsbefugnis über den ihnen zustehenden Unterhalt, sondern die Eltern bestimmen darüber, wie das Geld ausgegeben wird.[601] Hinzu kommt, dass auch diese Splittingmethode Besserverdiener- stärker entlasten würde als Geringverdiener-Ehen. Durch die Höchstbeträge könnte dieser Effekt zwar etwas eingedämmt werden, dennoch würden die steuerlichen Entlastungen gerade diejenigen Familien nicht erreichen, die sie am dringendsten brauchen: Geringverdiener, zu denen häufig auch Alleinerziehende gehören. Daher sind Zweifel, ob das Familienrealsplitting vor dem Gleichheitssatz Bestand haben könnte, durchaus angebracht.[602]

4. Reine Individualbesteuerung

Seit langem wird in Deutschland auch schon über die reine Individualbesteuerung aller Erwerbstätigen nach schwedischem Vorbild diskutiert.[603] Mennel ist darin zuzustimmen, dass das Ehegattensplitting ein „Fremdkörper" in dem auf dem Grundsatz der Individualbesteuerung beruhenden System des geltenden Einkommensteuerrechts ist. Die getrennte Veranlagung von Ehegatten würde richtigerweise auch der Verpflichtung zur Wahrung der Rechtsordnung entsprechen, da § 1356 Abs. 2 S. 1 BGB beide Ehegatten zu einer Erwerbstätigkeit berechtigt.[604]

598 Wagenhals, S. 262 f.
599 Beblo et al., S. 108 f.
600 Bergs et al., FiFo 2006, S. 19 f.
601 Sacksofsky (2007), S. 349.
602 Sacksofsky, FR 2010, 119 (122); Spangenberg (2005), S. 53.
603 So auch schon der 50. Juristentag (1974), vgl. Mennel, D 165 ff.
604 Mennel, D 180; Schuler-Harms, FPR 2012, 297 (298).

Berechnungen zufolge bietet die getrennte Veranlagung von Ehegatten für Frauen den größten Anreiz, einer eigenen Erwerbstätigkeit nachzugehen. Dieser Effekt wird dadurch hervorgerufen, dass das höhere Einkommen des Mannes wegen des progressiven Steuertarifs auch höher besteuert wird. Damit geht ein Einkommensverlust für die Familie einher, der durch eine (erweiterte) Erwerbstätigkeit der Frau kompensiert werden muss. Bach et al. errechnen für ein Paar mit mittlerem Einkommen (Mann 16,00 Euro pro Stunde/Frau 12,30 Euro pro Stunde), bei dem die Frau nicht oder nur sehr wenige Stunden arbeitet, einen Einkommensverlust von bis zu 250 Euro monatlich. Deutlicher wird dieser Effekt bei einem Vergleich mit dem oben dargestellten Realsplitting: Die Einkommensdifferenz des hier dargestellten Paares wird von Bach et al. auf weniger als 27.600 Euro im Jahr beziffert, so dass bei Einführung eines Realsplittings mit Übernahme der Beträge aus § 10 Abs. 1a Nr. 1 EStG (13.805 Euro) gar kein finanzieller Unterschied spürbar wäre,[605] bei einem Unterhaltsabzug in Höhe von 8.472 Euro allenfalls ein geringer, so das jedenfalls kein erhöhter Arbeitsanreiz für Frauen zu erwarten wäre. Darüber hinaus bringe bei einer Individualbesteuerung jede Stunde, die die Frau mehr arbeite, einen größeren Einkommenszuwachs für den Haushalt als das derzeitige Ehegattensplitting. Auch diese Tatsache trage zusätzlich zu einem erhöhten Arbeitsanreiz bei. Ein weiterer Vorteil der Individualbesteuerung sei zudem, dass sie auch den Anreiz erhöhe, statt eines Minijobs eine Teilzeitberufstätigkeit auszuüben. Auch die fiskalischen Mehreinnahmen, die eine strikt getrennte Veranlagung der Ehegatten Berechnungen zufolge hervorbringen würde, sind beachtlich. Der durch das geltende Ehegattensplitting verursachte Aufkommensverlust für den Fiskus wird auf etwa 27 Mrd. Euro beziffert.[606]

Die getrennte Veranlagung wird in Deutschland jedoch unter anderem aus verfassungsrechtlicher Sicht kritisch gesehen. Gegen die konsequente Individualbesteuerung wird häufig eine Art Missbrauchsargument vorgebracht: Selbständige oder Personen, die Einkommen aus Kapitalvermögen oder Vermietung und Verpachtung erzielten, könnten ihre Einkünfte zwischen Ehegatten übertragen und damit ihre Steuerlast beeinflussen, um quasi ihr „eigenes Splitting“ zu schaffen.[607] Bei diesem Einwand ist jedoch zu berücksichtigen, dass das selbst herbeigeführte Splitting im Gegensatz zum derzeit bestehenden Ehegattensplitting aus Gleichstellungsgesichtspunkten einen Vorteil hätte: Die Übertragung der Einkünfte wird steuerlich nur dann berücksichtigt, wenn zivilrechtlich einwandfreie Verträge zwischen den Ehegatten geschlossen werden. Dann hat die Übertragung von Einkünften auf die Frau zur Folge, dass diese ihr auch tatsächlich rechtlich zustehen. Beim Ehegattensplitting werden die Einkünfte nur fiktiv auf sie übertragen, so dass sich ihre Eigentumsposition nicht verbessert. Das „eigene Splitting“ verschafft der

605 Bach et al., DIW 2011, 13 (17).
606 Bach et al., DIW 2011, 13 (17 ff.).
607 Winhard, DStR 2006, 1729 (1731 f.) mit Verweis auf die Vorgabe der BVerfGE 84, 239 (268 f.); Prinz, FR 2010, 105 (109).

Frau dagegen eine eigene finanzielle Absicherung für den Fall der Scheidung oder den Tod des Ehemannes. Dagegen kann gewiss angeführt werden, dass für diese Fälle der der Zugewinnausgleich existiert, der zu einer hälftigen Vermögensteilung unabhängig von der Eigentümerposition führt. In der Scheidungspraxis macht die Eigentümerposition aber einen Unterschied. Dies entspricht auch den Wertungen des BGB: Eine dingliche Position ist stärker als eine schuldrechtliche.[608] Die fehlende dingliche Position der Hausfrau ist gegenwärtig eines der Hauptargumente, das aus Gleichstellungsgesichtspunkten gegen den gesetzlichen Güterstand der Zugewinngemeinschaft vorgebracht wird.

Der bedeutendste Einwand gegen die konsequente Individualbesteuerung ist jedoch, dass sie die gesetzlich normierten Unterhaltsplichten der Ehegatten außeracht lässt. Der zu leistende Unterhalt mindert die Leistungsfähigkeit des Steuerpflichtigen. Er kann sich dem nicht entziehen. Deshalb schreibt das BVerfG die Steuerfreiheit in Höhe des Existenzminimums der Unterhaltsberechtigten vor.[609]

Sacksofsky will dieses Argument jedenfalls in Bezug auf Ehegatten untereinander nicht gelten lassen. Diese schulden sich im Gegensatz zu Kindern wechselseitigen Unterhalt. Eine nicht oder nur teilweise berufstätige Ehefrau erwirtschafte durch ihre Haushalts- und Reproduktionstätigkeit ein „Schatteneinkommen", das neben immateriellen Vorteilen auch eine erhebliche finanzielle Entlastung bringe. Dies steigere die Leistungsfähigkeit der Familie, ohne dass es eine steuerliche Berücksichtigung erfahre. Daher sei die Minderung des Einkommens durch den zivilrechtlichen Unterhalt nicht derart indisponibel, wie in der Diskussion zum Teil behauptet werde. Stattdessen stehe dem materiell geschuldeten Unterhalt des Mannes eine erhebliche Wertschöpfung durch den immateriell geleisteten Unterhalt der Frau gegenüber. Die Angelegenheit sei nur dann anders zu behandeln, wenn dem materiell geschuldeten Unterhalt kein immaterielles Pendant gegenüberstehe, wie etwa bei länger andauernder Krankheit oder Pflegebedürftigkeit, oder wenn sich die Unterhaltspflicht in dem Sinne materialisiere, dass dem Staat dadurch Sozialleistungen erspart würden. In diesen Fällen solle eine steuerliche Berücksichtigung in Form der außergewöhnlichen Belastungen oder der Sonderausgaben ermöglicht werden. Ähnliche Konstellationen beim Elternunterhalt, bei nichtehelichen Lebensgemeinschaften oder Lebenspartnerschaften sollten genauso behandelt werden.[610]

Für diese Ansicht könnte § 1360 S. 2 BGB sprechen, der die Gleichwertigkeit der geleisteten Ehebeiträge normiert. Wie oben dargestellt, bemisst sich die Gleichwertigkeit der Ehebeiträge nicht an einem wirtschaftlichen Wert oder dem Umfang der geleisteten Familienarbeit. Damit findet jedenfalls theoretisch ein Ausgleich von Be- und Entlastung statt,[611] so dass das Argument von Sacksofsky zunächst plausibel erscheint. Probleme sind bei dieser Vorgehensweise allerdings dann zu erwarten,

---

608 Sacksofsky (2010/2), S. 370 f.
609 BVerfG 82, 60 (86 f.); 87, 153 (170 f.); 91, 93 (111 ff.); 99, 246 (259 f.).
610 Sacksofsky (2010/2), S. 371 f.
611 Vollmer (2006), S. 81.

wenn der nicht berufstätige Ehegatte den Haushalt tatsächlich nicht führt und damit kein Pendant zum materiellen Unterhalt leistet. Sacksofsky benennt dafür die Fälle quasi unverschuldeter Leistungsunfähigkeit (Krankheit, Pflegebedürftigkeit), für die sie ausnahmsweise einen Unterhaltsabzug bei der Einkommensteuer zulassen will. Wie ist aber der Fall zu behandeln, in denen der für den Haushalt zuständige Ehegatte diesen nicht persönlich führt, sondern stattdessen eine zusätzliche Haushaltshilfe und/oder eine Fremdbetreuung für die Kinder in Anspruch nimmt? Diese Situation ist zwar „selbstverschuldet", hat aber den gleichen Effekt: Dem materiellen geschuldeten Unterhalt steht kein immaterielles Pendant gegenüber, so dass sich eine Minderung der Leistungsfähigkeit des erwerbstätigen unterhaltspflichtigen Ehegatten einstellt, die nach den obigen Grundsätzen einen Steuerabzug begründen würde. Oder sollten die Fälle, in denen „selbstverschuldet" kein Ausgleich stattfindet, grundsätzlich nicht zum Unterhaltsabzug zugelassen werden? Dies würde jedoch wie eine „Bestrafung" von Alleinverdiener-Ehen, die sich diesen Lebensstil leisten können, wirken. Einer solchen Vorgehensweise steht die Neutralitätspflicht aus Art. 6 Abs. 1 GG entgegen. Eine Unterscheidung nach „verschuldeter" und „unverschuldeter" Unterhaltsbedürftigkeit sollte deshalb nicht erfolgen.

Schlussendlich muss festgestellt werden, dass die steuerliche Berücksichtigung nicht ohne Weiteres von der tatsächlich gelebten Aufgabenteilung in der Ehe abhängig gemacht werden kann. Einerseits gerät diese Vorgehensweise in Konflikt mit Art. 6 Abs. 1 GG, der jede Ehe unabhängig von der jeweiligen Aufgabenteilung zwischen den Ehegatten schützen soll. Andererseits wirft die pauschale Annahme eines Leistungsausgleichs für jede Ehe, in der keiner der oben genannten Ausnahmetatbestände einschlägig ist, Probleme mit dem steuerrechtlichen Leistungsfähigkeitsprinzip auf, so dass theoretisch jede Ehe/nichteheliche Lebensgemeinschaft einer Überprüfung zu unterziehen wäre. (Nebenbei sei angemerkt, dass zu viele Ausnahmetatbestände das Recht auch stark verkomplizieren und deshalb auch an der Legitimation einer Grundannahme, die so viele Ausnahmen nötig macht, gezweifelt werden sollte.) Das Finanzamt interessiert sich jedoch regelmäßig nicht für die Umstände der Einkommenserlangung oder -minderung. Diese Vorgehensweise brächte einen immensen bürokratischen Mehraufwand mit sich, so dass auch aus Effektivitätsgründen davon abgesehen werden sollte. Zudem können solche Kontrollmaßnahmen als Eingriff in den privaten Lebensbereich der Eheleute eingeordnet werden, der nicht ohne Weiteres gerechtfertigt werden kann.

5. Individualbesteuerung mit übertragbarem Grundfreibetrag

Infolge der obigen Ausführungen kann nur eine Individualbesteuerung mit übertragbarem Grundfreibetrag in Höhe des Existenzminimums in Betracht kommen. Der Freibetrag könnte durch den erwerbstätigen Ehegatten in Abzug gebracht werden, soweit er von dem anderen nicht in Anspruch genommen wird.

Die Individualbesteuerung garantiert, dass jeder Ehepartner unabhängig von der Erwerbstätigkeit und dem Grenzsteuersatz des anderen Ehepartners besteuert wird. Die bei der Besteuerung des Einkommens zu gewährenden Abzüge werden getrennt auf die Ehepartner verteilt, so dass die steuerlichen Entlastungen nicht nur personenbezogen dort berücksichtigt werden, wo sie entstehen, sondern auch unmittelbar der Person zufließen, der die Belastung entstanden ist. Der übertragbare zweite Grundfreibetrag stellt hingegen sicher, dass die gesetzlich normierten Unterhaltsverpflichtungen, die als zwangsläufige Aufwendungen die Leistungsfähigkeit der Ehegatten mindern, auch steuerrechtliche Berücksichtigung erfahren.[612] Der Grundfreibetrag genügt den Vorgaben des BVerfG, wenn er auf das sächliche Existenzminimum beschränkt wird. Eine darüber hinausgehende finanzielle Förderung, ist nicht geboten. Um eine finanzielle Benachteiligung der intakten Ehe gegenüber der geschiedenen Ehe zu verhindern, wäre auch das Realsplitting nach § 10 Abs. 1a Nr. 1 EStG auf einen maximalen Abzugsbetrag in Höhe des Existenzminimums zu beschränken.[613]

Die Individualbesteuerung mit übertragbarem zweitem Grundfreibetrag übt zwar einen geringeren Anreiz zur Erwerbstätigkeit der Ehefrau aus als die reine Individualbesteuerung. Die reine Individualbesteuerung kann aber aus verfassungsrechtlichen Gründen derzeit nicht realisiert werden. Diese Besteuerungsform ist aber gleichwohl effektiver für die Förderung der Erwerbstätigkeit verheirateter Frauen als die Familiensplittingmodelle, weshalb sie diesen vorzuziehen ist. Je geringer dabei der Freibetrag angesetzt wird, desto stärker wirkt der Erwerbsanreiz auf die verheiratete Ehefrau. Deshalb ist ein Freibetrag, der sich am Existenzminimum orientiert, zu bevorzugen.

Der übertragbare Grundfreibetrag sollte auch aus Gründen der Leitbildneutralität (Wahlfreiheit) belassen werden. Die klassische Hausfrauenehe sollte als Option bestehen bleiben, sonst würde wiederum eine staatliche Einmischung in die eheliche Aufgabenteilung erfolgen, die nicht mit Art. 6 Abs. 1 GG vereinbar wäre.

Die fiskalischen Mehreinnahmen, die durch die Individualbesteuerung mit übertragbarem zweitem Grundfreibetrag entstehen, könnten wiederum für eine gezielte bedarfsorientierte Familienförderung außerhalb des Steuerrechts verwendet werden.[614] Insbesondere für Alleinerziehende besteht dort noch Nachholbedarf.

6. Lohnsteuerklassen

Bei Einführung einer Individualbesteuerung wäre es konsequent, sämtliche Steuerklassenkombinationen, die speziell für Verheiratete existieren, aus dem Steuerrecht zu entfernen. Zwei Ehegatten mit jeweils einer Arbeitsstelle wären getrennt voneinander der Steuerklasse I zuzuordnen. Jedem ständen seine eigenen Freibeträge zu, wobei Freibeträge und andere Vergünstigungen für Kinder in Anlehnung an das Unterhaltsrecht (§ 1606 Abs. 3 BGB) bei jedem Ehegatten zur Hälfte zu berücksichtigen wären.

---

612 Spangenberg (2005), S. 54 f.

613 Bach et al., DIW 2011, 13 (14).

614 Spangenberg (2005), S. 55.

II. Erhöhung des Kinderfreibetrags/Kindergeldes notwendig?

Um die finanzielle Schlechterstellung von Familien gegenüber kinderlosen Ehegatten zu vermeiden, sollte die steuerliche Berücksichtigung von Kindern bestehen bleiben. Dies zeigt der Vergleich zwischen einem kinderlosen Paar und einem Paar mit Kindern. Erwirtschaften beide Paare ein gleich hohes Einkommen, ist offensichtlich, dass das Paar mit Kindern Aufwendungen für seine Kinder tätigen muss und damit weniger leistungsfähig ist als das kinderlose Paar.[615] Dieser kindbedingten Leistungsfähigkeitsminderung tragen Kinderfreibeträge (§ 32 Abs. 6 EStG) und Kindergeld (§ 66 Abs. 1 S. 1 EStG) Rechnung.[616] Es ist zu überlegen, ob diese beiden Institute bei Abschaffung des Ehegattensplittings ebenfalls einer Reform bedürften, da das Ehegattensplitting jedenfalls auch der Familienförderung dienen soll.

1. Kinderfreibetrag

Derzeit können Eltern für jedes Kind einen Steuerfreibetrag von insgesamt 3.504 Euro pro Jahr in ihrer Einkommensteuererklärung geltend machen. Dieser setzt sich zusammen aus einem Betrag von 2.184 Euro für das sächliche Existenzminimum eines jeden Kindes zuzüglich jeweils 1.320 Euro für dessen Betreuungs- und Erziehungs- oder Ausbildungsbedarf. Bei Ehegatten, die zusammen veranlagt werden, verdoppeln sich diese Freibeträge (vgl. § 32 Abs. 6 EStG). Bei Einführung einer Individualbesteuerung für Ehegatten könnte jeder Ehegatte separat die Hälfte des Kinderfreibetrags in seiner Steuererklärung geltend machen. Dem anderen Ehegatten ständen diese Freibeträge insoweit zu, wie der andere sie nicht geltend macht.

Es ist zu überlegen, ob die in § 32 Abs. 6 EStG aufgeführten Beträge infolge der Abschaffung des Ehegattensplittings erhöht werden müssten. Das letzte Wahlprogramm der CDU/CSU (2013) sprach sich für eine solche Anhebung des Kinderfreibetrags auf das Niveau von Erwachsenen aus. Damit korrelierend sollte auch das Kindergeld weiter erhöht werden.[617] Eine Pflicht, den Kinderfreibetrag auf das Niveau von Erwachsenen zu erhöhen, besteht aber auch bei Abschaffung des Ehegattensplittings zumindest verfassungsrechtlich nicht.[618] Das BVerfG hat die Berücksichtigung der Kinderlasten nur im Hinblick auf das erforderliche Minimum begrenzt.[619] Daraus ergibt sich die Pflicht, den Kinderfreibetrag kontinuierlich an der Höhe des sozialrechtlich definierten Existenzminimums auszurichten.[620] Dieser stellt die Untergrenze der steuerlichen Berücksichtigung von Kinderlasten dar. Eine Erhöhung wäre deshalb nur bis zu einem Betrag von 4.512 Euro verfassungsrechtlich geboten. Zudem

615 Sacksofsky (2010/2), S. 374.
616 Jachmann/Liebl, DStR 2010, 2009 (2011).
617 CDU/CSU: Regierungsprogramm, S. 38.
618 Sacksofsky, FPR 2003, 395 (398).
619 BVerfG 82, 60 (86 f.); 87, 153 (170 f.); 91, 93 (111 ff.); 99, 246 (259 f.).
620 Spangenberg (2005), S. 57.

erfasst der geltende Steuerfreibetrag über das sächliche Existenzminimum des Kindes hinaus auch dessen Betreuungs- und Erziehungs- oder Ausbildungsbedarf.[621] Weiterhin ist zu berücksichtigen, dass Verheirate den Betrag doppelt ausschöpfen können, wodurch sie nicht nur die verfassungsmäßig vorgegebene Entlastung erfahren, sondern auch noch eine darüber hinausgehende Förderung. Insofern ist der Kinderfreibetrag auch im Vergleich mit anderen Ländern vergleichsweise großzügig bemessen.[622]

Die Erhöhung der Beträge über das Existenzminimum hinaus wäre zwar auch nicht verfassungsrechtlich verboten. Es ist jedoch zu berücksichtigen, dass der Kinderfreibetrag bereits jetzt Familien mit höherem Einkommen stärker entlastet als Familien mit geringerem Einkommen.[623] Eine weitere Erhöhung würde diesen Effekt verstärken. Die Folge wäre, dass die Entlastung diejenigen Familien nicht erreicht, die sie am dringendsten benötigen und damit ein eventuell eintretender ökonomisch nachteiliger Effekt durch die Abschaffung des Ehegattensplittings bei ihnen nicht kompensiert werden könnte. Wie oben herausgearbeitet, ist das Steuerrecht nicht das richtige Mittel für eine gezielte Familienförderung. Daher sollte der Kinderfreibetrag nicht noch weiter angehoben werden.

2. Kindergeld

Das Steuerrecht erreicht Familien mit geringem Einkommen nicht (genug). Deshalb muss der Familienleistungsausgleich durch Transferleistungen ergänzt werden, weshalb das Kindergeld in einem Sozialstaat unentbehrlich ist.[624] Es stellt ein besseres Mittel für eine zielgerichtete Familienförderung dar, da die Höhe der Förderung nicht wie beim Kinderfreibetrag je nach Einkommen variiert. Es ist jedoch nicht nur Förderung, sondern auch Ausgleich für die niedrigere Leistungsfähigkeit von Eltern. Daher ist auch nicht zu empfehlen, die Transferleistungen nach französischem Vorbild erst ab dem zweiten Kind zu gewähren, da sich die Leistungsfähigkeit der Familien schon ab dem ersten Kind schmälert.

Fraglich ist jedoch, ob das Kindergeld bei einer Abschaffung des Ehegattensplittings anzuheben wäre. Dafür könnte sprechen, dass dadurch die Schere zwischen Kinderfreibetrag und Kindergeldhöhe geringer ausfallen würde. Eine Studie des Münchner ifo-Instituts kommt jedoch zu dem Schluss, dass eine Erhöhung des Kindergeldes den Erwerbsanreiz von Müttern negativ beeinflussen würde. Grund hierfür sei die Tatsache, dass Hocheinkommensbezieher nur von höheren Freibeträgen profitieren können, während Geringverdiener durch ein höheres Kindergeld merkliche Einkommenssteigerungen zu erwarten hätten und deshalb ein

621 Dies geht ebenfalls auf eine Vorgabe des BVerfG zurück, vgl. BVerfGE 99, 216 (242).

622 Schuler-Harms, FPR 2012, 297 (300). Dies zeigt auch der Vergleich mit Schweden und Frankreich.

623 Sacksofsky (2010/2), S. 374.

624 Sacksofsky, FR 2010, 119 (122).

geringerer Anreiz zur Arbeitsaufnahme bestehe. Zudem seien insbesondere Mütter der negativen Beschäftigungswirkung des Kindergelds ausgesetzt, da sie in der Regel diejenigen seien, die ihre Berufstätigkeit auf Teilzeit verringerten. Gerade in Haushalten mit geringem Einkommenspotential sei die Teilzeiterwerbstätigkeit besonders ausgeprägt, also genau bei den Familien, die am meisten von den Reformen profitieren würden. Außerdem werde deutlich, dass vor allem Mütter mit zwei oder mehr Kindern, die ihre Familiengründungsphase mutmaßlich bereits abgeschlossen haben, für die negative Arbeitsmarktreaktion verantwortlich sein würden. Auch nach Vollendung der Familiengründungsphase besteht bei Erhöhung des Kindergeldes demnach kein Anreiz für die Mütter, zu einer Vollzeitberufstätigkeit zurückzukehren. Die Studie kommt auch zu dem Ergebnis, dass sich bereits die Erhöhung um einen Euro monatlich negativ auf den Umfang der Berufstätigkeit von Müttern auswirken würde.[625]

Nach alledem sollte von einer weiteren Anhebung des Kindergeldes abgesehen werden. Deutschland gewährt im internationalen Vergleich bereits jetzt die großzügigsten Leistungen. Gegen eine Erhöhung sprechen nicht nur die negativen Erwerbsanreize, die die Reform auf Mütter haben würde. Darüber hinaus ist auch fraglich, inwieweit die Erhöhung tatsächlich zu einer weiteren Entlastung für Geringverdiener-Familien führen würde. Die ifo-Studie kommt etwa auch zu dem Schluss, dass eine Erhöhung des Kindergeldes auf der einen Seite zwar zu einem Anstieg des Haushaltsnettoeinkommens führe, auf der anderen Seite aber durch die Verringerung der Mütter-Arbeitszeit zu einem Verdienstausfall, der wiederum Einkommenseinbußen bringe.[626] Damit ist auch die finanzielle Entlastungswirkung für Geringverdiener-Familien infrage gestellt. Zudem zeigt eine andere Studie des ifo Instituts, dass der Ausbau bezahlbarer frühkindlicher Betreuung einen weit größeren positiven Einfluss auf die Erwerbstätigkeit von Müttern haben würde als eine Erhöhung des Kindergeldes. Die Betreuung der Kinder unter drei Jahren sei für die Aufnahme einer Erwerbstätigkeit zumindest in Teilzeit für Mütter von großer Bedeutung. Ein Betreuungsplatz erhöhe die Neigung, eine Erwerbstätigkeit aufzunehmen.[627] Die Ausübung von wenigstens einer Teilzeitbeschäftigung führt zu einem Anstieg des Haushaltseinkommens und würde den Familien finanziell weit mehr zugutekommen als eine weitere Erhöhung des Kindergeldes.

III. Absetzbarkeit von Kinderbetreuungskosten

Wie sich gezeigt hat, ist nicht zu rechtfertigen, dass die Kosten einer Kinderbetreuung nicht bereits ab dem ersten Euro als Werbungskosten berücksichtigt werden. Auch wenn die deutschen Regelungen im Vergleich zu Schweden und Frankreich

---

625 ifo-Forschungsberichte: Kindergeld, S. 91 f.
626 ifo-Forschungsberichte: Kindergeld, S. 151.
627 ifo-Forschungsberichte: Kinderbetreuung, S. 222 ff.

am großzügigsten sind, ist noch eine Feinjustierung zu empfehlen. Die Verfassung gebietet die Abzugsfähigkeit erwerbsbedingter Kinderbetreuungskosten, soweit sie die finanzielle Leistungsfähigkeit der Eltern mindern. Der finanzielle Spielraum der Familie wird bereits ab dem ersten Euro für eine Betreuung tangiert. Die Kürzung um eine zumutbare Eigenbelastung ist daher verfassungswidrig. Zudem sollten die Betreuungskosten als Werbungskosten eingeordnet werden, da sie erwerbsbedingte zwangsläufige Aufwendungen sind. Eine Begrenzung nach oben ist dagegen in Ordnung, um die Kosten einer „Luxusbetreuung" nicht auf die Gemeinschaft der Steuerzahler umzulegen.

Nebenbei sei angemerkt, dass Schweden bei der Festlegung der Kita-Entgelte ein gutes Vorbild darstellt. Durch die Orientierung am Elterneinkommen und die Festlegung von Belastungsobergrenzen ist sichergestellt, dass sich grundsätzlich alle Eltern eine Kinderbetreuung leisten können. Zudem verhilft diese Regelung zu einer gerechteren Lastenverteilung unter den Eltern verschiedener Einkommensschichten. Wegen der verhältnismäßig geringen Betreuungskosten sieht Schweden jedoch keinen steuerlichen Abzug dafür vor. Dagegen gibt es in Schweden (wie auch in Frankreich) für einkommensschwache Eltern die Möglichkeit, eine staatliche Betreuungszulage zu beanspruchen. Somit haben Eltern, unabhängig von ihrer finanziellen Situation die Wahl, ihre Kinder fremdbetreuen zu lassen.[628]

IV. Ergebnis

Die Gleichstellung von Mann und Frau im Steuerrecht erfordert die Beseitigung ökonomischer Anreize, die geeignet sind, die Ehefrau zum Verzicht auf die eigene Erwerbstätigkeit zu animieren. Die eigene Erwerbstätigkeit sollte finanziell attraktiver sein, als die Versorgung durch den Ehemann. Es entspricht auch nicht mehr dem aktuellen Eheverständnis, Mann und Frau als steuerliche Einheit zu betrachten. Die Frauen haben inzwischen bei den Bildungsabschlüssen aufgeholt und wollen ebenso erwerbstätig sein wie Männer. Daher ist es auch sachgerecht, sie steuerlich als Individuum zu behandeln. Die gesetzlich vorgeschriebenen ehelichen Unterhaltspflichten werden unter Berücksichtigung der verfassungsrechtlichen Vorgaben mithilfe eines übertragbaren Freibetrags berücksichtigt.

Trotz Abschaffung des Ehegattensplittings kann jedoch keine Erhöhung des Kinderfreibetrags oder Kindergeldes empfohlen werden, da dies einen negativen Einfluss auf den Erwerbswillen der Ehefrauen haben würde.

Die Kosten für eine Kinderbetreuung sollten dagegen ab dem ersten Euro in Form von Werbungskosten berücksichtigt werden.

628 Die Orientierung an den französischen Entgelten empfiehlt sich dagegen nicht, da sie vergleichsweise hoch ausfallen. Auch die steuerliche Absetzbarkeit ist verhältnismäßig gering.

Die Beseitigung der negativen Erwerbsanreize stände auch im Einklang mit den nachehelichen Ausgleichssystemen, da diese die Berufstätigkeit von Frauen inzwischen ebenso als Normalität ansehen wie die von Männern. Der Verweis auf die finanzielle Eigenständigkeit der Frau bei Scheidung bedeutet eine Gefährdung ihrer Existenz, sofern sie keiner existenzsichernden Beschäftigung nachgeht. Damit dieser Verweis keinen Widerspruch darstellt, sollte das Steuerrecht die vollwertige Berufstätigkeit beider Partner mehr belohnen.

L. Gleichstellung auf dem Arbeitsmarkt

Die vorstehenden Untersuchungen verdeutlichen, dass insbesondere (familiär bedingte) Berufsunterbrechungen/-einschränkungen ein Hindernis für die eigene Existenzsicherung der Ehefrauen darstellen. Will man den Arbeitsmarkt durch den Abbau der bestehenden Anreize für die Führung einer Hausfrauenehe attraktiver machen, ist gleichzeitig die „Arbeitsfähigkeit" der Ehefrauen zu verbessern. Hierfür ist eine bessere Vereinbarkeit von Familie und Beruf unerlässlich. Gerade die mangelnde Vereinbarkeit drängt Mütter regelmäßig dazu, sich zwischen Familie und Beruf zu entscheiden. Die Entscheidung für Familie geht dabei zwangsläufig mit beruflichen Nachteilen einher. Diejenigen, die beruflich nicht gebremst werden wollen, entscheiden sich im Zweifel gegen Kinder. Der Vergleich mit Schweden und Frankreich zeigt, dass das nicht zwangsläufig so sein muss.

I. Umstrukturierung des Normalarbeitsverhältnisses?

Trotz der immer weiter steigenden weiblichen Erwerbsquote können insbesondere Mütter den Anforderungen des deutschen Arbeitsmarktes nur schwer gerecht werden. Grund hierfür ist, dass die weibliche Erwerbsbiographie nicht dem herrschenden Leitbild auf dem Arbeitsmarkt entspricht: Als „Normalarbeitsverhältnis" gilt in vielen Bereichen noch eine abhängige Beschäftigung in Vollzeit, die typischerweise von einem Mann ausgeübt wird. Die Wochenarbeitsstunden sind dabei so großzügig bemessen, dass das Arbeitsverhältnis den Lebensmittelpunkt bildet. Da neben dieser Berufstätigkeit kaum freie Zeit verbleibt, übernimmt im Gegenzug meist die Ehefrau die familiären Reproduktionsaufgaben.[629] Dadurch kann der Mann seiner Ernährerrolle ungestört nachkommen. Sie selbst nimmt dafür den eigenen Ausschluss aus dem Arbeitsmarkt in Kauf. Ihre unterbrochene oder in eingeschränktem Umfang ausgeübte Erwerbstätigkeit macht sie für zukünftige Arbeitgeber unattraktiv und behindert nachhaltig die Existenzsicherung.

Infolge dieser Tatsachen ist in der Vergangenheit schon vorgeschlagen worden, das arbeits- und sozialrechtliche Modell des Normalarbeitsverhältnisses in Form von lebenslanger Vollzeitarbeit zugunsten einer Teilzeitarbeit auf dem Niveau von 25–30 Stunden, unter gleichzeitiger verbesserter Berücksichtigung von Sorgearbeit und Kinderkosten, zurückzubauen.[630] Die Einstellung der Bevölkerung in Bezug auf das Normalarbeitsverhältnis hat sich gewandelt: Frauen wünschen sich eine lange Teilzeit (25–35 Std./Woche), Männer hingegen Regelarbeitszeiten ohne überlange Arbeitszeiten (35–40 Std./Woche). Demnach steht noch erhebliches ungenutztes

629 Kocher, S. 220.
630 Scheiwe, KJ 2005, 127 (147).

Potential bei der Umverteilung von bezahlter und unbezahlter Arbeitszeit zwischen Frauen und Männern zur Verfügung.[631]

Einen ähnlichen Vorschlag sah das SPD-Parteiprogramm von 2013 vor: Die Wochenarbeitszeit sollte vorübergehend auf 30 Stunden pro Woche verkürzt werden können, allerdings nur für junge Eltern (25 bis 30 Jahre). Der dadurch bedingte Einkommensausfall sollte mithilfe von Steuergeldern ausgeglichen werden.[632] Dieses Konzept lässt das zugrundeliegende Normalarbeitsverhältnis unangetastet, bietet jedoch eine vorübergehende Absicherung für den familiär bedingten Einkommensverlust. Diese Idee wäre leichter zu verwirklichen, als eine radikale Umstrukturierung des Arbeitsmarkes. Denn es ist fraglich, ob das in Deutschland bereits seit der Industrialisierung herrschende und inzwischen gefestigte Arbeitsmodell überhaupt noch einer derart einschneidenden Veränderung zugänglich ist. Andererseits wird eine Umverteilung der Wochenarbeitsstunden nicht in allen Branchen und Hierarchieebenen möglich sein. Im Bereich der einfachen Arbeit wäre es möglich, die Tätigkeiten so zu gestalten, dass sie von mehreren Menschen verrichtet werden können. Das beweist auch die Tatsache, dass die Arbeitsplätze in vielen Branchen auf mehrere geringfügig Beschäftigte verteilt werden. Höher Qualifizierte haben jedoch nicht selten Aufgaben, die zeitintensiv sind und ihre Anwesenheit erfordern. Teilweise sind die Aufgaben auch nicht übertragbar. Dem Vorschlag kann jedoch in Bezug auf die Altersvorgaben nicht zugestimmt werden. Es mag grundsätzlich sinnvoll sein, die Familiengründungsphase an den Anfang der Berufskarriere zu stellen. Dann ist dieser Punkt „abgehakt" und die Eltern stehen dem Arbeitsmarkt wieder voll zur Verfügung. Allerdings ist die Familiengründungsphase ausbildungsabhängig. Studenten haben nicht selten bereits das 25. Lebensjahr erreicht, wenn sie in das Berufsleben starten. Diese wollen sich regelmäßig erst eine gefestigte Position bei ihrem Arbeitgeber erarbeiten, bevor sie für einige Jahre aus dem Betrieb aussteigen. Das Durchschnittsalter der Mutter bei Geburt ihres ersten Kindes liegt in Westdeutschland bei 29,2 Jahren (Ost: 27,4).[633] Die Möglichkeit der Arbeitszeitverkürzung würde daher vielen Eltern faktisch nicht offen stehen. Der Begriff „junge Eltern" ist heute anders zu verstehen als früher. Um möglichst viele Eltern mit dieser Regelung zu erreichen, müsste die Altersgrenze erhöht werden oder restlos entfallen.

Es stellt jedoch allgemein die bessere Alternative dar, die Übergänge in die Familienphase und die Übergänge von der Familienphase zurück in den Beruf zu vereinfachen, beziehungsweise das Nebeneinander von Familie und Beruf zu erleichtern. Eine besonders wichtige Funktion kommt hierbei der außerhäuslichen Kinderbetreuung zu. Mit dem staatlichen Krippenausbau wird bereits ein großer Schritt getan. Daneben wäre es sinnvoll, stärker in die betriebliche Kinderbetreuung zu investieren. Diese hat für die Eltern den Vorteil, dass sie trotz Fremdbetreuung in der Nähe ihrer Kinder sind. Die Unternehmen hingegen hätten dadurch ein Mittel,

631 BT Drucks 17/6240, S. 43.
632 SPD: Regierungsprogramm, S. 52.
633 bpb: Alter der Mütter bei der Geburt ihrer Kinder.

qualifizierte Mütter an sich zu ziehen und langfristig zu binden. Zudem fehlt es noch an Ganztagsschulen.

Auch ist positiv zu verzeichnen, dass in Deutschland zum 01.01.2015 ein flächendeckender Mindestlohn in Höhe von 8,50 Euro brutto je Zeitstunde für alle Arbeitnehmer/innen eingeführt wurde (§§ 1 Abs. 1, 2, 22 MiLoG).[634] Ein Mindestlohn stabilisiert die Löhne nach unten und verhilft den Erwerbstätigen auch zu höheren sozialversicherungsrechtlichen Anwartschaften, da diese von den Erträgen aus Arbeit abhängig sind.[635]

Ein Mindesteinkommen in Form eines Grundeinkommens, wie es zum Teil vorgeschlagen wird,[636] ist dagegen nicht zu empfehlen. Es würde vielmehr zu einer weiteren Ausweitung des Niedriglohnsektors- und damit zu einer weiteren Entlastung der Arbeitgeber auf Kosten der Steuerzahler führen, da dieses Konzept sich mit den niedrigen Löhnen auf dem Arbeitsmarkt abfindet und deren Verfestigung mithilfe der steuerfinanzierten Aufstockung noch weiter begünstigt.[637] Zudem besteht die Gefahr, dass die schwindende Notwendigkeit von Erwerbsarbeit zu einer Retraditionalisierung der Familienarbeit führt. Zwar ist hier nach unterschiedlichen Gruppen von Frauen zu differenzieren, Studien können aber aufzeigen, dass kaum Anzeichen dafür bestehen, dass ein Grundeinkommen Männer zur verstärkten Übernahme von Familienarbeit veranlassen würde.[638]

Für die Gleichstellung von männlicher und weiblicher Erwerbsarbeit ist zudem die konsequentere Umsetzung der Entgeltgleichheit für gleiche oder gleichwertige Arbeit geboten. Gesetzlich ist die Gleichbehandlung von Männern und Frauen beim Arbeitsentgelt schon lange fixiert (§ 3 AGG, Art. 3 Abs. 2 GG, Art. 23 EU-Charta der Grundrechte, Art. 157 AEUV, Art. 4 RL 2006/54 EG), in der Praxis aber noch nicht verwirklicht, da insbesondere Kontrollmechanismen fehlen. Ein Gesetzesentwurf des Deutschen Bundestags liegt bereits vor, er konnte sich aber bislang nicht durchsetzen. Wie in dem Entwurf festgestellt wird, ist der Gender Pay Gap ein Kernindikator für die fortbestehende Ungleichbehandlung von Frauen im Erwerbsleben und zudem ein erheblicher Fehlanreiz für deren Erwerbsbeteiligung.[639] Das Familienministerium hatte angekündigt, im Jahr 2015 noch ein Gesetz zur gleichen

634 Mit einigen Ausnahmen, wie z. B. für Praktikanten und Azubis (§ 22 MiLoG). Auf wirtschaftswissenschaftliche Fragen kann im Rahmen der Bearbeitung nicht näher eingegangen werden. Zur Verfassungsmäßigkeit eines flächendeckenden Mindestlohns m. W. N.: Waltermann, B 96 ff. (im Ergebnis bejahend).

635 Waltermann, SGb 2011, 305 (309).

636 Vgl. Berghahn/Wersig, S. 327 ff.; m. w. N.; Pimminger (2008).

637 Waltermann, SGb 2011, 305 (309).

638 Pimminger (2008), S. 3. Pimminger ist jedoch der Ansicht, dass einer Retraditionalisierung dadurch begegnet werden könnte, dass die Einführung des Grundeinkommens von umfassenden gleichstellungspolitischen Maßnahmen begleitet würde (u. a. mehr Beteiligung von Vätern an der Haus- und Erziehungsarbeit, Ausbau öffentlicher Betreuungseinrichtungen), vgl. S. 4.

639 BT Drucks 17/9781, S. 1 f.

Bezahlung von Frauen und Männern auf den Weg zu bringen.[640] Leider ist dies bislang nicht geschehen.

II. Frauenquote für die Privatwirtschaft

Frauenquoten für die Privatwirtschaft sind bereits seit den 1980er Jahren in der rechtswissenschaftlichen Diskussion.[641] Die Forderung nach einer Quote wird auf den Förderauftrag aus Art. 3 Abs. 2 GG gestützt, der es gebiete, Frauen dort zu fördern, wo sich noch keine Gleichstellung der Geschlechter durchsetzen konnte. Vor allem Führungspositionen sind nach wie vor ein von Männern dominierter Bereich, weshalb dort gleichstellungspolitischer Handlungsbedarf gesehen wird. Auf den darunter liegenden Ebenen der Hierarchie zeigt sich ein relativ ausgeglichenes Bild. Untersuchungen können aber zeigen: Je höher die Funktion in einem Unternehmen ist, desto unwahrscheinlicher ist es, dass diese Stelle mit einer Frau besetzt ist. Und: Je größer das Unternehmen ist, desto weniger Frauen sind auf Führungsposten vertreten.[642]

In der Vergangenheit wurde versucht, einen Wandel mithilfe freiwilliger Selbstverpflichtungen herbeizuführen.[643] Dennoch sind auf Deutschlands Chefetagen noch immer wenige Frauen anzutreffen. Im März 2015 hat der Bundestag das „Gesetz für die gleichberechtigte Teilhabe von Frauen und Männern an Führungspositionen in der Privatwirtschaft und im öffentlichen Dienst“ beschlossen, das unter anderem eine Frauenquote von 30 Prozent für Aufsichtsräte vorsieht.[644] Frühere Gesetzesinitiativen zur Einführung einer Frauenquote von 40 Prozent für Aufsichtsräte[645] waren an einer Ablehnung durch den Bundestag gescheitert.[646]

Das Europäische Parlament hat beschlossen, dass eine europaweite Gesetzgebung erfolgen wird, wenn in den einzelnen Mitgliedstaaten nicht bis 2015 30 Prozent und bis 2020 40 Prozent der Positionen in Aufsichtsräten und in Vorständen der größten

---

640 Spiegel Online (20.03.2015): Gleiche Bezahlung für Frauen.

641 Vgl. Pfarr (1985), S. 86 ff.; dies. (1988); Pfarr/Fuchsloch, NJW 1988, 2201; Sachs, NJW 1989, 553; Pfarr, NZA 1995, 809.

642 BT Drucks 17/6240, S. 133 ff.; Holst et al., S. 28. In den Vorständen der Top-200-Unternehmen sind weibliche Führungskräfte mit drei Prozent, in den Aufsichtsräten mit 11,9 Prozent vertreten, wobei drei Viertel hiervon von der Arbeitnehmerseite entsendet sind (Holst et al., S. 91 f.).

643 Vgl. Vereinbarung zwischen der Bundesregierung und den Spitzenverbänden der deutschen Wirtschaft zur Förderung der Chancengleichheit von Frauen und Männern in der Privatwirtschaft (2001); Vorgabe des Corporate Governance Kodex (2010); Flexi-Quote (2012).

644 BT 18/3784.

645 BT Drucks 17/11139; BT Drucks 17/11270.

646 Die UNION wollte eine feste Quote für Vorstand und Aufsichtsrat erst 2020 einführen: CDU/CSU: Regierungsprogramm, S. 40; die FDP: lehnt Quoten generell ab, FDP: Bürgerprogramm 2013, S. 20.

börsennotierten Unternehmen mit Frauen besetzt werden.[647] Andere EU-Mitglieder haben bereits verbindliche Frauenquoten. Als prominentestes europäisches Vorbild in diesem Bereich gilt Norwegen. Da freiwillige Vereinbarungen wirkungslos blieben, ist für die Boards der Aktiengesellschaften gesetzlich eine Frauenquote in Höhe von 40 Prozent vorgeschrieben. Die Quote wurde innerhalb kürzester Zeit sogar übertroffen, obwohl sie vor Erlass des Gesetzes nur bei 18 Prozent lag.[648] In Frankreich wurde eine ähnliche Regelung getroffen, nach der in Unternehmen einer bestimmten Größe bis zum Jahr 2017 ein Frauenanteil von 40 Prozent im Aufsichtsrat erreicht sein muss.[649] Auch Spanien und die Niederlande haben bereits verbindliche Frauenquoten für die Führungsgremien festgelegt.[650] Das sonst im Bereich der Geschlechtergleichstellung vorbildlichste Land Schweden hat allerdings keine verbindliche Frauenquote. Dennoch beträgt der Frauenanteil in den Boards inzwischen beinahe 30 Prozent. In Schweden genügte politischer Druck, um die Unternehmen zum Handeln zu bewegen.[651]

1. Inhalt des Gesetzes

Das Gesetz sieht eine verbindliche Frauenquote von mindestens 30 Prozent für Aufsichtsräte und eine Verpflichtung zur Festlegung von Zielgrößen für Aufsichtsräte, Vorstände und oberste Management-Ebenen sowie eine Novellierung der Regelungen für den öffentlichen Dienst vor.[652]

Aufsichtsräte von Gesellschaften, die börsennotiert sind und in denen den Arbeitnehmern nach den Mitbestimmungsgesetzen das Recht zur paritätischen Mitbestimmung im Aufsichtsrat zusteht, müssen sich seit 1.1.2016 bei Neubestellungen zu je 30 Prozent aus Frauen und Männern zusammensetzen. Grundsätzlich ist die Quote vom Aufsichtsrat insgesamt zu erfüllen. Nur bei einem Widerspruch von Anteilseigner- oder Arbeitnehmerseite ist die Quote gesondert zu erfüllen (§ 96 Abs. 2 AktG). Damit ist es möglich, die Überschreitung der Quote auf der einen Seite der anderen Seite anzurechnen. Der Aufsichtsrat börsennotierter Unternehmen legt gem. § 111 Abs. 5 AktG für den Frauenanteil im Aufsichtsrat und im Vorstand Zielgrößen fest, die den bei Festlegung bereits erreichten Anteil nicht unterschreiten dürfen. Gleichzeitig sind Fristen für die Erreichung der Zielgrößen festzulegen, die

647 Philipp, EuZW 2011, 612.

648 Körner, S. 221 ff.

649 Papier/Heidebach, ZGR 2011, 305 (311); BT Drucks 17/6240, S. 135.

650 Philipp, EuZW 2011, 612.

651 Die schwedische Regierung hatte früher schon einmal eine Frauenquote i. H. v. 40 Prozent für Staatsunternehmen vorgesehen, die 2003 auch erreicht wurde. Für die Privatwirtschaft wurde eine gesetzliche Quote von 25 Prozent angedroht, wenn die Unternehmen diese Quote nicht freiwillig erzielten (Körner, S. 223 f.).

652 BGBl. 2015, Teil 1, Nr. 17, S. 654 ff.; Im Rahmen der Arbeit soll nur auf die Frauenquote für die Privatwirtschaft eingegangen werden. Im Übrigen soll auf BGBl. 2015, Teil 1, Nr. 17, S. 642 ff. verwiesen werden.

fünf Jahre nicht überschreiten dürfen. Soweit der Aufsichtsrat die Zielgröße nach § 96 Abs. 2 AktG bereits erreicht hat, sind nur noch Festlegungen für den Vorstand vorzunehmen (vgl. § 111 Abs. 5 AktG).

Für die unteren Hierarchieebenen sieht das Gesetz keine verbindliche Quote vor. Nach § 76 Abs. 4 AktG hat jedoch auch der Vorstand börsennotierter Unternehmen oder mitbestimmender Gesellschaften die Pflicht, Zielgrößen für den Frauenanteil in den beiden Führungsebenen unterhalb des Vorstands, sowie (höchstens fünfjährige) Fristen zu deren Erreichung, festzulegen. Unterschreitet der Frauenanteil bei Festlegung der Zielgrößen 30 Prozent, dürfen die Zielgrößen den jeweils erreichten Anteil nicht unterschreiten. Berichtspflichten für sämtliche Hierarchieebenen sollen den Druck auf die Unternehmen erhöhen.[653]

Sanktionen sind nur für die Fehlbesetzung des Aufsichtsrats vorgesehen. Für den Fall der Unterschreitung der Quote auf Anteilseignerseite ist die Wahl des Aufsichtsratsmitglieds nichtig (§ 250 Abs. 1 Nr. 5 AktG). Die Nichtigkeit der Wahl kann mit der Nichtigkeitsklage gem. § 249 AktG geltend gemacht werden. Eine fehlerhafte Entsendung führt mangels besonderer Regelungen im AktG nach den allgemeinen Grundsätzen zur Nichtigkeit der Bestellung und kann mit der allgemeinen Feststellungsklage nach § 256 Abs. 1 ZPO angegriffen werden. Bei der Einzelwahl von Personen im Aufsichtsrat durch die Hauptversammlung ist der Wahlbeschluss nichtig, der in der chronologischen Abfolge als erster das Mindestanteilsgebot verletzt, gegebenenfalls auch die unter Verletzung der Mindestquote beschlossenen Wahlen. Bei einer Blockwahl ist die gesamte Wahl hinsichtlich des überrepräsentierten Geschlechts nichtig. Der dem unterrepräsentierten Geschlecht zugehörende Kandidat bleibt jedoch wirksam gewählt, auch wenn die gesetzmäßige Quote nicht erfüllt ist. Für die Beschlussfähigkeit des Aufsichtsrats bei Nichtigkeit der Entsendung der Aufsichtsratsmitglieder gilt § 108 Abs. 2 AktG, der die Beschlussfähigkeit aufrechterhält, solange 50 Prozent der Mitglieder an der Beschlussfassung teilnehmen. Da jede Bank im Aufsichtsrat das Bestreben habe, ihre Pläne durchzusetzen, wird sich von der drohenden Nichtbesetzung eine Verhaltenssteuerung erwartet. Verstöße gegen die ordnungsgemäße Besetzung des Aufsichtsrats werden im Übrigen durch die bereits geltenden Haftungsbestimmungen des AktG flankiert.[654]

Für Verstöße auf Arbeitnehmerseite ist danach zu unterscheiden, aus welchem Gesetz sich die paritätische Zusammensetzung des Aufsichtsrats ergibt. Für das MontanMitbestG ist in § 6 Abs. 6 MontanMitbestG vorgesehen, dass dem Wahlorgan schon gar kein Vorschlag für die Wahl der Arbeitnehmervertreter unterbreitet werden darf, der die gesetzlichen Anforderungen des § 96 Abs. 2 S. 2 AktG unterschreitet. Die Wahl ist gegebenenfalls zu wiederholen. Wegen der grundsätzlichen Unterschiede der anderen Mitbestimmungsgesetze könnten die Vorgaben für die Anteilseignerseite nicht auf die Arbeitnehmerseite übertragen werden. Im Fall von MitbestG und MitbestErgG ist gem. § 18a Abs. 2 MitbestG die Wahl derjenigen Bewerber um

653 BT Drucks 18/3784, S. 46.
654 BT Drucks 18/3784, S. 121 f.

einen Aufsichtsratssitz der Arbeitnehmer unwirksam, deren Geschlecht in dem jeweiligen Wahlgang nach der Verteilung der Stimmen auf die Bewerber mehrheitlich vertreten ist und die 1. bei einer Mehrheitswahl in dem jeweiligen Wahlgang nach der Reihenfolge der auf die Bewerber entfallenden Stimmenzahlen die niedrigsten Stimmenzahlen erhalten haben oder 2. bei einer Verhältniswahl in dem jeweiligen Wahlgang nach der Reihenfolge der auf die Bewerber entfallenden Höchstzahlen die niedrigsten Höchstzahlen erhalten haben. Die nichtbesetzten Aufsichtsratssitze können entweder durch eine Nachwahl oder im Wege der gerichtlichen Nachbestellung gem. § 104 AktG besetzt werden. Dabei ist auch das Gericht an die Mindestquote des § 96 Abs. 2 AktG gebunden (§ 104 Abs. 5 AktG).[655]

Ausnahmen oder sonstige Härtefälle sind gesetzlich nicht vorgesehen.[656]

2. Verfassungsrechtlicher Rahmen

Das Gesetz sieht keine allgemeine Frauenquote vor, sondern ausschließlich eine verbindliche für die Aufsichtsräte. Durch das Ansetzen an der sog. „gläsernen Decke" wird sich eine „Sogwirkung" für die anderen Teile der Unternehmensspitze erhofft, da Aufsichtsräte die Geschäftsführung der Unternehmen kontrollieren, den Vorstand berufen und weitreichende Entscheidungen genehmigen können.[657] Langfristiges Ziel soll die paritätische Besetzung auch unterhalb der Ebenen des Aufsichtsrats sein. Die Pflicht zur Festlegung von Zielgrößen beinhalte inzident den Auftrag, den Frauenanteil in der jeweiligen Führungsebene festzustellen. Dies werde Defizite aufdecken und Verantwortung für den Zustand erzeugen.[658]

Schon vor Einführung der Frauenquote für Aufsichtsräte waren verfassungsrechtliche Bedenken dagegen geäußert worden. Die Quote tangiert die Grundrechte der männlichen Bewerber, Anteilseigner und Unternehmer. Einer Frauenquote ist das Verbot immanent, die infrage stehenden Stellen an männliche Bewerber zu vergeben. Daher werden im Schrifttum insbesondere Verstöße gegen die Artt. 3 Abs. 2, Abs. 3, 12 und 14 GG diskutiert.[659] Die folgenden Ausführungen werden jedoch zeigen, dass die verfassungsrechtlichen Bedenken nicht durchgreifen können.

655 BT Drucks 18/3784, S. 30, 125.

656 Zum Ganzen: Maunz/Dürig-Langenfeld, Art. 3 Abs. 2 GG, Rn. 70 ff.; Stüber, DStR 2015, 947. Für weitere Informationen, auch über die Novellierungen im Bereich des öffentlichen Dienstes: BGBl. 2015, Teil 1, Nr. 17, S. 642 ff.; BT Drucks 18/3784.

657 BT Drucks 17/3296, S. 1; Papier/Heidebach, ZGR 2011, 305 (320).

658 BT Drucks 18/3784.

659 Ossenbühl, NJW 2012, 417; Papier/Heidebach, ZGR 2011, 305; Spindler/Brandt, NZG 2011, 401; Pfarr, NZA 1995, 809; NJW 1988, 2201; Sachs, NJW 1989, 553.

a. Die Frage des „Ob"

Über die Frage, ob eine Frauenquote überhaupt zulässig ist, besteht inzwischen weitestgehend Einigkeit.[660] Lange war umstritten, ob das Fördergebot aus Art. 3 Abs. 2 S. 2 GG als kollidierendes Verfassungsrecht dazu geeignet sei, den besonderen Gleichheitssatz des Art. 3 Abs. 3 GG einzuschränken.[661] Wenn Frauenquoten insgesamt abgelehnt wurden, erfolgte dies mit der Begründung, dass Art. 3 Abs. 3 GG als absolutes Anknüpfungsverbot verstanden wurde und deshalb grundsätzlich jede Verwendung eines der dort aufgeführten Merkmale als Voraussetzung einer Rechtsfolge ausgeschlossen sein sollte.[662] Da die Frauenquote bewirken würde, dass ein bestimmter Anteil von Aufsichtsratposten nur noch Frauen zur Verfügung stände und damit faktisch gleichzeitig ein staatliches Verbot gegen eine Besetzung der Posten mit Männern postuliert, handelt es sich dabei um eine an das Geschlecht anknüpfende Ungleichbehandlung. Somit ist der Anwendungsbereich des Art. 3 Abs. 3 GG grundsätzlich eröffnet.[663] Verstände man Art. 3 Abs. 3 GG als absolutes Anknüpfungsverbot, wäre eine Rechtfertigung der Ungleichbehandlung mithilfe von Art. 3 Abs. 2 S. 2 GG nicht möglich. Dieses Verständnis wird jedoch weder dem Stand des europäischen Antidiskriminierungsrechts noch der Rechtsprechung des BVerfG gerecht. Das BVerfG hat entschieden, dass eine Anknüpfung an die in Art. 3 Abs. 3 GG genannten Merkmale nicht nur dann gerechtfertigt sein kann, wenn die differenzierende Regelung zur Lösung von Problemen die ihrer Natur nach nur entweder bei Frauen oder bei Männern auftreten können, also auf biologischen Gründen beruhen, zwingend erforderlich ist, sondern auch im Wege einer Abwägung mit kollidierendem Verfassungsrecht legitimiert werden kann.[664]

b. Die Frage des „Wie"

Uneinigkeit besteht weiterhin darüber, wie eine Frauenquote gestaltet sein müsste, um den verfassungsrechtlichen Vorgaben zu entsprechen. Hier ist insbesondere das Verhältnismäßigkeitsgebot zu beachten, das bei einer Anknüpfung an Merkmale aus Art. 3 Abs. 3 GG besonders streng zu überprüfen ist.[665] Eine rechtmäßige Frauenquote muss folglich einen legitimen Zweck mit Verfassungsrang verfolgen und zur Erreichung dieses Zwecks geeignet und erforderlich sein. Damit die durch die Quote hervorgerufene Ungleichbehandlung auch angemessen ist, muss eine Abwägung zwischen dem Gewicht der Ungleichbehandlung und der Bedeutung des verfolgten

---

660 Papier/Heidebach, ZGR 2011, 305 (315); Pfarr, NZA 1995, 809 (812).

661 Ausführlich zum Streitstand: Ossenbühl, NJW 2012, 417 (417 ff.).

662 Sachs, S. 421 ff.; Wrase/Klose, Rn. 30.

663 Papier/Heidebach, ZGR 2011, 305 (314); Sachs, NJW 1989, 553 (554 f.).

664 BVerfGE 85, 191 (207 ff.); 92, 91 (109); Wrase/Klose, Rn. 30; Papier/Heidebach, ZGR 2011, 305 (314), so auch schon Pfarr/Fuchsloch, NJW 1988, 2201 (2202); Pfarr, NZA 1995, 809 (811 ff.).

665 BVerfGE 88, 87 (96); Maunz/Dürig-Langenfeld, Art. 3 Abs. 3, Rn. 72 ff.

Zwecks zugunsten der Ungleichbehandlung ausgehen.[666] Die Antwort auf die Frage nach der Verhältnismäßigkeit stellt auch gleichzeitig die Antwort auf die Frage des „Wie“ einer gesetzlichen Frauenquote dar.

Eine Frauenquote tangiert auch die Grundrechte der Anteilseigner und der betroffenen Unternehmen.[667] Die vorliegende Bearbeitung muss jedoch vor dem Hintergrund des Forschungsthemas den Fokus auf den Gleichheitssatz richten.

aa. Legitimes Ziel mit Verfassungsrang

Der Gleichstellungs- und Förderauftrag aus Art. 3 Abs. 2 GG ist ein legitimes Ziel mit Verfassungsrang. Die Vorschrift ist nach Wortlaut und Sinn und Zweck nicht auf den öffentlich-rechtlichen Bereich beschränkt, sondern enthält auch den staatlichen Auftrag, auf die tatsächliche Durchsetzung der Gleichberechtigung und die Beseitigung bestehender Ungleichheiten im privaten Bereich hinzuwirken, also die Gleichberechtigung der Geschlechter in der gesellschaftlichen Wirklichkeit herzustellen.[668] Dennoch soll keine Geschlechterparität um ihrer selbst Willen legitimiert werden, sondern ausschließlich die Herstellung individueller Chancengleichheit unabhängig vom Geschlecht,[669] im konkreten Fall der gleiche Zugang zu Berufen und Arbeitsplätzen sowie die Beförderung und das Fortkommen in ebendiesen. Berufliche Chancengleichheit umfasst danach stets Gleichheit nach dem Maßstab gleicher beruflicher Qualifikation.[670]

bb. Geeignetheit

Eine Frauenquote ist auch geeignet, die gleichberechtigte Beteiligung von Frauen in Aufsichtsräten zu bewirken. Dagegen wird vielfach vorgebracht, dass in Unternehmen bestimmter Branchen nicht hinreichend qualifizierte Frauen zur Verfügung

---

666 Papier/Heidebach, ZGR 2011, 305 (314).

667 Auch diese Grundrechtseingriffe wären im Ergebnis gerechtfertigt. Vgl. dazu: Papier/Heidenbach, ZGR 2011, 305 (323 ff.); Körner, S. 227; Bachmann, ZIP 2011, 1131 (1134); Wieland, NJW 2010, 2408 (2409 f.).

668 BVerfGE 85, 191 (207); 92, 91 (109); 109, 64 (89); Papier/Heidebach, ZGR 2011, 305 (314 f.); Pfarr/Fuchsloch, NJW 1988, 2201 (2202 f.).

669 BT Drucks 12/6000, S. 50; Dies war in der Gemeinsamen Verfassungskommission umstritten. Nach überwiegender Ansicht im Schrifttum ist Art. 3 Abs. 2 S. 2 GG jedoch als Staatszielbestimmung zu verstehen, die stets konkretisierungs- und aktualisierungsbedürftig bleibt. Die Regelung stellt daher kein einklagbares subjektives Grundrecht dar. Der Staat wird also nicht zum Erfolgsgaranten für die Durchsetzung der Gleichberechtigung. Vielmehr setzt er sich nur dort für die Realisierung des Staatsziels aus Art. 3 Abs. 2 S. 2 GG ein, wo es vor allem um den Ausgleich von Unterschieden bei der Chancengleichheit geht: Ossenbühl, NJW 2012, 417 (418); Papier/Heidebach, ZGR 2011, 305 (318); Spindler/Brandt, NZG 2011, 401 (402); Sachs, NJW 1989, 553 (556).

670 Ossenbühl, NJW 2012, 417 (418); Papier/Heidebach, ZGR 2011, 305 (318); Spindler/Brandt, NZG 2011, 401 (402).

ständen.[671] Für die Geeignetheit einer gesetzgeberischen Maßnahme genügt jedoch bereits die abstrakte Möglichkeit der Zweckerreichung. Dem Gesetzgeber steht ein sachgerechter und vertretbarer Prognosespielraum zu, weshalb sich die Prüfung der Geeignetheit darauf zu beschränken hat, inwieweit eine gesetzliche Regelung schlechthin ungeeignet wäre, das angestrebte Ziel zu erreichen.[672] Der Einwand, es herrsche in „männerdominierten Branchen" ein Mangel an Bewerberinnen, kann deshalb keine objektive Ungeeignetheit der Quote begründen.[673]

cc. Erforderlichkeit

Die Frauenquote ist auch erforderlich. Das mildere Mittel der Selbstverpflichtung wurde bereits seit mehreren Jahren erprobt, ohne dass eine spürbare Veränderung eingetreten ist. Als milderes Mittel können auch nicht die zuvor vorgeschlagenen Verbesserungen für die Vereinbarkeit von Familie und Beruf dienen. Diese sind nicht ebenso effektiv wie eine gesetzlich fixierte Quote.

dd. Verhältnismäßigkeit im engeren Sinne (Angemessenheit)

Die Angemessenheit einer Quotenregelung ist Gegenstand heftiger Diskussionen. Das Kriterium der Angemessenheit verlangt, dass der angestrebte Erfolg und die dadurch hervorgerufenen Grundrechtsbeeinträchtigungen der männlichen Bewerber in einem angemessen Verhältnis stehen. Das Angemessenheitskriterium ist entscheidend für den Gestaltungsspielraum des Gesetzgebers. Dabei ist insbesondere die Intensität der Grundrechtsbeeinträchtigung der männlichen Mitbewerber zu berücksichtigen. Die Schwere der Grundrechtsbeeinträchtigung hängt maßgeblich von der Höhe der Quote und ihrer Flexibilität ab, also ob auch geschlechtsunabhängige Kriterien wie Erfahrung und Qualifikation berücksichtigt werden und ob eine Härtefallklausel existiert. Eine Quote von 50 Prozent wird nicht mehr als angemessen erachtet, weil dadurch eine Erfolgsparität hergestellt werde, die Art. 3 Abs. 2 GG gerade nicht bezwecke.[674] Quoten werden aber jedenfalls dann für angemessen gehalten, wenn sie leistungsbezogen sind und eine Härtefallklausel vorsehen. Im Schrifttum wird mit den Regelungen in den Gleichstellungsgesetzen des Bundes und der Länder und der Rechtsprechung des BAG für Frauenquoten im öffentlichen Dienst argumentiert,[675] wonach jedenfalls so genannte leistungsbezogene

---

671 Redenius-Hövermann, ZIP 2010, 660 (665); Schladebach/Stefanopoulou, BB 2010, 1042 (1046).

672 BVerfGE 67, 157 (175); 16, 147 (181); 17, 306 (317); 30, 250 (263).

673 Spindler/Brandt, NZG 2011, 401 (402 f.).

674 Lange/Windthorst, S. 56; Ossenbühl, NJW 2012, 417 (419), Papier/Heidebach, ZGR 2011, 305 (318); a. A. Pfarr (1988), S. 219 ff.

675 Lange/Windthorst, S. 56; Redenius-Hövermann, ZIP 2010, 660 (665); Schladebach/Stefanopoulou, BB 2010, 1042 (1046); Papier/Heidebach halten für Aufsichtsräte auch eine nichtleistungsbezogene Quote für gerechtfertigt (ZGR 2011, 305 (316 ff.)).

Quotenregelungen mit Härteklauseln wegen Art. 3 Abs. 2 GG verfassungsrechtlich gerechtfertigt seien,[676] vorausgesetzt dass das zu bevorzugende Geschlecht in der jeweiligen Dienstebene unterrepräsentiert sei.[677]

Im Umkehrschluss soll jedenfalls eine starre Quote ohne Härtefallklausel unzulässig sein.[678] Leistungsbezogen ist die Quote, wenn ein Angehöriger des unterrepräsentierten Geschlechts nur für den Fall bevorzugt wird, dass sich auf die zu besetzende Stelle kein qualifizierterer Kandidat des anderen Geschlechts beworben hat.[679] Es wird aber kritisiert, wenn auch Unternehmen, die branchenbedingt nur wenig Frauen beschäftigen, die Quote erfüllen müssen. Dadurch werde den Frauen im Verhältnis zu ihrem Unternehmen zu einer Überrepräsentation im Aufsichtsrat verholfen, was als Herbeiführung einer Geschlechtergleichstellung um ihrer selbst willen zu werten und deshalb unzulässig sei.[680]

In Bezug auf die Angemessenheit und auf die Notwendigkeit einer Härtefallklausel ist jedoch zu berücksichtigen, dass eine Position im Aufsichtsrat nicht dem „Broterwerb“ dient. Daher stellt die Versagung eines Aufsichtsratspostens an einen im Hauptberuf noch anderweitig beschäftigten Mann wegen des „falschen“ Geschlechts

---

676 BAGE 104, 264 (269). Nur eine leistungsbezogene Quote könne den Vorgaben des Art. 33 Abs. 2 GG gerecht werden (BAG 73, 269 (277 ff.)), gleichzeitig werde durch dieses Erfordernis das Gewicht der Ungleichbehandlung der Angehörigen des anderen Geschlechts reduziert (BAG 73, 269 (286). Das Erfordernis einer Härteklausel sieht auch Bachmann, ZIP 2011, 1131 (1137).

677 BAGE 73, 269 (285 ff.); 87, 171 (175); 104, 264 (269 f.). Zwar hat das Gericht in einem anderen Zusammenhang eine starre, also nicht leistungsbezogene, Quote für zulässig erachtet (BAGE 114, 119 ff.). Diese Entscheidung betraf jedoch die Zusammensetzung eines Betriebsrats, der nicht ohne Weiteres mit einem Aufsichtsrat verglichen werden kann. Während der Betriebsrat mit der Wahrnehmung von Partikularinteressen, namentlich der Arbeitnehmer, betraut ist, muss der Aufsichtsrat die Belange des gesamten Unternehmens wahren und fördern (Lange/Windthorst, S. 56 f.). Papier/Heidebach sehen den wesentlichen Unterschied darin, dass es sich bei der Mitgliedschaft in einem Betriebsrat um ein „politisches“ Amt handele, bei dem es nicht um die berufliche Qualifikation der Bewerber gehe, sondern darum, ob die wahlberechtigten Arbeitnehmer den Kandidaten ein Amt anvertrauten (Papier/Heidebach, ZGR 2011, 305 (321)). Einigkeit besteht jedenfalls darin, dass diese Einzelfallentscheidung bei einer Gesamtwürdigung der Judikatur nicht dazu geeignet ist, die vom BAG aufgestellten Grundsätze zu missachten (Lange/Windthorst, S. 57).

678 Papier/Heidebach, ZGR 2011, 305 (322); Lange/Windthorst, S. 56; Spindler/Brandt 2011, 401 (404). Dies entspricht auch der Rspr. des EuGH in Bezug auf die Gleichbehandlungsrichtlinie. Frauenquoten werden als mit der RL vereinbar angesehen, wenn sie dem Ausgleich einer Unterrepräsentation von Frauen in bestimmten Positionen dienen, leistungsbezogen sind und eine Härtefallklausel enthalten. Quoten, die Frauen „absolut und unbedingt“ bevorzugen, lehnt der EuGH hingegen ab (Papier/Heidebach, ZGR 2011, 305 (331) m. w. N.).

679 BAGE 73, 269 (286 f.).

680 Papier/Heidebach, ZGR 2011, 305 (318).

einen weit weniger schweren Eingriff in dessen Grundrechte dar, als die Versagung einer Position, die seinen Lebensinhalt und –unterhalt ausmacht. Dies gilt umso mehr, als man sich auf einen Aufsichtsratposten nicht selbst bewirbt, sondern dafür vorgeschlagen wird.[681] Insofern ist es in Ordnung, dass das Gesetz auf eine Härtefall-/Sozialklausel verzichtet.

Probleme könnte jedoch die Tatsache aufwerfen, dass für einen Aufsichtsratposten kein festes Qualifikationsprofil existiert. Für eine leistungsbezogene Quotenregelung, bei der das unterrepräsentierte Geschlecht nur bei gleicher Eignung bevorzugt werden soll, ist ein Profil hilfreich. Papier/Heidebach äußern Bedenken gegen die Festlegung eines Profils durch den Gesetzgeber. Damit müsse nicht nur die Möglichkeit einer Konkurrentenklage für den unterlegenen Bewerber, sondern auch ein strenges Verfahren über die Ausschreibung, Bewerbung und Auswahl der Kandidaten eingeführt werden. Schließlich dürften bei der Angemessenheit einer Quote die Grundrechte der Unternehmen und Anteilseigner nicht unberücksichtigt bleiben. Für diese stellten inhaltliche und verfahrensrechtliche Folgeregelungen einen stärkeren Eingriff in ihre Organisationsfreiheit dar als eine starre Quote. Deshalb halten die Verfasser die Einführung einer nicht leistungsbezogenen Quote ebenfalls für verfassungsrechtlich gerechtfertigt.[682] Bachmann hingegen hält es für ausreichend, die gleiche Qualifikation nicht in dem Sinne zu verstehen, dass eine vorherige Vorstands- oder Aufsichtsraterfahrung verlangt werde. Andernfalls werde der Sinn der Quote unterlaufen, der ja gerade darin bestehe, dass Frauen eine solche Erfahrung häufig nicht besäßen und trotzdem ebenso gut für den Posten qualifiziert sein könnten wie Männer.[683] Der Gesetzgeber hat sich gegen die Festlegung eines Qualifikationsprofils entschieden. Er tut auch gut daran. Denn jedes Unternehmen ist anders und wird demzufolge auch jeweils andere Anforderungen an seine Aufsichtsratsmitglieder stellen. Bei dem Vergleich der Qualifikationen der Bewerber ist jedoch darauf zu achten, dass nicht ausschließlich auf Vorstands- oder Aufsichtsraterfahrung abgestellt wird. Rechtsanwälte, Hochschullehrer u. a. sind ebenfalls gern gesehene Bewerber für Aufsichtsratposten, obwohl sie auch nicht immer erfahren sind.[684] Die Besetzung von Aufsichtsratposten erfolgt herkömmlicherweise anhand der Suche nach geeigneten Persönlichkeiten und nicht mittels Ausschreibung und Leistungsvergleichen.[685] Es gibt auch keine Verpflichtung, die Auswahl nur auf Vorstandsmitglieder der Aktiengesellschaften zu beschränken.[686]

Weiterhin sind auch Sanktionen für die Unterschreitung der Quote unverzichtbar. Andernfalls bliebe die Frauenquote vermutlich ebenso ineffektiv wie die bisherigen freiwilligen Selbstverpflichtungsversuche. Die Sanktionen müssen allerdings

---

681 Bachmann, ZIP 2011, 1131 (1135).

682 Papier/Heidebach, ZGR 2011, 305 (321 f.).

683 Bachmann, ZIP 2011, 1131 (1135). A. A.: Schladebach/Stefanopoulou, BB 2010, 1042 (1045), die deshalb eine Frauenquote für verfassungswidrig halten.

684 Bachmann, ZIP 2011, 1131 (1134).

685 Hohmann-Dennhardt, S. 248.

686 Ossenbühl, NJW 2012, 417 (421).

ebenso den verfassungsrechtlichen Vorgaben entsprechen. Sie sollten so streng sein, dass sich die Normadressaten an die vorgegebene Quote halten. Gleichzeitig dürften die drohenden Konsequenzen nicht weitreichender sein als die Zielsetzung des Gesetzes.[687]

In diesem Zusammenhang ist bereits die Unwirksamkeit der Wahl des Gremiums und die Nichtigkeit aller Beschlüsse des quotenwidrig besetzten Aufsichtsrats vorgeschlagen worden.[688] Diese Vorschläge stießen nicht nur im Schrifttum auf Kritik,[689] sondern wurden in einem späteren Gesetzesentwurf auch wieder zurückgenommen.[690] Die Nichtigkeit aller Beschlüsse wurde als zu weitreichend eingeschätzt, da sie schlimmstenfalls zur völligen Handlungsunfähigkeit des Unternehmens führen könne.[691] Der Verlust der Börsennotierung,[692] der später ebenfalls nicht weiter verfolgt wurde, ist als viel zu weitreichende Sanktion beinahe einhellig auf Kritik gestoßen.[693] Auch die zwangsweise Auflösung der Gesellschaft bei Unterschreitung der Quote ist im Zweifel zu streng.[694] Anhand dieser diskutierten Möglichkeiten lässt sich das weite Spektrum der Sanktionsalternativen jedoch erahnen.[695]

Letztlich sieht das Gesetz recht milde Sanktionen vor. Die Wahl eines Aufsichtsratsmitglieds auf Anteilseignerseite kann zwar unwirksam sein, daraus folgt jedoch nicht zwangsläufig die Beschlussunfähigkeit des Aufsichtsrats. Auch stellen Neuwahlen auf Arbeitnehmerseite kein unüberwindbares Ereignis dar. Die Konsequenzen einer Fehlbesetzung können bereits im Vorfeld durch eine gewissenhafte Dokumentation vermieden werden. In früheren Gesetzesentwürfen waren auch finanzielle Sanktionen vorgesehen.[696] Finanzielle Sanktionen hätten die Angemessenheitskontrolle aller Wahrscheinlichkeit nach ebenso gut bestehen können, solange sie keine erdrosselnde Wirkung gehabt hätten. Erwartungsgemäß wären sie effektiver gewesen, als eine Frauenquote, deren Unterschreitung die Handlungsfähigkeit des Aufsichtsrats nur selten tangieren wird. Frankreich behält etwa vorläufig die

687 Lange/Windthorst, S. 35 f.; Redenius-Hövermann, ZIP 2010, 660 (666).

688 BT Drucks 17/3296, S. 7.

689 Bachmann, ZIP 2011, 1131 (1138).

690 BT Drucks 17/11139, S. 27, so auch BT Drucks 17/11270, S. 30.

691 BT Drucks 17/11139, S. 27; BT Drucks 17/11270, S. 30; Bachmann, ZIP 2011, 1131 (1138).

692 BT Drucks 17/3296, S. 6.

693 Spindler/Brandt, NZG 2011, 401 (404); Lange/Windthorst, S. 35.

694 Lange/Windthorst, S. 35; BT Drucks 17/11139, S. 15; BT Drucks, 17/11279, S. 18. Vorbild hierfür ist die in Norwegen angedrohte Zwangsauflösung. Diese mutet erbarmungslos an, steht aber unter dem Vorbehalt der königlichen Begnadigung, wenn substantielle soziale Erwägungen dies erfordern (Körner, S. 223). Daher besteht der Verdacht, dass die Zwangsauflösung faktisch nur auf dem Papier existiert (Bachmann, ZIP 2011, 1131 (1138, Fn. 97).

695 Eine ausführliche Zusammenstellung der Sanktionsmöglichkeiten beinhaltet der Bericht der Länderarbeitsgruppe Bayern, Hansestadt Hamburg, Hessen und Sachsenanhalt, S. 202 ff.

696 BT Drucks 17/11139, S. 14 f.; BT Drucks 17/11270, S. 17 f.

Sitzungsgelder der Mitglieder ein. In Spanien können den Unternehmen unter Anwendung des dort existenten Gleichstellungsgesetzes die Subventionen zur Frauenförderung gestrichen werden, oder sie können von der Vergabe öffentlicher Aufträge ausgeschlossen werden.[697]

3. Ergebnis

Im Ergebnis entspricht die Frauenquote für die Privatwirtschaft den verfassungsrechtlichen Vorgaben. Eine mittelbare Benachteiligung der Männer, die die Aufsichtsräte derzeit noch dominieren, kann durch Art. 3 Abs. 2 GG gerechtfertigt werden. Die Ausführungen können gleichermaßen für die durch Art. 12 GG geschützte Berufsfreiheit der Männer herangezogen werden. Die Untersuchung der Sanktionen macht deutlich, dass der Gesetzgeber sich noch für eine sehr milde Eingriffsvariante entschieden hat. Deren Effektivität ist zunächst abzuwarten. Gegebenenfalls wäre zusätzlich auf finanzielle Sanktionen zurückzugreifen. Sollte sich die erhoffte Regulierungswirkung auf die Hierarchieebenen unterhalb des Aufsichtsrats nicht einstellen, ist auch hier langfristig über eine feste Frauenquote, insbesondere für die Vorstände,[698] nachzudenken. Die geringste Eingriffsqualität in die Grundrechte der männlichen Mitbewerber ist derzeit jedoch mit einer Frauenquote allein für Aufsichtsräte zu erzielen. Da der Aufsichtsrat auch den Vorstand wählt, ist der Einfluss auf die Vorstandsebene nicht unwahrscheinlich. Die vermehrte weibliche Präsenz in den Unternehmen hat jedenfalls das Potential, die Arbeitsstrukturen zu verändern.

III. Gleichstellungsgesetz für die Privatwirtschaft[699]

Sofern die von der Frauenquote erhofften Wirkungen auf die Privatwirtschaft ausbleiben, sollte gegebenenfalls auch ein Gleichstellungsgesetzes für die Privatwirtschaft nochmals erwogen werden. Bereits im Jahr 2001 lag ein Gesetzesvorschlag vor, der wegen großen wirtschaftlichen Widerstandes scheiterte. In der Folge wurde im Juli 2001 zwischen der Bundesregierung und den Präsidenten der deutschen Wirtschaftsverbände eine Vereinbarung zur Förderung der Chancengleichheit von

---

697 Bachmann, ZIP 2011, 1131 (1138, Fn. 97); Bericht der Länderarbeitsgruppe Bayern, Hansestadt Hamburg, Hessen und Sachsenanhalt, S. 39 ff.

698 Eine Quote für den Vorstand greift allerdings stärker in die grundrechtlich geschützte Unternehmensautonomie ein, weil der Vorstand das Geschäftsführungsorgan des Unterneh- mens darstellt. Eine Rechtfertigung dieses Eingriffs unter Berufung auf Art. 3 Abs. 2 GG wird derzeit nicht für möglich gehalten, jedenfalls nicht, solange die Frauenquote im Aufsichtsrat Wirkung zeigt. Andernfalls komme eine Frauenquote für Vorstände als ultima ratio in Betracht. Diese müsse dann jedoch qualifikationsabhängig sein und sich am Frauenanteil der qualifizierten Bewerber orientieren (Maunz/Dürig-Langenfeld, Art. 3 Abs. 2, Rn. 117).

699 Für den öffentlichen Dienst existieren bereits Gleichstellungsgesetze, vgl. Körner, S. 225.

Frauen und Männern in der Privatwirtschaft[700] geschlossen. Die Vereinbarung stellt jedoch lediglich eine unverbindliche Absichtserklärung dar. Die Wirtschaftsverbände sehen sich infolge der Vereinbarung zu „Empfehlungen" gegenüber den Unternehmen verpflichtet, hingegen nicht zu konkreten Gleichstellungsmaßnahmen. Deshalb war schon bei ihrem Abschluss absehbar, dass die Vereinbarung keine Erfolge in der Gleichstellungspolitik der Unternehmen bringen würde. Laskowski ist sogar der Ansicht, dass die Vereinbarung wegen ihrer Ineffektivität verfassungswidrig sei, weil sie gegen das Untermaßverbot verstoße.[701]

1. Der Kommissionsentwurf von 2001[702]

Ziel des Gesetzes war es, mithilfe zivilrechtlicher, insbesondere arbeitsrechtlicher, Instrumente, Diskriminierungen wegen des Geschlechts zu verhindern und die Gleichstellung der Geschlechter in der Privatwirtschaft zu fördern, durchzusetzen und langfristig zu sichern. Im Vordergrund standen die gleichberechtigte Teilhabe beider Geschlechter am Erwerbsleben und die bessere Vereinbarkeit von Familie und Beruf. Dabei wurde die gemeinsame Verantwortung beider Elternteile für die Kindererziehung zugrunde gelegt, ohne traditionelle Rollenmuster zu verfestigen.

Strukturell orientierte sich das Gesetz an dem Ansatz der Selbstregulierung: Die Gleichstellungsdefizite sollten primär durch nichtstaatliche Akteure ausgeglichen werden. Die Adressaten sollten ausschließlich Unternehmen mit mehr als fünf Beschäftigten sein. Dafür wurde ein Zweistufenmodell entwickelt. Die erste Stufe betraf freiwillige („optionale") Gleichstellungskonzeptionen, die den Unternehmen unter Beteiligung des Betriebsrats ein größtmögliches Maß an Gestaltungsfreiheit („nach spezifischen betrieblichen Bedingungen") zugestanden, während die zweite Stufe „Gleichstellungsmaßnahmen kraft Gesetzes" regelte. Die zweite Stufe sollte nur subsidiär zum Einsatz kommen, wenn ein Unternehmen innerhalb des vorgegebenen Zeitraums (2 Jahre) kein Gleichstellungskonzept vorgewiesen und mit dessen Entwicklung begonnen hatte.

Auf der ersten Stufe wurde von den Unternehmen erwartet, dass sie eigene Gleichstellungskonzepte entwickelten. Der Entwurf verlangte in diesem Bereich nur die Einhaltung bestimmter Grundlagen (Durchführung einer jährlich fortzuschreibenden Bestandsaufnahme, um vorhandene Gleichstellungsdefizite aufzudecken und effektive Maßnahmen dagegen zu ergreifen. Unternehmen mit mehr als 20 Beschäftigten sollten zudem eine „betriebliche oder überbetriebliche Koordinierungsstelle" einrichten, die die Unternehmen, Beschäftigten und Betriebsparteien in Gleichstellungsfragen beraten sollte.). Von den Gleichstellungskonzepten wurden konkrete Maßnahmen zur Realisierung der selbstgesetzten Ziele in den Bereichen „Gleichstellung der Geschlechter" und „Vereinbarkeit von Beruf und Familie" erwartet. Dafür

700 Die Vereinbarung ist abgedruckt, in: Pfarr (2001), S. 145–148.
701 Pfarr (2001), S. 6; Kocher et al., S. 126; Laskowski, ZRP 2001, 504 (508).
702 Der Kommissionsentwurf ist abgedruckt, in: Pfarr (2001), S. 11–36.

sah das Gesetz eine Auflistung geeigneter „Handlungsfelder“ (z. B. „Entgeltgerechtigkeit zwischen den Geschlechtern“, „Personalstruktur“, „Arbeitszeit und Arbeitsvolumina“, „Kinderbetreuung“) vor,[703] deren Anzahl von der Unternehmensgröße abhängig war. Die Unternehmen durften selbst wählen, welche Handlungsfelder sie in ihr Konzept aufnehmen wollten.

Stufe Zwei sah Gleichstellungsmaßnahmen kraft Gesetzes vor, die als Reaktion auf eine Untätigkeit der Unternehmen in Stufe Eins folgten. Je nach Unternehmensgröße wurden Maßnahmen aus dem Katalog verbindlich vorgeschrieben.

Bei einem Verstoß gegen Stufe Zwei waren Rechtsfolgen vorgesehen. Diese sollten der Durchsetzung der Gleichstellungsmaßnahmen aus Stufe Zwei dienen. In der Folge sollten die Beschäftigten Ansprüche zur Herstellung der gleichen Teilhabe am Erwerbsleben, bzw. Vereinbarkeit von Familie und Beruf, haben. Zu nennen ist hier außerdem das zwingende Anhörungsrecht der Gleichstellungsbeauftragten, die Ansprüche von Verbänden, sowie das fehlende Zugangsrecht der betreffenden Unternehmen zu öffentlichen Aufträgen und Beihilfen des Bundes als Konsequenz der Missachtung von Stufe Zwei.[704]

2. Entwicklungsstand

Die Situation auf dem Arbeitsmarkt entspricht 15 Jahre später weitestgehend dem Stand, der dem Kommissionsentwurf zugrunde lag. Es bestehen noch immer große Unterschiede zwischen Frauen und Männern auf dem Arbeitsmarkt. Der Anteil von Frauen im Niedriglohnsektor ist hoch, ihr Anteil an Teilzeitbeschäftigten ebenfalls. Auf der Führungsebene sind sie selten vertreten. Der Gender Pay Gap liegt bei 21,6 Prozent.[705] Die Vereinbarkeit von Familie und Beruf ist ausbaufähig.

Auf die Freiwilligkeit der Unternehmen zu setzen, führt offensichtlich nicht weiter. Im Bereich der betrieblichen Vereinbarungen zur Förderung der Chancengleichheit und Familienfreundlichkeit ist seit Jahren eine Stagnation auf niedrigem Niveau feststellbar. 90 Prozent der Betriebe verzichten auf Maßnahmen.[706] Solange keine gesetzliche Verpflichtung besteht, wird dies erwartungsgemäß auch so bleiben.

Wie bereits in der Vergangenheit erkannt wurde, sind die geschlechtsspezifischen Unterschiede auf dem Arbeitsmarkt nicht nur der Sphäre der Unternehmen zuzuordnen. Auch der Staat sollte seinen Beitrag leisten, strukturelle Ungleichbehandlungen der Geschlechter zu beseitigen.[707] Mit Einführung des Elterngeldes und dem Anspruch auf einen Krippenplatz für jedes Kind ist bereits ein großer Schritt für die Vereinbarkeit von Familie und Beruf getan worden. Aber auch die Unternehmen

---

703 Pfarr (2001), S. 14–16.

704 Zum Ganzen: Pfarr (2001), S. 13 ff.; Kocher et al., S. 121 ff.; Laskowski, ZRP 2001, 504 (505 ff.).

705 BT Drucks, 17/4852, S. 1; BT Drucks 17/821, S. 4; COM: Gender pay gap in unadjusted form.

706 BT Drucks 17/6240, S. 148.

707 BT Drucks 17/4852, S. 2 ff.; BT Drucks 17/821, S. 2 ff.

haben einen nicht zu unterschätzenden Einfluss, den es nötigenfalls staatlich zu lenken gilt. So können etwa flexible Arbeitszeitmodelle (auch ein flexibler Wechsel von Teilzeit zu Vollzeit und umgekehrt), Job-Sharing, ein betriebliches Kinderbetreuungsangebot oder ein finanzieller Zuschuss für Kinderbetreuungskosten einen großen Beitrag zu einer besseren Vereinbarkeit von Familie und Beruf leisten. Die Unternehmen verfügen über ein weites Spektrum an Möglichkeiten. Das hier vorgestellte Gesetz würde den Unternehmen einen angemessenen Spielraum bei der Erarbeitung ihrer Konzepte belassen. Sie haben es selbst in der Hand, staatliche Zwangsmaßnahmen zu vermeiden. Die Vorgaben greifen auch nicht derart stark in die Organisation der Unternehmen ein, dass sie verfassungsrechtlich eine Eingriffsqualität erreichen würden.

Auch das 2006 in Kraft getretene AGG hat das Erfordernis eines Gleichstellungsgesetzes für die Privatwirtschaft nicht entfallen lassen, denn es dient der Vermeidung von Diskriminierungen. Das alleine ist jedoch unzureichend. Verbindliche Frauenförder- und Qualifizierungspläne, Quoten, familienfreundliche Arbeitszeiten und die Veränderung betrieblicher und tariflicher Einstellungs- und Entgeltpraktiken könnten für noch mehr Geschlechtergerechtigkeit sorgen.[708] All das könnte mithilfe eines Gleichstellungsgesetzes geregelt werden. Ein Gleichstellungsgesetz für die Privatwirtschaft ist deshalb noch immer so aktuell und notwendig wie 2001.[709]

IV. Das Elterngeld

Zunächst ist festzuhalten, dass das Elterngeld grundsätzlich geeignet ist, die finanzielle Abhängigkeit der Betreuungsperson vom Partner zu vermeiden. Eine vorübergehende finanzielle Absicherung für die betreuungsintensivste Phase des Kindes kann gewährleistet werden. Aus gleichstellungspolitischer Sicht ist zu begrüßen, dass es auch die Väterbeteiligung an der Betreuungsarbeit in den ersten Lebensmonaten des Kindes fördert und diese durch die Lohnersatzfunktion ökonomisch attraktiver macht als das Vorgängermodell. Die Zahlen des statistischen Bundesamtes belegen, dass die Intention des Gesetzgebers sich erfüllt: Aktuell nutzen 23,3 Prozent der Väter ihren Elterngeldanspruch.[710] Die Tendenz ist steigend. Der Anteil der Kinder, deren Väter Elterngeld bezog, lag bei den im Jahr 2007 geborenen Kindern noch bei 14 Prozent.[711] Insbesondere die Neuerungen, die das Elterngeld Plus gebracht hat, sind erfreulich. Der Erhalt einer Teilzeitberufstätigkeit neben der Kinderbetreuung ist die beste Alternative, um Mütter nicht zu weit vom Arbeitsmarkt zu entfernen. Auch wird den Eltern inzwischen ein gleichzeitiger Teilelterngeldbezug ermöglicht,

---

708 Liebscher, Rn. 51.

709 Die Einführung wäre auch verfassungsgemäß: Vgl. Kocher et al., S. 126 f.; Laskowski, ZRP 2001, 504 (505).

710 Statistisches Bundesamt: Öffentliche Sozialleistungen: Statistik zum Elterngeld, S. 7.

711 Statistisches Bundesamt: Elterngeld für Geburten 2007 nach Kreisen, S. 8.

der den Bezugszeitraum nicht (wie früher) halbiert, sondern bei gleichberechtigter Teilung sogar einen längeren Bezug ermöglicht. Viel gibt es beim Elterngeld nicht mehr zu beanstanden.

1. Partnermonate

Wie sich gezeigt hat, leisten die Partnermonate einen wichtigen Beitrag zur Steigerung der Väter-Beteiligung an der Betreuungsarbeit in den ersten Lebensmonaten des Kindes. Dennoch wird die Betreuungszeit aktuell nicht annähernd gleichmäßig unter den Geschlechtern aufgeteilt. Männer nehmen im Durchschnitt 3,2 Monate in Anspruch, Frauen beanspruchen hingegen das Gros der Elternzeit mit im Schnitt 11,7 Monaten Dauer.[712] Daher besteht noch Potential für eine egalitärere Teilung, damit die Eltern das berufliche Risiko der Kinderbetreuung gleichmäßig(er) tragen können. Je kürzer die Berufsunterbrechung andauert, desto größer sind die Nähe zum Arbeitsmarkt und die Chancen für einen raschen Wiedereinstieg. Das neue Elterngeld Plus ist für die Beibehaltung der Arbeitsmarktnähe ein großer Gewinn. Eine gleichberechtigte Teilung der Elternzeit bewirkt es aber nicht. Es ist immer noch möglich, 24 Monate Elterngeld zu beziehen, ohne auch den Partner mit in die Pflicht zu nehmen. Da die Statistiken jedoch eine stetige Zunahme der Väterbeteiligung belegen ist, ist es nicht geboten, die obligatorische Anzahl der Partnermonate zu erhöhen. Eine Option könnte aber ein Gleichstellungsbonus nach schwedischem Vorbild sein. Je gleichmäßiger die Eltern die Elternzeit untereinander aufteilen, desto höher könnte der Bonus ausfallen. Dadurch würde ein finanzieller Anreiz gesetzt werden, die Elternzeit möglichst gerecht untereinander aufzuteilen. Auch für den gleichzeitigen Teilelterngeldbezug wäre dies durchaus sinnvoll, da die Halbierung des Familieneinkommens sonst nur für besonders gut Verdienende eine Option wäre. Ein Gleichstellungsbonus könnte die Wahrscheinlichkeit erhöhen, dass beide Eltern ihre Berufsunterbrechung so kurz wie möglich halten. Gleichzeitig würde eine Verkürzung der Wahlfreiheit der Eltern vermieden werden, so dass auch weiterhin eine traditionelle Aufteilung der Betreuungszeit möglich bliebe. Ein Gleichstellungsbonus wäre auf beide Formen des Elterngeldes anwendbar.

2. Geschwindigkeitsprämie für Geschwisterkinder

Daneben wäre auch eine Geschwindigkeitsprämie nach schwedischem Vorbild zu empfehlen. Diese hat den Vorteil, dass das Elterngeld für das Geschwisterkind ebenso hoch ausfällt wie für das davor geborene. Der geltende Geschwisterbonus in Höhe von 10 Prozent kann den Einkommensrückgang, der regelmäßig nach der Geburt von Kindern erfolgt, nicht kompensieren. Frauen arbeiten selten in dem gleichen Umfang weiter wie vor der Geburt. Sie schränken ihre Berufstätigkeit um mehr als 10 Prozent ein. Eine Geschwindigkeitsprämie könnte den Frauen dazu

712 Statistisches Bundesamt: Öffentliche Sozialleistungen: Statistik zum Elterngeld, S. 8.

verhelfen, sich weiterhin eine ausreichende eigene Existenzsicherung zu bewahren. Zudem trüge sie dazu bei, die Familiengründungsphase so kurz wie möglich zu halten, so dass weitere Unterbrechungen/Einschränkungen, und damit einhergehende Einkommenseinbußen, vermieden werden könnten.

3. Flexibleres Zeitkonto

Der Bezugszeitraum des Elterngeldes ist im Vergleich zum schwedischen Elternschaftsgeld sehr starr. Während das schwedische Modell den Bezug des Elternschaftsgeldes in Höhe von 12,5/25/50/75 Prozent erlaubt, kann in Deutschland nur zwischen 50 und 100 Prozent gewählt werden. Außerdem ist der Zeitraum auf die ersten 12/24 Monate beschränkt, während er in Schweden bis zum achten Lebensjahr ausgedehnt werden kann. Zwar kann die Elternzeit bis zum achten Lebensjahr des Kindes aufgeteilt werden, der Elterngeldbezug endet jedoch in jedem Fall spätestens nach dem 36. (inklusive Partnerschaftsbonus) Lebensmonat. Für Deutschland würde sich ebenfalls eine flexiblere Gestaltung des Elterngeldbezuges anbieten. Nicht jede Familie kann sich einen Einkommenswegfall leisten. Zudem könnten berufliche Wünsche und Betreuungsarbeit noch besser aufeinander abgestimmt werden. Insbesondere für Eltern von Kindern im Grundschulalter wäre dies ein Gewinn. Es gibt zwar inzwischen Ganztagskrippen und -kindergärten. Wenn die Kinder eingeschult werden, ist es jedoch keine Seltenheit, dass der Unterricht bereits um 11 Uhr endet. Dann ist die persönliche Betreuung schon kaum mit einer Teilzeitstelle zu vereinbaren. Wer arbeiten will, ist auf die Hilfe von Familie und Freunden angewiesen. Insbesondere für Alleinerziehende ist diese Situation fatal. Seit der Reform des Unterhaltsrechts kann ihnen neben der Betreuung von Kindern im Grundschulalter grundsätzlich eine Vollzeiterwerbstätigkeit abverlangt werden. Gerichtliche Streitigkeiten über den Umfang der Erwerbsobliegenheit könnten möglicherweise eingedämmt werden, wenn sie ihr gesunkenes Einkommen mit einem Elterngeldbezug aufstocken könnten.

V. Ergebnis

Für das in Deutschland bestehende Normalarbeitsverhältnis existiert derzeit keine adäquate Alternative. Wenn Müttern zukünftig ein gleichwertiger Zugang und Verbleib in existenzsichernde Beschäftigungsverhältnisse ermöglicht werden soll, bedarf es einer angemessenen Unterstützung. Denn Frauen sind nach wie vor hauptsächlich für die Betreuungsaufgaben zuständig. Gerade für die betreuungsintensiven Zeiten der Kinder bedarf es einer Flexibilisierung der Arbeitszeiten. Zwar ist derzeit ein Wechsel von einer Vollzeitbeschäftigung in eine Teilzeitbeschäftigung möglich, ein gesetzlicher Anspruch auf die Rückkehr in Vollzeit existiert jedoch nicht. Für mehr Flexibilität kann insbesondere das Elterngeld Plus beitragen, auch wenn noch einige kleinere Änderungen angeregt werden sollen. Die verstärkte Einbindung von Vätern in die Erziehungsaufgaben könnte auch den bestehenden Vorurteilen auf dem Arbeitsmarkt gegenüber Frauen entgegenwirken, da sie fortan nicht mehr das einzige Geschlecht wären, bei dem mit familiär bedingten Erwerbsentscheidungen zu rechnen wäre. Auch im Hinblick auf das Unterhaltsrecht, das an dem Prinzip der Eigenständigkeit ausgerichtet ist, ist die verbesserte Vereinbarkeit von Familie und Beruf unerlässlich.

In Bezug auf die gleichberechtigte Teilhabe von Frauen auf dem Arbeitsmarkt ist auch die Einführung der Frauenquote für Aufsichtsräte sehr zu begrüßen. Wenn sich die vom Gesetzgeber erhoffte „Sogwirkung" tatsächlich einstellt, könnte das nicht nur zu mehr weiblicher Präsenz in den Unternehmen beitragen, sondern auch zu einer vermehrten Akzeptanz von Betreuungsaufgaben in der Berufswelt. Die vermehrte Präsenz von Frauen könnte die Sensibilität der Betriebe für die Nöte von berufstätigen Eltern schärfen. Sollte sich die erhoffte Wirkung der Quote nicht einstellen, ist allerdings eine noch konsequentere Gesetzgebung wünschenswert. Die Analyse der Frauenquote für Aufsichtsräte konnte aufzeigen, dass insbesondere im Bereich der Sanktionsmöglichkeiten noch Handlungsspielraum besteht. Auch könnte über eine Quote unterhalb der Ebenen des Aufsichtsrats nachgedacht werden. Eine weitere Alternative könnte ein Gleichstellungsgesetz für die Privatwirtschaft sein.

M. Gleichstellung im Bereich der sozialen Sicherung

I. Die Grundsicherung für Arbeitsuchende – Hartz IV

Wie oben dargestellt, liegt die schlechtere Ausgangslage für Frauen im Rahmen der Grundsicherungsleistungen insbesondere darin begründet, dass sie häufiger von der Anrechnung des Partnereinkommens, und damit auch vom Ausschluss aus den Wiedereingliederungsmaßnahmen, betroffen sind.

1. Anrechnung von Ehegatteneinkommen

Einige Autoren schlagen vor, diesem Problem mit einem „Umbau des Sozialstaates weg von der Privatisierung der Risiken der Existenzsicherung in Form von „Bedarfsgemeinschaften“ hin zu einer gesamtstaatlichen Solidarität auf staatsbürgerlicher Ebene“ zu begegnen.[713] Sie wollen damit die Anrechnung von Partnereinkommen bei der Grundsicherung für Arbeitssuchende vollständig abschaffen. Diesem Vorschlag kann – auch weil Frauen nicht ebenso gut in das Erwerbsleben integriert sind wie Männer - nicht zugestimmt werden. Es ist zwar richtig, dass das Institut Ehe und die Verweisung von Frauen auf dieses als primäre soziale Sicherungs- und Versorgungsinstanz noch immer ein Hindernis für die Gleichstellung der Geschlechter - vor allem im Hinblick auf die „Nebenrolle“ von Frauen auf dem Arbeitsmarkt - darstellt. Dennoch kann nicht ausnahmslos von einer Anrechnung des Partnereinkommens abgesehen werden. Nicht nur die Tatsache, dass in der Realität ein gegenseitiges Einstehen der Partner in Notsituationen regelmäßig freiwillig erfolgen wird, sondern auch die hohe Missbrauchsgefahr, die eine vollständige Entkoppelung der Leistungen vom Partnereinkommen birgt, sprechen für eine Beibehaltung der Anrechnung.

a. Höherer Selbstbehalt?

Zugegebenermaßen sind die geltenden Selbstbehaltsgrenzen des berufstätigen Partners sehr knapp bemessen. Da er als Mitglied der Bedarfsgemeinschaft ebenfalls zum Leistungsempfänger wird, gelten für ihn die in § 11b SGB II normierten Selbstbehaltsgrenzen gleichermaßen. Dem erwerbstätigen Hilfebedürftigen wird ein Grundfreibetrag in Höhe von 100 Euro zugestanden. Sämtliches Einkommen, das darüber hinausgeht, wird bis zu einem Betrag von 1.000 Euro monatlich zu 80 und bei einem Einkommen bis 1.200 Euro zu 90 Prozent auf die Grundsicherung angerechnet. Einkommen, das über diese Grenze hinaus geht, wird voll angerechnet. Folge ist, dass der Partner sein gesamtes Einkommen einsetzen muss, um den Bedarf des anderen Partners zu decken, sogar wenn das dazu führt, dass auch er unter das

713 Rostock et al., S. 321.

Niveau des Existenzminimums fällt. Eine solche Verpflichtung hatte das BVerwG bei einer Entscheidung zur alten Rechtslage im Bundessozialhilfegesetz 1998 als offenkundigen Verstoß gegen die Menschenwürde bezeichnet, „weil sie denjenigen, der sich selbst helfen kann, verpflichtet, seine Mittel für andere einzusetzen, mit der Folge, daß er dadurch selbst mittellos wird und auf staatliche Hilfe angewiesen ist".[714]

Das BVerfGE ist der Ansicht, dass die verschärfte Bedürftigkeitsprüfung für Ehegatten in den wechselseitigen Unterhaltspflichten und der begründeten Erwartung, dass diese bei nicht dauernd getrennt lebenden Ehepaaren auch erfüllt werden, begründet liege.[715] Dabei kommt der Besonderheit des Familienunterhalts nach § 1360 BGB, der keine Bedürftigkeit voraussetzt, besondere Bedeutung zu. Ein Unterhaltsanspruch besteht auch dann, wenn sich der andere eigentlich selbst versorgen könnte. Den Einwand der Leistungsunfähigkeit kennt der Familienunterhalt nicht. Die Ehegatten müssen alles, auch wenn es so gut wie nichts ist, miteinander teilen. Daher besteht zwischen der unterhaltsrechtlichen und der sozialrechtlichen Lage eine Homogenität.[716]

b. Reform der Berechnungsmethode?

Im Schrifttum wird auch ein Wechsel der Berechnungsmethode angeregt, damit in Zukunft weniger Frauen als „versorgt" gelten. Das BSG hat die geltende Berechnungsmethode zwar als „wenig sinnvoll" bezeichnet, aber festgestellt, dass diese dem Willen des Gesetzgebers entspreche, der nicht einfach übergangen werden könne.[717] Der vorgeschlagene Wechsel zur sog. „Vertikalmethode", wie sie bei der „Einsatzgemeinschaft" des SGB XII zur Anwendung kommt, würde zwar verhindern, dass diejenigen zu Bedürftigen werden, die eigentlich nicht hilfebedürftig sind. Einen spürbaren finanziellen Vorteil hätte die Methode für die Leistungsbezieher allerdings nicht.[718] Einen Nutzen hätte der Wechsel der Berechnungsmethode aber: Er könnte bewirken, dass die Wiedereingliederungsmaßnahmen zukünftig nur noch demjenigen zukommen, der tatsächlich auf sie angewiesen ist. Dies ist auch vor dem Hintergrund sinnvoll, dass die Mitarbeiter der Arbeitsagentur vorrangig versuchen, Familienernährer auf dem Arbeitsmarkt unterzubringen, die noch eine entsprechende „Arbeitsmarktnähe" aufweisen.[719] Es ist für die bedürftige Ehefrau keine

---

714 BVerwG, Urteil v. 26.11.1998 – BVerwG NJW 1999, 1881.

715 BVerfGE 87, 234 (264).

716 Betzelt et al., S. 96.

717 Rust (2010/2), S. 157 f. (mit Rechenbeispiel); Berghahn/Wersig, S. 112; BSG v. 07.11.2006 – B 7b AS 8/06 R.

718 Bei dieser Berechnungsmethode wird das Einkommen zunächst demjenigen zugerechnet, der es erwirtschaftet und das überschießende Einkommen des Einzelnen anschließend auf die übrigen Mitglieder der Gemeinschaft verteilt: Rust (2010/2), S. 159 f. (mit Rechenbeispiel); Vgl. Rechenbeispiel Betzelt et al., S. 78 f.

719 Konzentration der Bemühungen auf „arbeitsmarktnahe Kunden", vgl. Berghahn/Wersig, S. 128; Worthmann, S. 114.

Hilfe, wenn ihr Ehemann auf eine bessere Arbeitsstelle vermittelt wird, wenn sie deshalb weiterhin arbeitssuchend bleibt. Um die Wiedereingliederungsmaßnahmen auf denjenigen zu konzentrieren, der hilfebedürftig ist, ist jedoch andererseits auch nicht zwingend ein Wechsel der Berechnungsmethode notwendig.

2. Wiedereingliederungsmaßnahmen

Die mangelnde Bedürftigkeit des als versorgt geltenden Anspruchstellers sollte nicht automatisch dazu führen, dass ihm auch keine Wiedereingliederungsmaßnahmen zukommen. Für Nichtleistungsempfänger/innen können gerade diese Leistungen (wie z. B. die Kinderbetreuung) eine wichtige Grundlage für die Suche nach einer neuen Arbeitsstelle sein.[720] Daher sollte der Zugang für Nichtleistungsempfänger/innen zu Eingliederungsleistungen verbessert werden. Aus der Tatsache, dass sie finanziell als versorgt gelten, kann nicht ohne Weiteres geschlossen werden, dass sie deshalb nicht auf den Arbeitsmarkt zurückkehren wollen.

Zudem sollte sich die Wiedereingliederungspraxis stärker an den im Gesetz vorgeschriebenen Zielen orientieren. Insbesondere der Förderauftrag aus § 1 Abs. 2 Nr. 4 SGB III, auf den § 16 Abs. 1 S. 3 SGB II für die Leistungserbringung auch nochmal explizit hinweist, ist zu berücksichtigen: Bei der Eingliederung auf den Arbeitsmarkt ist darauf zu achten, die berufliche Situation von Frauen zu verbessern, indem auf die Beseitigung bestehender Nachteile sowie auf die Überwindung eines geschlechtsspezifisch geprägten Ausbildungs- und Arbeitsmarktes hingewirkt wird und Frauen mindestens entsprechend ihrem Anteil an den Arbeitslosen und ihrer relativen Betroffenheit von Arbeitslosigkeit gefördert werden (§ 1 Abs. 2 Nr. 4 SGB III). Auch die Eingangsbestimmungen des § 1 Abs. 2 S. 3 i. V. m. S. 4 SGB II weisen darauf hin, dass die Gleichstellung von Männern und Frauen als durchgängiges Prinzip des SGB II zu verfolgen sind. Untersuchungen zeigen, dass diese gleichstellungspolitischen Ziele in den Grundsicherungsstellen bisher nur unzureichend berücksichtigt werden und die Frauenförderquoten häufig verfehlt werden.[721] Auch hier besteht weiterhin Handlungsbedarf. Ein Hindernis stellt in diesem Bereich die Hierarchie der Ziele im SGB II dar: Obwohl das Gleichstellungsziel als Querschnittsaufgabe bei den Fördermaßnahmen vorgegeben ist, sind die tatsächlichen Ziele ohne jeglichen Gleichstellungsauftrag festgelegt („Verringerung der Hilfebedürftigkeit", „Verbesserung der Integration in Erwerbstätigkeit", „Vermeidung von langfristigem Leistungsbezug")[722]. Das Gleichstellungsziel unterliegt daher in der Konkurrenz zu den kurzfristigen Geschäftszielen. Die Jobcenter sind dazu angehalten, diese Ziele zu erfüllen. Um den Leistungsbezug schnellstmöglich zu beenden, konzentrieren sie sich zunächst auf die „arbeitsmarktnahen und flexiblen" Kunden, zu denen Berufsrückkehrer/innen und Mütter eher nicht gehören. Weiterhin ist problematisch, dass

720 Rust (2010/1), S. 434.
721 Berghahn/Wersig, S. 145.
722 BMAS: Planungsbrief 2012, S. 5 ff.

Frauen durch die Jobcenter gerne in Minijobs vermittelt werden, nur um den Leistungsbezug schnell zu beenden. Mit einer existenzsichernden Wiedereingliederung in den Arbeitsmarkt hat das nichts zu tun, vor allem weil inzwischen hinlänglich bewiesen wurde, dass Minijobs nur in den seltensten Fällen als „Sprungbrett" in eine sozialversicherungspflichtige Beschäftigung münden.[723]

II. Gesetzliche Krankenversicherung, Familienversicherung

Die kostenlose Mitversicherung der Familienmitglieder verstößt gegen Art. 6 Abs. 1 und Art. 3 Abs. 2 GG. Für die Rechtfertigung der einseitigen Förderung der Hausfrauenehe wird von den Unterstützern der beitragsfreien Mitversicherung regelmäßig das Sozialstaatsprinzip aus Art. 20 Abs. 1 GG angeführt, das einen sozialen Ausgleich für einkommensschwächere Familien gebiete.[724] Dieser Einwand eignet sich jedoch nicht als Rechtfertigung, da der Umfang der Förderung sich nicht am Gesamteinkommen des Haushalts orientiert, sondern ausschließlich an das gewählte Ehemodell anknüpft. Anstelle der gebotenen Privilegierung einkommensschwacher Ehegatten, erfolgt eine Privilegierung einzelner Eheformen gegenüber anderen. Eine solche Förderung steht nicht mit den sozialen Zielen des Grundgesetzes in Einklang.[725]

Auch die gesetzlich normierten Unterhaltspflichten des BGB können eine vollständige Entlastung des Ernährers von den Sozialversicherungsbeiträgen für seine Familienangehörigen nicht rechtfertigen. Der Schutz von Ehe und Familie aus Art. 6 Abs. 1 GG verpflichtet den Staat nicht dazu, jegliche familiäre Belastung auszugleichen. In Verbindung mit dem Sozialstaatsprinzip besteht zwar die allgemeine Pflicht, einen Familienlastenausgleich zu gewährleisten. Die genaue Ausgestaltung ist jedoch dem Gestaltungsspielraum des Gesetzgebers überlassen.[726] Zudem ist die gesetzliche Kranken- und Pflegeversicherung auch deshalb für einen angemessenen Familienlastenausgleich ungeeignet, weil nicht alle Mitglieder der Gesellschaft dort versichert sind. Art. 6 Abs. 1 GG gebietet dagegen, alle Familien bedarfsgerecht zu entlasten, nicht nur jene der Pflichtversicherten. Der Ausschluss aller übrigen Familien aus der Entlastung konfligiert mit Art. 3 Abs. 1 GG. Insbesondere kann die Kassenmitgliedschaft als solche nicht als sachgerechtes Differenzierungskriterium herangezogen werden.[727]

Wie oben erläutert, besteht jedoch die Pflicht, das Existenzminimum vor dem staatlichen Zugriff zu schützen. Nach der Rechtsprechung des Bundesverfassungsgerichts gehört dazu auch der Versorgungsbedarf für den Krankheits- und Pflegefall,

723 Worthmann, S. 108 ff.
724 Dieser Ansicht ist z. B. Hase, der die Ehegattenmitversicherung als Element des sozialen Ausgleichs ansieht: DRV-Schriften 2003, Bd. 46, Sonderausgabe, S. 14 ff.
725 Brosius-Gersdorf, S. 507.
726 BVerfG Pressemitteilung Nr. 35/2001 v. 03.04.2001.
727 Seiler (2008), S. 137 f.

insbesondere die entsprechenden Versicherungsbeiträge.[728] Entsprechend hat der Gesetzgeber zum 1.1.2010 den Sonderausgabenabzug in § 10 EStG angepasst: Die tatsächlichen Aufwendungen für die gesetzliche oder private Kranken- und Pflegeversicherung sind, soweit sie der Erlangung eines sozialhilfegleichen Versorgungsniveaus dienen, in voller Höhe steuerlich als Sonderausgaben zu berücksichtigen.

Bei Einführung einer individuellen Ehegattenbesteuerung mit übertragbarem Grundfreibetrag werden die zusätzlichen Aufwendungen für die Versicherung des haushaltsführenden Ehegatten, die sich durch dessen Herausnahme aus der Familienversicherung ergeben, bereits den verfassungsrechtlichen Vorgaben entsprechend berücksichtigt. Eine weitergehende Förderung in Form einer beitragsfreien Mitversicherung der Ehegatten ist nicht geboten und kann deshalb ohne verfassungsrechtliche Bedenken entfallen.[729] Stattdessen sollte die Mitversicherung des Ehegatten durch eine individuelle Absicherung jedes Ehegatten abgelöst werden. Hierfür werden bereits verschiedene Modelle diskutiert, unter anderem Kopfpauschalen oder Mindestbeiträge.[730] Für einkommensschwache Familien, deren Aufwendungen für die Kranken- und Pflegeversicherung durch den Sonderausgabenabzug nicht ausreichend berücksichtigt werden können, könnte ein staatlicher Zuschuss vorgesehen werden.

III. Einführung der Mindestrente

Eine eigenständige Existenzsicherung setzt auch eine finanzielle Unabhängigkeit von einem Ernährer nach der Erwerbsphase voraus. Die vorstehenden Untersuchungen konnten zeigen, dass eine solche für viele Frauen keine Realität ist. Frauenrenten

728 BVerfGE 120, 125 (156 f.).

729 Die beitragsfreie Mitversicherung der Kinder könnte dagegen nicht ohne verfassungsrechtliche Bedenken entfallen: Felix, NZS 2003, 624.

730 Drähter/Rothgang, ZeS-Arbeitspapier 9/2004, S. 14 ff. Es wird auch vorgeschlagen, ein Splittingverfahren für Ehepaare einzuführen, wie es aus dem Einkommensteuerrecht bekannt ist: Das Familieneinkommen würde halbiert und jeder Ehepartner müsste Beiträge an die Krankenkasse entrichten, die sich an der Hälfte des Familieneinkommens bemessen (Bündnis90/DIE GRÜNEN: Bundestagswahlprogramm 2013, S. 123). Diese Berechnungsmethode ist jedoch nicht nur den gleichen Einwänden ausgesetzt wie die pauschale halbe Einkommenszuordnung im Steuerrecht, sie führt auch zu einer Benachteiligung von Zweiverdiener-Ehen, die ihr Familieneinkommen nicht zu gleichen Teilen erwirtschaften. Für diese ergibt sich eine Mehrbelastung des Haushalts, wenn das Gesamteinkommen oberhalb der Beitragsbemessungsgrenze liegt (ausführlich dazu: Beske/Tiede, S. 63 f.). Das Neutralitätsgebot verbietet zudem die beitragsfreie Mitversicherung betreuender und/oder pflegender Familienangehöriger, da jede Familie, unabhängig davon, ob sie ihr Kind persönlich betreut oder nicht, den gleichen immateriellen Beitrag für das Gemeinwesen leistet. Alle Familienmodelle sind gleichermaßen zu fördern, weshalb sich die selektive Förderung der Alleinverdiener-Familie verbietet (Brosius-Gersdorf, S. 322.).

können oftmals nur mithilfe einer Aufstockung durch die Grundsicherung im Alter auf ein existenzsicherndes Niveau angehoben werden, sofern diese nicht bereits aufgrund der Anrechnung des Ehegatteneinkommens entfällt. In diesem Zusammenhang ist jedoch positiv zu verzeichnen, dass in Deutschland endlich eine gesetzlich fixierte Lohnuntergrenze eingeführt wurde, die auch zu einer Erhöhung des späteren Rentenniveaus beiträgt. Weniger Niedriglöhne bedeuten weniger Niedrigrenten. Allerdings wird auch ein lebenslanger Verdienst von 8,50 Euro/Stunde nicht ausreichen, um eine Rente oberhalb des Existenzminimums zu erzielen.[731]

Der Mindestlohn alleine vermag es nicht, allen Menschen eine existenzsichernde Rente zu ermöglichen. Auch in der Rentenversicherung selbst bedarf es einer Veränderung. Es ist für einen Sozialstaat unangemessen, diejenigen, die Zeit ihres Lebens gearbeitet haben, auf die Grundsicherung im Alter zu verweisen. Nicht nur die niedrige Leistungshöhe steht dem entgegen, sondern auch die Tatsache, dass die Lebensarbeitsleistung honoriert werden sollte- und zwar mit einem Satz, der oberhalb einer Grundsicherung liegt.

Die gesetzliche Sozialversicherung in Deutschland ist traditionell auf Erwerbstätigkeit ausgerichtet. Um dieses Prinzip zu wahren, sollte sich auch eine Mindestrente an einer vorhergehenden Erwerbstätigkeit orientieren. Daher kann die schwedische Garantierente, die sich ausschließlich am Wohnsitzprinzip orientiert, nicht als Vorbild dienen. Die französische Mindestrente, die nur dann eingreift, wenn der Rentenanspruch trotz der gesetzlich geforderten Versicherungsjahre zu niedrig ausfällt, ist für eine Übertragung auf Deutschland besser geeignet. Ein ähnliches Modell ist aktuell auch Bestandteil der politischen Diskussion. Die Parteien sind sich dahingehend einig, dass jeder eine Mindestrente von rund 850 Euro monatlich bekommen soll.[732] Vor der Bundestagswahl 2013 sollten hierfür 30 Beitragsjahre (zu denen auch Kindererziehungszeiten zählten) und 40 Versicherungsjahre ausreichen. Die Union setzte zusätzlich eine private Zusatzvorsorge voraus. Die eigene Rente sollte auf diesen Anspruch angerechnet werden, nicht aber Renten aus einer privaten Vorsorge. Langfristig wollte die Union die Beitrags- und Versicherungszeiten auf 35 und 45 Jahre anheben.[733] Nach der Bundestagswahl haben sich Union und SPD auf 40 Beitragsjahre festgelegt. Zwar wurde eine Übergangszeit bis 2023 vereinbart, bis zu der 35 Beitragsjahre reichen sollen. Danach soll aber neben den 40 Beitragsjahren auch eine private Zusatzversicherung für den Zugang zur Mindestrente vorausgesetzt werden. Die im Koalitionsvertrag ebenfalls angekündigte „Mütterrente“ wurde zum 1.7.2014 bereits umgesetzt.[734] Fraglich ist nur, wie viele Menschen mit geringem Einkommen, eine private Zusatzversicherung werden vorweisen können. Zudem ist

731 Die Bezugsgröße für einen vollen Rentenpunkt liegt bei 2.765 Euro mtl. (DRV: Aktueller Rentenwert) und ist bei einem Stundenlohn von 8,50 Euro auch bei einer Vollzeittätigkeit nicht zu erreichen.

732 Die Leistungshöhe orientiert sich am Wert von 30 Entgeltpunkten.

733 SPD: Regierungsprogramm, S. 80 f.; CDU/CSU: Regierungsprogramm, S. 46.

734 Koalitionsvertrag: CDU/CSU und SPD, S. 52.

eine Bedürftigkeitsprüfung für die Mindestrente vorgesehen. Verheiratete Frauen werden demnach erwartungsgemäß auch nach Einführung der Mindestrente keine existenzsichernde eigene Rente erhalten.

Mit Einführung der Mindestrente wird in Deutschland ein Paradigmenwechsel eingeleitet. Es soll in der Berechnung der Renten nicht mehr ausschließlich auf die Höhe der geleisteten Beiträge ankommen, sondern vor allem auf die Dauer der Mitgliedschaft. Dennoch sind die Hürden für den Erhalt der Mindestrente sehr hoch (Beitragsjahre). Frauen erreichen durchschnittlich nur 33,5 Beitragsjahre in der Rentenversicherung.[735] Eine beitragsjahrorientierte Mindestrente würde nur dann zu einer spürbaren Erhöhung der Frauenrenten führen, wenn sie bereits bei 30 Jahren ansetzen würde. Für Menschen, die lebenslang nur einer geringbezahlten Beschäftigung nachgegangen sind, mag die Mindestrente zwar einen Vorteil bringen, jedoch nur solange keine zusätzliche private Altersvorsoge verlangt wird. Diese wird bei einem geringen Gegenwartseinkommen nur selten abgeschlossen werden. Folglich bleibt eine ununterbrochene Erwerbstätigkeit trotz Einführung der Mindestrente die beste Option, für eine eigene existenzsichernde Rente zu sorgen, wofür die weitere Erleichterung des Nebeneinanders von Familie und Beruf unumgänglich ist.

IV. Ergebnis

Der Verweis auf den Familienernährer im Rahmen der Grundsicherungsleistungen hat sich trotz seiner frauenbenachteiligenden Effekte als unumgänglich herausgestellt. Die Beseitigung der Anrechnung des Partnereinkommens ist keine Option. Die Erhöhung der Selbstbehaltsgrenzen ist ebenfalls nicht zu rechtfertigen, auch wenn man sich über die geltende Berechnungsmethode streiten kann. Der Blick auf die schwedische Sozialhilfe bestätigt dieses Ergebnis: Obwohl sich das Land zielgerichtet am Zweiverdiener-Modell orientiert, verzichtet es nicht auf die Anrechnung von Partnereinkommen. Vielmehr konzentriert es sich auf eine möglichst effektive Arbeitsmarktwiedereingliederung. Die wahren Probleme in Deutschland liegen in der Wiedereingliederungspraxis der Jobcenter begraben. Hier besteht noch Handlungsbedarf. Ein langjähriger Hartz IV-Bezug sollte möglichst vermieden werden, da mit der Zeit auch die Chancen auf eine Wiedereingliederung in den Arbeitsmarkt schwinden. Dies würde auch den Interessen der Partner gerecht werden, da diese, wie sich herausgestellt hat, durchaus gewillt sind, in überschaubaren Notzeiten füreinander einzustehen, nicht jedoch den anderen lange Jahre zu unterhalten, erst recht nicht, wenn sich das Paar ursprünglich für ein anderes Lebensmodell entschieden hatte.

Freilich wäre es am sinnvollsten, die dauerhafte Abhängigkeit von Grundsicherungsleistungen erst gar nicht entstehen zu lassen. Hierfür ist eine verbesserte Erwerbseingliederung Erziehender unerlässliche Voraussetzung. Die verbesserte Erwerbsfähigkeit von Frauen ist auch das geeignetste Mittel, Armut im Alter zu vermeiden. Die Hürden für den Anspruch auf eine Mindestrente sind derart hoch,

735 Vgl. S. 58.

dass viele Frauen sie nicht erreichen werden können. Zudem werden die meisten infolge der Bedürftigkeitsprüfung ohnehin keinen Anspruch auf die Mindestrente haben. Daher kann trotz Einführung der Mindestrente auch keine Abschaffung der Witwen-/Witwerrente empfohlen werden. Diese wird in Zukunft weiterhin eine wichtige Rolle einnehmen.

Um einen Gleichlauf mit den hier vorgeschlagenen Reformen im Steuerrecht herbeizuführen, wäre auch zu empfehlen, die Mitversicherung von Ehegatten in der Familienversicherung zugunsten einer individuellen Absicherung, unter angemessener steuerrechtlicher Berücksichtigung der Beitragslast, zurückzubauen. Dies könnte auch das Bewusstsein stärken, die individuelle Absicherung nicht zu vernachlässigen.

N. Auswirkung auf die familienrechtlichen Ausgleichssysteme

Wie die vorangegangenen Ausführungen zeigen, stellt der Übergang in die Mutterschaft für die meisten Frauen einen Nachteil für ihre eigenständige Existenzsicherung dar. Als Ursache hierfür konnte insbesondere der elternunfreundliche Arbeitsmarkt in Deutschland ausgemacht werden. Unter den geltenden Bedingungen ist es für Mütter kaum möglich, nach der Familiengründung eine Vollzeiterwerbstätigkeit aufrechtzuerhalten. Dabei ist auch zu berücksichtigen, dass die Hauptlast der familiären Verantwortung traditionell weiterhin von Frauen erledigt wird. Während die Väter ihre Erwerbsbiografie unverändert fortsetzen, schränken die Mütter ihre Erwerbstätigkeit ein, um daneben die familiären Aufgaben bewältigen zu können. Denn auch eine ganztägige Fremdbetreuung der Kinder kann die Eltern nicht vollumfänglich von den familiären Aufgaben entlasten. Die familiäre Rollenverteilung steht jedoch unter der Prämisse, dass das Einkommensdefizit der Mütter durch das Einkommen der Väter ausgeglichen wird. Der (teilweise) Verzicht auf ein eigenes Einkommen wirkt sich auch auf die eigene Vermögensbildung der Mütter aus. Zudem ergeben sich aus einer längeren Berufseinschränkung Einbußen in der eigenen Altersvorsorge, die durch das geltende Rentensystem nicht vollumfänglich ausgeglichen werden können. Die finanziellen Nachteile, die mit dem Eintritt in die Mutterschaft in Gang gebracht werden, sind in der Regel nicht spürbar, solange die Ehe intakt ist.

Die Situation ändert sich dagegen schlagartig, wenn die Ehe scheitert. Dann scheinen die vorangegangen Entscheidungen keine Rolle mehr zu spielen. Dies verdeutlicht insbesondere der im nachehelichen Unterhaltsrecht geltende Grundsatz der Eigenverantwortlichkeit (§ 1569 BGB). Dieser Grundsatz kann jedoch keine Geltung beanspruchen, wenn die eingeschränkte Möglichkeit, sich selbst zu finanzieren, ihren Ursprung in der Ehe und der dort praktizierten Rollenverteilung hat. Dies muss gerade dann gelten, wenn die Ehegatten, wie oben herausgearbeitet, durch äußere Einflüsse praktisch in diese Arbeitsteilung gedrängt werden. Der Gesetzgeber kann die Hausfrauentätigkeit nicht einerseits im Steuer-, Arbeits- und Sozialrecht honorieren und andererseits im Scheidungsfolgenrecht maßregeln. Das Scheidungsfolgenrecht kann die Weichenstellungen, die sich für die eigene Erwerbsbiografie infolge des Eintritts in die Elternschaft ergeben, nicht vollständig ausblenden. Insofern muss es geeignete Instrumente zur Verfügung stellen, das ehebedingte Ungleichgewicht nach der Scheidung fair auszugleichen. Es darf nicht sein, dass ein Ehegatte einseitig die finanziellen Konsequenzen der gemeinsamen Entscheidungen trägt.

Gleichzeitig ist jedoch auch zu berücksichtigen, dass sich die gesellschaftlichen Rahmenbedingungen, auf denen das Scheidungsfolgenrecht gründet, verändert haben. Bei Einführung des Zugewinn- und Versorgungsausgleichs konnte der Gesetzgeber noch davon ausgehen, dass nach der Scheidung praktisch immer ein finanzielles Ungleichgewicht infolge einer traditionell gelebten Ehe bestehen würde, da Frauen in Erwartung der Ehe oft gar keinen Beruf erlernten. Daher war es auch konsequent, den finanziell von ihren Ehemännern abhängigen Frauen, einen besonderen Schutz zuzuerkennen. Inzwischen haben die finanziellen Abhängigkeiten der Ehegatten allerdings andere Ursachen. Frauen sind genauso gut ausgebildet wie Männer. Die Heirat wird in den Köpfen nicht mehr mit einem lebenslangen Hausfrauendasein verbunden. Vielmehr möchten die meisten Frauen ihre eigene Erwerbstätigkeit – wenn auch in eingeschränktem Umfang – weiterhin beibehalten. Die Eheschließung bedingt damit nicht mehr zwangsläufig ein finanzielles Ungleichgewicht. Während früher bereits das Eingehen einer Ehe als ehebedingter Nachteil bewertet werden konnte, stellt sich heute insbesondere der Eintritt in die Familiengründungsphase als ehebedingter Nachteil dar. Auch kann sich eine lange Ehe, die zu einer starken Verflechtung der beiderseitigen Lebensverläufe geführt hat, als ehebedingter Nachteil darstellen, da sich lange Zeit zurückliegende Entscheidungen nicht mehr problemlos rückgängig machen lassen.

Diese Umstände werden im Scheidungsfolgenrecht noch nicht ausreichend berücksichtigt. Im Unterhaltsrecht hat sich mit Aufnahme des § 1578b in das BGB bereits ein Wandel vollzogen. Freilich wird der Grundsatz der Eigenverantwortlichkeit durch die normierten Unterhaltstatbestände der §§ 1570 ff. BGB durchbrochen. Das Unterhaltsmaß orientiert sich jedoch nicht mehr ausnahmslos an den ehelichen Lebensverhältnissen. Diese sind gem. § 1578 BGB zwar grundsätzlich für die Höhe des Unterhaltsanspruchs maßgeblich. Der Anspruch kann jedoch herabgesetzt oder befristet werden, wenn keine oder nur geringe ehebedingten Nachteile eingetreten sind (§ 1578b BGB). Der Gesetzgeber hat der Begrenzung des Unterhaltsanspruchs ein modernes Verständnis der ehebedingten Nachteile zugrunde gelegt. Er hat erkannt, dass nicht mehr jede Ehe zwangsläufig ehebedingte ökonomische Nachteile mit sich bringt. Gleichzeitig berücksichtigt er, dass die Ehe und die darin gelebte Arbeitsteilung insbesondere dann ein finanzielles Ungleichgewicht hervorbringen können, wenn Kinder betreut werden/wurden. Daher wird trotz § 1578b BGB ein unbeschränkter Unterhaltsanspruch gewährt, wenn es zu einem ehebedingten finanziellen Ungleichgewicht gekommen ist. Dies ist vor dem Hintergrund der eingeschränkten Erwerbsfähigkeit von Müttern auch zu begrüßen. Andernfalls würden die Konsequenzen der für die Familie getroffenen finanziellen Entscheidungen einseitig auf die Erziehenden verlagert werden.

Im Zugewinnausgleichs- und Versorgungsausgleichsrecht fehlt es jedoch an der Berücksichtigung ehebedingter Nachteile.

Diesen beiden Rechtsinstituten kommt ebenfalls die Aufgabe zu, ein ehebedingtes ökonomisches Ungleichgewicht bei einer Scheidung auszugleichen. Das (Vorsorge-)Vermögen gilt infolge der Gleichwertigkeit der ehelichen Beiträge der Ehegatten (§ 1360 BGB) grundsätzlich als von beiden gleichermaßen erwirtschaftet. Für den Zugewinn- und den Versorgungsausgleich gelten die obigen Ausführungen jedoch gleichermaßen. Die Eheschließung allein ist kein ausreichendes Indiz mehr für ein Ungleichgewicht bei der Bildung von (Vorsorge-)Vermögen. Ein Defizit stellt sich jedoch wegen der geltenden rechtlichen Rahmenbedingungen im Steuer-, Arbeits- und Sozialrecht praktisch zwangsläufig ein, wenn in die Familiengründungsphase eingetreten wird. Auch die noch immer fehlenden Betreuungsplätze sind für die ununterbrochene Erwerbstätigkeit von Müttern nicht förderlich. Die Einschränkung ihrer Erwerbstätigkeit wirkt sich auch auf ihre Vermögensbildung aus. Daraus folgt ein Ausgleichsbedürfnis im Rahmen des Zugewinnausgleichs. Für den Versorgungsausgleich folgt das Ausgleichsbedürfnis daraus, dass bei weniger Einkommen auch geringere Beiträge in die Rentenkasse eingezahlt werden können. Für die ehebedingt eingetretenen Defizite kann der Ausgleich zweifellos legitimiert werden, jedoch nicht wenn der Ausgleichsberechtigte mit einem Vermögensnachteil aus der Ehe hervorgeht, der nicht auf ehebedingte Ursachen zurückzuführen ist. Eine ungleiche Qualifikation der Ehegatten ist ebenso wenig ausgleichsbedürftig wie längere Phasen der Arbeitslosigkeit infolge autonomer Entscheidungen. Für solche Fälle fehlt es jedoch sowohl im Zugewinn- als auch im Versorgungsausgleichsrecht an einem Korrektiv. Die beiden einzigen Korrektive (§ 1381 BGB, § 27 VersAusglG) setzen erst am Maßstab der groben Unbilligkeit an und bieten daher für die Vielzahl der Fälle keine einzelfallbezogene Anpassungsmöglichkeit. Wenn die Ausgleichssumme „lediglich“ nicht ehebedingt ist, wird das dem Gerechtigkeitsempfinden in den seltensten Fällen in unerträglichem Maße zuwiderlaufen.

Warum es der Gesetzgeber unterlassen hat, Zugewinn- und Versorgungsausgleich auf den Ausgleich ehebedingter Nachteile zu beschränken, ist nicht nachvollziehbar. Dies gilt insbesondere vor dem Hintergrund, dass die Unterhaltsrechtsreform, die zur Normierung des § 1578b BGB geführt hat, nur kurze Zeit vor den Reformen des Zugewinn- und Versorgungsausgleichs in Kraft getreten ist. Es darf nicht sein, dass im Unterhaltsrecht bewusst (weitestgehend) auf die Kompensation eheneutraler Einkommensdefizite verzichtet wird, während die übrigen nachehelichen Rechtsinstitute diesen Gedanken vollständig ausblenden. Zugewinn- und Versorgungsausgleich orientieren sind nach wie vor an dem Leitbild der Hausfrauenehe, während das Unterhaltsrecht die modernen Ursachen eines ehelichen Ungleichgewichts in den Fokus nimmt. Dadurch, dass alle drei Rechtsinstitute nebeneinander anwendbar sind, führt dies zu dem nicht erstrebenswerten Ergebnis, dass Zugewinn- und Versorgungsausgleich die strikten Vorgaben im Unterhaltsrecht unterlaufen können. Auch für die von der Scheidung Betroffenen wird dieses Ergebnis schwer nachvollziehbar sein. Das Scheidungsfolgenrecht sollte in sich schlüssig sein, weshalb ein Gleichlauf der drei Ausgleichssysteme zu empfehlen ist. Dagegen ist nicht zu empfehlen, im Rahmen des Unterhaltsrechts wieder von dem Gedanken der Kompensation ehebedingter Nachteile abzurücken, um einen Gleichlauf hervorzubringen. Vielmehr wäre es wünschenswert, dass sich die beiden anderen Ausgleichssysteme den Grundsätzen des Unterhaltsrechts anpassen. Das Unterhaltsrecht vermag in seiner geltenden Fassung die in der Gesellschaft anzutreffenden Gegebenheiten noch am ehesten abzubilden. Insofern wäre zu empfehlen, Zugewinn- und Versorgungsausgleich ebenfalls auf den Ausgleich ehebedingter Nachteile zu beschränken. Dass das nicht zwingend auch bedeuten muss, den nachehelichen Solidaritätsgedanken aus dem Scheidungsfolgenrecht zu verbannen, veranschaulicht der geltende § 1578b BGB. Dieser ordnet auch eine Berücksichtigung der Ehedauer im Rahmen der Billigkeitsabwägung an und stellt damit sicher, dass auch durch langjährige

Aufgabenteilung entstandene wirtschaftliche Verflechtungen der Ehegatten angemessen berücksichtigt werden.

Nach alledem ist zu empfehlen, das gesamte Scheidungsfolgenrecht stärker am Gedanken der Kompensation auszurichten. Eine finanzielle Verantwortung der Ehegatten nach der Scheidung bedarf vor dem Hintergrund der geltenden Gegebenheiten eines modernen Rechtfertigungsgrundes. Da in Deutschland keine Eheform bevorzugt wird, sollte das Scheidungsfolgenrecht korrekterweise auch geeignet sein, für sämtliche Ehemodelle eine gerechte Lösung hervorzubringen. Wenn der Gesetzgeber den Ehegatten die freie Wahl für ihre Lebensführung belässt, kann er im Scheidungsfolgenrecht nicht eine Form der Ehe einseitig bevorzugen. Bei der Vielzahl der existenten Eheformen ist es ratsam, Regelungen bereitzuhalten, die es ermöglichen einzelfallorientierte Entscheidungen zu treffen. Gesetze, die sich nur an einem Ehemodell orientieren, sind schon per se nicht geeignet, für alle Eheformen angemessene Ergebnisse hervorzubringen.

Das geltende Dreisäulensystem von Unterhalt, Zugewinn- und Versorgungsausgleich sollte jedoch beibehalten werden. Dieser Gedanke ist dadurch motiviert, dass den drei Systemen verschiedene Funktionen zukommen. Der nacheheliche Unterhalt soll eine Teilhabe an dem erst nach der Ehe erwirtschafteten Einkommen verwirklichen. Zugewinn- und Versorgungsausgleich basieren hingegen auf Vorgängen, die bereits in der Vergangenheit abgeschlossen worden sind. Da es beim Versorgungsausgleich jedoch um Vermögen geht, auf das die Ehegatten regelmäßig keinen Zugriff haben, ist es sachgerecht, die Teilung von dem entsprechenden Versorger durchführen zu lassen. Eine Handhabe, wie sie in Schweden (private Rentenanwartschaften werden bei der Güterteilung berücksichtigt) oder Frankreich (Rentenanwartschaften werden bei der Berechnung der Ausgleichszahlung berücksichtigt) praktiziert wird, bietet sich hierzulande nicht an. Das Dreisäulensystem ist am ehesten geeignet, den Besonderheiten der auszugleichenden Positionen gerecht zu werden. Im Rahmen der Billigkeitsklauseln bleibt für die Gerichte noch genügend Raum, um eine Korrektur unter Berücksichtigung aller drei Ausgleichssysteme für den Einzelfall vorzunehmen, sofern dies für eine gerechte Einzelfallentscheidung einmal notwendig sein sollte.

I. Nachehelicher Unterhalt

Mit der Ehe endet regelmäßig auch die Bereitschaft der Partner füreinander einzustehen. Diesem Gedanken trägt der gesetzlich verankerte Grundsatz der Eigenverantwortlichkeit (§ 1569 BGB) Rechnung. Der Gesetzgeber hat jedoch erkannt, dass es bestimmte Konstellationen geben kann, in denen der Verweis auf die finanzielle Eigenverantwortlichkeit ungerecht sein kann. Hierfür hat er eine abschließende Aufzählung der Unterhaltstatbestände vorgesehen.

§ 1578b BGB macht jedoch deutlich, dass für den Unterhaltsanspruch die Intensität ehebedingter Nachteile im Vordergrund steht. Die dort geregelten Beschränkungs- und Befristungsmöglichkeiten können sich grundsätzlich auf sämtliche Unterhaltstatbestände auswirken. Ehebedingte Nachteile sind diejenigen Nachteile, die ohne die Eheschließung, bzw. ohne die während der Ehe praktizierte, gemeinsam zu verantwortende, Aufgabenteilung ausgeblieben wären. Aber auch der Vertrauensschutzgedanke spielt eine Rolle, wenn im Gesetz von einer Berücksichtigung der Dauer der Ehe die Rede ist. Dass Langzeitehen eine besondere Legitimationsgrundlage zukommt, ist mit Wirkung zum 01.03.2013 gesetzgeberisch klar gestellt worden (vgl. § 1578b Abs. 1 S. 2 BGB). In der Beschlussempfehlung wurde hervorgehoben, dass vielfach Kritik daran geübt worden sei, dass unterhaltsbedürftige Ehegatten aus sogenannten „Alt-Ehen" durch die Einschränkungs- und Kürzungsmöglichkeiten des § 1578b BGB besonders hart getroffen werden würden, da sie teilweise schon lange vor der Reform geheiratet und keine Chance gehabt hätten, sich auf die neue Rechtslage einzustellen.[736] Hierbei handelt es sich im Grunde um eine Klarstellung, weil der BGH schon vor der Gesetzesänderung aus langjährigen Ehen einen Vertrauenstatbestand hergeleitet hat, dessen Wirkungen über die Kompensation ehebedingter Nachteile hinausgehen können. Die lange Ehedauer wird in der höchstrichterlichen Rechtsprechung als Indiz für die zunehmende Verflechtung der persönlichen und wirtschaftlichen Verhältnisse verstanden.[737] Der Aspekt der Ehedauer offenbart seine Bedeutung für gewöhnlich erst im Wechselspiel mit der ehelichen Rollenverteilung. Eine lange Ehe alleine reicht regelmäßig nicht aus, um einen unbeschränkten Unterhaltsanspruch zu garantieren. Seit 2006 ist es gefestigte Rechtsprechung des BGH, dass allein eine lange Ehedauer kein Grund ist, eine Anspruchsbeschränkung auszuschließen.[738] Der Kern der Unterhaltstatbestände dient dem Ausgleich ehebedingter Nachteile, auch wenn der Vertrauensschutzgedanke in bestimmten Fällen weiterhin zum Tragen kommen kann.[739] Dies wird insbesondere beim Alters- und Krankheitsunterhalt deutlich, der trotz der gesetzgeberischen Stärkung der Eigenverantwortlichkeit weiterhin im Gesetz belassen wurde. Diese Unterhaltstatbestände sind jedoch der Beschränkung und Befristung nach § 1578b BGB zugänglich, so dass der Solidaritätsgedanke zwar einen Unterhaltsanspruch ermöglicht, die ehebedingten Nachteile jedoch dessen Umfang prägen. Dass es vorwiegend auf die Kompensation ehebedingter Nachteile ankommt, verdeutlicht auch die weitere Rechtsprechungspraxis. Im Rahmen der Billigkeitsabwägung des § 1578b BGB wird auch berücksichtigt, inwieweit Zugewinn- oder Versorgungsausgleich[740] den ehebedingten Einkommensnachteil bereits ausgeglichen haben. Wie eingangs ausgeführt, stimmt der Gedanke der Kompensation ehebedingter Nachteile auch grundsätzlich mit den gegenwärtigen gesellschaftlichen Entwicklungen überein. Es gilt die Nachteile auszugleichen, die familienbedingten Erwerbseinschränkungen

---

736 BT Drucks 16/1830, S. 5 f., S. 19.

737 BGH NJW 2009, 2450; NJW 2010, 1598; NJW 2011, 147.

738 BGH NJW 2006, 2401.

739 Eine Ausführliche Darstellung dazu findet sich bei: Dethloff, A 57 ff. Nach Wellenhofer verdeutliche gerade die Norm des § 1578b BGB, dass die Legitimation des Unterhaltsanspruchs heute primär in der Kompensation ehebedingter Nachteile gesehen werde: Wellenhofer, FamRZ 2011, 685 (688).

740 BGH FamRZ 2011, 1721; NJW 2010, 3097.

immanent ist. Diese sind heute vorwiegend die Ursache für die Bedürftigkeit der zumeist weiblichen Unterhaltsempfänger. Der Gesetzgeber hat sich dazu entschieden, dem Nachteilsausgleich den Vorrang vor dem Solidaritätsgedanken zu gewähren. Darin ist grundsätzlich nichts Negatives zu erblicken. Schweden hat für den nachehelichen Unterhalt eine ähnliche Vorgehensweise gewählt. Der nacheheliche Unterhalt in Frankreich wird ebenfalls sehr restriktiv gehandhabt. In beiden Ländern endet mit der Ehe grundsätzlich die gegenseitige finanzielle Verantwortlichkeit. Ob nach Scheidung ein Unterhaltsanspruch besteht, ist von ähnlichen Faktoren abhängig wie in Deutschland. Dauer der Ehe, Alter und Gesundheit der Ehegatten, deren berufliche Situation, sowie allgemein berufliche Einschränkungen wegen Kindererziehung sind auch dort Faktoren, die ein Einstehen der Partner füreinander über die Ehe hinaus rechtfertigen können.

Der Verweis auf die Eigenständigkeit nach der Scheidung kann sich jedoch insbesondere für Mütter in Deutschland als problematisch darstellen. Diese sind schon vor der Scheidung regelmäßig nicht in Vollzeit berufstätig, da sie die Hauptlast der Familienarbeit tragen. Wie die Untersuchung zeigt, sind berufstätige Mütter häufig noch immer von strukturellen Benachteiligungen auf dem Arbeitsmarkt betroffen. Auch ist die Fremdbetreuung von Kindern in Deutschland noch nicht so weit fortgeschritten, dass eine uneingeschränkte Erwerbstätigkeit möglich ist. Die Familiengründung basiert üblicherweise auf dem Vertrauen, dass der Partner die Versorgung des kinderbetreuenden Elternteils übernimmt, solange dieser wegen der Betreuung an einer selbständigen Existenzsicherung gehindert ist. Diese Mütter nach der Scheidung auf ihre wirtschaftliche Eigenständigkeit zu verweisen, wird den Umständen nicht gerecht. Wer während der Ehe die Nachteile für die eigene Existenzsicherung in Kauf nimmt, sollte richtigerweise darauf vertrauen dürfen, dass die finanziellen Risiken beide Eltern gleichermaßen treffen, auch wenn die Ehe scheitert.[741] Schließlich gilt auch zu bedenken, dass Mütter nach der Scheidung *allein*erziehend sind, sich also die Betreuung und Pflege der gemeinschaftlichen Kinder mit niemandem mehr teilen können. Somit wird die gemeinsame Elternverantwortung nach der Scheidung einseitig auf den Erziehenden verlagert. Dass das unbillig sein kann, liegt auf der Hand. Daher wird im Folgenden herausgearbeitet, inwieweit das geltende Recht den Nöten alleinerziehender Frauen gerecht wird. In diesem Zusammenhang ist auch von Interesse, ob den Müttern, wenn überhaupt, nur während der bestehenden Betreuungsphase ausreichender Schutz zukommt.[742]

1. Betreuungsunterhalt, § 1570 BGB

Der Anspruch auf Betreuungsunterhalt ist der für die nach der Scheidung alleinerziehenden Mütter wichtigste Anspruch. Solange die Betreuungsbedürftigkeit der Kinder sie daran hindert, einer Vollzeiterwerbstätigkeit nachzugehen, soll ihr

---

741 Spangenberg, ZKJ 2009, 246 (247).

742 In diesem Sinne: Klein/Schlechta, FPR 2005, 496 (498 f.).

Einkommensdefizit durch den Unterhaltsschuldner aufgefangen werden. Mit der Abschaffung des Altersphasenmodells zum 01.01.2008 hat der Betreuungsunterhalt jedoch Einschnitte erfahren. Bis dato konnte sich der Betreuende darauf verlassen, dass ihm vor dem 15. Lebensjahr des jüngsten Kindes keine Vollzeiterwerbstätigkeit abverlangt werden würde.

Mit Urteil vom 18.03.2009 hat der BGH das vor der Unterhaltsrechtsreform geltende Altersphasenmodell als mit dem neuen § 1570 BGB unvereinbar erklärt. Der Vorrang der persönlichen Betreuung sei durch den Gesetzgeber für Kinder ab dem dritten Lebensjahr aufgegeben worden. Damit bestehe eine Obliegenheit Kinderbetreuungseinrichtungen in Anspruch zu nehmen, solange diese dem Kindeswohl entsprechen. Stehen öffentliche Betreuungseinrichtungen zur Verfügung, sind diese praktisch immer mit dem Kindeswohl zu vereinbaren.[743] Der BGH weist in späteren Entscheidungen darauf hin, dass regelmäßig kein abrupter Wechsel in die Vollzeiterwerbstätigkeit verlangt werde. Der Umfang der Erwerbsobliegenheit sei jedoch in jedem Einzelfall anhand der bestehenden Kinderbetreuungsmöglichkeiten festzumachen.[744] Auch hat der BGH in seinen Urteilen von 2011 und 2012 noch einmal ausdrücklich klargestellt, dass bei der Verlängerung des Unterhaltsanspruchs aus kindbezogenen Gründen auch kein modifiziertes Altersphasenmodell entwickelt werden wird, da das alleinige Abstellen auf das Alter des Kindes den gesetzlichen Anforderungen nicht gerecht werde.[745] Damit wurde der Rechtsprechung der Oberlandesgerichte, die lange Zeit noch versucht hatten, an einem Altersphasenmodell festzuhalten, eine klare Absage erteilt,[746] wenngleich der BGH in einer früheren Entscheidung darauf hingewiesen hatte, dass eine Pauschalierung anhand von Fallgruppen, die auf Erfahrungswerten beruhen, bei der Verlängerung aus elternbezogenen Gründen grundsätzlich möglich sein kann.[747]

Im Kern geht es bei der Frage nach einem modifizierten Altersphasenmodell um die Verteilung der Beweislast. Zu Recht wird darauf hingewiesen, dass das Altersphasenmodell den Vorteil hatte, eine „rasche und vorhersehbare Einordnung der Fälle" zu ermöglichen und damit „für Rechtsfrieden, Rechtssicherheit und Gleichbehandlung sorgte".[748] Wer bis zum Inkrafttreten der Unterhaltsrechtsreform Abweichungen vom Altersphasenmodell geltend machte, war darlegungs- und beweispflichtig. Inzwischen ist der Unterhaltsberechtigte jedoch nur so lange von der Darlegungs- und Beweislast entbunden, bis das Kind das dritte Lebensjahr erreicht. Danach hat er anhand konkreter Umstände darzulegen, warum ihm eine vollschichtige Erwerbstätigkeit

743 BGH FamRZ 2009, 770.

744 BGH FamRZ 2009, 1124; FamRZ 2009, 1391.

745 BGH FamRZ 2011, 1375; NJW 2012, 1868.

746 Sie waren der Ansicht, dass Kinder ein von ihrem Alter abhängiges Betreuungsbedürfnis haben, so dass die Anforderungen an die Erwerbsobliegenheit des betreuenden Elternteils anhand von Erfahrungswerten bestimmbar seien: KG NJW 2008, 3793; OLG Düsseldorf NJW 2009, 600; OLG München FamRZ 2008. 1947.

747 BGH FamRZ 2008, 1739.

748 Wellenhofer, FamRZ 2007, 1282 (1283).

nicht möglich ist. Der BGH stellt strenge Anforderungen an die Darlegungs- und Beweislast. In der Vergangenheit sind bereits Ansprüche daran gescheitert.[749] Später hat der BGH jedoch klargestellt, dass an die für die Verlängerung des Betreuungsunterhalts insbesondere aus kindbezogenen Gründen erforderlichen Darlegungen keine überzogenen Anforderungen zu stellen sind.[750]

Es soll dahingestellt bleiben, ob § 1570 BGB einem modifizierten Altersphasenmodell zugänglich ist.[751] Diese Frage ist unbedeutend, wenn die Rechtsprechungspraxis die Belange des betreuenden Elternteils ausreichend berücksichtigt. Die Gesetzesbegründung stellt klar, dass regelmäßig kein abrupter Übergang in eine vollschichtige Erwerbstätigkeit gefordert ist. Zudem wird auf den Umstand eingegangen, dass heute neben der Kindererziehung vielfach eine Teilzeittätigkeit der Mütter verzeichnet werden kann. Diese Entwicklung sei bei der Frage nach der Erwerbsobliegenheit angemessen zu berücksichtigen.[752] Der BGH konkretisiert diese Vorgabe, indem er ausführt, dass ein gestufter Übergang nach dem Willen des Gesetzgebers voraussetze, dass der betreuende Elternteil kind- oder elternbezogene Gründe vortrage, die einer vollschichtigen Erwerbstätigkeit entgegenstehen. Der gestufte Übergang könne sich im Einzelfall nur an solchen individuellen Gründen orientieren.[753]

Grundsätzlich gilt, dass sich der betreuende Elternteil „nicht mehr auf die Notwendigkeit einer persönlichen Betreuung des Kindes berufen kann, wenn und soweit das Kind eine kindgerechte Betreuungseinrichtung besucht oder unter Berücksichtigung der individuellen Verhältnisse besuchen könnte". Dem stehen auch verfassungsrechtliche Gründe nicht entgegen.[754] Deshalb obliegt es dem Unterhaltsgläubiger, konkret darzulegen und zu beweisen, warum eine solche Betreuungseinrichtung nicht zur Verfügung steht oder nicht genutzt wird. Wenn kein (Ganztags-) Betreuungsplatz zur Verfügung steht, gelingt es recht schnell, den persönlichen Betreuungsbedarf zu rechtfertigen. Liegen die Gründe jedoch bei dem Kind selbst, ist ein erhöhter Begründungsaufwand erforderlich. Ein Verweis auf eine Erkrankung des Kindes ist nicht ausreichend, wenn nicht vorgetragen wird, warum die Erkrankung dem Besuch einer Betreuungseinrichtung entgegensteht. Die Rechtsprechungspraxis des BGH wirkt zuweilen gnadenlos. Eine Asthma-Erkrankung des Kindes soll keinen persönlichen Betreuungsbedarf rechtfertigen.[755] Auch eine ADS-Erkrankung des Kindes soll trotz Vorliegens des erhöhten Betreuungsbedarfs keine persönliche Betreuung rechtfertigen.[756] Diese Entscheidungen haben für Aufsehen gesorgt. Bei genauerem Hinsehen fällt jedoch auf, dass Erkrankungen

---

749 BGH FamRZ 2009, 770; FamRZ 2009, 1124; FamRZ 2010, 1880.
750 BGH FamRZ 2011, 1357.
751 Dafür jedenfalls Metz, NJW 2009, 1855.
752 BT Drucks 16/1830, S. 17; BT Drucks 16/6980, S. 18.
753 BGH NJW 2011, 2646.
754 BGH NJW 2012, 1868 (1869).
755 BGH FamRZ 2009, 770.
756 BGH FamRZ 2009, 1124.

grundsätzlich einen persönlichen Betreuungsbedarf rechtfertigen können. Problematisch war in den hier genannten Fällen allein, dass die Anspruchssteller nicht konkret genug dargelegt haben, warum der erhöhte Betreuungsbedarf durch sie persönlich erfolgen muss. Im Rahmen des ADS-Falles wurde durch die Jugendpsychiatrie sogar bescheinigt, dass die Interaktionen zwischen Mutter und Kind eine aufrechterhaltende (!) Bedingung für das Problemverhalten des Sohnes darstellten. Der BGH prüft stets, ob nicht auch eine spezialisierte Einrichtung die Betreuung übernehmen kann.[757] Vor diesem Hintergrund mag es nicht verwundern, wenn der BGH eine Ganztagsschule und den Ausbau des Kontaktes zu Gleichaltrigen einer persönlichen Betreuung durch die Mutter vorzieht. Bei der Asthma-Erkrankung wurde hingegen nicht ausreichend vorgetragen, welche konkreten Auswirkungen die Erkrankung des Kindes hat.[758] Pauschale Verweise werden nicht akzeptiert.

Auch das Alter des Kindes alleine reicht nicht aus, um den konkreten Betreuungsbedarf zu ermitteln. Die einzelnen Altersphasen werden nicht einmal mehr als erste Orientierung zugelassen, wenn die Begründung nicht auf Einzelumstände gestützt ist.[759] Wenn die Anforderungen des BGH an die Darlegung jedoch beherzigt werden, kann es gelingen, den Betreuungsunterhalt über das dritte Lebensjahr des Kindes hinaus zu erhalten.

Vor dem Hintergrund des Betreuungsplatzausbaus und des Ausbaus von Ganztagsangeboten spielen im Rahmen des Betreuungsunterhalts jedoch die elternbezogenen Verlängerungsgründe nach § 1570 Abs. 2 BGB eine vordergründige Rolle. Diese werden erst dann relevant, wenn ein Betreuungsunterhalt wegen kindbezogener Gründe gem. § 1570 Abs. 1 BGB ausscheidet. Im Rahmen der Billigkeitsabwägung soll gem. § 1570 Abs. 2 BGB die Gestaltung der Kinderbetreuung und die Erwerbstätigkeit in der Ehe berücksichtigt werden. Daraus folgt, dass eine vereinbarte Rollenaufteilung der Ehegatten auch nach Beendigung der Ehe verbindlich sein kann. Um der Darlegungs- und Beweislast gerecht zu werden, ist auch hier die Nennung konkreter Tatsachen notwendig. Will sich der Unterhaltsberechtigte auf einen Anspruch aus § 1570 Abs. 2 BGB berufen, muss er genau darlegen, woraus er sein Vertrauen herleitet. Dafür kann z. B. relevant sein, wie sich die Ehe vor und nach Geburt der Kinder gestaltet hat, welche Absprachen es gegeben hat und warum er sich auf diese Absprachen verlassen hat.[760] Eine schriftliche Vereinbarung über die Rollenverteilung wird wohl in den seltensten Fällen vorliegen. Allerdings verlor die ursprüngliche Lebensplanung in Bezug auf Kinderbetreuung und Erwerbstätigkeit nach der Scheidung schon vor der Unterhaltsrechtsreform grundsätzlich ihre Bedeutung, sofern sich die Eltern nicht billigerweise daran festhalten lassen mussten und Kindeswohlbelange nicht entgegenstanden.[761]

---

757 Ebenda.
758 BGH FamRZ 2009, 770.
759 BGH NJW 2011, 2646.
760 Elden, FamFR 2012, 290 (293).
761 BGH FamRZ 1988, 145.

Von besonderer Bedeutung ist im Rahmen der kindbezogenen Verlängerungsgründe eine etwaige Überbelastung des betreuenden Elternteils. Diese prüft der BGH unter dem Stichwort der „überobligationsmäßigen Belastung". Er erkennt an, dass der betreuende Elternteil durch Berufstätigkeit und Kinderbetreuung nicht übermäßig belastet werden darf.[762] Dennoch fielen zunächst nur wenige Entscheidungen zugunsten der Unterhaltsberechtigten aus.[763] Inzwischen hat sich die Lage jedoch spürbar verbessert. Im Jahr 2012 hat der BGH klargestellt, dass im Rahmen einer überobligationsmäßigen Belastung auch der Aspekt der gerechten Lastenverteilung zwischen Unterhaltsberechtigtem und Unterhaltsverpflichteten zu berücksichtigen ist. Das Gericht weist zutreffend darauf hin, dass der betreuende Elternteil auch dann nicht vollumfänglich von sämtlichen Betreuungs- und Erziehungsleistungen entbunden ist, wenn die Fremdbetreuung der Kinder gewährleistet ist. Es sei zu berücksichtigen, dass am Morgen oder am späten Nachmittag und Abend – gerade bei Betreuung mehrerer Kinder - regelmäßig weitere Betreuungs- und Erziehungsleistungen zu erbringen seien, deren Umfang vom individuellen Betreuungsbedarf der Kinder abhänge. Dagegen könne auch nicht argumentiert werden, dass der betreuende Elternteil von dem Barunterhalt der Kinder entlastet werde und deshalb gem. § 1606 Abs. 3 S. 2 BGB zur Leistung des Naturalunterhalts verpflichtet sei. Der BGH hat zutreffend darauf hingewiesen, dass durch den Vorwegabzug des Kindesunterhalts auch eine Schmälerung des Betreuungsunterhalts eintritt, so dass der Erziehende im wirtschaftlichen Ergebnis einen Teil des Barunterhalts mit zu tragen hat. Auch ist zu begrüßen, dass eine Betreuung des Kindes durch Verwandte keine (erhöhte) Arbeitspflicht des betreuenden Elternteils nach sich ziehen soll. Die Betreuung durch Verwandte stelle eine freiwillige Leistung Dritter dar, die nicht der Entlastung des Unterhaltsschuldners dienen solle.[764] Auch kann mangels Anspruches darauf kein Verweis auf eine Betreuung durch Verwandte erfolgen. Zudem ist ein Angebot des barunterhaltspflichtigen Elternteils, das die Erwerbsobliegenheit des betreuenden Elternteils erhöhen soll, stets darauf hin zu untersuchen, ob tatsächlich ein ernsthaftes und verlässliches Angebot vorliegt.[765] Diese „betreuungsunterhaltsfreundliche" Linie hat der BGH auch in der Folgezeit konsequent weitergeführt. Im Jahr 2014 hat er die Rechte des betreuenden Elternteils noch weiter gestärkt, indem er klargestellt hat, dass – entgegen der Ansicht des OLG Düsseldorf - aus einer tatsächlich ausgeübten Erwerbstätigkeit nicht zwingend geschlossen werden könne, dass ein Erwerbshindernis in Form der Kinderbetreuung nicht bestehe. Bei vollschichtiger Erwerbstätigkeit trotz kind- oder elternbezogener Gründe, die einen Unterhaltsanspruch nach § 1570 BGB rechtfertigen, sei die Tätigkeit als überobligationsmäßig zu bewerten. Ob und in welchem Umfang das Einkommen des Unterhaltsberechtigten

762 BGH FamRZ 2010, 1880; FamRZ 2010, 1050; FamRZ 2009, 770; FamRZ 2008, 1739.
763 BGH NJW 2009, 2592; FamRZ 2010, 1050.
764 BGH NJW 2012, 1868; Anm. Borth, FamRZ 2012, 1040 (1047); BGH FamRZ 2010, 1050.
765 BGH NJW 2011, 2430.

auf den Unterhaltsanspruch anzurechnen sei, sei eine Frage des Einzelfalls. Soweit das Einkommen als überobligationsmäßig gelte, ergebe sich der Unterhaltsanspruch aus § 1570 BGB.[766] Auch war für die Antragstellerin unschädlich, dass der BGH feststellte, dass sich ihr Unterhaltsanspruch im Übrigen aus § 1573 Abs. 2 BGB ergebe. Der bessere Rang, der dem Betreuungsunterhalt im Rahmen der nachehelichen Unterhaltsansprüche zukommt, blieb ihr erhalten. Denn aus der Formulierung „Elternteile, die wegen der Betreuung eines Kindes unterhaltsberechtigt sind“ könne geschlossen werden, „dass ohne Rücksicht darauf, ob der Unterhaltsanspruch des betreuenden Elternteils allein auf der Kinderbetreuung oder zusätzlich auf einem anderen Unterhaltstatbestand beruht, der Gesamtunterhaltsanspruch so lange in den zweiten Rang“ falle, wie noch Betreuungsunterhalt verlangt werden könne.[767] Damit kann nicht nur der Rang des Betreuungsunterhaltsanspruchs gewahrt werden, sondern auch eine Beschneidung des Unterhaltsanspruches nach §§ 1578b, 1579 BGB weitestgehend verhindert werden, denn beide Normen setzen die Wahrung der Kindesbelange voraus.

Nach alledem kann festgestellt werden, dass die Rechtsprechung des BGH den hohen Stellenwert des Betreuungsunterhalts wieder ins rechte Licht rücken konnte. Mithilfe der in den letzten Jahren herausgearbeiteten Leitlinien, sollte es den Gerichten möglich sein, angemessene Entscheidungen zu fällen. Solange und soweit der kinderbetreuende Ehegatte wegen familiärer Belastungen an einer eigenen Erwerbstätigkeit gehindert ist, kann er auch nach der Reform des Unterhaltsrechts weiterhin Unterhalt verlangen. Zwar liegt die Beweislast für die Verlängerung des Betreuungsunterhalts beim Unterhaltsberechtigten. Der BGH hat jedoch auch hier eine Erleichterung geschaffen, indem er angeordnet hat, dass an die Darlegung der kindbezogenen Gründe keine überzogenen Anforderungen gestellt werden dürfen.[768] Zwar hat es hier in der Vergangenheit bereits „Pannen“ gegeben. Diese sind jedoch nicht etwa auf überzogene Ansprüche an die Darlegungslast zurückzuführen, sondern vielmehr auf eine mangelhafte Prozessführung der Anspruchsteller.

Die Entwicklung der Rechtsprechung zum Betreuungsunterhalt ist sehr zu begrüßen, denn familienbedingte Erwerbsentscheidungen, müssen auch im nachehelichen Unterhaltsrecht angemessen berücksichtigt werden. Die finanziellen Risiken, die sich dadurch einstellen, sollten von beiden Ehegatten gleichermaßen getragen werden. Schließlich geht es bei § 1570 BGB um eine Billigkeitsprüfung. Es kann nicht billig sein, gemeinsam verursachte Risiken nach der Scheidung auf nur einen der Ehegatten zu verlagern. Nachdem der BGH nun klarere Linien vorgegeben hat, kommen auch die Oberlandesgerichte zu angemesseneren Ergebnissen.[769]

---

766 BGH NZFam 2014, 1129 (1130). Einem Automatismus, wonach Kinderbetreuung und Erwerbstätigkeit zusammen nicht über einen Acht-Stunden-Tag hinausgehen dürfen, hat der BGH jedoch eine klare Absage erteilt, vgl. BGH FamRZ 2010, 1050.

767 BGH NZFam 2014, 1129 (1131).

768 BGH NJW 2011, 2430.

769 OLG Hamm FamRZ 2014, 1468 (Erwerbstätigkeit von 30 Wochenstunden ist obligationsmäßig, wenn längere Fahrtzeiten zwischen Betreuungsstätte und

Zwar wird darauf hingewiesen, dass es eine unglückliche Entwicklung sei, dass „Mütter inzwischen mit den Schwächen ihrer Kinder argumentieren (müssen), um ihren Unterhaltsanspruch zu verteidigen“,[770] dies ist jedoch die Konsequenz der gesetzgeberischen Entscheidung. Die Abkehr vom Altersphasenmodell bedingt die genaue Darlegung der Gründe, die eine persönliche Betreuung des Kindes über das dritte Lebensjahr hinaus legitimieren. Diese gesetzgeberische Entscheidung kann und soll der BGH nicht ignorieren. Auch nach altem Recht lag die Darlegungs- und Beweislast beim Anspruchsteller. Neu ist nur, dass er sich nun nicht mehr auf ein „Raster“ verlassen kann.[771] Vielmehr ist nach zutreffender Ansicht in der Praxis zwingend darauf zu achten, unter Nennung der Beweismittel präzise vorzutragen. Einen präzisen Sachvortrag werden die Gerichte nicht missachten können.[772]

2. Unterhalt infolge arbeitsteilig gelebter Ehe?

Ein Problem könnte sich für Alleinerziehende dann ergeben, wenn kein Betreuungsbedarf für das Kind mehr besteht. Betreuungsunterhalt nach § 1570 BGB kann nur so lange beansprucht werden, wie auch tatsächlich Betreuungsleistungen erbracht werden.[773] Andernfalls kommt der Grundsatz der Eigenverantwortlichkeit (§ 1569 BGB) wieder zum Tragen, sofern nicht einer der anderen Unterhaltstatbestände (§§ 1571 ff. BGB) eingreift. Sollte der Unterhaltsberechtigte seine Berufstätigkeit eingeschränkt haben, um die familiären Aufgaben zu übernehmen, ist das ein Grund für das Eingreifen der nachehelichen finanziellen Verantwortung des Unterhaltspflichtigen. Diesem Legitimationsgrund trägt § 1573 BGB Rechnung. Danach kann ein geschiedener Ehegatte Unterhalt verlangen, solange und soweit er nach der Scheidung keine angemessene Erwerbstätigkeit zu finden vermag (§ 1573 Abs. 1 BGB), oder wenn er zwar eine angemessene Berufstätigkeit i. S. d. § 1574 BGB ausübt, sein Einkommen aber für den vollen Lebensbedarf (§ 1578 Abs. 1 BGB)

Arbeitsort entstehen. Das Angebot des Unterhaltspflichtigen, die Betreuung während der Abwesenheit des anderen Elternteils zu leisten, kann dem Betreuungsunterhaltsanspruch nicht entgegengehalten werden, wenn dazu eine nicht zuerkannte Ausweitung des Umgangsrechts erforderlich wäre); OLG Düsseldorf NZFam 2014, 277 (Es besteht keine Obliegenheit des betreuenden Elternteils während der gesamten Zeit der Fremdbetreuung einer Erwerbstätigkeit nachzugehen. Ihm muss ein gewisser Spielraum für außerplanmäßige Arbeitseinsätze, aber auch für Arztbesuche, Behördengänge, Einkäufe und Hausarbeiten belassen werden); OLG Frankfurt BeckRS 2013, 14558 (Auch nach der restriktiven Rspr. des BGH bleibt noch Raum für Unterhalt nach § 1570 BGB, wenn die Berechtigte vorträgt, dass sie neben einer Teilzeittätigkeit noch erhebliche Betreuungsleistungen für mehrere Kinder zu erbringen hat, weil keine Ganztagesbetreuung zur Verfügung steht, und ihr auch eine ungleiche Lastenverteilung droht).

770 Wellenhofer, FamRZ 2011, 685 (687).

771 Born, FamFR 2011, 481 (485).

772 Born, NZFam 2014, 776 (777 ff.); Elden, FamFR 2012, 290 (293).

773 BGH FamRZ 2010, 1050.

nicht ausreicht. Diese beiden Unterhaltsansprüche haben die größte Bedeutung für Frauen, die das eigene berufliche Fortkommen im Interesse der Familie gedrosselt haben. Problematisch an § 1573 BGB ist jedoch, dass die normierten Unterhaltstatbestände einer Beschränkung (1578b BGB) zugänglich sind.[774] Zudem können sie im Mangelfall einen Abfall im Rang bedeuten (§ 1609 BGB).

Nicht ohne Grund ist deshalb in der Vergangenheit schon ein neuer Unterhaltstatbestand gefordert worden, der sich ausschließlich auf den Ausgleich ehebedingter Einkommensunterschiede konzentrieren sollte.[775] Allerdings bedarf es dieses Unterhaltstatbestandes nicht, wenn das geltende Recht die fortwirkende Mitverantwortung für die ehebedingte Disparität in der Erwerbsfähigkeit des kindererziehenden Ehegatten ausreichend berücksichtigt. Ein Unterhaltstatbestand, der allein aus dem Kompensationsgedanken folgt, verlagert die Berücksichtigung der ehebedingten Nachteile auf die Tatbestandsseite der Norm. Bislang spielen die ehebedingten Nachteile erst im Rahmen der Billigkeitsabwägung (§ 1578b BGB), also auf der Rechtsfolgenseite, eine Rolle. Dies wird nicht für ausreichend erachtet, da bereits die Entstehung eines Unterhaltsanspruch das Vorliegen ehebedingter Nachteile voraussetzen solle. Zudem bärgen die Schwierigkeiten, die hypothetische Einkommensentwicklung zu ermitteln, nach Dethloff die Gefahr einer Unterkompensation. Daher schlägt sie vor, auf Tatbestandsebene das Vorliegen ehebedingter Nachteile festzustellen und Maß und Dauer des Unterhalts anhand von Unterhaltstabellen vorzugeben.[776]

Diese Handhabe wäre für den (ehemals) kindererziehenden Unterhaltsgläubiger jedoch nachteilig. Auch wenn § 1573 BGB in seiner Überschrift nicht so benannt ist, hat er doch gerade den Zweck, ehebedingte Nachteile in der Erwerbsfähigkeit des Unterhaltsberechtigten auszugleichen. Durch § 1573 Abs. 2 BGB kommt zum Ausdruck, dass eine durch den Unterhaltsgläubiger ausgeübte Erwerbstätigkeit nicht zwangsläufig bedeutet, dass der Unterhaltsschuldner von seiner nachehelichen Verantwortung befreit ist. Auch wenn die ausgeübte Erwerbstätigkeit als angemessen i. S. d. § 1574 BGB gilt, weil sie möglicherweise schon in der Ehe ausgeübt wurde, muss sich der Unterhaltsgläubiger nicht auf sie allein verweisen lassen, sofern der Berufswahl ehebedingte Entscheidungen zugrundeliegen. Zwar sind ehebedingte Nachteile im Wortlaut des § 1573 BGB nicht genannt. Sie bilden jedoch gleichsam die Grundlage der Ansprüche. Der Unterhaltsanspruch entsteht zunächst jedenfalls. Das Unterhaltsmaß ist nach § 1578 BGB zu bestimmen. Eine Kürzung des Anspruchs (§ 1578b BGB) kommt erst ausnahmsweise im zweiten Schritt in Betracht. Der Ausnahmecharakter des § 1578b BGB kommt dadurch zum Ausdruck, dass § 1578 Abs. 1 BGB dem Unterhaltsmaß grundsätzlich die ehebedingten Lebensverhältnisse zugrundelegt. Würde die Prüfung der ehebedingten Nachteile auf die Tatbestandsebene verlagert werden,

774 BGH FamRZ 2011, 791; FamRZ 2010, 1880; FamRZ 2009, 1124.

775 Löhnig/Preisner, FamRZ 2010, 2029 (2032); Dethloff, A 85 ff.

776 Dethloff, A 86; Dethloff sieht für sämtliche Unterhaltsansprüche außer dem Betreuungsunterhalt eine Legitimation nur noch in dem Ausgleich ehebedingter Nachteile.

würde das Regel-Ausnahme-Verhältnis zwischen § 1578 und § 1578b BGB umgekehrt werden. (Darüber hinaus wäre auch fraglich, welcher Anwendungsbereich der Billigkeitsklausel noch verbleiben würde.) Wie die Bearbeitung jedoch gezeigt hat, wirken sich ehebedingte Erwerbsentscheidungen nachhaltig auf die eigene Berufsentwicklung aus. Nicht selten hat die fehlende oder eingeschränkte Möglichkeit des kinderbetreuenden Ehegatten nach dem Ende der Betreuungszeit auf den Arbeitsmarkt zurückzukehren ihren Ursprung gerade in der Betreuungszeit. Der Betreuende bedarf deshalb im Rahmen des nachehelichen Unterhalts eines besonderen Schutzes. Diesen Schutz vermag das Gesetz in seiner geltenden Fassung besser zu gewährleisten als ein neu zu schaffender Ausgleichsunterhaltstatbestand. Zwar besteht grundsätzlich die Gefahr, dass § 1578b BGB zur Anwendung kommt.

§ 1578b BGB ist jedoch darauf ausgelegt, etwa entstandenen ehebedingten Nachteilen die notwendige Beachtung zu schenken. Durch § 1578b Abs. 1 S. 3 BGB, der auch die Dauer der Ehe in die Billigkeitsentscheidung einbezieht, hat der Gesetzgeber zudem zum Ausdruck gebracht, dass er weiterhin an dem Gedanken der nachehelichen Solidarität festhalten möchte. Ein Unterhaltstatbestand, der sich ausschließlich an der Kompensation ehebedingter Nachteile orientiert, wird der gesetzgeberischen Entscheidung nicht gerecht.

Sofern ehebedingte Nachteile vorliegen, die ein solches Gewicht haben, dass sie sich nachhaltig auf die berufliche Entwicklung des Unterhaltsberechtigten ausgewirkt haben, besteht auch keine ernsthafte Gefahr, dass im Mangelfall der Rang des § 1609 Nr. 2 BGB verloren geht. In diesem Zusammenhang ist zu begrüßen, dass der Gesetzgeber bei seiner letzten Gesetzesänderung mit Wirkung zum 01.03.2013 Langzeitehen rangrechtlich gestärkt hat. Durch den Verweis in § 1609 Nr. 2, 2. Hs. BGB hat er eindeutig zum Ausdruck gebracht, dass Langzeitehen nicht nur über den Zeitfaktor zu bestimmen sind, sondern auch von dem Vorliegen ehebedingter Nachteile i. S. d. § 1578b BGB abhängig sind. Sollte eine starke Verflechtung der wirtschaftlichen Beziehungen der Ehegatten eingetreten sein, die nicht ohne Weiteres rückgängig gemacht werden kann, bleibt der Rang erhalten. Dadurch kann auch sichergestellt werden, dass zeitlich länger zurückliegende Betreuungsphasen ebenso berücksichtigt werden können wie ein aktueller Betreuungsbedarf.

Nach alledem kann festgestellt werden, dass das geltende Unterhaltsrecht auch die fortwirkende Mitverantwortung der Ehegatten für zurückliegende ehebedingte Entscheidungen angemessen berücksichtigt. Bei richtiger Gesetzesanwendung kann der Schutz desjenigen, der ehebedingte Fortkommensnachteile erlitten hat, weiterhin gewährleistet werden. Wann berücksichtigungsfähige ehebedingte Nachteile vorliegen, ist durch den BGH hinlänglich konkretisiert worden. Er führt dazu aus, dass dies vor allem Erwerbsnachteile sind, „die durch die von den Ehegatten praktizierte Rollenverteilung während der Ehe entstanden sind. Sie können sich ergeben, wenn ein Ehegatte sich entschließt, seinen Arbeitsplatz aufzugeben, um die Haushaltsführung und Kinderbetreuung zu übernehmen“. Weiter führt er aus, dass auf die tatsächliche Gestaltung von Kinderbetreuung und Haushaltsführung abzustellen sei und dem Unterhaltsberechtigten deshalb auch nicht entgegengehalten werden könne, dass der Unterhaltspflichtige ihn während der Ehe zur

Berufstätigkeit angehalten habe. Ein Nachteil sei nur dann nicht ehebedingt, wenn die Ehegestaltung für den Nachteil nicht ursächlich sei. Das sei wiederum der Fall, „wenn der Unterhaltsberechtigte seinen Arbeitsplatz ausschließlich aus Gründen aufgegeben oder verloren hat, die außerhalb der Ehegestaltung liegen, so etwa aufgrund einer von ihm persönlich beschlossenen beruflichen Neuorientierung oder wegen einer betriebs- oder krankheitsbedingten Kündigung seitens des Arbeitgebers". Aber auch bei einem nicht ehebedingten Arbeitsplatzverlust könne sich ein ehebedingter Nachteil daraus ergeben, dass der Unterhaltsberechtigte mit Rücksicht auf die Rollenverteilung in der Ehe von der Aufnahme einer seinen Qualifikationen entsprechenden Erwerbstätigkeit absehe und deshalb dauerhafte Einkommenseinbußen erleide.[777] Eine Erkrankung stehe regelmäßig in keinem kausalen Zusammenhang mit der Ehe. Dies gelte auch dann, wenn eine Mitverantwortung des anderen Ehegatten für die Schwere der Erkrankung nicht generell ausgeschlossen werden könne. Im Rahmen von § 1578b BGB solle keine Aufarbeitung eines ehebedingten Fehlverhaltens erfolgen. Im Vordergrund ständen die mit der ehelichen Aufgabenverteilung verbundenen wirtschaftlichen Nachteile. Aber auch das Fehlen ehebedingter Nachteile bedinge nicht zwangsläufig eine Herabsetzung oder Befristung des Unterhaltsanspruchs. Dies komme nur dann in Betracht, wenn ein an den ehelichen Lebensverhältnissen bemessener fortdauernder Unterhaltsanspruch nicht mehr der Billigkeit entspreche. Die nacheheliche Solidarität könne auch der Befristung eines Aufstockungsunterhalts entgegenstehen. Die Gerichte sollten das im Einzelfall gebotene Maß nachehelicher Solidarität eigenständig herausarbeiten und festlegen.[778] In Fällen, in denen die nachwirkende eheliche Verantwortung den wesentlichen Billigkeitsmaßstab bildet, gewinnt die Ehedauer wegen der ihr innewohnenden verfestigten wirtschaftlichen Abhängigkeit des Unterhaltsberechtigten an Gewicht. Aber auch eine zunehmende Entflechtung der wirtschaftlichen und persönlichen Verhältnisse ist zu berücksichtigen. Je weiter die Scheidung zurückliegt, desto mehr verliert die nachwirkende eheliche Verantwortung an Bedeutung.[779] Auch kann der Unterhaltsanspruch trotz Vorliegens einer langen Ehedauer herabgesetzt werden, wenn beide Ehegatten während der Ehe vollschichtig berufstätig waren und die Einkommensdifferenz lediglich auf ein unterschiedliches Qualifikationsniveau zurückzuführen ist, das bereits zu Beginn der Ehe gegeben war.[780]

3. Angemessener Lebensbedarf, Unterhaltstabellen?

Im Rahmen von § 1578b Abs. 1 BGB wird von den Gerichten verlangt, den angemessenen Lebensbedarf zu ermitteln. Dieser bildet nach dem Wortlaut der Norm die Untergrenze für eine Herabsetzung des Unterhaltsanspruchs. Zur Ermittlung des ehebedingten Nachteils muss festgestellt werden, welches Einkommen der

777 BGH NJW 2014, 1807 (1808); NJW 2013, 1738; NJW 2013, 1444; NJW 2011, 1036.
778 BGH FamRZ 2013, 1291.
779 BGH FamRZ 2013, 853; FamRZ 2014, 775.
780 BGH FamRZ 2013, 853.

Unterhaltsberechtigte ohne die Ehe und Kindererziehung aus eigenen Einkünften zur Verfügung hätte. Der ehebedingte Nachteil ergibt sich aus der Differenz des angemessenen Unterhaltsbedarfs mit dem erzielten oder erzielbaren eigenen Einkommen. Dies setzt jedoch voraus, dass der Bedarf nach den ehelichen Lebensverhältnissen (§ 1578 BGB) den eigenen angemessenen Lebensbedarf übersteigt.[781] Zugegebenermaßen erfordert die Erforschung des angemessenen Lebensbedarfs zum Teil prophetische Fähigkeiten der Gerichte. Während der Nachweis der ehebedingten Nachteile in einfachen Beschäftigungsverhältnissen vielleicht noch recht verlässlich geführt werden kann, kann eine realistische Erwerbsprognose z. B. bei Frauen, die sehr jung und noch vor Abschluss einer Ausbildung geheiratet haben, kaum mehr ermittelt werden.[782] Auch muss ein gleich qualifizierter Bildungsabschluss nicht immer zum gleichen Erfolg führen, da beruflicher Erfolg auch stark von persönlichem Engagement abhängig ist. Daher schlägt Dethloff die Anwendung von Unterhaltstabellen vor. Dieser Vorschlag ist vorwiegend durch den im Einzelfall schwer zu erbringenden Beweis des hypothetischen Erwerbsverlaufs des Unterhaltsberechtigten motiviert. Denn nach der vom BGH entwickelten sekundären Beweislastverteilung muss der Anspruchsteller die Behauptung des Unterhaltsverpflichteten, dass keine ehebedingten Nachteile (mehr) vorliegen, substantiiert bestreiten und außerdem darlegen, welche ehebedingten Nachteile konkret entstanden sind. Erst wenn er diesen Beweis führen kann, muss der Verpflichtete das Bestehen dieser Nachteile widerlegen.[783] Unterhaltstabellen hätten dagegen den Vorteil, dass der konkrete Nachweis der ehebedingten Nachteile entbehrlich wäre.

Pauschalen Berechnungsmethoden ist jedoch entgegenzuhalten, dass sie der Intention des Gesetzgebers zuwiderlaufen. Dieser hat § 1578b BGB, ebenso wie § 1570 BGB, wissentlich so konzipiert, dass für jede Ehe eine Einzelfallentscheidung anhand der vorgegebenen Billigkeitskriterien zu treffen ist. Pauschale Vorgaben zur Beweislasterleichterung verbieten sich gleichermaßen wie die Wiedereinführung des Altersphasenmodells. Zudem erfordert die Prognose über den hypothetischen Erwerbsverlauf des Unterhaltsberechtigten eine Einzelfallbetrachtung, die Unterhaltstabellen nicht vollbringen können. Schließlich ist jede Ehe anders. Daraus resultiert das Erfordernis einer passgenauen Entscheidung für den Einzelfall, die nur unter Berücksichtigung sämtlicher Umstände gerecht sein kann. Hierfür bedarf es einer Billigkeitsabwägung. Ehen, bei denen eine hypothetische Prognose kaum möglich ist, werden nach den neusten Entwicklungen ohnehin immer seltener anzutreffen sein. Die heutige Gesellschaft zeichnet sich nicht nur durch ein höheres Heiratsalter aus, sondern auch dadurch, dass die meisten Frauen inzwischen eine eigene Berufsausbildung vorweisen können. So wird in den meisten Fällen eine Prognose anhand der abgeschlossenen Ausbildung möglich sein. Für Fälle, in denen

781 BGH NJW 2014, 1807 (1808); FamRZ 2011, 192.

782 Dethloff et al., FamRZ 2010, 1708; Wellenhofer, FamRZ 2011, 685 (689).

783 Dethloff, A 66 f.; Dethloff et al., FamRZ 2010, 1708 (1708 ff.); BGH NJW 2014, 1807; FamRZ 2013, 935; FamRZ 2010, 875.

nie gearbeitet wurde, wäre es auch denkbar, das Einkommen einer Haushälterin und/oder eines Kindermädchens zugrunde zu legen.

Ähnliches muss auch für die Befristung des nachehelichen Unterhalts gelten. Zunächst sind die ehebedingten Fortkommensnachteile des Berechtigten zu ermitteln. Je nach Schweregrad der eingetretenen Nachteile kann eine Prognose darüber getroffen werden, wann von ihm wieder eine existenzsichernde Erwerbstätigkeit erwartet werden kann. Bei Langzeitehen mit traditioneller Aufgabenteilung oder einer langjährigen Teilzeiterwerbstätigkeit unter dem Ausbildungsniveau des Anspruchstellers, wird die Prognose für die Wiedereingliederung in den Beruf regelmäßig schlecht aussehen. Sollten die Gründe für die schlechte Prognose auf ehebedingte Nachteile zurückzuführen sein, kann eine Befristung möglicherweise nicht in Betracht kommen. Pauschale Tabellen sind für die Feststellung der Prognose und den Umfang der Befristung ungeeignet, da sie den Einzelfall nicht ausreichend berücksichtigen können.

Die anfänglichen mit der Vorschrift des § 1578b BGB verbundenen Unsicherheiten sind inzwischen auch einer „relativen Ruhe" gewichen. Es ist ein kontinuierlicher Rückgang der zu diesem Problemkreis veröffentlichten Entscheidungen zu verzeichnen.[784] Der BGH hat die Beweislast des Unterhaltsgläubigers auch dadurch erleichtert, dass er klargestellt hat, dass es für die Feststellung eines ohne Eheschließung hypothetischen beruflichen Werdegangs mit einer berufstypischen Einkommensentwicklung – anders als bei einem beruflichen Aufstieg – keiner erweiterten Darlegung bedarf.[785] Für den Normalfall genügt der Unterhaltsberechtigte demnach seiner sekundären Darlegungslast, wenn er vorträgt, dass es mit zunehmender beruflicher Erfahrung, bzw. Betriebszugehörigkeit, zu einer Gehaltssteigerung gekommen wäre.[786] Die Höhe des Einkommens, welches der Ehegatte ohne die Ehe und die Haushaltsführung zur Verfügung hätte, darf bei ausreichender Tatsachengrundlage nach § 287 ZPO geschätzt werden.[787] Der angemessene Lebensbedarf darf jedoch das Existenzminimum des Berechtigten nicht unterschreiten. Dies gilt gleichermaßen für den Altersunterhalt.[788]

4. Beschränkung/Versagung wegen grober Unbilligkeit

Bei Untersuchung der Härtefallklausel des § 1579 BGB fällt die Feststellung, ob diese sich vorwiegend aus dem Gedanken der nachehelichen Solidarität rechtfertigen soll, oder der Kompensation wirtschaftlicher Nachteile dienen soll, nicht leicht. Die Ziffern 1 bis 3 sprechen für den Solidaritätsgedanken der Norm. Die Ziffern 4 bis 6 hingegen sprechen für den wirtschaftlichen Aspekt der Beschränkungs- und Versagungsgründe. Grundsätzlich kann nichts dagegen eingewendet werden, wenn

784 Schürmann, FamRZ 2014, 981 (994).
785 BGH FamRZ 2013, 864; FamRZ 2010, 2059.
786 Anm. Born, FamRZ 2013, 864 (867).
787 BGH FamRZ 2012, 1483; FamRZ 2010, 2059.
788 BGH NJW 2011, 300; NJW 2010, 3097.

sowohl der Solidaritäts-, als auch der Kompensationsgedanke berücksichtigt werden. Allerdings macht die Existenz des § 1578b BGB deutlich, dass für eine Beschränkung des nachehelichen Unterhaltsanspruchs der ökonomische Aspekt im Vordergrund steht. Der BGH hat klargestellt, dass die wirtschaftlichen Nachteile im Vordergrund der Billigkeitsabwägung stehen. Eine Aufarbeitung ehelichen Fehlverhaltens soll nicht erfolgen.[789] Da § 1579 BGB jedoch neben § 1578b BGB anwendbar ist, ist die Aufarbeitung (nach)ehelichen Fehlverhaltens jedoch praktisch „durch die Hintertür" möglich. Dethloff ist darin zuzustimmen, dass ein persönliches Fehlverhalten seit der Abkehr vom Verschuldensprinzip im gesamten Scheidungsfolgenrecht am besten keine Rolle mehr spielen sollte, sofern es sich nicht auf den Ausgleichsanspruch ausgewirkt hat.[790] Eine Ausnahme ist nur für besonders krass gelagerte Fälle angezeigt. Es ist nachvollziehbar, dass Unterhaltszahlungen unzumutbar sein können, wenn sich der Berechtigte eines Verbrechens oder schweren Vergehens gegenüber dem Unterhaltspflichtigen schuldig gemacht hat (§ 1579 Nr. 3 BGB). Warum hingegen ein „bloß" moralisches Fehlverhalten geeignet sein soll, einen Unterhaltsanspruch zu beschneiden, der sich aus dem Kompensationsgedanken herleitet, ist nicht zu begründen. Wenn bei Anwendung von § 1578b BGB festgestellt wird, dass ein Unterhaltsanspruch nicht beschränkt oder versagt werden kann, weil ehebedingte Nachteile eingetreten ist, sollte dieses Ergebnis auch bei Anwendung von § 1579 BGB beachtet werden.

In diesem Zusammenhang ist der Ausschlussgrund des § 1579 Nr. 2 BGB besonders problematisch. Dies ist der in der Praxis bedeutsamste Härtegrund. In der Gesetzesbegründung wird ausgeführt, dass die Leistungsfähigkeit des neuen Partners keine Rolle spielen solle. Es komme lediglich darauf an, dass der Unterhaltsberechtigte sich aus der ehelichen Solidarität herauslöse und zu erkennen gebe, dass er diese nicht mehr benötige.[791] Diese Ausführungen machen deutlich, dass der Kompensationsgedanke im Rahmen von § 1579 Nr. 2 BGB völlig unerheblich ist. Weiter heißt es, dass das Vorliegen einer gefestigten Lebensgemeinschaft bejaht werden könne, wenn „objektive, nach außen tretende Umstände wie etwa ein über einen längeren Zeitraum hinweg geführter gemeinsamer Haushalt, das Erscheinungsbild in der Öffentlichkeit, … den Schluss auf eine verfestigte Lebensgemeinschaft nahelegen".[792] Diese Ausführungen erwecken den Eindruck, dass es vielmehr darum geht, dem Unterhaltspflichtigen die Demütigung zu ersparen, die neue Lebenspartnerschaft des Unterhaltsberechtigten praktisch mit zu finanzieren, obwohl sich dieser emotional jemand anderem zugewandt hat. Auch kann aus der Tatsache, dass emotional eine Verbindung zu einem anderen Menschen aufgebaut worden ist, nicht per se geschlossen werden, dass damit sämtliche ehebedingten Nachteile kompensiert sind. Dieser Schluss mag sich bei § 1586 Abs. 1 BGB rechtfertigen, da eine neue Ehe auch eine

789 BGH FamRZ 2013, 1291.
790 Dethloff, A 105.
791 BT Drucks 16/1830, S. 21.
792 Ebenda.

Unterhaltspflicht des neuen Ehegatten nach § 1360 BGB statuiert. Für nichteheliche Lebenspartner existiert jedoch keine Unterhaltspflicht. Eine neue Partnerschaft kann eine Beschränkung oder Versagung korrekterweise nur dann rechtfertigen, wenn der Unterhaltsempfänger in der neuen Beziehung derart versorgt wird, dass seine ehebedingten Nachteile durch den neuen Partner tatsächlich kompensiert werden.[793] Daher ist es nicht zu beanstanden, wenn Versorgungsleistungen in der neuen Beziehung bei der Bedarfsberechnung als Einkünfte des Unterhaltsberechtigten berücksichtigt werden.[794] Dann steht dem ehebedingten Nachteil schließlich eine wirtschaftliche Kompensation gegenüber. Der Einfluss einer neuen nichtehelichen Partnerschaft auf den Unterhaltsanspruch kann hingegen nicht ohne jeglichen wirtschaftlichen Bezug beurteilt werden. Gleiches muss für den Härtegrund des § 1579 Nr. 7 BGB gelten. Persönliches Fehlverhalten alleine kann, wenn es die Schwelle des § 1579 Nr. 3 BGB nicht erreicht, eine Beschränkung oder Versagung des Unterhaltsanspruchs ohne Berücksichtigung eingetretener ehebedingter Nachteile nicht rechtfertigen. Es ist jedoch nicht zielführend, die beiden Härtefälle schlicht aus dem Gesetz zu streichen. Über den Auffangtatbestand des § 1579 Nr. 8 BGB würden sie die Gerichte weiterhin beschäftigen. Die notwendige Beachtung der ehebedingten Nachteile könnte jedoch erreicht werden, wenn in § 1579 BGB gleich zu Beginn der Norm neben der Berücksichtigung der Kindeswohlbelange auch eine Berücksichtigung der ehebedingten Nachteile i. S. d. § 1578b BGB angeordnet werden würde. Somit könnte sich die Achtung der ehebedingten Nachteile als programmatische Anweisung auf sämtliche Härtefälle auswirken und wäre von Amts wegen zu berücksichtigen.

Nach alledem könnte § 1579 BGB folgendermaßen lauten:

> Ein Unterhaltsanspruch ist zu versagen, herabzusetzen oder zeitlich zu begrenzen, soweit die Inanspruchnahme des Verpflichteten auch unter angemessener Berücksichtigung *der ehebedingten Nachteile im Sinne des § 1578b Absatz 1 Satz 2 und 3* und unter Wahrung der Belange eines dem Berechtigten zur Pflege oder Erziehung anvertrauten gemeinschaftlichen Kindes grob unbillig wäre, weil
>
> 1. die Ehe von kurzer Dauer war; dabei ist die Zeit zu berücksichtigen, in welcher der Berechtigte wegen der Pflege oder Erziehung eines gemeinschaftlichen Kin-des nach § 1570 Unterhalt verlangen kann,
> 2. der Berechtigte sich eines Verbrechens oder eines schweren vorsätzlichen Vergehens gegen den Verpflichteten oder einen nahen Angehörigen des Verpflichteten schuldig gemacht hat,
> 3. der Berechtigte seine Bedürftigkeit mutwillig herbeigeführt hat,
> 4. der Berechtigte sich über schwerwiegende Vermögensinteressen des Verpflichteten mutwillig hinweggesetzt hat,
> 5. der Berechtigte vor der Trennung längere Zeit hindurch seine Pflicht, zum Familienunterhalt beizutragen, gröblich verletzt hat, oder

793 Dethloff, A 74 f.

794 BGH FamRZ 2004, 1173; FamRZ 2010, 802.

6. ein anderer Grund vorliegt, der ebenso schwer wiegt, wie die in den Nummern 1.–5. aufgeführten Gründe, *sofern er sich auf die Vermögensinteressen des Ausgleichspflichtigen ausgewirkt hat.*

5. Art der Unterhaltsgewährung

Für eine rasche Bewältigung der Scheidung wäre es auch sinnvoll, die Bedeutung der einmaligen Kapitalabfindung im Gesetz zu stärken. Derzeit kann die Kapitalabfindung nur ausnahmsweise bei Vorliegen eines wichtigen Grundes beansprucht werden (§ 1585 Abs. 2 BGB). Das ist insofern unglücklich, da eine einmalige Abfindung dauerhafte Abhängigkeiten und wiederkehrende Streitigkeiten um den Unterhalt vermeiden könnte.[795] Dafür ist es nicht unbedingt notwendig, das Regel-Ausnahme-Verhältnis in § 1585 BGB umzukehren. Vielmehr ist es ausreichend, Unterhaltsrente und Abfindung als gleichwertige Formen der Unterhaltsgewährung nebeneinander zur Verfügung zu stellen. Selbstverständlich ist dabei auch die Leistungsfähigkeit des Unterhaltsschuldners zu berücksichtigen. Dieses Ergebnis könnte erreicht werden, wenn in Zukunft für die Kapitalabfindung kein wichtiger Grund mehr vorausgesetzt werden würde. Der Unterhaltspflichtige sollte die Kapitalabfindung jedoch weiterhin wegen Unbilligkeit ablehnen können.

6. Fazit

Im Ergebnis hat sich bestätigt, dass dem Ausgleich ehebedingter Nachteile im Rahmen des nachehelichen Unterhalts eine zentrale Rolle zukommt. Dies ist allerdings nicht nur dem Gesetzgeber zu verdanken, sondern auch auf die konsequente Rechtsprechung des BGH zurückzuführen. Inzwischen hat er hinlänglich herausgearbeitet, wie der ehebedingte Nachteil im Rahmen des Unterhaltsrechts festzustellen ist. Die Entscheidungen über die Verlängerung des Betreuungsunterhalts aus kindbezogenen Gründen begannen zunächst etwas holprig. Seitdem der BGH einige klarstellende Entscheidungen gefällt hat, gelingt es den Betroffenen deutlich besser, ihre Ansprüche vor Gericht durchzusetzen. Auch ist zu begrüßen, dass sich für die Verlängerung des Betreuungsunterhalts aus elternbezogenen Gründen inzwischen ebenfalls eine verlässliche Kasuistik entwickelt hat. Gerade der Aspekt der ungleichen Lastenverteilung spielt für Mütter nach der Scheidung eine entscheidende Rolle. Das geltende Unterhaltsrecht hält sie dazu an, mit dem dritten Lebensjahr des Kindes die Berufstätigkeit wieder aufzunehmen. Dass die Vereinbarkeit von Familie und Beruf für Frauen, die fortan *allein*erziehend sind, eine besondere Herausforderung darstellt, wurde zunächst nicht angemessen berücksichtigt.

Auch war es anfänglich insbesondere dem BGH zu verdanken, dass schon vor der gesetzgeberischen Klarstellung in § 1578b Abs. 1 S. 2 BGB langjährigen Ehen ein besonderer Schutz zuteilwurde. Unter Berücksichtigung dieses Aspektes gelingt es recht gut, auch diejenigen Frauen vor dem uneingeschränkten Verweis auf die

795 Dethloff, A 79.

finanzielle Eigenständigkeit zu bewahren, bei denen die Betreuungsphase für die Kinder schon abgeschlossen ist. Vor dem Hintergrund, dass die familiär bedingten Erwerbsentscheidungen des kinderbetreuenden Elternteils üblicherweise auf dem Vertrauen gründen, dass der erwerbstätige Ehegatte die dadurch entstehenden Einkommensdefizite auffängt, darf im Rahmen des nachehelichen Unterhalts auch der Vertrauensschutzaspekt nicht vollständig verdrängt werden. Er muss weiterhin dort eingreifen können, wo sich in der Ehe ein schützenswertes Vertrauen in die vereinbarte Rollenaufteilung festigen konnte. Bei langen Ehen kann der Erwerbsverlauf durch familiär bedingte berufliche Entscheidungen bereits so nachhaltig geprägt sein, dass die Nachteile nicht mehr rückgängig gemacht werden können. Dann kann die Verantwortlichkeit für die gemeinsam getroffenen Entscheidungen auch nicht einseitig auf den Unterhaltsberechtigten verlagert werden.

Die Kehrseite der Berücksichtigung der ehebedingten Nachteile bewirkt, dass der Unterhaltspflichtige nicht für das Arbeitsmarktrisiko oder rein schicksalhafte Wendungen einzustehen hat. Dies könnte sich nur aus dem nachehelichen Solidaritätsgedanken rechtfertigen, der nunmehr nach gesetzgeberischer Intention nicht mehr im Vordergrund stehen soll. Zwar ist die Solidarität nicht vollständig aus dem nachehelichen Unterhaltsrecht verbannt worden. Eine lange Ehe alleine lässt die Rechtsprechung jedoch regelmäßig nicht als Rechtfertigung für einen dauerhaften Unterhaltsanspruch ausreichen. Maßgeblich ist insbesondere, inwieweit ein nach der Ehe festgestelltes Einkommensdefizit seinen Ursprung in der Ehe und der vereinbarten Rollenaufteilung hatte.

Nach alledem kann festgestellt werden, dass die Berücksichtigung der ehebedingten Nachteile für die heute existenten Eheformen meist zu angemessenen Ergebnissen führt. Unter Berücksichtigung der Vorgaben des BGH gelingt die Gesetzesanwendung inzwischen recht gut. Das Unterhaltsrecht vermag die Abhängigkeiten, die das geltende Recht für verheiratete Frauen noch immer hervorbringt, im Großen und Ganzen adäquat zu berücksichtigen. Allerdings stellt § 1579 BGB im Rahmen des allgemein stimmigen Konzepts einen Mangel dar. Als der Gesetzgeber § 1578b BGB normiert hat, hat er es leider versäumt, den vormals schon existenten § 1579 BGB den neuen Gegebenheiten anzupassen. Er hat die Unstimmigkeiten zwischen § 1578b BGB und § 1579 BGB sogar noch verstärkt, indem er die verfestigte Lebensgemeinschaft als eigenständigen Billigkeitsgrund in das Gesetz aufgenommen hat. Richtigerweise kann jedoch § 1579 BGB nicht uneingeschränkt eingreifen, wenn ehebedingte Nachteile eine Kompensation bedingen. § 1579 BGB wäre deshalb unter Berücksichtigung der oben herausgearbeiteten Kriterien noch weiter an dem Sinn des Nachteilsausgleichs auszurichten.

Schlussendlich ist im Interesse eines „clean break" häufiger von der Gewährung einer Kapitalabfindung Gebrauch zu machen. Dadurch können nicht nur immer wiederkehrende Konflikte verhindert werden, sondern auch die dauerhafte Abhängigkeit vom Unterhaltsschuldner. Dies kann selbstverständlich nur dort funktionieren, wo die Nachteile summenmäßig ermittelbar sind - vorausgesetzt der Verpflichtete ist auch entsprechend liquide.

Die uneingeschränkte Übernahme des schwedischen nachehelichen Unterhaltsrechts ist jedoch ebenso wenig zu empfehlen, wie die des französischen. Schweden stellt sehr strenge Anforderungen für eine Durchbrechung der Eigenständigkeit des Unterhaltsberechtigten. Grundsätzlich wird nicht einmal die persönliche Betreuungsbedürftigkeit von Kindern als Erwerbshinderungsgrund des Unterhaltsempfängers anerkannt. Der deutsche Arbeitsmarkt weist noch immer Schwierigkeiten für die Vereinbarkeit der Berufstätigkeit mit familiären Verpflichtungen auf, weshalb hierzulande (noch) keine schwedischen Maßstäbe angelegt werden können. Zudem hat die schwedische Kinderbetreuung einen anderen Qualitätsanspruch als die deutsche. Die französischen Regelungen hingegen stellen auf den Nachteil durch die Scheidung ab. Abgesehen davon, dass dieser wohlmöglich noch schwieriger zu ermitteln sein wird, als die ehebedingten Nachteile im Rahmen des deutschen Unterhaltsrechts, besteht kein Bedarf, das System des Unterhaltsrechts durch einen neuen Anknüpfungspunkt zu modifizieren. Die Berücksichtigung ehebedingter Nachteile gelingt inzwischen recht gut und ist auch geeignet, die Fehlanreize des geltenden Rechts für die Berufstätigkeit von Müttern angemessen in die Entscheidung einzubeziehen.

II. Zugewinnausgleich

Es hat sich gezeigt, dass auch im Recht des Zugewinnausgleich, insbesondere wegen der Bestimmung des Umfangs und der Form der Vermögensteilhabe, noch Anpassungsbedarf besteht, auch wenn das Rechtsinstitut grundsätzlich geeignet ist, angemessene Ergebnisse für eine Vielzahl der Ehen zu erzielen. Obwohl der Zugewinnausgleich ursprünglich für die Hausfrauenehe geschaffen wurde, kann sich auch für Zweiverdiener-Ehen die Notwendigkeit eines Ausgleichs ergeben, da auch dort familiär bedingte Berufsentscheidungen getroffen werden. Dem Zugewinnausgleich kommt inzwischen auch die Aufgabe zu, die für Erziehende noch immer bestehenden Hindernisse des Arbeitsmarkts und der Betreuungsinfrastruktur auszugleichen, die sich zwangsläufig auf die eigene Vermögensbildung auswirken. Ein uneingeschränkter Verweis auf die finanzielle Eigenverantwortung ist hier ebenso wenig möglich wie im Unterhaltsrecht. Die Teilung des Vermögens nach der Scheidung sollte daher aufrechterhalten werden.

Allerdings spielt der Aspekt, dass die klassische Hausfrauenehe inzwischen weitestgehend durch andere Ehemodelle abgelöst wurde, für die Bearbeitung eine besondere Rolle. Bei Einführung der Zugewinngemeinschaft legte der Gesetzgeber seinen Überlegungen noch zugrunde, dass ein Unterschied in der Vermögensbildung der Ehegatten auf die Rollenverteilung in der Ehe zurückgeht. Dieser Gedanke war damals auch richtig. Da regelmäßig nur ein Ehegatte berufstätig war, konnte er Vermögen ansammeln, während der nicht berufstätige Ehegatte mangels eigener Erwerbstätigkeit kein Vermögen vorweisen konnte. Unter Berücksichtigung der Gleichwertigkeit der Ehebeiträge ist es dann auch konsequent, einen nach der Ehe vorhandenen Vermögensüberschuss hälftig zu teilen. Heute haben die finanziellen Abhängigkeiten der Ehegatten voneinander jedoch andere Ursachen. Die

Eheschließung ist nicht mehr mit einer traditionellen Rollenverteilung verknüpft, die zwangsläufig in ein finanzielles Ungleichgewicht mündet. Ein Ungleichgewicht entsteht zumeist erst dann, wenn die Ehegatten eine Familie gründen. Regelmäßig traditionalisiert sich die Aufgabenteilung dann geschlechtsspezifisch. Infolge von Erwerbseinschränkung kann die Frau weniger eigenes Vermögen aufbauen und gerät in eine finanzielle Abhängigkeit zu ihrem Ehemann. Diese Tatsachen werden im Rahmen des Unterhaltsrechts als ehebedingte Nachteile anerkannt. Selbstverständlich ist auch diese Abhängigkeit ausgleichsbedürftig, insbesondere deshalb, weil die familiäre Tätigkeit der Frau ebenso viel wert ist, wie die Erwerbstätigkeit des Mannes und ihr deshalb auch eine Teilhabe an den einkommensfinanzierten Errungenschaften zusteht.

Fakt ist jedoch, dass nicht mehr jede Ehe zwangsläufig auch ehebedingte Nachteile hervorbringt. Der Zugewinnausgleich in seiner aktuellen Gestalt unterstellt dies aber. Ein wirklich gerechter Zugewinnausgleich bedeutet heute, die gewandelten ehelichen Lebensverhältnisse zu berücksichtigen. Die pauschalierte Berechnungsmethode der §§ 1373 ff. BGB blendet diese vollständig aus. Es wird alles geteilt, was sich in der Ehezeit angesammelt hat, unabhängig davon, warum der Überschuss des einen Ehegatten den des anderen übersteigt. Diese Vorgehensweise führt jedoch zu einer Überkompensation, wenn der Ausgleichsberechtigte nicht gehindert war, eigenes Vermögen aufzubauen. Auch kann es nicht die Aufgabe des Zugewinnausgleichs sein, Arbeitsmarktrisiken auszugleichen. Die Differenzen in der Vermögensbildung *können* zwar ehebedingt sein, sofern zeitweilig eine Hausfrauen- oder Zuverdiener-Ehe geführt wurde, sie müssen es aber nicht. Schweden hat die Unstimmigkeiten einer pauschalen Teilung bereits lokalisiert und berücksichtigt deshalb die ehebedingten Nachteile nicht nur im nachehelichen Unterhaltsrecht, sondern auch im Güterrecht. Um einen Bezug zur ehelichen Lebensführung herzustellen, bietet es sich auch im Rahmen des deutschen Zugewinnausgleichs an, ehebedingte Nachteile in die Entscheidung über die Ausgleichsforderung einzubeziehen. Dies würde nicht nur den wünschenswerten Gleichlauf mit dem nachehelichen Unterhaltsrecht herbeiführen, sondern auch dazu beitragen, Konfliktpotential der Partner beim Ausgleich einzudämmen. Einige Ausgleichspositionen stoßen bei den Beteiligten regelmäßig auf völliges Unverständnis, wenn diese nicht mit der Ehe in Zusammenhang stehen. Ein Extrembeispiel dafür sind Lottogewinne. Der Rechtslaie kann die Teilhabe an der Gewinnsumme nicht nachvollziehen, insbesondere wenn jahrelang nur einer der Ehegatten am Lottospielen interessiert war und die Tippscheine nur von seinem Geld finanziert wurden. Wenn der Gewinn sich (zudem) erst nach der Trennung, aber noch vor der Scheidung ereignet, stößt der Ausgleich auf völlige Fassungslosigkeit. Der BGH hat diese Rechtsprechung in seinem Beschluss vom 16.10.2013 bestätigt. Dem Fall lag ein Sachverhalt zugrunde, bei dem die Ehegatten im Zeitpunkt des Gewinns bereits über acht Jahre getrennt lebten. Der Lottogewinner hatte auch seit sieben Jahren eine neue Partnerin. Mit ihr zusammen erzielte er einen Gewinn in Höhe von 956.333,10 Euro, von denen er nach Scheidung 248.972,79 Euro an seine Ex-Ehefrau herausgeben musste. Seine Hälfte des Lottogewinns musste er trotz der lange zurückliegenden Trennung mit ihr teilen. Diese Entscheidung ist bei der geltenden Rechtslage konsequent, denn die Normen des Zugewinnausgleichs unterscheiden nicht nach der Herkunft des Vermögens. Darauf weist der BGH ausdrücklich hin. § 1374 Abs. 2 BGB sei der Analogie nicht zugänglich. Auch wurde § 1381 BGB auf den zu entscheidenden Fall nicht angewendet, da der BGH die lange Trennungszeit nicht als ausreichend ansah, um eine grobe Unbilligkeit im Sinne der Norm anzunehmen. Zudem wies das Gericht darauf hin, dass die Parteien vor der Trennung bereits 29 Jahre verheiratet und aus dieser Ehe drei Kinder hervorgegangen waren.[796] Dieser Hinweis lässt vermuten, dass bei einer kürzeren Ehedauer eine andere Entscheidung denkbar gewesen wäre. Tatsächlich hat der BGH in einer Entscheidung aus dem Jahr 2002 den Ausgleich eines Vermögenserwerbs während der Trennungszeit als unbillig angesehen. Diesem Fall lag jedoch ein Sachverhalt zugrunde, bei dem die Ehegatten bereits 17 Jahre getrennt lebten, aber nur drei Jahre in ehelicher Gemeinschaft verbracht hatten.[797] Der Wortlaut des § 1381 BGB verlangt eine grobe Unbilligkeit, für die nach Ansicht BGH eine lange Trennungszeit und ein eheneutraler Erwerb für sich alleine betrachtet nicht ausreichen. Zu beachten sei schließlich auch, dass der Ausgleichsverpflichtete nicht von §§ 1385, 1386 BGB Gebrauch gemacht habe, um sich vor dem Ausgleich von in der Trennungszeit erworbenem Vermögen zu schützen.[798] Der BGH ist bei der geltenden Rechtslage nicht gewillt, eine Korrektur mithilfe von § 1381 BGB vorzunehmen.

Dieses Ergebnis scheint vor dem Hintergrund der obigen Ausführungen zur „neuen Legitimation“ des Zugewinnausgleichs fragwürdig. Schließlich ist zu berücksichtigen, dass sich die Auslegung des Begriffs „grobe Unbilligkeit“ in einem ständigen Wandel befindet. Er ist stets von den geltenden gesellschaftlichen Gegebenheiten abhängig. Das Verständnis der Ehe als „Schicksalsgemeinschaft“ stößt schon seit Jahren auf immer weniger Akzeptanz in der Gesellschaft. Die Ehen, die heute geschlossen werden, gründen vielmehr auf dem Gedanken einer gleichberechtigten Partnerschaft, die es beiden Ehegatten ermöglicht, sich beruflich zu betätigen. Daraus resultiert eine stärkere Verantwortung für den eigenen Lebensverlauf. Auch das geltende Unterhaltsrecht fußt bereits auf diesem Gedanken. Warum dieser Gedanke beim Zugewinnausgleich keine Rolle spielen soll, erschließt sich nicht. Wie auch im Unterhaltsrecht sollte der Zugewinnausgleich jedoch weiterhin den Schutz desjenigen ermöglichen, der sein eigenes berufliches Fortkommen wegen der noch bestehenden strukturellen Hindernisse für erwerbstätige Eltern zugunsten der Familie zurückgestellt hat. Wenn sich auch der Zugewinnausgleich in Zukunft an den ehebedingten Nachteilen orientieren würde, könnten angemessenere Ergebnisse erzielt werden.

796 BGH FamRZ 2014, 24.
797 BGH FamRZ 2002, 606.
798 BGH FamRZ 2014, 24; FamRZ 2013, 1954 (lange Trennungszeit nicht ausreichend).

1. Eheneutraler Erwerb

Grundsätzlich erfasst der Zugewinnausgleich nur das Vermögen, das während der Ehe erwirtschaftet wird, also mit der ehelichen Aufgabenteilung im Zusammenhang steht. § 1374 Abs. 2 BGB wird deshalb gerne als Argument dafür vorgebracht, dass eheneutraler Erwerb grundsätzlich aus dem Zugewinnausgleich herausgehalten werden müsse. Im Schrifttum herrscht inzwischen weitestgehend Einigkeit darüber, dass über die in § 1374 Abs. 2 BGB geregelten Fälle hinaus, auch die Teilung von Lotto- und Spekulationsgewinnen, Schmerzensgeld, Wiederverheiratungsabfindungen von Witwe(r)n und Rechte aus Kriegsopferversorgung nicht in den Zugewinnausgleich gehören, da der dort erfolgte Vermögenszuwachs typischerweise keinen Bezug zur Ehe aufweise.[799] Eine analoge Anwendung des § 1374 Abs. 2 BGB auf diese Fälle hat der BGH bislang wegen des klaren Wortlauts der Norm abgelehnt.[800] In der Tat sprechen Sinn und Zweck des § 1374 Abs. 2 BGB dagegen. Die Norm soll nicht nur eheneutralen Erwerb aus der Teilung heraushalten, sondern auch der besonderen persönlichen Zuwendungssituation Rechnung tragen: Erblasser oder Schenker wollen regelmäßig nicht, dass der Ehegatte den erhaltenen Gegenstand bei einer Scheidung teilen muss.[801] Gegen eine Analogie spricht auch der Ausnahmecharakter der Norm. Da eine Analogie ausscheidet, könnte § 1374 Abs. 2 BGB entsprechend ergänzt werden.

a. Ergänzung von § 1374 Abs. 2 BGB

In der Vergangenheit ist erwogen worden, den Anwendungsbereich des § 1381 BGB zu erweitern.[802] Im Ergebnis würde sich dadurch jedoch nichts für die Betroffenen ändern. Denn der BGH wendet, wie oben dargestellt, § 1381 BGB nicht an, wenn das unbillige Ergebnis ausschließlich auf der korrekten Berechnung des Zugewinnausgleichs beruht. Darüber hinaus ist es nicht zielführend, eine unbefriedigende Rechtslage aufrechtzuerhalten und sich auf eine Abmilderung der Rechtsfolgen zu beschränken. Spegele wendet zu Recht ein, dass die Bewertungsvorschriften der §§ 1373 ff. BGB ihres Sinnes beraubt würden, weil der Zugewinnausgleich sich dann letztlich zu einer Gütertrennung mit einem nach richterlichem Ermessen zu bestimmenden Abfindungsanspruch umwandeln würde.[803]

Daher stellt die Änderung des § 1374 Abs. 2 BGB die bessere Alternative dar. Im Vorfeld ist zu überlegen, ob dessen Wortlaut um einige Fallgruppen erweitert werden sollte, oder ob die Norm nicht besser in eine Generalklausel umzuwandeln wäre. In Bezug auf Generalklauseln gilt zu bedenken, dass diese immer mit einer gewissen

799 Mecke, AcP 2011, 886 (893); Brudermüller, FF 2012, 280 (285 f.); Meder (2011), S. 22; Röthel, FPR 2009, 273 (276).
800 BGHZ 68, 43 (45); 80, 384 (388); BGH FamRZ 2013, 24 (25).
801 BGHZ 80, 384 (45 f.); 130, 377; 157, 379; 170, 324.
802 Hoppenz, S. 71.
803 Spegele, S. 79.

Rechtsunsicherheit behaftet sind. Dagegen erscheint fraglich, ob die Aufnahme weiterer Fallgruppen in § 1374 Abs. 2 BGB sinnvoll ist. Denn die Angleichung von Vorschriften auf die bestehenden Gegebenheiten in der Gesellschaft kann sich nicht nur auf die Gegenwart beziehen. Eine Reform verlangt auch immer eine gewisse Zukunftsprognose. Schließlich können sich in der Zukunft neue Fallgruppen herausbilden, die bisher noch nicht in Erscheinung getreten sind. Somit würde sich immer wieder neuer Reformbedarf ergeben. Vor diesem Hintergrund erscheint es sachgerecht, eine Generalklausel zu formulieren. Es wäre jedoch zu empfehlen, dem Rechtsanwender die Anwendung der Generalklausel durch eine beispielhafte Aufzählung zu erleichtern.

§ 1374 Abs. 2 BGB könnte folgendermaßen formuliert werden:

> (1) …
>
> (2) 1 Vermögen, das ein Ehegatte nach Eintritt des Güterstands von Todes wegen oder mit Rücksicht auf ein künftiges Erbrecht, durch Schenkung, als Ausstattung, *als Schmerzensgeld oder als Wiederverheiratungsabfindung i. S. d. § 80 SGB VII* erwirbt, wird nach Abzug der Verbindlichkeiten dem Anfangsvermögen hinzugerechnet, soweit es nicht den Umständen nach zum Einkommen zu rechnen ist. *2 Gleiches gilt für sonstiges Vermögen, das ein Ehegatte von Dritten erlangt, wenn der Erwerb nicht auf ein Zusammenwirken der Ehegatten im Rahmen der ehelichen Lebens- und Wirtschaftsgemeinschaft zurückgeht.*[804]
>
> (3) …

Durch eine solche Formulierung könnten zukünftig über die Interessen der Schenker/Erblasser hinaus, auch die Interessen der Ehegatten gewahrt werden. Diese Regelung würde auch zu mehr Akzeptanz in der Bevölkerung beitragen, da sie sich dem heutigen Eheverständnis annähert. Die Herausnahme eheneutralen Erwerbs würde zudem zu einer Harmonie mit den europäischen Rechtsordnungen führen, die inzwischen nahezu alle die Tendenz zeigen, genauer zwischen ehebedingtem und eheneutralem Erwerb zu unterscheiden.[805]

b. Ergänzung von § 1376 BGB

Darüber hinaus ist zu bedenken, dass auch echte Wertveränderungen des privilegierten Vermögens regelmäßig ebenso wenig auf ein arbeitsteiliges Zusammenwirken der Ehegatten im Rahmen der ehelichen Lebensgemeinschaft zurückzuführen sind. Dann kann weder über die Teilhabe an dem gemeinsam Erwirtschafteten, noch über den Ausgleich ehebedingter Nachteile eine Rechtfertigung für einen Ausgleichsanspruch hergeleitet werden. Die schwankende Bewertung von Wirtschaftsgütern ist ein reiner Marktvorgang, der keinen Bezug zur Ehe aufweist.[806] Wenn

---

804 In Anlehnung an: Schulz, S. 166; Hoppenz, FamRZ 2008, 1889 (1891).
805 Meder (2011), S. 22 f.
806 Schwab, S. 37.

Vermögen, bei dem jeglicher Bezug zur ehelichen Lebensgemeinschaft fehlt, dem Ausgleich entzogen wird, muss dies ebenso für Wertsteigerungen dieses Vermögens gelten. Die Berücksichtigung von Wertminderungen des privilegierten Vermögens im Zugewinnausgleich stellt sich dann gleichsam als Kehrseite der berücksichtigungsfähigen Wertsteigerungen dar. Wenn ein Ehegatte das Risiko eingehen muss, dass eine Wertsteigerung seinen eigenen Ausgleichsanspruch mindert, sollte ihm auch die Möglichkeit eingeräumt werden, Wertminderungen anspruchserhöhend anzusetzen. Allerdings wäre auch sicherzustellen, dass Wertminderungen, die auf ein vorwerfbares Verhalten des betreffenden Ehegatten zurückgehen, unberücksichtigt bleiben. Andernfalls könnte eine Manipulation zulasten des anderen Ehegatten nicht ausgeschlossen werden.[807] Eine Ausnahme wäre jedoch dort zu machen, wo die Wertveränderung nicht doch ausnahmsweise durch arbeitsteiliges Zusammenwirken zustande gekommen ist. Schließlich ist denkbar, dass der Eigentümer des privilegierten Gegenstandes dem anderen Ehegatten die Vermögensverwaltung überlassen hat.

Bei Einführung der Zugewinngemeinschaft sah sich der Gesetzgeber zwar unter anderem wegen der „Kompliziertheit" der Wertberechnung dazu veranlasst, an der schematischen Berechnung des Zugewinnausgleichs festzuhalten. Dieses Argument kann heute jedoch keinen Bestand mehr haben. Der Einwand der Kompliziertheit ist vor dem Hintergrund der geltenden Praxis in Europa sowie des deutsch-französischen Wahlgüterstands (Wahl-Zugewinngemeinschaft), der alle Grundstücke und grundstücksgleichen Rechte des Anfangsvermögens mit dem Wert ansetzt, den sie am Tag der Beendigung des Güterstands haben, nicht mehr überzeugend.[808]

Für eine sachgerechte Ergänzung von § 1376 BGB sind verschiedene Wege denkbar. Rakete-Dombek schlägt eine Formulierung vor, bei der die Wertveränderungen im Endvermögen berücksichtigt werden. Wertsteigerungen sollen vom Endvermögen abgezogen werden, während Wertminderungen des privilegierten Anfangsvermögens dem Endvermögen hinzugerechnet werden sollen.[809] Battes möchte Wertsteigerungen vom Endvermögen-, Wertminderungen hingegen vom Anfangsvermögen abziehen.[810] Auch wäre es möglich, den Wert aller zu teilenden Gegenstände nach französischem Vorbild erst am Stichtag zu ermitteln,[811] oder bei bestimmten Gegenständen die Wertermittlung erst am Tag der Beendigung des

807 Battes, FamRZ 2009, 261 (262).

808 Meder (2011), S. 24; Brudermüller, FF 2012, 280 (287 f.); vgl. Art. 9 Abs. 2 des deutsch-französischen Güterstands der Wahl-Zugewinngemeinschaft.

809 Rakete-Dombek (2009), I 33 f.

810 Battes, FamRZ 2009, 261. In einem Vorschlag aus dem Jahr 2007 sprach sich Battes noch dafür aus, Wertveränderungen privilegierten Vermögens im Rahmen des Anfangsvermögens zu berücksichtigen. Stichtag für die Berechnung sollte die Beendigung des Güterstandes sein: Battes, FamRZ 2007, 313 (320).

811 NK-Länderbericht Frankreich, Rn. 101; Battes, FamRZ 2007, 313 (318).

Güterstandes vorzunehmen.[812] In der Kautelarpraxis wird hingegen empfohlen, Wertveränderungen weder beim Anfangs- noch beim Endvermögen zu berücksichtigen.[813] Für die letzte Möglichkeit spricht, dass die Wertveränderungen des privilegierten Vermögens dadurch praktisch nicht existent wären und somit keinen Einfluss auf die Ausgleichssumme haben könnten. Dagegen spricht jedoch, dass es Fälle geben kann, in denen ein Ehegatte außer einer Wertsteigerung seines Anfangsvermögens während der Ehe keinen weiteren Vermögenszuwachs erzielt hat. Sofern der andere Ehegatte Vermögen angesammelt hat, wäre er ausgleichspflichtig, unabhängig davon, ob der Wertzuwachs des privilegierten Anfangsvermögens des anderen Ehegatten sein Vermögen übersteigt. Unbillige Ergebnisse sind demnach denkbar. Diese würden dann wiederum ein Korrekturbedürfnis bedingen, das weiteren Streitstoff im Rahmen des § 1381 BGB nach sich ziehen könnte.

Demnach sollten Wertveränderungen jedenfalls einen Einfluss entweder auf das Anfangs- oder auf das Endvermögen haben. Im Ergebnis macht es jedoch rechnerisch keinen Unterschied, ob das Anfangs- oder das Endvermögen durch die Wertveränderungen beeinflusst wird. Wichtig ist nur, dass der im Rahmen des Zugewinnausgleichs zu berücksichtigende (ehebedingte) Vermögenszuwachs infolge arbeitsteiligen Zusammenwirkens der Ehegatten nicht mit (eheneutralen) Wertveränderungen des privilegierten Vermögens vermengt wird. Auch wenn es grundsätzlich um Wertveränderungen von Gegenständen geht, die dem Anfangsvermögen zugehören, soll sich der hier gemachte Vorschlag für eine Berücksichtigung beim Endvermögen aussprechen. Dem neueren Vorschlag von Battes, Wertsteigerungen vom Endvermögen- und Wertminderungen vom Anfangsvermögen abzuziehen, kann nicht gefolgt werden. Zwar ist ihm zugutezuhalten, dass er die in § 1374 Abs. 1 und 2 BGB vorgesehenen Berechnungsstichtage, im Gegensatz zu seinem früheren Vorschlag,[814] unberührt lässt. Im Ergebnis wirkt der Vorschlag jedoch zu kompliziert. Battes Vorschlag ist von dem Bestreben geleitet, das System des deutschen Zugewinnausgleichs möglichst unangetastet zu lassen.[815] Dieses Bestreben soll auch von dem vorliegenden Vorschlag gestützt werden. Die Herausnahme von Wertveränderungen des privilegierten Vermögens lässt sich auch durch eine sanfte Reform der §§ 1373 ff. BGB erreichen. Eine Änderung der Stichtage ist dafür nicht notwendig, weshalb die Verfasserin sich auch gegen die Orientierung an den französischen, bzw. deutsch-französischen Regelungen, aussprechen möchte. Die Beibehaltung der gesetzlich verankerten Stichtage lässt sich auch dann gewährleisten, wenn die Wertveränderungen ausschließlich beim Endvermögen berücksichtigt werden. Der Vorschlag von Rakete-Dombek erscheint daher am praktikabelsten. Maßgeblicher

812 Vgl. Art. 9 Abs. 2 des deutsch-französischen Güterstands der Wahl-Zugewinngemeinschaft.
813 Brambring, Rn. 101.
814 Battes, FamRZ 2007, 313 (320).
815 Battes, FamRZ 2009, 261.

Zeitpunkt für die Wertermittlung wäre dann, wie bei Ermittlung des Endvermögens üblich, die Beendigung des Güterstandes.[816]

Auch ist denkbar, dass ein Gegenstand des Anfangsvermögens während der Ehe veräußert, durch ein Surrogat ersetzt wird, oder Investitionen aus dem Anfangsvermögen in Gegenstände getätigt werden, die nicht dem eigenen Anfangsvermögen angehören. Für eine uneingeschränkte Privilegierung des eheneutral erworbenen Vermögens ist es auch notwendig, diese Vorgänge zu erfassen. Schließlich gilt zu bedenken, dass der Rechtsanwender den Abfluss des privilegierten Anfangsvermögens dann als Wertminderung geltend machen könnte. Denn nach dem hier noch zu formulierenden Vorschlag soll eine Wertminderung des Anfangsvermögens zu einer Erhöhung der Ausgleichssumme führen. Daher sollte das, was der Veräußerer im Gegenzug erlangt, an die Stelle des ursprünglichen Gegenstands treten, auch dann, wenn der Erlös den Wert des Gegenstandes übersteigt. Ein Mehrerlös wäre dann als Wertsteigerung zu werten, ein Mindererlös dagegen als Wertminderung. Ein Mindererlös kann jedoch dann nicht berücksichtigt werden, wenn er auf ein vorwerfbares Verhalten des betreffenden Ehegatten zurückzuführen ist. Sollte dem veräußerten Gegenstand gar keine Gegenleistung gegenüberstehen, ist zu empfehlen, diesem den Wert zugrundezulegen, den er zum Zeitpunkt der Veräußerung hatte.[817] Der Veräußerer wäre damit so zu stellen, als hätte die Veräußerung niemals stattgefunden. Andernfalls wäre es möglich, den Wert des privilegierten Anfangsvermögens manipulativ zu beeinflussen, z. B. durch Schenkungen. Auch ist denkbar, dass der Ehegatte Investitionen aus seinem Anfangsvermögen in einen Gegenstand tätigt, der der ehelichen Lebensgemeinschaft zugutekommen soll (z. B. das gemeinsame Eigenheim oder das Familienauto). Ob sich eine Investition rentiert, und damit zu einer Wertsteigerung führt, zeigt sich in der Regel nicht sofort im Zeitpunkt der Investition. Daher erscheint es sachgerecht, die Investition mit dem Wert zu veranschlagen, die sie bei Beendigung des Güterstandes hat.[818] Auch Wertveränderungen von Surrogaten sind genauso zu behandeln wie Wertveränderungen des ursprünglichen Gegenstandes. Etwas anderes kann jedoch dann gelten, wenn zum Erwerb des Surrogats Mittel verwendet werden, die nicht aus dem Anfangsvermögen des Ehegatten stammen, sondern z. B. aus Ersparnissen, die sich in der Ehe angesammelt haben. Hier bietet es sich an, Wertveränderung nur in dem Verhältnis zu berücksichtigen, in dem sie zu den gesamten Erwerbskosten des Surrogats stehen.[819]

---

816 Rakete-Dombek (2009), I 33 f.
817 Battes, FamRZ 2009, 261 (262).
818 Battes, FamRZ 2007, 313 (320).
819 Battes, FamRZ 2009, 261 (262).

Nach alledem wäre in Anlehnung an die Vorschläge von Battes[820] und Rakete-Dombek[821] folgende Formulierung für § 1376 Abs. 2 BGB denkbar:

(1) ...

(2) 1 (...)

2 *Soweit die Höhe des Endvermögens darauf beruht, dass Gegenstände aus dem Anfangsvermögen im Wert gestiegen oder gesunken sind, ohne dass diese Wertveränderungen durch das Verhalten eines oder beider Ehegatten verursacht worden sind, werden Wertsteigerungen vom Endvermögen abgezogen und Wertminderungen dem Endvermögen hinzugerechnet.* 3 *Wird ein Gegenstand des Anfangsvermögens vor Beendigung des Güterstandes veräußert, ist bei Ermittlung des Vermögenswertes der Wert zugrundezulegen, den der Gegenstand zum Zeitpunkt der Veräußerung hatte.* 4 *Dies gilt nicht, wenn eine Wertveränderung durch das Verhalten eines oder beider Ehegatten verursacht worden ist.* 5 *Wird ein Gegenstand des Anfangsvermögens durch einen anderen ersetzt, ist die Wertveränderung des Ersatzgegenstandes insoweit für die Ermittlung des Endvermögens maßgeblich, wie die Mittel für den Erwerb des Gegenstandes aus dem Anfangsvermögen aufgebracht worden sind.*

(3) ...

2. Teilungsmaßstab

Grundsätzlich besteht kein Bedürfnis, den Halbteilungsgrundsatz im Rahmen des Zugewinnausgleichs anzutasten. Er trägt der gesetzlichen Anordnung des § 1360 BGB Rechnung und erstreckt sich auf sämtliche Vermögensmehrungen während der Ehe, die das Anfangsvermögen übersteigen. Auch die oben vorgeschlagenen Änderungen können dies nicht verhindern. Wie die Bearbeitung zeigt, kann es jedoch Fälle geben, bei denen die Halbteilung ungerecht ist. Hier sind vor allem die nicht arbeitsteilig gelebte, kinderlose Ehe und Eheschließungen im fortgeschrittenen Alter zu nennen. Dort kann der Zugewinnausgleich dazu führen, dass Unterschiede in der beruflichen Qualifikation oder Tüchtigkeit ausgeglichen werden. Von einer Teilung der gemeinsamen Wertschöpfung kann hier nicht die Rede sein, so dass sich die Frage nach der Legitimation des hälftigen Ausgleichs stellt. Die Legitimation ist auch bei Vermögen, das während einer langen Trennungszeit erwirtschaftet wurde, zu hinterfragen, jedenfalls dann, wenn die eheliche Lebens- und Wirtschaftsgemeinschaft zum Zeitpunkt des Erwerbs aufgehoben war.

Auch innerhalb des Zugewinnausgleichs ist der Halbteilungsgrundsatz nicht gesetzlich vorgeschrieben, so dass er grundsätzlich modifizierbar ist. Derzeit bietet § 1381 BGB die einzige Möglichkeit, eine Korrektur des Berechnungsergebnisses aus Billigkeitserwägungen heraus herbeizuführen. Dieser verlangt eine grobe Unbilligkeit des Ausgleichsanspruchs. Nach Ansicht des BGH darf das unbillige Ergebnis jedoch, wie oben ausgeführt, nicht allein die Folge der gesetzestreuen Berechnung

820 Battes, FamRZ 2009, 261.

821 Rakete-Dombek (2009), I 33 f.

des Zugewinnausgleichs sein. Vielmehr müssen besondere Umstände hinzutreten, die die Halbteilung im Einzelfall ungerecht erscheinen lassen. Dadurch fehlt es im Rahmen des Zugewinnausgleichs faktisch an einer Korrekturmöglichkeit. Schließlich wird jedes Berechnungsergebnis zwangsläufig zumindest auch auf die gesetzestreue Berechnung des Zugewinnausgleichs zurückzuführen sein. Die Ungerechtigkeit im Einzelfall kann sich aber dennoch gerade aus der pauschalierenden Berechnung ergeben.[822]

Bei der geltenden Praxis können nur vereinzelte Ausnahmefälle über § 1381 BGB korrigiert werden, obwohl sowohl der BGH als auch das BVerfG allen Härtefallklauseln im Familienrecht ausdrücklich die Funktion eines Gerechtigkeitskorrektivs zugewiesen haben. Die Ausnahmevorschriften sollen sich am Gerechtigkeitsgedanken orientieren und eine vom Halbteilungsgrundsatz abweichende Entscheidung ermöglichen, wenn ein Ausgleich dem Teilhabegedanken zuwiderläuft.[823] Ausgehend von dem Grundsatz, dass der Zugewinnausgleich eingeführt wurde, um auch der nicht berufstätigen Frau eine Teilhabe an dem in der Ehe erwirtschafteten Vermögen zu gewährleisten, weil sie durch ihre Tätigkeiten in der häuslichen Sphäre einen gleichwertigen Beitrag zur Vermögensbildung geleistet habe, müsste sich doch aus dem Gerechtigkeitsgedanken heraus eine Teilhabe gerade dann verbieten, wenn Vermögenswerte ausgeglichen werden, die eben nicht auf der gemeinsamen Arbeitsleistung beruhen. Dieser Argumentation will der BGH jedoch nicht folgen. Somit bleibt im Rahmen der starren Berechnungsmethode praktisch kein Raum für Einzelfallgerechtigkeit. Auch der Gesetzgeber hat durch seine letzte Reform zum Ausdruck gebracht, an der starren Berechnungsmethode festhalten zu wollen. Dies ist vor dem Hintergrund des geltenden Unterhaltsrechts schwer nachvollziehbar. Schließlich existieren dort im Rahmen des Ehegattenunterhalts gleich zwei Normen (§§ 1578b, 1579 BGB), die einen bestehenden Unterhaltsanspruch aus Gerechtigkeitserwägungen heraus korrigieren- und sogar ganz vernichten können. Warum ein Ehegatte, der keinen vollen Unterhalt bekommt, den vollen Zugewinnausgleich erhalten soll, ist schwer zu begründen.

Daher besteht im Rahmen des Zugewinnausgleichs weiterhin Bedarf für ein Billigkeitskorrektiv. Auch hier stellt sich zunächst die Frage, ob dieses als abschließende Regelung oder als Generalklausel formuliert werden sollte. Der Rechtsanwender kann im Rahmen des Zugewinnausgleichs, genauso wie bei Anwendung des § 1578b BGB im Rahmen des Unterhaltsrechts, auf zahlreiche Fallkonstellationen treffen. Um für jeden Einzelfall eine (möglichst) gerechte Lösung zu finden, ist zu empfehlen, die generalklauselartige Formulierung von § 1381 BGB aufrechtzuerhalten. In der Folge wäre es, wie bislang auch, der Rechtsprechung überlassen, Leitlinien anhand der in Erscheinung tretenden Fallgruppen herauszuarbeiten. Dass dies bislang nicht gelungen ist, ist insbesondere auf die Formulierung in § 1381 Abs. 2 BGB zurückzuführen. Dieser soll ausweislich des Wortlauts den Abs. 1 der Norm konkretisieren. § 1381

822 Anm. Wellenhofer, JZ 2014, 311.
823 Rakete-Dombek (2014), S. 545; Groß, FPR 2007, 175.

Abs. 2 BGB ist jedoch aus mehreren Gründen problematisch. Zunächst bezieht sich der Absatz auf persönliche Verfehlungen des Ausgleichsberechtigten. Neben der Frage, warum Verfehlungen des Ausgleichspflichtigen im Rahmen des Zugewinnausgleichs unerheblich sind,[824] stellt sich auch die Frage, ob § 1381 Abs. 1 BGB eine Korrektur infolge nur persönlichen Fehlverhaltens zulassen soll. Von der Rechtsprechung wird die Norm jedenfalls so interpretiert. Zwar bezieht sich § 1381 Abs. 2 BGB in erster Linie auf ein ökonomisches Fehlverhalten des Berechtigten, der BGH lässt jedoch auch ein persönliches Fehlverhalten ohne ökonomische Auswirkungen genügen, wenn ein besonders ehezerstörerisches Verhalten nachgewiesen werden kann.[825] Dethloff ist grundsätzlich darin zuzustimmen, dass ein persönliches Fehlverhalten seit der Abkehr vom Verschuldensprinzip im gesamten Scheidungsfolgenrecht am besten keine Rolle mehr spielen sollte, sofern es sich nicht auf den Ausgleichsanspruch ausgewirkt hat.[826] Allerdings ist für besonders krass gelagerte Fälle auch bei persönlichem Fehlverhalten eine Korrektur zu ermöglichen. Als Vorbild dafür könnte § 1579 BGB dienen. Mit Nachdruck soll jedoch noch einmal darauf hingewiesen werden, dass § 1579 Nr. 2 BGB bereits beim Ehegattenunterhalt nach Ansicht der Verfasserin keine Daseinsberechtigung zukommt und sich deshalb auch eine Übernahme in das Zugewinnausgleichsrecht verbietet. Gleiches gilt für § 1579 Nr. 7 BGB, jedenfalls soweit das Fehlverhalten keine ökonomischen Auswirkungen hatte. Das Scheidungsfolgenrecht kann seit Abkehr vom Verschuldensprinzip keine Rücksicht mehr darauf nehmen, ob die Trennung einseitig durch das Verhalten eines der beiden Ehegatten verursacht wurde.

Als Zwischenergebnis ist deshalb festzuhalten: Es bedarf einer Billigkeitsklausel, die auch bei korrekter Berechnung des Ausgleichsanspruchs eine Abweichung vom Halbteilungsgrundsatz nicht nur für besonders gelagerte Ausnahmefälle zulässt. Es soll jedoch weiterhin möglich bleiben, persönliches Fehlverhalten einer Billigkeitsprüfung zu unterziehen, sofern es sich als besonders extrem erweist. Dabei darf jedoch der ökonomische Bezug nicht aus den Augen verloren werden. Diese Ergebnisse könnten durch eine Orientierung an den §§ 1578b und 1579 BGB erzielt werden.

a. Verfehlungen des Ausgleichspflichtigen

Die Forderung der Berücksichtigung von Verfehlungen des Ausgleichspflichtigen ist an dieser Stelle nochmals zu beleuchten. Fraglich ist, was die Berücksichtigung bezwecken soll. Hat auch der Ausgleichsberechtigte eine relevante Verfehlung begangen, sind auch die Verfehlungen des Pflichtigen im Rahmen der Billigkeitsabwägung von § 1381 BGB zu berücksichtigen. Wenn also bemängelt wird, dass die Verfehlungen des Pflichtigen nicht in ausreichendem Maß berücksichtigt werden, bezieht sich dies nur auf Fälle, bei denen ausschließlich eine Verfehlung des Pflichtigen festgestellt

824 Dethloff, A 105.
825 BGH FamRZ 1980, 877; FamRZ 1966, 560.
826 Dethloff, A 105.

werden kann. Wie oben ausgeführt, hat eine Billigkeitskorrektur vorwiegend aus ökonomischen Gründen zu erfolgen. Illoyale Vermögensverfügungen unterfallen jedoch dem Anwendungsbereich von § 1375 Abs. 2 BGB und sollten auch dort berücksichtigt werden. Auch kann in bestimmten Fällen der vorzeitige Zugewinnausgleich nach § 1385 BGB weiterhelfen. Viel wichtiger ist jedoch, dass einseitige Verfehlungen des Pflichtigen bereits denklogisch keine Rolle im Rahmen von § 1381 BGB spielen können. Mehr als die Hälfte des bei Beendigung des Güterstands noch vorhandenen Vermögens (§ 1378 Abs. 2 BGB) kann und soll der Ausgleichsberechtigte, auch vor dem Hintergrund der Legitimation des Zugewinnausgleichs, nicht erhalten. Wenn Ehebeiträge als gleichwertig behandelt werden, kann am Ende keine höhere Beteiligung als 50 Prozent zugestanden werden. Insoweit kann es, auch wenn die Verfehlung noch so gravierend war, zu keiner Erhöhung der Ausgleichssumme über 50 Prozent kommen.[827] Andernfalls bestände die Gefahr, dass der Zugewinnausgleich die Züge eines Schmerzensgeldanspruchs für erlittene Unbilligkeiten während der Ehe annehmen würde. Das kann nicht befürwortet werden. Daher bleiben auch nach der hier vorgeschlagenen Gesetzesänderung einseitige Verfehlungen des Ausgleichspflichtigen unberücksichtigt.

Groß ist zwar grundsätzlich darin zuzustimmen, dass der ausgleichsberechtigte Ehegatte sich bei der geltenden Rechtslage nicht gegen die Anrechnung von Zufallserwerben oder sonstigen (typischerweise nicht ehebedingten) von Dritten erlangten Vermögenswerten in sein Endvermögen wehren kann, solange sich der Ausgleichspflichtige nicht selbst auf § 1381 BGB beruft.[828] Dieses Problem dürfte hingegen mit der hier vorgeschlagenen Änderung des § 1374 Abs. 2 BGB zu bewältigen sein. Der Verweis auf die Manipulationen an der Ausgleichssumme, die der Ausgleichspflichtige mithilfe von Unterhaltsrückständen erreichen kann,[829] ist zwar beachtlich. Das Problem ist jedoch bei § 1375 Abs. 2 BGB zu verorten. Billigkeitsnormen, die erst auf der Rechtsfolgenseite eingreifen, sollten „Berechnungsfehler", die durch Manipulation erzeugt worden sind, nicht erfassen. Andernfalls könnte die Billigkeitsprüfung ausufern.

b. Maßstab der Unbilligkeit

Rakete-Dombek möchte für die Herabsetzung des Ausgleichsanspruchs bereits die Schwelle der einfachen Unbilligkeit ausreichen lassen. Die erhöhte Schwelle der groben Unbilligkeit sei inzwischen nicht mehr notwendig, da die Rechtsprechung, insbesondere bei Anwendung des § 27 VersAusglG ausreichend zum Ausdruck bringe, dass die Schuld am Scheitern der Ehe nicht für den Ausschluss eines Ausgleichs genüge.[830] Auch § 1578b BGB setzt bereits bei einfacher Unbilligkeit an. In Bezug auf den Zugewinnausgleich geht es bei der Schwelle der Unbilligkeit jedoch nicht vorrangig darum,

827 I. d. S. auch: Groß, FPR 2007, 175 (179).
828 Groß, FPR 2007, 175 (179).
829 Groß, FPR 2007, 175 (178).
830 Rakete-Dombek (2014), S. 553.

das Verschuldensprinzip aus der Billigkeitsabwägung herauszuhalten. Es ist vielmehr zu berücksichtigen, dass der Zugewinnausgleich geschaffen wurde, um eine gleichberechtigte Teilhabe an den ehelichen Vermögenswerten zu realisieren. Die Teilung des Vermögens wird aus Praktikabilitätsgründen erst nach der Scheidung nachgeholt. Der Ausgleichsberechtigte erhält dann jedoch das, was ihm „ohnehin zusteht". Es wird ihm kein Ausgleich „gewährt". Dem Berechtigten nachträglich zu versagen, was ihm eigentlich zusteht, kann nur in besonders gelagerten Ausnahmefällen gerechtfertigt werden.[831] Hier liegt auch ein entscheidender Unterschied zum Unterhaltsrecht. Dieses *gewährt* die Beibehaltung des ehelichen Lebensstandards über die Scheidung hinaus, wenn der Unterhaltsberechtigte ausnahmsweise nicht auf seine Eigenverantwortlichkeit verwiesen wird. Im Unterschied zum Unterhaltsrecht ergibt sich deshalb die Notwendigkeit, die Schwelle der groben Unbilligkeit beizubehalten, jedenfalls dann, wenn es um den Ausgleich von bereits erarbeiteten Vermögenswerten geht. Hierbei ist jedoch zu berücksichtigen, dass eheneutral entstandene Vermögensdifferenzen gerade nicht erarbeitet sind und damit auch nicht „ohnehin zustehen", weshalb dafür die Schwelle der einfachen Billigkeit ausreichend ist.

Auch ist es weiterhin angezeigt, besondere Verfehlungen des Ausgleichsberechtigten zu berücksichtigen. Wenn dieser jedoch trotz möglicher Verfehlungen zum Aufbau des bei Beendigung des Güterstandes noch vorhandenen Vermögens beigetragen hat, ist das Argument von Groß zu berücksichtigen. Dann wird dem Ausgleichsberechtigten aus Billigkeitserwägungen heraus entzogen, was er sich ursprünglich bereits durch sein eheliches Engagement erarbeitet hatte. In der Folge wäre eine Herabsetzung des Ausgleichsanspruchs für diese Fälle nur dann möglich, wenn eine Halbteilung unter Berücksichtigung sämtlicher Umstände des Einzelfalls dem Gerechtigkeitsempfinden in unerträglicher Weise widersprechen würde.[832] Schließlich kann die Ehefrau, die eine außereheliche Affäre hatte, den Ehemann dennoch durch die Übernahme von Haus- und Familienarbeit entlastet haben.

Nach alledem ist zu empfehlen, wie im Unterhaltsrecht auch, zwei Billigkeitsnormen zu formulieren. Erstere sollte bereits am Maßstab der einfachen Unbilligkeit ansetzen. Im Rahmen der Norm wäre jedoch sicherzustellen, dass die Ausgleichssumme nicht beschnitten wird, wenn die Vermögensdifferenz auf die eheliche Lebensführung zurückgeht. Die zweite Billigkeitsnorm würde hingegen erst bei grober Unbilligkeit für besonders gelagerte Ausnahmefälle eingreifen.

c. *Regelungsinhalt der Normen*

Der Wortlaut der Normen sollte zunächst sicherstellen, dass eine Herabsetzung des Zugewinnausgleichsanspruchs auch dann möglich ist, wenn er gesetzestreu berechnet wurde. Der BGH möchte eine Billigkeitskorrektur in diesen Fällen nur

831 Groß, FPR 2007, 175 (177).
832 BGH FamRZ 1980, 768 (769); 1980, 877; 1973, 256.

ungern durchführen. Denn vor dem Hintergrund der vom Gesetzgeber angeordneten schematischen Teilung des Zugewinns begehre der Ehegatte, der einen so errechneten Ausgleichsanspruch geltend mache, nichts Unbilliges.[833] Über dieses Argument kann man streiten. Auch gibt der Wortlaut der Norm eine derart strenge Anwendung nicht vor. Der BGH wird jedoch seine Rechtsprechung nicht ändern, solange der Wortlaut des § 1381 BGB nicht geändert wird.

aa. Einfache Unbilligkeit

Es empfiehlt sich, die einfache Billigkeitsnorm hinter § 1378 BGB zu verorten. § 1378 BGB regelt die Höhe der Ausgleichsforderung. Die einfache Billigkeitsnorm soll nach Ansicht der Verfasserin in einem nächsten Schritt eine Herabsetzung des ordnungsgemäß ermittelten Ausgleichsbetrags ermöglichen. Sie könnte als § *1378a* in das BGB eingefügt werden.

Bei Formulierung der Norm wäre, wie beim Ehegattenunterhalt auch, in besonderem Maße zu berücksichtigen, inwieweit die eheliche Lebensführung die Vermögensbildung der Ehegatten beeinflusst hat. Bei einem arbeitsteiligen Zusammenwirken der Ehegatten oder dem Vorhandensein von Kindern kann die Halbteilung nicht unbillig sein. Schließlich ist es gerade der Sinn des Zugewinnausgleichs, den Ehegatten, der seine eigene Berufstätigkeit zugunsten der Familie – und zulasten der eigenen Vermögensbildung - eingeschränkt hat, am ehezeitlich erworbenen Vermögen zu beteiligen. Ein Vermögensdefizit, das sich infolge familiärer Aufgabenteilung über Jahre hinweg manifestiert, ist nur schwer wieder einzuholen. Diesem Gedanken trägt auch § 1578b BGB Rechnung. Wie bei § 1578b BGB kann auch die starke wirtschaftliche Verflechtung langer Ehen einen Ausgleich rechtfertigen. Eine Herabsetzung sollte deshalb nicht möglich sein, wenn die Vermögensdifferenz ehebedingt ist.

Darüber hinaus sind im Rahmen der Billigkeitsabwägung, genauso wie beim Ehegattenunterhalt, die Belange der Kinder der Beteiligten zu berücksichtigen. Nicht nur der nacheheliche Unterhalt, sondern auch der Ausgleich des Zugewinns kann sich auf die Lebensstellung der Kinder auswirken. Die Belange des ausgleichsunwilligen Ehegatten sind den Belangen der Kinder hintenanzustellen.

Sofern unter Beachtung der hier ausgeführten Maßstäbe eine Herabsetzung in Betracht kommt, wäre in einem nächsten Schritt zu überlegen, wie der herabgesetzte Betrag zu ermitteln wäre. Hierbei ist den Gerichten eine flexible Handhabe zu ermöglichen. Andernfalls könnte Einzelfallgerechtigkeit nur schwer hergestellt werden. In diesem Zusammenhang bietet es sich auch an, die Herabsetzung zu ermöglichen, „soweit" sie angemessen ist. Als Grundlage könnte der Anspruch dienen, der nach §§ 1373 ff. BGB ermittelt wurde. Sollte die Vermögensbildung des Ausgleichsberechtigten überhaupt nicht durch ehebedingte Nachteile beeinflusst worden sein, könnte der Ausgleich auf null reduziert werden. Dann hat er so viel eigenes Vermögen gebildet, wie es ihm auch ohne die Eheschließung möglich gewesen

833 BGH FamRZ 1966, 560 (563).

wäre. Bei nicht so eindeutigen Fällen wären von der gesetzestreu errechneten Summe Abschläge vorzunehmen. Diese hätten sich an der Intensität der eingetretenen ehebedingten Nachteile zu orientieren. Zu berücksichtigen ist dabei auch, dass sich ehebedingte Berufsentscheidungen nachhaltig auf die eigene Vermögensbildung auswirken können. Ehebedingte Entscheidungen wären deshalb auch dann in die Abwägung einzubeziehen, wenn sie geraume Zeit zurückliegen. Anders kann dies zu beurteilen sein, wenn zwar ehebedingte Nachteile in der eigenen Karriereentwicklung eingetreten sind, sich aber durch einen späteren Karrieresprung wieder ausgeglichen haben. Im Einzelnen wird die hier vorgeschlagene Billigkeitsentscheidung für die Gerichte mehr Aufwand erzeugen. Um eine wirklich „billige", also angemessene, Entscheidung zu fällen, bedarf es der Berücksichtigung sämtlicher Umstände, die zu der festgestellten Vermögensdifferenz geführt haben. Auch die Intensität der Einwirkung wäre in die Abwägung einzustellen. Daher ist nicht zu empfehlen, pauschale Abschlagsquoten in das Gesetz aufzunehmen. Letztlich wäre es den Gerichten überlassen, ob ein Abschlag vorgenommen wird und wie hoch er ausfallen sollte. Im Gegensatz zum Gesetzgeber haben die Gerichte im Rahmen des Scheidungsverfahrens einen detaillierten Einblick in die Lebensumstände der Beteiligten. Im Prinzip ist die Berücksichtigung der Umstände des Einzelfalls im Scheidungsverfahren auch nichts Neues. Bereits im Rahmen von § 1578b BGB wird den Gerichten eine Prognoseentscheidung über die Lebensstellung des Berechtigten ohne die Eheschließung abverlangt.[834] Die Ergebnisse, die für den Unterhaltsanspruch erzielt worden sind, können als Grundlage für die Billigkeitsabwägung beim Zugewinnausgleich dienen.

Nach alledem könnte der neue *§ 1378a* BGB nach dem Vorbild des § 1578b BGB wie folgt formuliert werden:

> *1 Die Ausgleichsforderung des geschiedenen Ehegatten ist auf einen angemessenen Betrag herabzusetzen, wenn eine an § 1378 orientierte Bemessung der Ausgleichsforderung auch unter Wahrung der Belange eines dem Berechtigten zur Pflege oder Erziehung anvertrauten gemeinschaftlichen Kindes unbillig wäre. 2 Dabei ist insbesondere zu berücksichtigen, inwieweit durch die Ehe Nachteile im Hinblick auf die Möglichkeit eingetreten sind, für die eigene Vermögensbildung zu sorgen, oder eine Herabsetzung der Ausgleichsforderung unter Berücksichtigung der Dauer der Ehe unbillig wäre. 3 Nachteile im Sinne des Satz 2 können sich vor allem aus der Pflege oder Erziehung eines gemeinschaftlichen Kindes sowie aus der Gestaltung von Haushaltsführung und Erwerbstätigkeit während der Ehe ergeben.*

bb. Grobe Unbilligkeit

Für die Fälle der groben Unbilligkeit soll es nach Ansicht der Verfasserin bei der Anwendung von § 1381 BGB bleiben. Auch der Standort der Norm muss nicht zwingend geändert werden. Für Verwirrung bei der Beurteilung grob unbilliger Fälle

834 BGH FamRZ 2011, 192 (195); FamRZ 2008, 134.

sorgt vor allem § 1381 Abs. 2 BGB. Zwar ist eine Klarstellung im Sinne einer nicht abschließenden Aufzählung sinnvoll. Der Gesetzgeber hat es jedoch auch bei der letzten Reform versäumt, den § 1381 Abs. 2 um weitere Fallgruppen zu erweitern, um den Anwendungsbereich des § 1381 BGB zu konkretisieren. Daher ist zu empfehlen, § 1381 Abs. 2 BGB um weitere Fallgruppen zu ergänzen. Hier kann § 1579 BGB, mit einigen Einschränkungen, als Vorbild herangezogen werden. Diese Fallgruppen könnten dem BGH eine neue Argumentationsgrundlage bieten, um seine bisherige Rechtsprechung zu modifizieren. Gleichzeitig wäre jedoch sicherzustellen, dass auch persönliche Verfehlungen eine Billigkeitskorrektur rechtfertigen können, sofern sie sich auf den Ausgleichsanspruch ausgewirkt haben. Bei der Berücksichtigung von Verfehlungen des Berechtigten kommt dem ökonomischen Aspekt eine tragende Rolle zu. Zwar kann es auch persönliche Verfehlungen geben, die auch ohne ökonomischen Bezug bereits eine grobe Unbilligkeit rechtfertigen können. Hier sei als Extrembeispiel ein Tötungsversuch genannt. Wer versucht, den anderen umzubringen, kann sich nicht billigerweise auf einen Ausgleichsanspruch berufen. Andernfalls würden die Interessen des Ausgleichspflichtigen nicht hinreichend berücksichtigt werden. Diese Fälle werden aber wohl die Ausnahme bleiben. Daher wird wegen der besonderen Bedeutung der ehebedingten Nachteile und der tragenden Rolle des ökonomischen Bezugs von einer Übernahme der Ziffern 2 und 7 des § 1579 BGB abgesehen. Die Aufnahme einer verfestigten Lebensgemeinschaft oder das „Herausbrechen aus einer intakten Ehe" sind nach Ansicht der Verfasserin ungeeignet, einen durch arbeitsteiliges Zusammenwirken in der Ehe erarbeiteten Ausgleichsanspruch zu beschränken oder zu vernichten. Etwas anderes kann gelten, wenn sich die außerehelichen Aktivitäten nachteilig auf die Vermögensbildung in der Ehe ausgewirkt haben. Um diese Fälle zu erfassen, soll ein Auffangtatbestand am Ende der Norm eingefügt werden. Der Wortlaut des § 1579 Nr. 6 BGB ist durch die geltende Formulierung von § 1381 Abs. 2 BGB zu ersetzen. Dadurch kann eine grob nachlässige Vermögenssorge des Berechtigten berücksichtigt werden. Gleichzeitig wäre aber auch sichergestellt, dass die bislang herausgearbeiteten Fallgruppen des § 1381 Abs. 2 BGB weiterhin anwendbar blieben.

Von besonderer Bedeutung ist auch, dass eine Ausgleichsforderung, für die nach *§ 1378a BGB* keine Herabsetzung in Betracht kommt, nur dann als grob unbillig im Sinne von § 1381 BGB gelten kann, wenn sie sich trotz Einbeziehung der ehebedingten Nachteile nach *§ 1378a BGB*, immer noch als grob unbillig darstellt. Diese Überlegung liegt darin begründet, dass ein Zugewinnausgleich nach der hier vertretenen Auffassung vorwiegend dazu dient, ehebedingte Nachteile bei der Vermögensbildung zu kompensieren. Wenn es einen Grund gibt, ehebedingte Nachteile auszugleichen, kann dieser nur unter sehr strengen Voraussetzungen unterlaufen werden. Dies soll nach dem noch zu formulierenden Vorschlag schon dadurch zum Ausdruck kommen, dass für eine Beschneidung des Anspruchs die Schwelle der groben Unbilligkeit beibehalten wird. Darüber hinaus soll sich eine ausdrückliche Bezugnahme auf *§ 1378a BGB* als programmatische Anweisung auf die Billigkeitsabwägung auswirken.

Zur Erzielung von Einzelfallgerechtigkeit wird auch im Rahmen der Billigkeitsabwägung von § 1381 BGB die Formulierung „soweit" aufrechterhalten. Unter Abwägung sämtlicher Umstände des Einzelfalls wäre es dann auch hier der Rechtsprechung überlassen, einen angemessenen Herabsetzungsbetrag zu bestimmen. Auch ein vollständiger Verlust des Anspruchs wäre möglich.

Eine beispielhafte Aufzählung von Fallgruppen soll die Rechtsanwendung erleichtern. Dabei ist die Norm jedoch nicht so verstehen, dass das Vorliegen eines Härtegrundes bereits zur Beschränkung der Ausgleichsforderung führt. Vielmehr ist, wie bei § 1579 BGB,[835] in einem zweiten Schritt zu überlegen, ob sich der Unbilligkeitsgrund auch für den konkreten Einzelfall als grob unbillig darstellt. Dafür ist weiterhin eine gewisse Intensität des Fehlverhaltens vorauszusetzen.

Nach alledem könnte § 1381 BGB folgendermaßen formuliert werden:

> (1) Der Schuldner kann die Erfüllung der Ausgleichsforderung verweigern, soweit der Ausgleich des Zugewinns *auch unter angemessener Berücksichtigung der ehebedingten Nachteile im Sinne des § 1378a und unter Wahrung der Belange eines dem Berechtigten zur Pflege oder Erziehung eines gemeinschaftlichen Kindes im Einzelfall* grob unbillig wäre.
> (2) Grobe Unbilligkeit kommt insbesondere in Betracht, wenn
> 1. *die Ehe von kurzer Dauer war,*
> 2. *der Berechtigte sich eines Verbrechens oder eines schweren vorsätzlichen Vergehens gegen den Verpflichteten oder einen nahen Angehörigen des Verpflichteten schuldig gemacht hat,*
> 3. *der Berechtigte seine Ausgleichsforderung mutwillig verursacht hat,*
> 4. *der Berechtigte sich über schwerwiegende Vermögensinteressen des Verpflichteten mutwillig hinweggesetzt hat,*
> 5. der Berechtigte vor der Trennung längere Zeit hindurch seine wirtschaftlichen Verpflichtungen, die sich aus dem ehelichen Verhältnis ergeben, schuldhaft nicht erfüllt hat,
> 6. *ein anderer Grund vorliegt, der ebenso schwer wiegt, wie die in den Nummern 1.–5. aufgeführten Gründe, sofern er sich auf die Vermögensinteressen des Ausgleichspflichtigen ausgewirkt hat.*

3. Fazit

Die vorstehenden Ausführungen zeigen, dass eine Ausrichtung des Zugewinnausgleichs an den ehebedingten Nachteilen ebenso gut möglich ist wie im Unterhaltsrecht. Um die Gleichwertigkeit der Ehebeiträge angemessen zu berücksichtigen, wird der Zugewinnausgleich zunächst gesetzestreu berechnet. Die Teilhabe an dem in der Ehezeit erlangten Überschuss des anderen Ehegatten kann jedoch nur dann gerechtfertigt werden, wenn der Überschuss tatsächlich durch ein arbeitsteiliges Zusammenwirken zustande gekommen ist. Dies wird insbesondere auf Familien

835 BGH FamRZ 1998, 541; NJW 1992, 2477 (2481).

zutreffen, in denen Kinder großgezogen werden/wurden. Familiär bedingte Erwerbseinschränkungen bedürfen einer Kompensation. Wenn Vermögensdefizite ihre Ursache hingegen nicht in ehebedingten (Erwerbs-)Entscheidungen haben, kann ein Ausgleich in der gesetzestreu errechneten Höhe ungerecht sein.

Dieser Umstand wird berücksichtigt, indem eine einfache Billigkeitsklausel erst im Nachgang eine Korrektur des gesetzestreu errechneten Ergebnisses ermöglicht. Im Vorfeld soll jedoch durch eine Modifizierung von § 1374 und § 1376 BGB sichergestellt werden, dass tatsächlich nur arbeitsteilig erlangtes, also ehebedingtes Vermögen, die Ausgleichssumme prägt. Das Fehlen ehebedingter Nachteile bewirkt jedoch, wie im Unterhaltsrecht, nicht zwangsläufig eine Herabsetzung der Ausgleichsforderung. Auch im Rahmen des Zugewinnausgleichs gilt es angemessen zu berücksichtigen, dass langjährige Ehen zu einer Verflechtung der beiderseitigen Erwerbsverläufe führen können. Für den hier gemachten Vorschlag dient § 1578b BGB als Vorbild. Dieser hat sich für den Schutz kindererziehender Frauen in der Vergangenheit bewährt. Die Billigkeitskriterien des § 1578b BGB haben für den Zugewinnausgleich die gleiche Bedeutung wie für den nachehelichen Unterhalt. Das Einkommensdefizit, das einen Unterhaltsanspruch rechtfertigen kann, wirkt sich gleichermaßen auf die Möglichkeit aus, eigenes Vermögen zu bilden. Die besondere Berücksichtigung der ehebedingten Nachteile bedingt jedoch auch eine Modifikation des § 1381 BGB. Die Inkonsistenz zwischen § 1578b und § 1579 BGB sollte nicht in das Güterrecht übertragen werden.

Der hier gemachte Vorschlag ist sogar noch konsequenter als die schwedische Billigkeitskorrektur im Rahmen des Güterrechts, da er auch bewirkt, dass eheneutrale Vermögenswerte erst gar nicht in die Ausgleichssumme einbezogen werden, während die Ausgleichssumme in Schweden auch durch eheneutrales Vermögen beeinflusst ist. Das französische Recht ist jedoch als Vorbild für Deutschland ungeeignet, da es kein Billigkeitskorrektiv vorsieht.

Der Verfasserin ist bewusst, dass dieser Vorschlag im Vergleich zur geltenden Rechtslage die diffizilere Variante darstellt. Dies ergibt sich jedoch zwangsläufig daraus, dass eine Abkehr von schematischen Lösungen zugunsten von Einzelfallgerechtigkeit stets die Berücksichtigung sämtlicher Umstände des Einzelfalls bedingt. Nicht ohne Grund ist das nacheheliche Unterhaltsrecht weitestgehend als Billigkeitsrecht ausgestaltet. Anders ist es gar nicht möglich, für die Vielzahl der existenten Eheformen eine faire Regelung zu treffen. Will der Gesetzgeber tatsächlich Wahlfreiheit zwischen den möglichen Ehemodellen garantieren, muss er auch für jedes Modell angemessene Lösungen bereithalten. Deshalb ist es sinnvoll, auch im Zugewinnausgleich Billigkeitsentscheidungen zu ermöglichen. Im Einzelfall obliegt es dann den Gerichten, unter Berücksichtigung sämtlicher Umstände, die sich auf die Vermögensbildung ausgewirkt haben können, über eine Herabsetzung zu entscheiden. Auch soll es dem richterlichen Ermessen überlassen werden, wie hoch der Abschlag ausfällt. Im Rahmen dieses Ermessens ist es auch möglich, die Ergebnisse der beiden anderen Ausgleichssysteme in die Billigkeitserwägungen einzubeziehen. Die vorgegebenen Kriterien sind nicht abschließend („...Dabei ist *insbesondere* zu berücksichtigen...“).

III. Versorgungsausgleich

Für den Versorgungsausgleich ist ebenfalls eine eindeutigere Ausrichtung an seiner rechtsethischen Legitimation zu empfehlen. Hauptanliegen seiner Einführung war die Sicherung des Unterhalts der geschiedenen Ehefrau im Alter, die wegen der traditionellen Aufgabenteilung in der Regel keine eigenen Rentenanwartschaften aufbauen konnte. Auch wenn die Hausfrauenehe heute nicht mehr das vorherrschende Modell ist, hat der Versorgungsausgleich seine Rechtfertigung nicht eingebüßt. Frauen, insbesondere verheiratete Mütter, können nach wie vor seltener eine ununterbrochene Erwerbsbiographie vorweisen, die auch nur annähernd das männliche Rentenniveau hervorbringt. Aber auch die Legitimation des Versorgungsausgleichs steht unter dem Einfluss der sich wandelnden gesellschaftlichen Vorstellungen und Gegebenheiten, so dass eine Ausrichtung am Solidargedanken alleine keine Gültigkeit mehr beanspruchen kann. Wie auch für den nachehelichen Unterhalt und den Zugewinnausgleich ließen sich angemessene Ergebnisse erzielen, wenn der Fokus auf die ehebedingten Nachteile gerichtet werden würde. Dafür spricht auch die Tatsache, dass der Versorgungsausgleich sowohl als Altersunterhalt als auch als Zugewinnausgleich in Bezug auf das Vorsorgevermögen verstanden wird. Zudem wird der durchgeführte Versorgungsausgleich, ebenso wie der Zugewinnausgleich, im Rahmen des nachehelichen Unterhalts bei der Frage nach einer etwaigen Kompensation ehebedingter Nachteile herangezogen (und kann den Unterhaltsanspruch sogar entfallen lassen), obwohl ein ehebedingter Nachteil beim Versorgungsausgleich grundsätzlich belanglos ist. Daher besteht auch hier die Gefahr einer Über-, oder Unterkompensation.

1. Eheneutrale Versorgungsanwartschaften

Sämtliche Anwartschaften, die ausschließlich aus dem vorehelichen Vermögen eines Ehegatten oder durch Dritte für ihn finanziert wurden, sollten dem Versorgungsausgleich – in Übereinstimmung mit dem hier vorgeschlagenen Modell des Zugewinnausgleichs - nicht unterfallen. Da es bei der Aufteilung von Rentenanwartschaften, ebenso wie beim Zugewinnausgleich, um den Ausgleich des in der Ehe erworbenen Vermögens geht, sollten hier ähnliche Prinzipien für „privilegierte“ Anwartschaften herangezogen werden wie für den privilegierten Erwerb im Zugewinnausgleich. Insbesondere durch voreheliches Vermögen oder mittels Erbschaft oder Schenkung erlangte Anwartschaften sind auszuklammern, sofern deren Einsatz nicht anderweitig kompensiert wurde. Eine dem § 1374 Abs. 2 BGB entsprechende Regelung fehlt im VersAusglG bislang. § 2 Abs. 2 Nr. 1 VersAusglG stellt klar, dass die Anwartschaft durch Einsatz von Arbeit oder Vermögen erlangt worden sein muss. Die Herkunft des Vermögens ist dabei jedoch ohne Belang.[836] Versorgungsanrechte, die als Entschädigung gewährt werden, unterliegen – im Gegensatz zum Schmerzensgeld beim

836 BGH FamRZ 2011, 877; OLG Nürnberg FamRZ 2005, 1256.

Zugewinnausgleich - bereits jetzt keiner Teilung, da sie nicht direkt auf dem Einsatz von Arbeit beruhen.[837] Bei Aufwendung von Geschenken und Erbschaften wird in der Rechtsprechung bislang danach differenziert, ob eine Zweckbindung bestand. Diese komme insbesondere dann zum Ausdruck, wenn der Schenker/Erblasser direkt in die gesetzliche/private Versicherung einzahle. Ohne Zweckbindung wird die Einzahlung als Einsatz eigenen Vermögens qualifiziert und unterfällt damit der Teilung.[838] Es ist nicht nachvollziehbar, warum das privilegierte Vermögen beim Zugewinnausgleich vor dem Zugriff des Partners verschont wird, beim Versorgungsausgleich aber der Teilung unterliegt. Schließlich zielen beide Ausgleichssysteme auf die Teilung des in der Ehezeit erworbenen Vermögens, weshalb für beide Ausgleichssysteme die gleichen Grundsätze gelten sollten. Eine Gesamtbetrachtung kann im Einzelfall eine angemessene Korrektur ermöglichen. Wenn ein Ehegatte Investitionen aus seinem Anfangsvermögen tätigt, bleibt der dafür nötige Abfluss beim Zugewinnausgleich unberücksichtigt (§§ 1374 Abs. 1, 1376 Abs. 1 BGB). Er wird so behandelt, als hätte diese Investition niemals stattgefunden. Bei Vorliegen eines Zugewinns wird dieser Zustand dadurch kompensiert, dass dieser entsprechend geringer ausfällt und infolgedessen weniger Teilungsmasse zugrunde gelegt wird. Problematisch wird es allerdings dann, wenn er am Ende der Ehe keinen Vermögenszuwachs erlangt hat. Dann erhält er keine Kompensation für seine nicht berücksichtigungsfähige Investition[839] und muss deren Erträge auch noch mit seinem Ehegatten teilen. Wenn er sein Anfangsvermögen in seine Altersvorsorge investiert hat, ist dieses Vermögen nicht mehr vorhanden. Ihn dann noch mit der Teilung seiner Rentenanwartschaften zu belasten, obwohl ihm sonst kein weiteres Vermögen verbleibt, ist unangemessen. Das Gleiche gilt für durch Schenkung oder Erbschaft finanzierte Versorgungsanrechte, auch wenn sie nicht vom Erblasser/Schenker direkt an den Versorgungsträger entrichtet werden. In besonders gravierenden Fällen kann § 27 VersAusglG weiterhelfen. Im Rahmen der Interessenabwägung ist auch die Vermögenssituation der Ehegatten zu berücksichtigen.[840]

§ 2 VersAusglG könnte folgendermaßen ergänzt werden:

(1) ...

(2) Ein Anrecht ist auszugleichen, sofern es

1. durch Arbeit oder *eheliches* Vermögen geschaffen oder aufrechterhalten worden ist. *Eheliches Vermögen im Sinne des Satz 1 ist Vermögen, das während der Ehezeit (§ 3 VersAusglG) durch die Ehegatten erwirtschaftet wurde.*

2 *Anrechte, die ein Ehegatte durch den Einsatz von sonstigem Vermögen, insbesondere Vermögen Dritter, erlangt hat, sind nicht auszugleichen, wenn der Erwerb des*

837 NK-BGB/Götsche, § 2 VersAusglG, Rn. 36.

838 BGH FamRZ 1983, 262; FamRZ 1987, 48; OLG Koblenz FamRZ 2005, 1255; NK-BGB/Götsche, § 2 VersAusglG, Rn. 40.

839 Dethloff, A 121 ff.

840 NK-BGB/Götsche, § 27 VersAusglG, Rn. 22; Dethloff, A 121.

eingesetzten Vermögens nicht auf ein Zusammenwirken der Ehegatten im Rahmen der ehelichen Lebens- und Wirtschaftsgemeinschaft zurückgeht.

(...)

(3) ...

(4) ...

2. Teilungsmaßstab

Die besonderen Umstände des Einzelfalls sind auch beim Versorgungsausgleich stärker zu berücksichtigen. Die pauschale Halbteilung der Anwartschaften ist angemessen, wenn die Differenz des Vorsorgevermögens auf ehebedingten Lebensdispositionen beruht. Schließlich hat die Aufopferung für die Familie berufliche Konsequenzen, die auch auf die Altersvorsorge durchschlagen. Die Rente ist das Spiegelbild des zurückliegenden Erwerbsverlaufs. Es wäre daher unbillig, im Nachhinein nur einen Partner für die gemeinsamen Entscheidungen „haftbar" zu machen. Hingegen ist es unangemessen, einen Partner am Vorsorgevermögen des anderen teilhaben zu lassen, wenn die Differenz ausschließlich auf eine unterschiedliche berufliche Qualifikation oder Tüchtigkeit zurückgeht, oder die Ehe in einem derart hohen Alter geschlossen wurde, dass die ehelichen Beiträge der Ehegatten keinen Einfluss mehr auf die gegenseitige Erwerbstätigkeit nehmen konnten. Diese Umstände sind dem persönlichen Lebensrisiko zuzuordnen und nicht in der Ehe angelegt. Die Legitimation der Halbteilung ist auch bei Vorsorgevermögen, das während einer langen Trennungszeit erwirtschaftet wurde, zu hinterfragen, jedenfalls dann, wenn die eheliche Lebens- und Wirtschaftsgemeinschaft zum Zeitpunkt des Erwerbs aufgehoben war. Um die Teilung einzelfallabhängig unter Berücksichtigung der Gesamtumstände vornehmen zu können, bedarf es einer Billigkeitsklausel, die dies ermöglicht. Diese Voraussetzungen könnte § 27 VersAusglG theoretisch erfüllen. Der Wortlaut der Norm enthält jedenfalls keine Einschränkung. Bislang nehmen die Gerichte eine Korrektur jedoch nur bei einem erheblichen wirtschaftlichen Ungleichgewicht vor. Dass die Parteien in (annähernd) gleichem Umfang erwerbstätig waren, reicht regelmäßig nicht aus.[841] Dies gilt grundsätzlich auch dann, wenn keine nennenswerten ehebedingten Einkommensunterschiede vorlagen und der Ausgleichsberechtigte keine ehebedingten Nachteile im Aufbau seiner Altersversorgung erlitten hat.[842] Diese Handhabe ist mit Blick auf die Rechtfertigung des Ausgleichs nicht nachvollziehbar, auch dann nicht, wenn man die ursprünglichen Erwägungen des Gesetzgebers bei Einführung des Versorgungsausgleichs zugrundelegt. Dieser folgerte, wie oben ausgeführt, aus der Gleichwertigkeit der ehelichen Beiträge, dass die Versagung des Versorgungsausgleichs einer teilweisen Rücknahme des in der Ehe geleisteten Unterhalts gleichkomme. Dabei legte er die traditionelle Rollenverteilung zugrunde, die der Frau regelmäßig keine eigenen

841 BGH NJW 1986, 1935 (1936); OLG Hamburg NJW 1982, 242; KG FamRZ 1998, 1373 (1374); OLG Schleswig FamRB 2006, 171.

842 BGH FamRZ 1989, 492 (493).

Rentenanwartschaften ermöglichte, aber gleichzeitig Voraussetzung dafür war, dass der Mann überhaupt einer uneingeschränkten Erwerbstätigkeit nachgehen konnte. Wenn aber der Ausgleichsberechtigte eine eigenständige Rente in der Höhe erhält, die er auch ohne die Ehe erarbeitet hätte, ist fraglich, welche ausgleichungspflichtige Einbuße er in Kauf genommen hat, um dem Ausgleichsverpflichteten sein Rentenniveau zu ermöglichen. Das Argument der teilweisen Rücknahme von geleisteten Unterhaltsbeiträgen hatte auch im Rahmen der Unterhaltsrechtsreform (2008) keine tragende Bedeutung mehr. Schließlich darf der Unterhaltsanspruch den ehelichen Lebensstandard inzwischen unterschreiten (§ 1578b BGB). Dieser Lebensstandard ist ebenso als von beiden gleichermaßen erwirtschaftet anzusehen, so dass man das gleiche Argument hier ebenfalls hätte anbringen können. Der Gesetzgeber hat jedoch erkannt, dass es Konstellationen geben kann, in denen die gleichberechtigte Teilhabe auch unter Berücksichtigung von Art. 3 Abs. 2 GG nicht mehr gerechtfertigt sein kann. Führt man den unterhaltsrechtlichen Gedanken weiter, erscheint es auch nicht plausibel, den ehelichen Lebensstandard auch im Rentenalter aufrechtzuerhalten. Schließlich stellt das Rentenniveau das Spiegelbild des ehelichen Lebensstandards dar. Der Gesetzgeber kann den Unterhaltsberechtigten nicht einerseits auf den angemessenen Lebensbedarf reduzieren, ihm jedoch für das Alter einen den ehelichen Lebensstandard abbildenden Anspruch zusprechen. Der vermögendere Partner kann nach der Scheidung nicht für die Erwerbsentscheidungen des anderen verantwortlich gemacht werden, wenn er keinen Einfluss auf sie genommen hat. Die geltende Rechtslage bewirkt, dass die Ehegatten die finanzielle Verantwortung für die beiderseitigen Erwerbsentscheidungen übernehmen müssen. Für Zeiten, in denen noch die Hausfrauenehe das herrschende Modell war, war diese Denkweise plausibel, denn oftmals ergriffen Frauen in Erwartung der Ehe erst gar keinen Beruf oder beschränkten sich auf Hilfstätigkeiten. Dann ist es auch sinnvoll, den erwerbstätigen Ehegatten in die Verantwortung für diese Entscheidung zu nehmen. Inzwischen gibt es für Frauen jedoch keinen vorgegebenen Lebensverlauf mehr. Sie können grundsätzlich frei entscheiden, ob und welchen Beruf sie ergreifen möchten. Allerdings steht der Umfang der Berufstätigkeit mit Eintritt der Elternschaft insbesondere für Mütter nicht mehr vollkommen frei zur Disposition. Die familiär bedingten Einflussfaktoren, die sich letztendlich auch auf die Altersrente durchschlagen, kann auch der Versorgungsausgleich nicht ignorieren. Um zu fairen Ergebnissen zu gelangen, bietet sich auch hier die Berücksichtigung ehebedingter Nachteile an. Wenn ehebedingte Nachteile vorhanden sind, kann kein Verweis auf die Eigenverantwortlichkeit erfolgen. Entscheidungen, die für die eheliche Lebensgemeinschaft getroffen werden, bedingen eine gemeinsame Verantwortung.

Daher sollte auch der Versorgungsausgleich in Zukunft einer Korrektur unter Berücksichtigung der ehebedingten Nachteile zugänglich sein. Hierfür bietet es sich an, nach dem Vorbild des § 1578b BGB gesetzliche Vorgaben zu normieren, die im Rahmen der Billigkeitsabwägung eine Rolle spielen sollten. Gleichzeitig ist jedoch sicherzustellen, dass der Halbteilungsgrundsatz beibehalten wird, wenn ehebedingte Nachteile eingetreten sind. Da es jedoch auch im Rahmen des Versorgungsausgleichs Fälle geben kann, in denen sich die Halbteilung infolge gravierender persönlicher

Verfehlungen verbietet, kann § 27 VersAusglG nicht ersetzt werden. Vielmehr wäre nach dem Vorbild der §§ 1578b, 1579 BGB eine weitere Norm in das VersAusglG aufzunehmen, die sich ausschließlich mit einer Herabsetzung des Ausgleichsanspruchs unter Berücksichtigung der ehebedingten Nachteile befasst.

a. Einfache Unbilligkeit

Die Billigkeitsnorm könnte im allgemeinen Teil des VersAusglG, z. B. als *§ 1a* VersAusglG, verortet werden. Vom Grundsatz her hätte die Billigkeitsnorm dieselbe Wechselwirkung wie § 1578b zu § 1578 BGB. Für den Billigkeitsmaßstab sollte konsequenterweise das Gleiche gelten, wie für den oben vorgeschlagenen *§ 1378a* BGB. Auch wenn der Versorgungsausgleich seine Wirkung erst mit dem Renteneintritt des Ausgleichsberechtigten entfaltet, sollen vorsorglich die Belange der Kinder mit in den Wortlaut der Norm aufgenommen werden. Es kann nicht ausgeschlossen werden, dass dann noch immer gemeinschaftliche Kinder zu pflegen oder zu erziehen sind. Eheneutrale Differenzen in der Alterssicherung können nicht unweigerlich als von beiden Ehegatten verursacht angesehen werden, so dass für eine Herabsetzung des Ausgleichsanspruchs die Schwelle der einfachen Unbilligkeit ausreicht. Im Unterschied zum Zugewinnausgleich findet der Versorgungsausgleich jedoch in beide Richtungen statt, sodass beide Ehegatten sowohl Ausgleichsschuldner als auch Ausgleichsgläubiger sein können. Somit würde der Billigkeitseinwand beiden Ehegatten gleichermaßen zugutekommen. Der Einwand kann jedoch aus den oben genannten Gründen niemals eine Überschreitung des Halbteilungsgrundsatzes bewirken.

Nach alledem könnte die neue Billigkeitsklausel wie folgt lauten:

> *1 Der Ausgleichsanspruch ist auf einen angemessenen Betrag herabzusetzen, wenn eine an § 1 orientierte Bemessung des Ausgleichsanspruchs auch unter Wahrung der Belange eines dem Berechtigten zur Pflege oder Erziehung anvertrauten gemeinschaftlichen Kindes unbillig wäre. 2 Dabei ist insbesondere zu berücksichtigen, inwieweit durch die Ehe Nachteile im Hinblick auf die Möglichkeit eingetreten sind, für die eigene Altersvorsorge zu sorgen, oder eine Herabsetzung des Ausgleichsanspruchs unter Berücksichtigung der Dauer der Ehe unbillig wäre. 3 Nachteile im Sinne des Satzes 2 können sich vor allem aus der Dauer der Pflege oder Erziehung eines gemeinschaftlichen Kindes sowie aus der Gestaltung von Haushaltsführung und Erwerbstätigkeit während der Ehe ergeben.*

Der Herabsetzungsbetrag würde sich daran orientieren, welche Rente der Ausgleichsberechtigte ohne die Ehe und die Haushaltsführung erzielt hätte. Auch die Darlegungs- und Beweislast würde sich an den für den nachehelichen Unterhalt geltenden Grundsätzen orientieren. Durch diese Formulierung könnte der Schutz familienbedingter Erwerbseinschränkungen gewährleistet werden. Gleichzeitig würde ein Ausgleich unterbunden werden, dessen Ursache nicht ehebedingt ist. Die Formulierung „...soweit er...unbillig wäre." würde den Gerichten einen Spielraum bei der Entscheidung über den Teilungsmaßstab belassen. Der Gedanke, dass kürzere Ehen in der Regel keine derart intensive Verflechtung der Lebensverhältnisse bewirken, die einen Ausgleich erfordert, kommt auch in § 3 Abs. 3 VersAusglG zum Ausdruck.

Dieser Gedanke wäre gesetzlich mit Einfügung einer Billigkeitsklausel noch klarer zu verfolgen. Auch kann § 3 Abs. 3 VersAusglG nicht dahingehend verstanden werden, dass alle länger als drei Jahre andauernden Ehen stets eines Ausgleichs bedürfen. Trotz längerer Ehe können ehebedingte Nachteile ausgeblieben sein.

b. Grobe Unbilligkeit

Daneben könnte § 27 VersAusglG weiterhin die Fälle der groben Unbilligkeit erfassen. Die Schwelle der groben Unbilligkeit ist im Rahmen von § 27 VersAusglG beizubehalten. Wenn eine Herabsetzung des Anspruchs wegen bestehender ehebedingter Nachteile nicht in Betracht kommt, bedarf es für die Kürzung des Anspruchs über § 27 VersAusglG gravierender Verfehlungen. Wie auch für die beiden anderen Ausgleichssysteme soll für den Versorgungsausgleich angeregt werden, persönliche Verfehlungen des Ausgleichsberechtigten ohne wirtschaftlichen Bezug weitestgehend aus dem Versorgungsausgleich herauszuhalten. Um die Belange des kindererziehenden Ehegatten angemessen zu berücksichtigen, könnte auch in § 27 VersAusglG eine Bezugnahme auf ehebedingte Nachteile i. S. d. hier vorgeschlagenen Norm vorgesehen werden. Zudem wäre auch im Rahmen des § 27 VersAusglG eine beispielhafte Aufzählung nach dem Vorbild des § 1579 BGB, bzw. des § 1381 BGB in der oben vorgeschlagenen Fassung, zu empfehlen, die verdeutlicht, dass es im Rahmen der Billigkeitsabwägung vorwiegend um ökonomische Aspekte geht.

§ 27 VersAusglG könnte folgendermaßen ergänzt werden:

(1) 1 Ein Versorgungsausgleich findet ausnahmsweise nicht statt, soweit er *auch unter angemessener Berücksichtigung der ehebedingten Nachteile im Sinne des § 1a und unter Wahrung der Belange eines dem Berechtigten zur Pflege oder Erziehung anvertrauten gemeinschaftlichen Kindes* grob unbillig wäre. *2* Dies ist nur der Fall, wenn die gesamten Umstände des Einzelfalls es rechtfertigen, von der Halbteilung abzuweichen.

(2) *Grobe Unbilligkeit kommt insbesondere dann in Betracht, wenn*
   1. *der Berechtigte sich eines Verbrechens oder eines schweren vorsätzlichen Vergehens gegen den Verpflichteten oder einen nahen Angehörigen des Verpflichteten schuldig gemacht hat,*
   2. *der Berechtigte seine Ausgleichsforderung mutwillig verursacht hat,*
   3. *der Berechtigte sich über schwerwiegende Vermögensinteressen des Verpflichteten mutwillig hinweggesetzt hat,*
   4. *der Berechtigte vor der Trennung längere Zeit hindurch seine wirtschaftlichen Verpflichtungen, die sich aus dem ehelichen Verhältnis ergeben, schuldhaft nicht erfüllt hat,*
   5. *ein anderer Grund vorliegt, der ebenso schwer wiegt, wie die in den Nummern 1.–4. aufgeführten Gründe, sofern er sich auf die Vermögensinteressen des Ausgleichspflichtigen ausgewirkt hat.*

3. Bagatellausgleich

Grundsätzlich ist es sinnvoll, Anwartschaften, die sich unterhalb der Bagatellgrenze bewegen, aus der Teilung herauszunehmen. Bei geringen Abweichungen wird es regelmäßig keine gravierenden Unterschiede in der Erwerbsbiografie der Partner geben, die einen Ausgleich bedingen. Problematisch wird die Anwendung der Bagatellgrenze jedoch dann, wenn mehrere Versorgungsträger involviert sind. Werden statt nur eines gleich mehrere Ausgleichsansprüche versagt, weil jeder für sich unterhalb der Bagatellgrenze liegt, kann eine nicht unerhebliche Summe zusammenkommen. Dies geht regelmäßig auf Kosten der Ausgleichsberechtigten. Wenn die eheliche Lebensführung eine Halbteilung der Versorgungsanrechte rechtfertigt, darf diese Rechtfertigung nicht durch § 18 Abs. 3 VersAusglG unterlaufen werden. Einige OLG sind deshalb der Ansicht, dass ein Ausgleich zumindest dann geboten ist, wenn die Summe der wegen Geringwertigkeit auszuklammernden Anrechte die Bagatellgrenze überschreitet.[843] Andere OLG haben hingegen darauf hingewiesen, dass dieser Summierungseffekt zwar im Rahmen des durch § 18 Abs. 3 VersAusglG eingeräumten Ermessens zu berücksichtigen sei, aber nicht zwingend die Durchführung des Ausgleichs bedinge.[844] Die Rechtsprechung hat das Problem erkannt, ist sich jedoch noch uneinig, wie damit umzugehen ist. Zweifelsohne ist die Verwaltungsvereinfachung für die Versicherungsträger ein Vorteil, so dass hier keine Beseitigung der Bagatellgrenzen angeregt werden soll. Der Gesetzgeber hat jedoch zum Ausdruck gebracht, dass eine Teilung trotz Geringwertigkeit angezeigt sein kann, wenn ein Ehegatte über zahlreiche Anrechte mit jeweils geringen Ausgleichswerten verfügt, sofern diese in der Summe einen erheblichen Wert darstellen.[845] Eine entsprechende gesetzliche Klarstellung wäre deshalb wünschenswert.

4. Fazit

Die vorstehenden Ausführungen belegen, dass die Ausrichtung des Versorgungsausgleichs an den ehebedingten Nachteilen ebenso gut möglich ist, wie für das Unterhaltsrecht und den hier vorgeschlagenen Zugewinnausgleich. Um die Gleichwertigkeit der Ehebeiträge angemessen zu berücksichtigen, wird die Ausgleichssumme zunächst gesetzestreu berechnet. Eine Teilhabe an den in der Ehezeit erlangten Anwartschaften des anderen Ehegatten soll jedoch nur dann möglich sein, wenn die Anwartschaften tatsächlich durch ein arbeitsteiliges Zusammenwirken zustande gekommen sind. Insoweit gelten für den Versorgungsausgleich die für das Unterhaltsrecht und den Zugewinnausgleich gefundenen Ergebnisse entsprechend. Wenn der Versorgungsausgleich gleichsam als Fortsetzung des Unterhalts und des

843 OLG Frankfurt FamRZ 2011, 1593; OLG Düsseldorf FamRZ 2011, 348; OLG Frankfurt NJW 2012, 3316; OLG Hamm, Beschl. V. 13.02.2013 – Az. II – 6 UF 71/12.

844 OLG Frankfurt FamRZ 2013, 551; KG Berlin NJW-RR 2011, 1372; OLG Stuttgart FamRZ 2011, 1734; OLG Hamm, Beschl. v. 29.05.2013 – Az. 8 UF 36/13.

845 BT Drucks 16/10144, S. 61.

Zugewinns im Alter verstanden werden soll, sollte er den obigen Kriterien ebenfalls gerecht werden. Dadurch wäre einerseits die Partei abgesichert, die zum Wohl der Familie Einschränkungen in ihrem Erwerbsverlauf hingenommen hat. Andererseits könnte eine Überkompensation vermieden werden, wenn die Vorsorgevermögensdifferenz nicht oder nur teilweise auf ehebedingten Entscheidungen beruht.

Die Umstände, die zu einem Defizit in der Altersvorsorge geführt haben, sind zu berücksichtigen, indem eine einfache Billigkeitsklausel im Nachgang eine Korrektur des gesetzestreu errechneten Ergebnisses ermöglicht. Im Vorfeld soll jedoch durch eine Ergänzung im VersAusglG sichergestellt werden, dass nur arbeitsteilig entstandene Rentenanwartschaften die Ausgleichssumme prägen. Das Fehlen ehebedingter Nachteile reicht jedoch auch beim Versorgungsausgleich nicht aus, um eine Herabsetzung der Ausgleichsforderung zu bewirken. Auch hier ist angemessen zu berücksichtigen, dass langjährige Ehen zu einer Verflechtung der beiderseitigen Erwerbsverläufe führen können. Für den hier gemachten Vorschlag dient § 1578b BGB als Vorbild. Dieser hat sich für den Schutz Erziehender in der Vergangenheit bewährt. Die Billigkeitskriterien des § 1578b BGB haben für den Versorgungsausgleich die gleiche Bedeutung wie für den nachehelichen Unterhalt. Das Einkommensdefizit, das einen Unterhaltsanspruch rechtfertigen kann, wirkt sich gleichermaßen auf die Möglichkeit aus, eine eigene Altersvorsorge zu bilden. Schließlich spiegelt die Rente das Erwerbseinkommen wider. Die besondere Berücksichtigung der ehebedingten Nachteile bedingt jedoch auch eine Modifikation des § 27 VersAusglG. Die Inkonsistenz zwischen § 1578b und § 1579 BGB kann auch nicht in das Versorgungsausgleichsrecht übertragen werden.

Der Versorgungsausgleich könnte in der hier vorgeschlagenen Form mehr Einzelfallgerechtigkeit erzeugen. Auch hier gilt es als Konsequenz der Wahlfreiheit angemessene Lösungen für eine Vielzahl der existenten Ehemodelle bereitzuhalten, auch wenn dies die Rechtsanwendung verkomplizieren mag. Ein angemessener Ausgleich kann besser gelingen, wenn sämtliche Umstände des Einzelfalls die Ausgleichssumme prägen. Im Einzelfall soll es auch hier den Gerichten überlassen sein, über eine Herabsetzung zu entscheiden. Auch ist es dem richterlichen Ermessen überlassen, wie hoch der Abschlag ausfällt. Im Rahmen dieses Ermessens ist es auch möglich, die Ergebnisse der beiden anderen Ausgleichssysteme in die Billigkeitserwägungen einzubeziehen. Die vorgegebenen Kriterien sind auch hier nicht abschließend („...Dabei ist *insbesondere* zu berücksichtigen...").

Darüber hinaus wäre auch zu empfehlen, eine Korrekturmöglichkeit im Rahmen des Bagatellausgleichs vorzusehen, wenn mehr als zwei Versorgungsträger involviert sind.

IV. Ergebnis

Die nachehelichen Ausgleichssysteme wurden ursprünglich für die Bedürfnisse der Hausfrauenehe konzipiert. Mit Aufhebung des traditionellen Eheleitbildes ist es jedoch leichter geworden, sich auch für andere Ehemodelle zu entscheiden. Dies bedingt angemessene Ausgleichsmechanismen, die auch den Bedürfnissen der anderen Eheformen gerecht werden. Die Hausfrauenehe wird immer weiter durch das Zuverdiener-, oder Phasenmodell zurückgedrängt. Die pauschale Halbteilung, die dem Zugewinn- und dem Versorgungsausgleich nach wie vor immanent ist, kommt deshalb mitunter zu ungerechten Ergebnissen. Im Rahmen des nachehelichen Unterhaltsrechts wurde diese Problematik bereits erkannt. Unter Zuhilfenahme der Billigkeitsklausel (§ 1578b BGB) kann eine Einzelfallkorrektur erfolgen, wenn die ehelichen Lebensverhältnisse eine Abweichung vom Halbteilungsgrundsatz erfordern. Gleichzeitig wird unter Berücksichtigung der ehebedingt eingetretenen ökonomischen Nachteile sichergestellt, dass der Verweis auf die Eigenständigkeit des Anspruchstellers unterbleibt, wenn seine Bedürftigkeit familiär bedingte Ursachen hat. Auch wenn im Rahmen des § 1579 BGB noch Korrekturbedarf ausgemacht werden konnte, hat sich der Blick auf die ehebedingten Nachteile grundsätzlich als brauchbarer Maßstab erwiesen. Daher soll hier eine Übernahme des Kompensationsgedankens unter Berücksichtigung der im Unterhaltsrecht geltenden Maßstände auch für den Zugewinn- und Versorgungsausgleich angeregt werden. Im Vordergrund soll der Gedanke der Kompensation ehebedingter Nachteile stehen. Davon könnte eine Mehrzahl der Ehen profitieren.

Wie auch im Rahmen des Unterhaltsrechts kann jedoch der Vertrauensgrundsatz nicht vollständig verdrängt werden. Denn auch lange Ehen können eine Verantwortlichkeit über die Scheidung hinaus bedingen. Die Ehegatten haben sich lange aufeinander eingestellt und sich durch beiderseitige Mitarbeit eine gemeinsame Lebensgrundlage geschaffen. Um diese Ehebeiträge nach der Scheidung nicht zu entwerten, sollte eine Teilhabe für lange Ehen auch dann möglich bleiben, wenn keine nachhaltigen ehebedingten Nachteile festgestellt werden können.

Dieser Vorschlag soll nicht darauf abzielen, die Ehe zu entwerten. Allerdings haben sich die Bedürfnisse für einen finanziellen Ausgleich nach der Scheidung gewandelt. Die Eheschließung für sich kann keine Partizipation mehr an dem ehelichen Lebensstandard über das Ende der Ehe hinaus rechtfertigen. Es gilt vielmehr diejenigen Nachteile auszugleichen, die die Ehe und die darin praktizierte Arbeitsteilung für den Erwerbsverlauf der Betroffenen hervorgerufen hat. Das Scheidungsfolgenrecht dient einer gerechten Lastenverteilung. Die Hausfrau, die sich auf ihren Ernährer verlassen hat, kann nach der Scheidung nicht einseitig die daraus entstandenen Nachteile für ihr Einkommen tragen. Auch wenn die Ehe heute nicht mehr zwangsläufig zu finanziellen Abhängigkeiten führt, muss das Recht dort eingreifen, wo es die gerechte Lastenverteilung gebietet. Wenn die Einschränkung der Berufstätigkeit des kindererziehenden Ehegatten während der Ehe als rollenkonformes Verhalten honoriert wird, muss das Scheidungsfolgenrecht angemessen auf diesen Anreiz reagieren.

Für eine angemessene Kompensation ehebedingter Nachteile ist es nicht ausreichend, diese nur im Rahmen des Unterhaltsrechts zu berücksichtigen. Es ist dringend zu empfehlen, alle drei Ausgleichssysteme an der Kompensation ehebedingter Nachteile auszurichten. Während das Unterhaltsrecht sich bereits an den heute vorherrschenden Phasen- oder Teilzeiterwerbsmodellen der Ehegatten orientiert, unterstellen Zugewinn- und Versorgungsausgleich noch immer, dass eine Hausfrauenehe gelebt wird. Der Ausgleich des (Vorsorge-)Vermögens geht damit an den Bedürfnissen der Ehegatten vorbei. Für den Gleichlauf der nachehelichen Ausgleichssysteme ist es ratsam, die im Unterhaltsrecht geltenden Billigkeitsmaßstäbe zu übernehmen. Um dies zu erreichen, wäre es auch denkbar, im Zugewinnausgleichs- und Versorgungsausgleichsrecht einen einfachen Verweis auf die §§ 1578b, 1579 BGB zu normieren. Die Verfasserin hat sich jedoch bewusst gegen diese Variante entschieden. Dies ist vorwiegend von dem Gedanken geleitet, dass jedem Ausgleichsinstitut eine eigene Funktion zukommt. Zunächst soll für jedes Ausgleichssystem eine eigene Lösung entwickelt werden. Im Nachgang können die gefundenen Ergebnisse immer noch angepasst werden, wenn dies der Billigkeit entspricht. Die hier vorgeschlagenen einfachen Billigkeitsnormen geben zwar Kriterien für die Abwägung vor. Diese sind jedoch nicht abschließend. Für eine schnellere Abwicklung des finanziellen Ausgleichs könnte es beispielweise auch einmal sinnvoll sein, von einer Herabsetzung der Zugewinnausgleichssumme abzusehen, wenn andernfalls ein befristeter Unterhaltsanspruch zugesprochen werden müsste. Die Überkompensation im Zugewinnausgleich könnte dann dazu genutzt werden, die Abhängigkeit von der Zahlungsmoral des Unterhaltsschuldners zu unterbinden.

Eine darüber hinausgehende Übertragung der schwedischen oder französischen Regelungen kann jedoch nicht empfohlen werden. Schon jetzt sind die Kriterien für die Gewährung eines nachehelichen Unterhalts in Deutschland den schwedischen oder französischen Grundsätzen nicht unähnlich. Das schwedische Unterhaltsrecht ist jedoch für die in Deutschland herrschenden Lebensverhältnisse noch zu streng. Das französische Unterhaltsrecht verlangt hingegen eine schwierige Zukunftsprognose, die mit vielen Unsicherheiten behaftet ist. Auch kann die Abschaffung des Versorgungsausgleichs nicht empfohlen werden, da eine faire Teilung der Rentenanwartschaften jedenfalls dann unumgänglich ist, wenn ehebedingte Nachteile eingetreten sind.

Auf den ersten Blick mag der hier vorgeschlagene Weg den Eindruck erwecken, dass er die Anwendung des Rechts in Zukunft erschwert. Wie oben ausgeführt, ist es jedoch sinnvoll, mehr Billigkeitsrecht in das Scheidungsfolgenrecht aufzunehmen. Die Berücksichtigung ehebedingter Nachteile wird bereits mit wachsendem Erfolg im Rahmen des nachehelichen Unterhaltsrechts durchgeführt. Die dort entwickelten Grundsätze können gleichermaßen auf die anderen Ausgleichssysteme übertragen werden.

O. Zusammenfassung der Untersuchungsergebnisse

Die vorliegende Untersuchung zeigt, dass eine Gleichberechtigung von Mann und Frau in der sozialen Wirklichkeit - trotz rechtlicher Gleichstellung - noch nicht erfolgt ist. Frauen steht zwar der gleiche Zugang zu einer eigenständigen Existenzsicherung offen wie Männern. Gerade verheiratete Mütter sind jedoch noch nicht in der Lage, sich dauerhaft eine eigenständige Sicherung zu erhalten.

Hierfür konnte nicht nur die noch immer herrschende Ausrichtung des Arbeitsmarktes auf den typischerweise männlichen Normalarbeitnehmer, und die damit einhergehenden Schwierigkeiten bei der Vereinbarkeit von Familie und Beruf, als ursächlich ausgemacht werden. Auch die Tatsache, dass das Recht insbesondere für verheiratete Frauen den Anschein erweckt, dass die Unterbrechung/Einschränkung der eigenen Erwerbsarbeit nicht nur ökonomisch sinnvoller, sondern sozial auch entsprechend abgesichert ist, stellt ein Problem dar. In der Folge sind Frauen stärker als Männer von Unterhaltsleistungen abhängig. Die Schnittstellen des Steuer-, Arbeits- und Sozialrechts zum (nach-)ehelichen Unterhalt nehmen hierbei eine Schlüsselrolle ein. Das Unterhaltsrecht prägt diese angrenzenden Rechtsgebiete und verankert die Vorrangigkeit der privaten Versorgung im Recht.[846] Die bereits Anfang 2007 durch das Forschungsprojekt „Ernährermodell" zutage gebrachten Hindernisse für die eigenständige Existenzsicherung von Frauen bestehen demnach weiterhin fort.

Eine möglichst ununterbrochene/uneingeschränkte Erwerbstätigkeit ist jedoch unerlässliche Voraussetzung für eine ausreichende individuelle Existenzsicherung. Das nacheheliche Unterhaltsrecht setzt eine solche inzwischen voraus, so dass der Hebel bereits in der Erwerbsphase während der bestehenden Ehe angesetzt werden sollte, um eine fortdauernde finanzielle Abhängigkeit nach der Scheidung zu vermeiden. Insbesondere für Alleinerziehende stellen die Fehlanreize des geltenden Rechts nach der Scheidung ein großes Problem dar.

Die Förderung der Gleichstellung von Frauen erfordert deshalb zunächst die Verbesserung der „Erwerbsfähigkeit" von Müttern. Dafür wäre nicht nur ein Rückbau der bestehenden nachteiligen Strukturen auf dem Arbeitsmarkt selbst notwendig, sondern auch eine Verbesserung der Vereinbarkeit von Familie und Beruf. Das Nebeneinander von Familie und Beruf ist noch weiter zu erleichtern. Hier konnte das Kernproblem für die eigenständige Existenzsicherung von Frauen ausgemacht werden. Viele (Folge-)Probleme könnten vermieden werden, wenn die gewünschte Form der Erwerbstätigkeit nicht mehr durch äußere Faktoren beeinflusst werden würde. Vielmehr sollte den Familien der nötige Freiraum belassen werden, das für sich passende Familienmodell zu praktizieren. Dies stände auch im Einklang mit der Wahlfreiheit, die das Grundgesetz postuliert.

846 Berghahn/Wersig, S. 49.

Das traditionelle Leitbild, das eine ununterbrochene Erwerbstätigkeit von Männern frei von jeglichen Familienaufgaben voraussetzte, kann in Zeiten, in denen Frauen ebenso berufstätig sein wollen wie Männer, keine Allgemeingültigkeit mehr beanspruchen. Der weibliche Erwerbsverlauf ist heute regelmäßig nicht mehr mit einer vollständigen Berufsaufgabe verbunden, die dem Ehemann überlange Arbeitszeiten ermöglicht, sondern mit einer eigenen (wenn auch eingeschränkten) Erwerbstätigkeit, geprägt durch familienbedingte Unterbrechungen. Diese Unterbrechungen gilt es rechtlich abzusichern, ohne einen Anreiz zu setzen, die Berufstätigkeit dauerhaft aufzugeben. Zudem ist eine Umverteilung von Erwerbs- und Familienaufgaben zwischen den Partnern zu empfehlen, die beiden Geschlechtern die Vereinbarkeit von Familie und Beruf ermöglicht.

Auch die nachehelichen Ausgleichssysteme wären den gegebenen Veränderungen anzupassen. Dies bedingt eine Absicherung von Risiken, die die „neuen" Ehemodelle mit sich bringen. Bei der heute anzutreffenden Vielzahl der praktizierten Ehemodelle können schematische Ausgleichsmethoden nicht mehr empfohlen werden. Daher hat sich die Berücksichtigung ehebedingter Nachteile als besonders sinnvoll erwiesen. Gleichzeitig wären die Ausgleichssysteme besser aufeinander abzustimmen. Aber auch die Absicherung der Hausfrau ist weiterhin zu ermöglichen. Denn wenn der Gesetzgeber den Ehegatten die Wahlfreiheit in Bezug auf ihr Lebensmodell belässt, sollte er auch für sämtliche Eheformen angemessene Lösungen bereit halten.

Der deutschen Gesetzgebung mangelt es noch an Konsequenz. Der Vergleich mit Schweden und Frankreich macht deutlich, dass das Recht insgesamt zu angemesseneren Lösungen gelangt, wenn es sich stringent an Leitlinien orientiert. Die beiden Länder bemühen sich, ihr gesamtes Rechtssystem an dem von ihnen als förderungsbedürftig angesehenen Ehetypen auszurichten. Während Schweden sich dabei auf das Zwei-Verdiener-Modell konzentriert, verfolgt Frankreich eine pronatalistische Politik. Auch ist zu begrüßen, dass beide Länder die besonderen Bedürfnisse Alleinerziehender berücksichtigen, während Deutschland diese noch immer weitestgehend rechtlich ausblendet. Zugegebenermaßen sind beide Modelle nicht uneingeschränkt auf Deutschland übertragbar. In Schweden ist die Gleichberechtigung der Frauen umfassender vollzogen als in Deutschland oder Frankreich. Das Niveau der staatlichen Sozialleistungen ist zwar sehr hoch, dafür besteht aber auch eine entsprechend hohe Steuerbelastung für die Bevölkerung. Innerhalb dieses Systems ist es auch konsequent, dass der (nach-)eheliche Unterhalt im Rahmen der Existenzsicherung keine tragende Rolle einnimmt. Frankreich hingegen fördert in erster Linie die Geburt von Kindern, versucht jedoch gleichzeitig, die Einschränkung der weiblichen Berufstätigkeit nicht zu bequem zu gestalten, es sei denn, dass daraus noch mehr Geburten resultieren. Da das deutsche System weder mit dem schwedischen noch mit dem französischen System übereinstimmt, können die ausländischen Regelungen nur teilweise als Vorbild dienen. Der deutsche Gesetzheber hat sich 1977 gegen die Festschreibung eines Eheleitbildes entschieden, weshalb die einseitige Förderung nur eines bestimmten Ehemodells nicht empfohlen werden kann. In Deutschland steht man deshalb vor der zugegebenermaßen schwierigen Aufgabe, für sämtliche Ehemodelle passgenaue Lösungen bereitzuhalten.

Studien zum deutschen und internationalen Familien- und Erbrecht

Herausgegeben von Martin Lipp, Christoph Benicke,
Marina Wellenhofer und Bettina Heiderhoff

Band 1 Jessica Kriewald: Statusrelevante Erklärungen des Familienrechts. 2009.

Band 2 Martin Gilbert: Unmoralische Angebote, Grundrechtskitsch und die kalte Hand des Erblassers. 2009.

Band 3 Anja Vellmer: Religiöse Kindererziehung und religiös begründete Konflikte in der Familie. Eine rechtsübergreifende Darstellung familiärer religiöser Konflikte und der staatlichen Instrumentarien zu ihrer Lösung. 2010.

Band 4 Uta Heidenreich: Auskunfts- und Wertermittlungsansprüche des Pflichtteilsberechtigten. 2010.

Band 5 Ulla Möhn: Vertrauensschutz im intertemporalen Scheidungsunterhaltsrecht. Zugleich eine Analyse des § 36 Nr. 1 EGZPO. 2010.

Band 6 Gabriele Metternich: Verfügungsverhalten von Erblassern. Eine empirische Untersuchung als Beitrag zur Rechtstatsachenforschung und Reformdiskussion auf dem Gebiet des Erbrechts. 2010.

Band 7 Patrick Schroer: Europäischer Erbschein. Mit rechtsvergleichender Darstellung. 2010.

Band 8 Isabella Toscano: Ehescheidungen mit grenzüberschreitendem Bezug. Von divergierenden nationalen Scheidungsvoraussetzungen zu einem einheitlichen europäischen Scheidungsrecht? 2011.

Band 9 Ulrich Kühle: Die gerichtliche Überprüfung von Erb- und Pflichtteilsverzichtsverträgen im Spiegel ehevertraglicher Inhaltskontrolle. 2011.

Band 10 Gregor Blüm: Härtefälle im Recht des Versorgungsausgleichs. Eine legitimationszentrierte Untersuchung der Rechtsprechung zur Generalklausel des § 1587c Nr. 1 BGB a. F. unter Berücksichtigung der Neuerungen in der Härtefallregelung des § 27 VersAusglG. 2011.

Band 11 Linda Schlegel: Die Bedeutung des vorehelichen Zusammenlebens im Scheidungsfolgenrecht. 2011.

Band 12 Tobias Breitling: Rechtsfolgen von sittenwidrigen Bedingungen in Verfügungen von Todes wegen. Erblasserwille und objektives Recht. 2012.

Band 13 Anja Sommer: Das Verhältnis von Familiengericht und Jugendamt. Kooperation zum Wohle des Kindes? 2012.

Band 14 Pia Maria Schulze: Das deutsche Kindschafts- und Abstammungsrecht und die Rechtsprechung des EGMR. 2012.

Band 15 Sebastian Schaufert: Das Verbot der Doppelverwertung von Vermögenspositionen bei Unterhalt und Zugewinn. 2012.

Band 16 Natalie Ivanits: Die Stellung des Kindes in auf Einvernehmen zielenden gerichtlichen und außergerichtlichen Verfahren in Kindschaftssachen. 2012.

Band 17 Robert Bauer: Die Neuerungen im ehelichen Güterrecht. Eine kritische Untersuchung der Rechtslage nach der Reform von 2009. 2013.

Band 18 Birthe Schekahn: Tatsächliche Unterhaltsleistungen faktischer Lebensgefährten im Todesfall. Ein Vorschlag für eine Reform des § 844 Abs. 2 BGB und zugleich eine Definition der faktischen Lebensgemeinschaft. 2013.

Band 19 Michelle Favier: Die gemeinsame rechtliche Elternschaft von eingetragenen Lebenspartnern durch die Annahme eines Kindes. 2014.

Band 20 Holke-Leonie Doench: Mediation als kindgerechtes Verfahren. 2014.

Band 21 Katharina Frank: Eheverträge als effektives Gestaltungsinstrument. Die Grenzen der Privatautonomie im englischen und deutschen Sachrecht sowie im europäischen Zivilverfahrens- und Kollisionsrecht. 2015.

Band 22 Renata von Pückler: Der Ausgleich konkurrierender Ehegattenunterhaltsansprüche. 2015.

Band 23 Sandra Schröder: Wer hat das Recht zur rechtlichen Vaterschaft? Vorschlag zur Neugestaltung der rechtlichen Stellung des biologischen Vaters im Abstammungsrecht bei Bestehen einer sozial-familiären Beziehung zwischen Kind und rechtlichem Vater. Unter Berücksichtigung interdisziplinärer und historischer Aspekte. 2015.

Band 24 Kerstin Aust. Das Kuckuckskind und seine drei Eltern. Eine kritische Würdigung der bestehenden Rechtslage mit Vorschlägen für interessengerechte Regelungen unter rechtsvergleichenden Aspekten aus dem EMRK-Raum. 2015.

Band 25 Marc Alexander Voigt: Abstammungsrecht 2.0. Ein rechtsvergleichender Reformvorschlag vor dem Hintergrund der Methoden der künstlichen Befruchtung. 2015.

Band 26 Carola Berneiser: Die verfahrensrechtliche Neuregelung der Erörterung der Kindeswohlgefährdung in § 157 FamFG. Möglichkeiten und Grenzen der Umsetzung in der familiengerichtlichen Praxis. 2015.

Band 27 Saygin Hüsniye: Geschlechtergerechtigkeit unter dem Deckmantel der Leitbildneutralität. Trennungs- und Scheidungsfolgen im Spiegel der Ehe- und Familienförderung. 2016.

www.peterlang.com

www.ingramcontent.com/pod-product-compliance
Ingram Content Group UK Ltd.
Pitfield, Milton Keynes, MK11 3LW, UK
UKHW021842290926
8980IPUK00005B/590

9 783631 678992